"十二五"职业教育国家规划教材
经全国职业教育教材审定委员会审定

"十四五"职业教育河南省规划教材

电气化铁路接触网

第四版

吉鹏霄　张桂林　主　编
张家祥　刘光辉　副主编

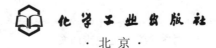

·北京·

内 容 简 介

本书主要讲述了接触网的组成和供电方式、接触网主要设备和结构、工程设计与接触网工程图、接触网施工、接触网运营管理等内容。本书内容新颖，对高速铁路的新技术、新结构和新工艺、运营模式进行了深入的描述，特别是对高速电气化铁路腕臂装配新形式、接触网新零部件、高速接触网线岔新结构、弹簧补偿新装置、接触网防雷新技术、综合接地技术、接触网设计规范新标准、机车自动过分相技术新发展、长大隧道内的刚性架空接触网、接触网 6C 检测技术等新技术进行了深入细致的讲解。本书配有数字化教学资源。

本书可以作为高职高专院校电气化铁道技术专业的教材，也可作为电气化铁道技术相关专业工程技术人员培训、参考用书。

图书在版编目（CIP）数据

电气化铁路接触网/吉鹏霄，张桂林主编；张家祥，刘光辉副主编. —4 版. —北京：化学工业出版社，2022.11（2025.7重印）
"十二五"职业教育国家规划教材
ISBN 978-7-122-42148-7

Ⅰ. ①电… Ⅱ. ①吉… ②张… ③张… ④刘… Ⅲ. ①电气化铁道-接触网-高等职业教育-教材 Ⅳ. ①U225

中国版本图书馆 CIP 数据核字（2022）第 166106 号

责任编辑：潘新文
责任校对：边　涛　　　　　　　　　　　　　　　　装帧设计：王晓宇

出版发行：化学工业出版社（北京市东城区青年湖南街 13 号　邮政编码 100011）
印　　装：河北延风印务有限公司
787mm×1092mm　1/16　印张 19　插页 1　字数 475 千字　2025 年 7 月北京第 4 版第 5 次印刷

购书咨询：010-64518888　　　　　　　　　　　　　　售后服务：010-64518899
网　　址：http://www.cip.com.cn
凡购买本书，如有缺损质量问题，本社销售中心负责调换。

定　　价：49.80 元　　　　　　　　　　　　　　　　　　　　　　版权所有　违者必究

前言

2008 年 8 月 1 日，我国第一条具有世界一流水平、最高运营时速 350km/h 的高速铁路——京津城际铁路正式通车运营，这是中国铁路全面进入"高速时代"的重要里程碑。2021 年底，"四纵四横"高铁网提前建成，"八纵八横"高铁网加密成型，我国高铁运营里程突破 4 万公里，遥遥领先世界其他国家，我国电气化铁路总体技术水平迈入世界先进行列。我国目前高速、高原、高寒、重载铁路技术达到世界领先水平，智能高铁技术全面实现自主化。接触网技术是高速铁路的关键技术之一，近几年发展非常快，为适应新形势、新技术发展，本书进行第四版修订。

本版根据高等职业教育特点，进一步加强了实用性，结合最新《接触网工国家职业标准》及国家铁路局 2022 年颁布的《高速铁路（客运专线铁路）与客货共线铁路共用技术标准目录》《客货共线铁路专用技术标准目录》《高速铁路（客运专线铁路）专用技术标准目录》及相关企业对接触网运营、维护、施工技术人员的知识、技能要求，对原版内容进行了全面优化；特别是根据《TB/T 10009—2016 铁路电力牵引供电设计规范》，对接触网主要技术政策进行了全新解读，并根据《TB/T 2075—2020 电气化铁路接触网零部件》，对接触网零部件的分类、种类、技术要求等内容进行了更新。本书对高速电气化铁路新型腕臂装配形式、接触网新型零部件、高速接触网线岔、补偿装置、接触网防雷技术、综合接地技术、电缆接地保护、高速接触网导高误差控制、机车自动过分相新技术、接触网 6C 检测技术等进行了深入细致的讲解，尤其是对接触网零件结构、工程图和施工运维等进行了重点介绍。依据多年来的教学改革经验、读者反馈和深入企业调研，我们重构了第三版中接触网设计内容，工程实践性强，以加强对学生工程应用能力和工程读图能力的培养。

本书第一、二章主要阐述了接触网的基本组成；第三章重点讲解接触网设备与接触悬挂主要结构；第四章讲述了接触网工程设计基础，增加了工程技术应用中的具体实例，从注重设计能力转变为注重工程读图能力和工程素质培养；第五章讲解了接触网施工的流程，突出了高速铁路接触网施工的新工艺、新工法；第六章主要讲解接触网运营知识和作业制度，增加了接触网 6C 检测技术相关内容。本书配套课程数字教学资源，教师可到 www.cipedu.com.cn 下载。

本书由郑州铁路职业技术学院吉鹏霄、张桂林主编，吉鹏霄负责全书统稿工作，张家祥、刘光辉任副主编。马骁协助对稿件进行了勘误整理。编写分工如下：吉鹏霄（第三章第一节~第八节）；张桂林（第二章第一、二节，第六章，第四章第五节，附录一）；张家祥（第三章第九节~第十四节，第四章第七节，附录二）；李学武（第四章第一节~第四节，第五章）；刘光辉（第二章第三节~第八节，第四章第六节）；李家喜（绪论，第一章）。

本书可作为职业院校接触网课程的教学用书，也可作为现场工程技术人员培训用书和自学参考用书。

由于编者水平有限，书中难免存在欠妥之处，望广大读者特别是生产一线从事接触网设计、施工和维修的技术人员提出宝贵意见和建议。读者可以通过邮箱 pxji@sohu.com 和编者共同探讨本书相关的技术问题。

编者
2022.7

目录
CONTENTS

绪论 ··· 001

第一章　接触网系统概述 ··· 003

第一节　电气化铁路基本组成 ··· 003
第二节　供电方式 ·· 006
复习思考题 ·· 010

第二章　接触网基本组成 ··· 011

第一节　接触网的组成 ··· 011
第二节　支柱与基础 ·· 014
第三节　接触悬挂的类型 ·· 020
第四节　接触网线索 ·· 025
第五节　吊弦 ·· 032
第六节　腕臂支柱装配 ··· 039
第七节　绝缘子 ·· 047
第八节　定位装置 ··· 053
复习思考题 ·· 070

第三章　接触网结构与设备 ··· 071

第一节　锚段及锚段关节 ·· 071
第二节　接触网补偿装置 ·· 078
第三节　中心锚结 ··· 091
第四节　线岔 ··· 097
第五节　软横跨与硬横跨 ·· 105
第六节　软横跨预制 ·· 119
第七节　电分段 ·· 127
第八节　分相绝缘装置与电分相 ·· 133
第九节　开关与电连接 ··· 144
第十节　桥、隧接触网设备 ··· 154
第十一节　接触网接地 ··· 162
第十二节　电缆 ·· 169
第十三节　刚性悬挂 ·· 172
第十四节　接触网其他设备 ··· 176

复习思考题 ·· 184

第四章　接触网工程设计基础 ·· 186

第一节　气象条件及基本荷载 ·· 186
第二节　简单悬挂荷载计算及安装曲线 ·· 191
第三节　链形悬挂荷载计算及安装曲线 ·· 195
第四节　跨距及接触线风偏移的确定 ·· 201
第五节　腕臂支柱荷载分析计算 ·· 204
第六节　接触网工程图 ·· 208
第七节　高速铁路接触网动态特性 ·· 220
复习思考题 ·· 224

第五章　接触网施工 ·· 225

第一节　接触网准备 ·· 225
第二节　施工测量与定位 ·· 228
第三节　接触网基础工程 ·· 232
第四节　立杆与整正 ·· 236
第五节　附加导线安装 ·· 244
第六节　支撑结构安装 ·· 245
第七节　接触网架设 ·· 247
第八节　接触悬挂的调整 ·· 251
第九节　竣工验收与开通 ·· 255
复习思考题 ·· 258

第六章　接触网运营管理 ·· 259

第一节　接触网运营管理与检修 ·· 259
第二节　接触网规程与规则 ·· 263
第三节　接触网检修方式 ·· 265
第四节　接触网工作制度 ·· 272
第五节　接触网检测 ·· 276
第六节　接触网事故抢修 ·· 281
复习思考题 ·· 285

附录一　常用接触网零件 ·· 286

附录二　接触网图形符号 ·· 290

参考文献 ·· 297

配 套 视 频

课程思政素材

能工巧匠张艳华　接触网全国技术能手郝震

01-课程宣传片	02-你一定不了解的接触网工	03-铁路的前世今生	04-接触网的主要形式
05-AT供电方式	06-接触悬挂	07-支柱按照用途分类	08-链形悬挂按承力索和接触线的相对位置分类
09-接触线规格型号	10-整体吊弦	11-L型和整体腕臂装配	12-接触网绝缘子闪络
13-定位方式	14-非绝缘锚段关节	15-棘轮式补偿装置	16-中心锚结的作用
17-线岔结构	18-软横跨节点	19-横向电分段	20-地面自动转换电分相装置
21-电连接的分类	22-接触网接地的作用及要求	23-刚柔过渡	24-氧化锌避雷器
25-施工测量与定位	26-接触网基础工程	27-接触网架设	28-接触悬挂的调整
29-接触网运营管理	30-接触网规程与规章	31-接触网检修方式	32-接触网检测新技术

绪 论

一、电气化铁路概述

采用电力机车为主要牵引动力的铁路称为电气化铁路，1879年5月31日，在德国柏林举办的世界贸易博览会上，西门子和哈尔斯克公司展出了世界上第一条电气化铁路，迄今已有140多年的历史。低能耗、高效率、高速度的电力牵引已成为世界各国铁路发展趋势，是铁路现代化的标志。

我国第一条电气化铁路是宝（鸡）成（都）线宝鸡—凤州段，正式通车于1961年8月15日，共93km长，从此揭开了我国电气化铁路建设的序幕。从1961年到改革开放初期，我国在20年内共修建电气化铁路1033km（宝成线、阳安线、襄渝线电气化铁路）。改革开放以来，我国的电气化铁路得到了迅猛的发展。特别是近15年，铁路总体技术水平迈入世界先进行列。高速、高原、高寒、重载铁路技术达到世界领先水平，推进智能高铁技术全面实现自主化，复兴号高速列车迈出从追赶到领跑的关键一步，实现了向世界电气化铁路强国的跨越。

目前，电气化铁路在全球50多个国家的营运里程已经突破38万公里，约占世界铁路总营运里程的1/4。截至2021年底，中国铁路营业里程突破15万公里，仅次于美国，居世界第二位。电气化铁路营业里程突破10万公里，居世界第一，电气化率达75%，居世界第一。

二、高速电气化铁路发展

1825年第一条铁路诞生，此后的一百多年，世界各国铁路研究工作者一直为提高列车的运行速度做不懈的努力。早在1936年3月，德国制造的线条流畅、风阻系数小的流线形DR05型001号机车跑出了时速199km/h的速度。

新建设计速度为250~350km/h、运行动车组列车的标准轨距客运专线铁路，称为高速铁路，设计速度分为250km/h、300km/h和350km/h三个等级。随着电气化铁路技术的发展和成熟，电力牵引成为高速铁路的主要牵引方式。

20世纪60年代，世界上第一条高速电气化铁路——东京到大阪的东海道新干线建成，高速列车运行速度210km/h，拉开了高速电气化铁路建设的新篇章。20世纪80、90年代，法国和德国先后建成了时速超过300km/h的高速电气化铁路。2007年4月3日，法国高速列车在巴黎—斯特拉斯堡东线铁路行驶试验中达到574.8km/h的时速。

改革开放以前，中国铁路运输能力远远不能适应国民经济和社会发展的需求，成为制约国民经济快速发展的瓶颈。中国基本国情决定了中国主要应发展大容量、环保型、适应性强的公共交通体系，高速铁路就是这样的公共交通体系中的佼佼者。发展高速铁路是交通运输领域贯彻可持续发展战略、优化交通运输结构的重要手段，是铁路高层次、大幅度提高运输能力及提升运输质量的必然选择。

1997年4月1日零时，铁路第一次大面积提速调图全面实施，拉开了中国铁路既有线提速的序幕。从1997年到2007年，中国铁路既有线进行了六次全面大提速，6000多公里铁路干线实现时速200km/h提速。1998年5月28日，广（州）深（圳）铁路全线完成电气化改造，成为中国第一条准高速电气化铁路，设计时速为200km/h。2003年10月12日，我国第一条高速铁路——秦（皇岛）沈（阳）客运专线开通运营，设计速度250km/h。2004年1月，国务院常务会议讨论通过了《中长期铁路网规划》，中国铁路进入快速发展的新阶段。2010年12月3日，中国制造的"和谐号"CRH380高速动车组在京沪高铁枣庄至蚌埠段试验运行最高时速达486.1km/h，刷新世界铁路运营试验最高速。2010年12月7日第七届世界高速铁路大会在北京举行，中国高速铁路的营业里程已经达到7531km，居世界第一。2021年底，"四纵四横"高铁网提前建成，"八纵八横"高铁网加密成型，时速160km/h至350km/h复兴号全系列中国标准动车组全部投入运营，高速铁路营业里程突破4万公里，占全球高速铁路总里程的2/3，居世界第一。

三、接触网的主要形式

接触网系统是电气化铁路牵引供电系统的重要组成部分，是沿着走行轨道架设的为电力机车（电动车组）提供牵引电能的特殊形式的供电线路。接触网技术是高速电气化铁路的核心技术之一。

接触网有多种实现形式，广义的接触网包括了接触轨和架空接触网。接触轨是通过在走行轨道旁设置连续刚性导电"轨道"给电力机车（电动车组）供电。电力机车（电动车组）通过安装在车辆转向架两侧的集电靴与接触轨的滑动接触取得电能。接触轨主要的结构形式有第三轨（第三轨供电、走行轨回流）、第四轨（第三轨供电、第四轨回流）两种。第三轨形式较常见，比如北京地铁大量采用的DC 750V接触轨系统，武汉地铁（轻轨）（DC 750V）、广州地铁四、五号线和深圳地铁三号线（DC 1500V）也采用了第三轨形式。第四轨系统在伦敦地铁和意大利米兰地铁A线有使用，这种系统比较少见。接触轨系统的安装高度低，导体截面积大，载流能力强，对安装净空要求低，结构简单，施工方便，在露天区段和城市高架区段对景观影响小。但是，接触轨处于人员较容易接触到的位置，带来了安全问题，限制了系统电压等级，一般不能高于1500V。目前，接触轨多用于城市地铁的直流供电系统，在干线电气化铁路中没有采用。

架空接触网分为刚性架空接触网和柔性架空接触网两类。刚性架空接触网将接触线夹装在汇流排中，依靠汇流排自身的刚性保持接触线的固定位置，使接触线不因重力而产生弛度。刚性架空接触网具有结构简单、可靠性高（采用无张力架设，无断线、钻弓等事故隐患）、维护工作量小、维修周期长等优点。刚性架空接触网一般适用于隧道段，而不适用于地面及高架桥。2002年12月开通的广州地铁2号线在国内第一次采用了刚性架空接触网系统。近几年来，南京、上海、西安、深圳、郑州、成都、杭州等城市地铁建设中都有采用刚性架空接触网形式。干线铁路中，刚性架空接触网主要应用在长大隧道。2006年4月，20.50km长的兰（州）武（威）二线乌鞘岭隧道在国内干线铁路中第一次采用了刚性接触悬挂。2008年完成的焦（作）柳（州）铁路石门北到怀化段六座隧道内采用了刚性悬挂接触网。刚性悬挂接触网一般应用于行车速度小于160km/h的线路中。

柔性架空接触网采用柔性线索作为导体，具有较好的弹性，跨距大，适应高速电气化铁路的受流，在干线铁路工程中得到了广泛的应用。狭义的接触网就指的就是柔性架空接触网。在干线铁路中柔性架空接触网是牵引供电系统主要的馈电形式，习惯上将其简称为"接触网"。

第一章 接触网系统概述

第一节 电气化铁路基本组成

> 学习目标：
> ① 掌握电气化铁路的基本组成；
> ② 掌握基本牵引回路的构成。

一、电气化铁路基本组成部分

电气化铁路是由电力机车（电动车组）和牵引供电系统组成。牵引供电系统主要由牵引变电所和接触网组成。电力机车、牵引变电所和接触网称为电气化铁路的"三大元件"。可以用一个简单电路模型来说明三者之间的关系：牵引变电所相当于电源，接触网相当于供电导体，电力机车和电动车组就是负载，和普通电气设备不同的是机车负载是高速移动的。

1. 电力机车

电力牵引和其他牵引方式相比有很多优点。电力机车本身无排放污染，功率大、速度快、维修方便，乘务工作条件舒适；其本身不携带原动机，靠外部电力系统供电，从而减轻了自重，有更好的加速性能。

电力机车靠其顶部升起的受电弓直接接触导线获取电能。每台电力机车前后各有一受电弓，由司机控制其升降。受电弓升起工作时，以一定的接触压力紧贴接触线，将电能引入机车，经机车主断路器到机车主变压器，降压后供给牵引电动机，如图1-1所示。受电弓的静态接触压力在 70^{+20}_{-10} N。

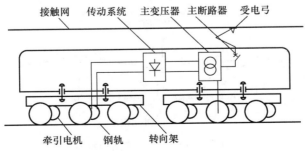

图 1-1　电力机车工作原理图

动车组指由两辆或以上带动力的车辆和客车固定编组的列车，按照牵引动力类型分为电动车组和内燃动车组等。电动车组按照其动力配置分为动力分散型和动力集中型电动车组。动力分散型电动车组的动力装置（牵引电机）分布在列车的不同位置上，能够实现较大的牵引力。中国的"和谐号"（CRH）系列、中国标准动车组"复兴号"（CR）系列高速动车组大都采用动力分散型动力配置，将动力装置分散安装在不同的车厢上。在有固定编组的动车组中，有动力装置的车辆称为动车，不带动力的车辆称为拖车。中国标准动车组 CR400AF 型电动车组 8 辆短编组采用了 4 动 4 拖的动力配置。复兴号 CR200J 系列电动车组为动力集中型。电动车组的基本工作原理和电力机车是一样的，为了表述简洁，本书后续章节中用电力机车代替电动车组。

我国目前使用的电力机车主要是韶山 SS 系列、和谐 HXD 系列电力机车，动车组主要是和谐 CRH 系列、中国标准动车组复兴 CR 系列动车组。

电力机车通过受电弓从接触线上滑行取流，其形式一般有单臂式和双臂式两种，目前一般采用单臂式受电弓，其结构如图 1-2（a）所示。受电弓顶部的滑板紧贴接触线取得电流。滑板固定在托架上，托架一般采用 2mm 的铝板冷压制成。滑板有纯金属滑板（铜、钢）、粉末冶金滑板、碳基复合材料滑板和碳滑板等，碳滑板、碳基复合材料滑板适用于铜及铜合金接触线，在电气化铁路中应用最广泛。受电弓滑板材料和接触线线材匹配，可以改善和减小接触线的磨耗。

干线铁路中使用的受电弓主要有 TSG 系列、DSA 系列、CX-NG 系列，弓头长度为 1950mm，其弓头滑板最小长度不小于 1030mm。将接触线布置成"之"字形，以减少受电弓滑板的磨损，如图 1-2（b）所示。在每一个跨距内，受电弓滑板都能较均匀地磨耗。受电弓一般装有自动降弓装置（ADD），当滑板损坏，弓头失效时，自动降弓装置能立即降下受电弓，防止进一步破坏接触网。

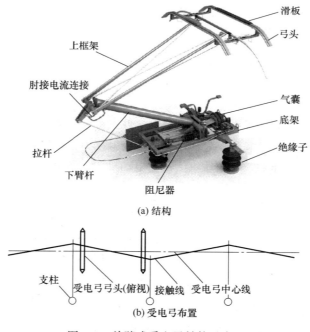

图 1-2 单臂式受电弓结构及布置

2. 牵引变电所

牵引变电所的主要任务是将电力系统输送来的电能降压,然后以单相供电方式经馈电线送至接触网上,电压变换由牵引变压器进行。电力系统的三相交流电改变为单相是通过牵引变压器的电气接线来实现的。牵引变电所一般设有备用电源,采用双回路电源供电,以提高供电的可靠性。我国目前所用的牵引变压器有三相式、三相-二相式及单相式三种类型。

以三相式变压器为例,线圈接成星-三角形连接,次边三角形的一角(w相)与钢轨和接地网连接,另两角(u、v相)分别接至牵引变电所两边供电分区的接触网上(又称两个供电臂),因此接触网对地为单相工频交流电。牵引变电所高压侧电压等级为110kV(或220kV,330kV),低压侧(又称牵引侧)为27.5kV。

3. 接触网

接触网在供电回路中起着十分重要的作用,为了满足铁路运输需要,接触网必须全天候不间断供电,直接影响着电气化铁路的运行可靠性。接触网作为一种露天设备,要经受风、雨、雪和温度的考验及环境污染的影响;接触网作为无备用的供电设备,必须保证高的可靠性;电力机车的受电弓与接触网之间有严格的机电匹配关系和寿命;接触网电负载具有很大的波动性,接触网系统应该有较强的过负载承受能力。

二、基本牵引回路

牵引供电回路是由牵引变电所主变压器、馈电线、接触网、电力机车、钢轨和大地回流系统构成。如图1-3所示。

馈电线是连接变电所和接触网的一段线路。馈电线一般采用架空输电线形式,一端从牵引变电所的馈线隔离开关引出,一端通过电连接线夹连接在接触网上,馈电线和接触网相连接处称为上网点。在高速铁路中,变电所二次侧采用GIS设备时,馈电线采用电缆转架空线形式;当牵引变电所距离上网点距离较近(比如小于100m)或高架桥段不方便采用架空线上网时,馈电线采用电缆形式。为了电缆检修方便,在上网点设置隔离开关。

牵引电流流经机车主变压器后,通过设置在机车轮轴两端的接地碳刷经由车轮流向钢轨和大地,最终流回牵引变电所的主变压器。钢轨是回流导体的重要组成部分,应保证钢轨接头间的电气连接的可靠性。由机车流回牵引变电所的电流称为回流,回流的径路可以经过钢轨(称为牵引轨)、大地或者架设的回流线。最终流回牵引变电所主变压器接地端子。

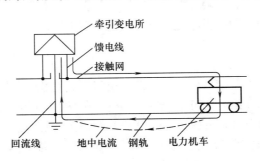

图1-3 牵引供电回路构成

第二节 供电方式

> 学习目标：
> ① 掌握接触网的几种主要供电方式；
> ② 了解牵引供电系统的供电方式。

一、接触网供电方式

铁路牵引变电所从电力系统得到电能后，经变电所主变压器降压，再经馈电线将电能送到接触网上，接触网是向电力机车供电的特殊输电线路。

中国接触网采用 25kV 工频单相交流电，牵引变电所牵引侧母线上的额定电压为 27.5kV（AT 供电方式为 2×27.5kV），接触网的标称电压为 25kV，短时（5min）最高电压为 29kV，在供电距离较长时，电能在输电线路和接触网中产生电能损耗，使接触网末端电压降低。接触网末端电压不应低于电力机车的最低工作电压，高速铁路、城际铁路接触网最低电压为 20kV，其他铁路接触网最低电压为 19kV。两牵引变电所之间的距离一般为 40~60km，具体间距需经供电计算确定。图 1-4 所示为直接供电方式的供电系统图。接触网的供电方式主要有如下几种。

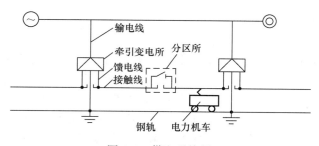

图 1-4　供电系统图

1. 单边供电

两个牵引变电所之间的接触网分成两个供电分区（又称供电臂），在两个供电分区间设置分相绝缘装置（又称电分相），分属不同变电所的供电臂间设置分区所，使供电分区间绝缘。每个供电分区只从一端牵引变电所获得电能的供电方式称为单边供电。采用单边供电时，相邻供电臂电气上独立，运行灵活，接触网发生故障时，只影响到本供电分区，故障范围小，牵引变电所馈线保护装置较简单。单边供电是我国电气化铁路采用的主要供电形式。

2. 双边供电

在两个供电分区间设置分区所，分区所设在相邻牵引变电所间的供电臂末端，内设开关设备，通过纳入远动系统的联络开关可实现越区供电，在双线区段采用断路器对上、下行接触网进行并联供电。两个供电分区在分区所处通过开关设备在电路上连通，可同时从两个牵引变电所获得电能，这种供电方式称为双边供电。双边供电可提高接触网电压水平，减少电能损耗，但馈线及分区所的保护及开关设备都较复杂，目前在中国干线电气化铁路中采用较少。双边供电是城市轨道交通直流牵引供电系统中采用的主要供电方式。

3. 越区供电

当某一牵引变电所因故障全所停电时，故障变电所担负的供电臂经分区所开关设备与相邻供电臂接通，由相邻牵引变电所进行临时供电，这种供电方式称越区供电，如图1-5所示。越区供电属于非正常运行状态，牵引变电所主变压器的容量、接触网电压水平等不能满足正常行车需要，因此这种运行状态下必须对行车密度和列车运行速度加以限制，是避免中断运输的临时性措施。

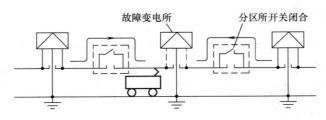

图1-5 越区供电

4. 并联供电

双线区段牵引所分别向上、下行接触网供电，引出四条馈线。同一侧供电臂上、下行的接触网通过设在分区所的开关设备或者上、下行间的电连接线并联，称为双线区段的并联供电，如图1-6（a）所示。并联开关可以使用负荷开关和断路器。当某一供电臂发生短路事故时，事故影响范围大，两供电臂的馈线断路器同时跳闸，分区所开关设备跳闸，并联供电被解除，非故障供电臂通过自动重合闸恢复供电。短路因素消除后，两供电臂正常供电，通过自动装置重新闭合分区所开关，恢复并联供电。

全并联AT供电方式将上、下行牵引网的接触线（T）、钢轨（R）和正馈线（F）在AT所处通过横连线并联起来，实现全并联AT供电，如图1-6（b）所示。并联供电可以提高供电臂末端电压水平，减少接触网上的能量损失，在重载铁路和高速铁路中应用较多。

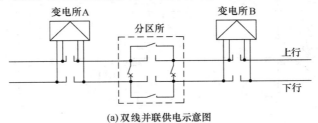

(a) 双线并联供电示意图

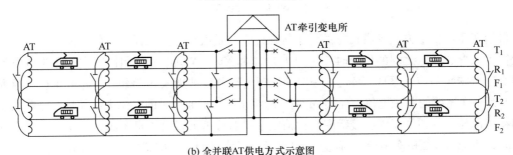

(b) 全并联AT供电方式示意图

图1-6 并联供电

二、牵引供电系统的供电方式

我国电气化铁路采用单相工频交流制,其牵引网是一种不对称回路,当牵引电流流过接触网时,在线路周围空间产生较强电磁场,对邻近架空线路通信产生干扰。为减少电气化铁路对沿线通信设备的干扰,在牵引供电系统中采取了许多防干扰措施,形成了不同的牵引供电方式。目前我国的牵引供电方式主要有下列四种。

1. 直接供电方式

直接供电方式是指接触网由承力索、接触导线(包括加强导线)组成,牵引网由接触网、钢轨、大地组成,牵引回流由钢轨、大地返回牵引变电所的供电方式。牵引变电所与接触网间不设置任何防干扰设备。这种供电方式结构简单,检修维护方便,但对临近的电缆通信线路干扰较大,仅适用于通信线路较少的电气化铁路区段。

2. 自耦变压器供电方式(AT 供电方式)

接触网由承力索、接触导线(包括加强导线)组成,牵引网由接触网、钢轨、大地、正馈线(AF)、保护线(PW)、自耦变压器(AT)组成,牵引回流沿 AF 线回归牵引变电所的供电方式,称为自耦变压器供电方式。牵引网中每隔一定距离设置自耦变压器,自耦变压器绕组中性点端子接至钢轨,则牵引网构成 $2 \times 25kV$ 供电网络。自耦变压器是一种电力变压器,它并接于接触网(T)、钢轨(R)和正馈线(AF)之中,其接入方式如图 1-7 所示。牵引变压器将 110kV(或 220kV)三相电降压至单相 55kV,则钢轨与 AF 线间、钢轨与接触网间的电压大小是自耦变压器两端电压的一半,即 27.5kV,但相位相反。图 1-7 中 i_1 是 55kV 侧电流,其值为牵引负载电流 i_2 的一半。

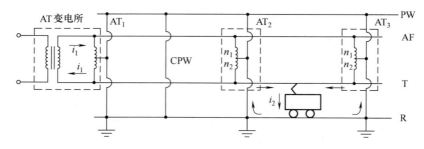

图 1-7 AT 供电方式示意图

自耦变压器供电方式具有良好的防干扰性能,这是由自耦变压器本身的性能决定的。当机车运行于 AT_2 与 AT_3 之间的位置时(见图 1-7),由 AT_2、AT_3 的 n_2 绕组同时向机车供应电流,根据变压器安匝平衡的原理,必定有一定的机车电流分量被吸入 n_1 绕组中,并经正馈线返回电源。当忽略变压器的励磁电流,且 $n_1=n_2$ 时,两绕组(n_1 与 n_2)中的电流大小相等,方向相反,也即在 AT_2 与 AT_3 的区间内,接触网与正馈线中将对称地流过供给机车的电流(如果机车处于正中间,将流过 1/2 机车电流),而且方向相反,因而它们产生的感应影响互相抵消。

在 AT 供电方式区段,与接触网同杆架设在田野侧的还有一条保护线(PW),它相当于架空地线,通过保护线连接线(CPW)和 AT 变压器的中点相连,在线路中间一定距离和扼流变压器中点相连。保护线电位一般在 500V 以下,保护线和回流导体钢轨并联,会有约 1/3 的回流电流通过。当绝缘子发生闪络时,短路电流可通过保护线,使继电保护装置可靠动作,减少对铁路信号轨道电路的干扰。同时,保护线还能起到架空地线的保护和屏蔽作用,减少接触网对架空通信线的干扰,并有防雷的作用。

采用 AT 供电方式,牵引网电压增高,电流减小,牵引变电所间距离增大,自耦变压器并联于接触网上,不需增设电分段,能适应高速、大功率电力机车运行。但 AT 供电方式的接触网结构复杂,保护方式繁琐,电力损耗较大,需要增设 AT 所。AT 供电方式主要用于供电质量要求高的繁忙干线、高速铁路、重载线路以及铁路沿线电力系统电源点较少区段。

3. 带回流线的直接供电方式

带回流线的直接供电方式是在接触网支柱田野侧架设一条与钢轨并联起回流作用的导线,与直接供电相比,流经钢轨和大地的回流减少了 50%~55%,这样既保持供电回路结构简单的特点,又能起到一定的防护效果。其工作原理见图 1-8 所示。

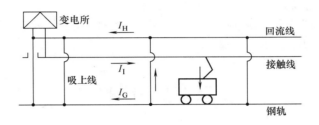

图 1-8 带回流线的直接供电方式

在设计回流线时应设法使回流线尽量靠近接触线,以增加二者之间的互感作用,迫使更多的牵引电流沿着回流线流回牵引变电所,以降低对通信线路的感应影响。

带回流线的直接供电方式目前在我国应用最为广泛,除 AT 供电区段外,几乎全部采用这种供电方式。

4. 吸流变压器供电方式(BT 供电方式)

吸流变压器供电方式是接触网由承力索、接触导线(包括加强导线)组成,牵引网由接触网、钢轨、大地、回流线、吸流变压器组成,牵引回流大部分由回流线返回牵引变电所的供电方式。接触网中每隔一定距离设置吸流变压器,其原、副边分别串接接触导线和回流线。BT 供电方式能迫使由轨道回路和大地返回牵引变电所的机车牵引电流的绝大部分经由回流线路流回牵引变电所,这样回流线中流回的电流与接触网内流过的牵引电流方向相反,它们形成的电磁场互相抵消。

吸流变压器(BT)采用变比为 1:1 的特殊变压器,吸流变压器的原边串接在接触网中,副边串接在回流线 NF 中,每隔 2~4km 设一台吸流变压器,在两个吸流变压器中间把轨道和回流线连接起来,这个连接线称为吸上线 BW,它是机车电流返回回流线的通路。BT 供电方式示意图如图 1-9 所示。

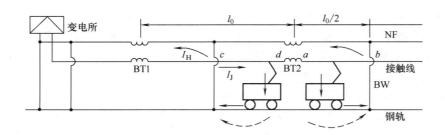

图 1-9 BT 供电方式示意图

BT 供电方式有较好的干扰防护性能，但是存在着一些问题：

① 安设了 BT 变压器以后，牵引网单位长度阻抗加大，供电电压损失及电能损失均增加，在接触网回路中增加了变压器设备和电气分段，结构复杂，维护工作量大；

② 接触网中串接 BT 变压器，需要在接触网电气上设置断口（一般为绝缘锚段关节），增加了接触网结构复杂性，机车受电弓通过吸流变压器处断口时，将产生电弧，烧损接触线和受电弓滑板。在高速运行及大负荷时，这种烧损更为严重。

从宝成线绵阳至成都段开始，到后来的石太线、襄渝线、丰沙大线等采用了 BT 供电方式，20 世纪 80 年代后期，BT 供电方式逐渐淘汰。

复习思考题

1. 电气化铁路"三大元件"指的是什么？
2. 受电弓的静态接触压力为多少？
3. 基本牵引供电回路的构成有哪些？画出其示意图。
4. 接触网供电方式有哪几种？简要说明。
5. 双线铁路并联供电的优缺点是什么？
6. 牵引供电系统的供电方式有哪几种？

第二章 接触网基本组成

第一节 接触网的组成

学习目标：
① 掌握接触网由哪几部分组成；
② 掌握各组成部分应包括的主要零件；
③ 掌握各组成部分主要作用。

接触网结构上是由多个锚段构成的，锚段是接触网中相对独立的机械分段，如图 2-1 所示。锚段和锚段间通过锚段关节进行过渡，在锚段的中部设置中心锚结，锚段的两端设置下锚固定装置。在电力机车行进中，受电弓需要在不同的锚段间切换过渡。

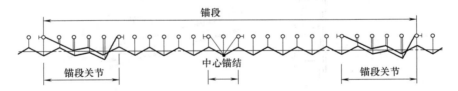

图 2-1 接触网的基本结构

习惯上将接触悬挂、支撑装置、定位装置、支柱与基础称为接触网的四大组成部分，如图 2-2 所示。

一、接触悬挂

接触悬挂包括接触线、吊弦、承力索、补偿装置及连接件。接触悬挂通过支撑装置架设在支柱上，其作用是将从牵引变电所获得的电能输送给电力机车。电力机车运行时，受电弓顶部的滑板紧贴接触线摩擦滑行得到电能（简称"取流"）。为了保证滑板的良好取流，接触悬挂应达到下列要求：

① 接触悬挂的弹性应尽量均匀。接触悬挂弹性是指接触悬挂在受电弓抬升力作用下所具有的抬高性能，用单位垂直力使接触线升高量表示，单位为 mm/N。衡量弹性好坏的标准有：a.弹性的大小，它取决于接触线索张力；b.弹性均匀程度，它取决于悬挂结构、悬挂类型和某些附在接触线上的集中荷载的集中程度等。

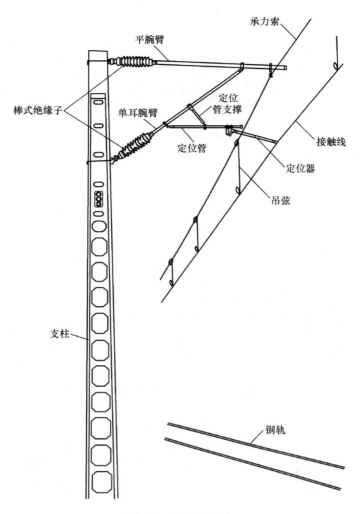

图 2-2 接触网组成

② 接触线对轨面的高度应尽量相等,限制接触线坡度。接触线坡度是指一个跨距两端的支柱悬挂处接触线距轨面高度差与跨距值的千分比,计算如下:

$$i = \frac{H_A - H_B}{1000l} \times 1000 ‰$$

式中　i——接触线坡度;
　　　H_A、H_B——跨距两端的接触线距轨面高度,mm;
　　　l——跨距,m。

接触线坡度对机车运行速度有很大影响,坡度选择不当,会产生离线、起弧等不正常情况。运行速度与坡度的关系如表 2-1 所示。

表 2-1　运行速度与坡度和坡度变化关系

速度/(km/h)	最大坡度/‰	坡度的最大波动/‰
50	25.0	25.0
60	20.0	10.0

续表

速度/（km/h）	最大坡度/‰	坡度的最大波动/‰
100	6.0	3.0
120	4.0	2.0
160	3.3	1.7
200	2.0	1.0
250	1.0	0.5
>250	0	0

③ 接触悬挂在受电弓压力及风力作用下应有良好的稳定性，即电力机车运行取流时，接触线不发生剧烈的上下振动，在风力作用下不发生过大的横向摆动，这就要求接触线有足够的张力，并能适应气候的变化。

④ 接触悬挂的结构及零部件应轻巧、简单、可靠，做到标准化，以便检修和互换，缩短施工及运行维护时间，具有抗腐蚀性和耐磨性，以延长使用年限。

二、支撑装置

支撑装置是接触网中支撑接触悬挂并将其机械荷载传给支柱的部分。支撑装置包括斜腕臂、平腕臂（或水平拉杆、悬式绝缘子串）、腕臂连接器、承力索座、腕臂支撑、支撑连接器、棒式绝缘子等。

三、定位装置

定位装置包括定位管、定位器（定位支座）、定位线夹及其连接零件，其作用是固定接触线的横向位置，使接触线水平定位在受电弓滑板运行轨迹范围内，保证接触线与受电弓不脱离，使受电弓磨耗均匀，同时将接触线的水平荷载传给支柱。

四、支柱与基础

支柱与基础用以承受接触悬挂、支撑和定位装置的全部荷载，并将接触悬挂固定在规定的位置和高度上。我国电气化铁路接触网支柱主要采用预应力钢筋混凝土支柱和钢柱。基础用来承载支柱荷载，并保证支柱的稳定性，使其不产生倾覆、歪斜以及下沉。我国电气化铁路接触网支柱类型主要有横腹杆式预应力混凝土支柱、预应力混凝土环形支柱、H钢柱等，不同支柱选择的基础类型也不同，主要有直埋式基础和混凝土预制基础。其中预应力钢筋混凝土支柱可不设单独的基础，支柱直接埋入地下，如图2-3所示。

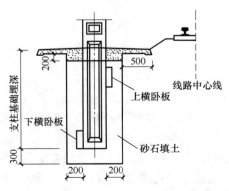

图 2-3　横腹杆式预应力混凝土支柱直埋式基础

第二节　支柱与基础

> **学习目标：**
> ① 了解常见接触网支柱类型及其优缺点；
> ② 掌握钢筋混凝土柱和钢柱型号的含义。

一、支柱按材质分类

1. 预应力混凝土支柱

我国电气化铁路广泛采用预应力混凝土支柱。与钢支柱相比，预应力混凝土支柱的优点是减少了金属材料的使用量，成本较低，使用寿命长，使用中维修工作量小。预应力混凝土支柱的缺点是比较笨重，且经不起碰撞，损坏后不易更换，因此在运输装卸和安装中应小心谨慎。在用吊车作业的繁忙站场上，也不宜采用预应力混凝土软横跨支柱。

预应力混凝土柱从外观形态上可分为横腹杆式、环形支柱两种。横腹杆式支柱截面为工字形，采用带腹孔的横腹结构，如图2-4所示。这种结构便于上下攀登，利于维修和检查，在各种支柱中造价较低。横腹杆式混凝土支柱是我国电气化铁路使用最为广泛的支柱类型，主要用作腕臂支柱和软横跨支柱。

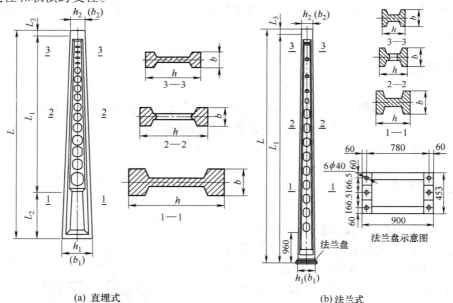

(a) 直埋式　　　　(b) 法兰式

图2-4　横腹杆式支柱

L—柱长；L_1—荷载点高度；L_2—支持点高度（支柱埋入地下的深度）；L_3—柱顶至检验荷载点距离（为0.1m）；h—支柱截面处的高度；h_1—柱底截面高度；h_2—柱顶截面高度；b—支柱截面处的宽度；b_1—柱底截面宽度；b_2—柱顶截面宽度

环形混凝土支柱根据导高处挠度的要求不同分为普通型支柱和T型支柱，按外形分为等径支柱和锥形支柱，其中等径支柱在电气化铁路中应用广泛，如图2-5所示，这种支柱表面平滑，便于运输，损耗率低，制造长度比较灵活。缺点是钢筋材料的利用率较低，攀登支柱较困难，不利于维修，在实际使用中存在纵裂问题。等径支柱目前在我国电气化铁路应用广泛，主要用于受力较大的锚柱、转换柱和硬横跨支柱，也用于时速 200~250km 线路的中间支柱。

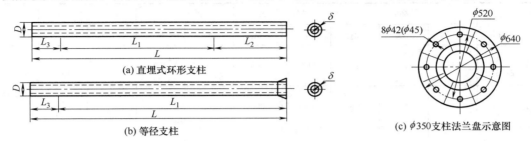

图 2-5　环形支柱

L—柱高；L_1—荷载点离度；L_2—支持点高度；L_3—柱顶至荷载点距离（0.25m）；D—根径或外径；δ—壁厚

支柱规格表示如下：

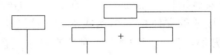

支柱代号、外径和类型——结构设计风速为 30m/s 的横腹杆式支柱用 H 表示，结构设计风速为 35m/s 的横腹杆式支柱用 H_{35} 表示，结构设计风速为 40m/s 的横腹杆式支柱用 H_{40} 表示；环形等径支柱用 ϕ 表示；外径表示环形支柱的外径，单位为 mm；类型表示普通型支柱或 T 形支柱；

支柱标称容量——表示支柱悬挂方向的标称容量，kN·m；

地面以上高度——表示支柱地面以上的高度，m；

埋入地下深度——表示支柱埋入地下的深度（无此项者表示法兰式支柱），m。

表 2-2 所示为横腹杆式支柱规格及尺寸举例。

表 2-2　横腹杆式支柱规格及尺寸举例

支柱规格	柱高/m			柱底尺寸/mm		柱顶尺寸/mm		锥度		使用范围
	L	L_1+L_3	L_2	h_1	b_1	h_2	b_2	i_1	i_2	
$H\dfrac{60}{9.0}$	9.0	9.0	0	630	271	405	211	$\dfrac{1}{40}$	$\dfrac{1}{150}$	腕臂支柱
$H\dfrac{78}{9.2+1.5}$	10.7	9.2	1.5	668	281	400	210	$\dfrac{1}{40}$	$\dfrac{1}{150}$	
$H\dfrac{78}{9.2}$	9.2	9.2	0	630	271	400	210	$\dfrac{1}{40}$	$\dfrac{1}{150}$	
$H\dfrac{93}{8.5+3.0}$	11.5	8.5	3.0	705	291	418	214	$\dfrac{1}{40}$	$\dfrac{1}{150}$	
$H\dfrac{110}{9.2+1.5}$	10.7	9.2	1.5	668	281	400	210	$\dfrac{1}{40}$	$\dfrac{1}{150}$	
$H\dfrac{90}{12+3.5}$	15.5	12	3.5	920	403	300	300	$\dfrac{1}{25}$	$\dfrac{1}{150}$	软横跨支柱

续表

支柱规格	柱高/m			柱底尺寸/mm		柱顶尺寸/mm		锥度		使用范围
	L	L_1+L_3	L_2	h_1	b_1	h_2	b_2	i_1	i_2	
$H\dfrac{130}{12+3.5}$	15.5	12	3.5	920	403	300	300	$\dfrac{1}{25}$	$\dfrac{1}{150}$	软横跨支柱
$H\dfrac{170}{12+1.5}$	13.5	12	1.5	840	390	300	300	$\dfrac{1}{25}$	$\dfrac{1}{150}$	
$H\dfrac{150}{15}$	15	15	0	900	400	300	300	$\dfrac{1}{25}$	$\dfrac{1}{150}$	

2．钢支柱

钢支柱根据结构形式主要有格构式钢柱、钢管柱、H形钢柱等几种，结构图见图2-6。

格构式钢柱是用角钢焊接成的立体桁架结构式支柱，该结构技术性能优良，可根据具体使用场合设计成不同的结构，方便灵活。立杆时一般在柱底设法兰盘，通过地脚螺栓与基础连接，安装方便。其容量跨度范围很大，任何场合均可使用，尤其适用于桥梁、大跨度软、硬横跨。但其外形尺寸较大，占用较大空间，在线间距较小时使用受限。

钢管柱主要分为环形钢管柱和方形钢管柱，环形钢管柱按外形分为等径钢管柱和锥形钢管柱两种。

H形钢柱预置地脚螺栓基础，安装方便，支柱上下截面一致。H形钢柱抗弯强度和刚度较大，抗扭强度与刚度较小，用作转换柱及锚柱时尤应注意。H形钢柱用于打拉线下锚柱使用时，应考虑由于下锚所产生的附加弯矩和垂直力的影响，支柱高度较大时稳定性相对较差。

格构式钢柱规格表示为：

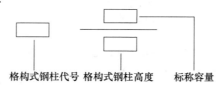

格构式钢柱代号 格构式钢柱高度 标称容量

格构式钢柱代号中，G表示普通格构式钢柱，Gs表示双线路腕臂柱，Gz表示窄型柱，Gq表示直腿桥钢柱，Gm表示钢柱打拉线作为锚柱使用。钢柱的标称容量单位为kN·m。钢柱高度单位为m。

示例：$G\dfrac{350}{15}$ 表示标称容量为350kN·m的格构式钢柱，其柱高为15m。

钢管柱的规格表示为：

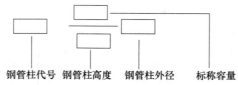

钢管柱代号 钢管柱高度 钢管柱外径 标称容量

钢管柱代号中，Gg表示等径钢管支柱，Ggz表示锥形钢管支柱。钢管外径的单位为mm。其他符号含义同格构式钢柱。

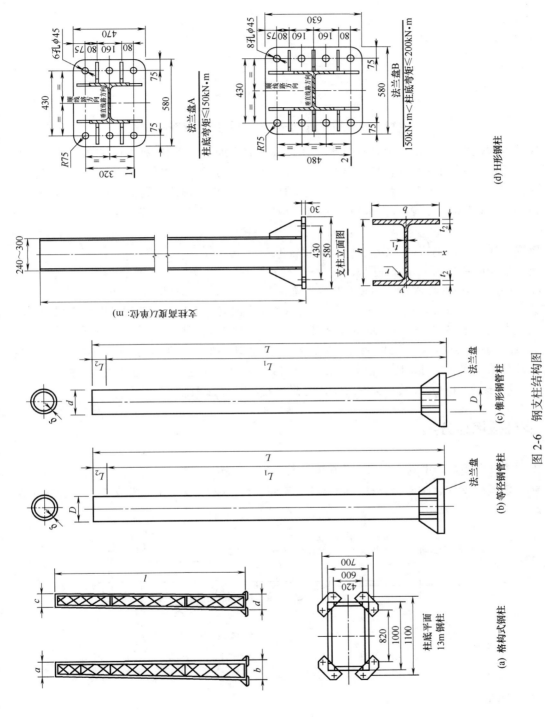

图 2-6 钢支柱结构图

L—柱高；L_1—荷载点高度；L_2—柱顶至荷载点距离（0.25m）；D—底径或直径；d—销径；δ—壁厚

示例：$Gg\dfrac{100}{9}\phi350$ 表示悬挂方向标称容量为 100kN·m 的等径钢管柱，其柱高为 9m，外径为 350mm。

H 形钢柱的符号表示为：

H 形钢柱代号中，GH 表示普通 H 形钢柱，GHT 表示加强型宽 H 形钢柱，GHd、GHs 分别表示符合国标 GB/T11263 的单 H 形钢柱、双 H 形钢柱。截面高度单位为 mm。柱底法兰盘代号常用的有 A、B、C 等多个型号，对应不同的柱底弯矩和地脚螺栓的数量为 6、8、10 或者更多。例如：GH 240X/9.5 表示普通 H 形钢柱，截面高度为 240mm，X 为法兰盘型号，柱高为 9.5m。

钢支柱还有方形钢管柱（G_f 支柱），应用较少。

支柱选型应考虑以下几方面因素：

① 支柱选型应在技术经济比较的基础上确定，并考虑环境腐蚀因素的影响；

② 设计速度 200km/h 及以下线路，常选用预应力混凝土支柱，路基段腕臂柱宜采用横腹杆式预应力混凝土支柱，桥梁上腕臂柱宜采用格构式或实腹式钢柱；

③ 设计速度 250km/h 的线路，路基段腕臂柱宜采用环形等径预应力混凝土支柱，桥梁上腕臂柱及车站线间立柱可采用钢管支柱或 H 形钢支柱；桥上常选用环形等径钢管支柱。

④ 设计速度 300km/h 及以上的线路，腕臂柱宜采用 H 形钢柱。

二、支柱按用途分类

支柱按其在接触网中的作用可分为中间支柱、锚柱、转换支柱、中心支柱、定位支柱、道岔支柱、软横跨支柱、硬横跨支柱、隔离开关支柱和桥梁支柱等几种。图 2-7 为支柱安设位置图。

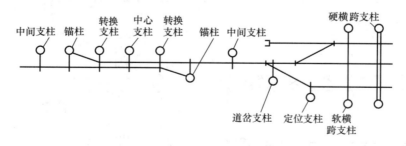

图 2-7 支柱安设位置图

1. 中间支柱

中间支柱在区间和站场上广泛使用，布置在两相邻锚段关节之间，通过腕臂等支撑结构承受一支接触悬挂，中间支柱所承受的力矩比较小，是电气化铁路中最常见的支柱类型。

2. 锚柱

位于锚段的终端，供接触悬挂等下锚用的支柱称为锚柱。锚柱承受两个方向的负荷，在垂直线路方向起中间支柱的作用，在顺线路方向承受接触悬挂下锚的全部拉力。锚柱分为带下锚拉线和不带下锚拉线两种，分腿式钢柱、等径圆钢柱用作锚柱时可不带下锚拉线。

3. 转换支柱

转换支柱位于锚段关节处的两个锚柱之间，它同时支持两支接触悬挂，其中一支为工作支，另一支为下锚支（简称非支），电力机车受电弓在两转换支柱间进行两个锚段线索的转换。转换支柱要承受接触悬挂下锚支和工作支线索的重力和水平力。

4. 中心支柱

在四跨锚段关节处，位于两个转换支柱中间，通过腕臂等支撑结构承受两支工作支接触悬挂的支柱称为中心支柱，它同时承受两支工作支接触悬挂的重力和水平力，两工作支接触线在此柱定位点处呈水平状，两支接触线线间距离符合技术要求。

5. 道岔支柱和定位支柱

位于道岔处，通过腕臂等支撑结构承受两支接触悬挂并确保这两支接触悬挂满足线岔处接触线定位要求的支柱，称为道岔支柱。

在水平方向对接触悬挂起定位作用而不承受其重量的支柱称为定位支柱。当接触线由于某些原因相对受电弓中心偏移过大时，为确保电力机车受电弓正常接触取流，专门设立定位支柱，它通常仅承受接触线水平分力，而不承受接触悬挂的垂直分力，一般多设于站场道岔后曲线处。

6. 软横跨支柱

软横跨支柱一般用于跨越多股道的站场上，由于受力较大，多选用容量较大的支柱，跨越五股道及以下的软横跨柱可用钢筋混凝土支柱，五股道以上软横跨则采用钢柱。

7. 硬横跨支柱

硬横跨亦称为硬横梁，在提速区段为了提高站场接触网的稳定性、可靠性，采用硬横跨代替软横跨作为站场接触网的支撑装置。随着 2000 年以来的铁路提速，硬横跨在站场上的应用增多。

8. 隔离开关支柱

隔离开关一般装设在腕臂柱顶端或软横跨支柱上。高速铁路的上网隔离开关移到上网点附近后，专设支柱用于安装上网隔离开关，这样的支柱称为隔离开关支柱。

除上述几种支柱外，还有桥梁专用支柱及其他特殊支柱，将在后面章节中介绍。

三、基础类型

接触网支柱基础类型具体形式取决于支柱类型、土壤特性和支柱荷载等情况，如图 2-8 所示。

直埋式基础多用于预应力混凝土支柱，如图 2-8（a）所示，支柱的地下部分起到了基础的效能，埋置深度一般为3000mm左右，当土壤抗压强度不够时，需设置底板和横卧板。软横跨支柱和硬横跨支柱普遍采用阶梯基础，如图2-8（b）所示，阶梯基础为带台阶的现浇混凝土基础，体积较大，承载能力高，与支柱通过地脚螺栓或杯口连接。重力式基础如图2-8（c）所示，埋深较浅，一般埋深$D \leqslant 2.5m$，基础体积小，属柔性基础，基础底板需配置抗弯钢筋，适用于地基承载力不高、地下水位较高或其他原因造成基坑不宜深开挖的情况。T形基础如图2-8（e）所示，断面为T字形状，适用于地表面以下有一定厚度的硬土层（路基填土层），硬土层以下为软土地基，同时地下水位较高的地质。中国大规模修建高速铁路以来，路基地段接触网支柱基础普遍采用了钻孔灌注桩基础，如图2-8（d）所示，该类基础是将在地面上预先绑扎（或焊接）好的钢筋骨架放入机械钻孔或冲击成形的深孔内，然后灌注混凝土而成。岩石锚杆基础如图2-8（f）所示，在岩石层内设置锚杆，通过锚杆将支柱与基岩连成整体，构成接触网支柱岩石锚杆基础。

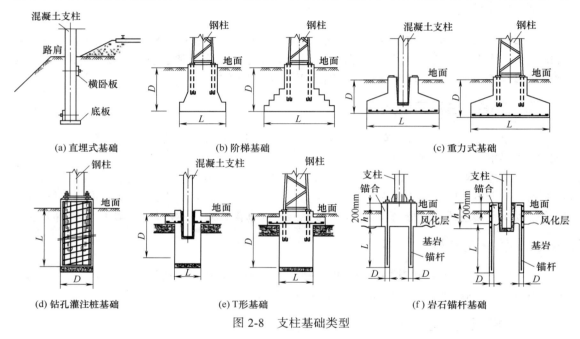

图2-8 支柱基础类型

第三节 接触悬挂的类型

学习目标：
① 掌握接触悬挂根据结构的分类；
② 掌握链形悬挂根据接触线和承力索在空间位置关系的分类；
③ 掌握接触网悬挂根据下锚类型的分类。

一、简单悬挂

简单悬挂是由一根接触线直接固定在支撑装置上的悬挂形式。它在发展中经历了未补偿简单悬挂、季节调整式简单悬挂和目前采用的带补偿装置的弹性简单悬挂。图2-9所示为未补偿简单悬挂。

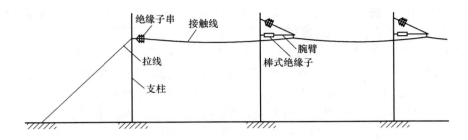

图 2-9 未补偿简单悬挂

接触线（或承力索）端头同支柱的连接称为线索的下锚。下锚分两种形式，一是将线索端头同支柱直接固定连接，称为硬锚或者未补偿下锚。另一种是加装补偿装置，以调整线索的弛度和张力，称为补偿下锚。未补偿简单悬挂结构简单，要求支柱高度较低，因此建设投资低，施工和检修方便。其缺点是导线的张力和弛度随气温的变化较大，接触线在悬挂点受力集中，形成硬点，弹性不均匀，不利于电力机车高速运行时取流。

在悬挂点两侧的接触线上固定一段吊索，此吊索直接固定在支撑结构上的简单悬挂称为弹性简单悬挂。若在接触线下锚处装设张力补偿装置，称为带补偿装置的弹性简单悬挂，见图 2-10。

在悬挂处加装的弹性吊索长 8~16m。通过弹性吊索悬挂接触线，消除了简单悬挂在悬挂点处的硬点，改善了取流条件，两吊索悬挂点间跨距缩小，改善了接触线弛度对取流的影响。根据国内的试验，弹性简单悬挂在行车速度为 90km/h 时，弓网接触良好，取流正常，在多隧道的山区和行车速度不高的线路上可采用。在干线铁路机务段机车库线、整备线和地铁车辆段内可以采用带补偿装置的弹性简单悬挂。

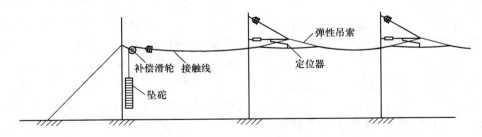

图 2-10 带补偿装置的弹性简单悬挂

二、链形悬挂

链形悬挂是有一根或多根接触线通过吊弦悬吊于承力索上的接触悬挂形式，承力索通过钩头鞍子、承力索座或悬吊滑轮等悬挂在支撑装置的腕臂上。链形悬挂主要由承力索、接触线、吊弦及悬挂零件等组成。链形悬挂是一种运行性能较好的悬挂形式。它的结构特点是接触线通过吊弦悬挂在承力索上，在不增加支柱的情况下增加了接触线的悬挂点，通过调节吊弦长度使接触线在整个跨距中对轨面的高度基本保持一致，减小了接触线在跨中的弛度，改善了接触线弹性，增加了接触悬挂的重量，提高了稳定性，可满足电力机车高速运行时取流的要求。

1. 链形悬挂按照悬挂链数的分类

链形悬挂分类方法较多，按悬挂链数的多少可分为单链形、双链形（又称复链形）和多链形（又称三链形）。目前中国主要采用单链形悬挂。

① 单链形悬挂。单链形悬挂根据悬挂点处吊弦的形式不同分为简单链形悬挂和弹性链形悬挂两种，如图 2-11 所示。弹性链形悬挂是在悬挂点两侧的主承力索上固定一段连续辅助绳，称为弹性吊索，弹性吊索通过 Y 形弹性吊弦或 Π 形弹性吊弦悬吊接触线。Π 形弹性吊弦安装时，短吊弦上端用弹性吊弦线夹同弹性吊索连接，下端与接触线吊弦线夹相连，当温度变化时，可避免短吊弦产生过大偏斜。Y 形弹性吊索结构现在已不常见。

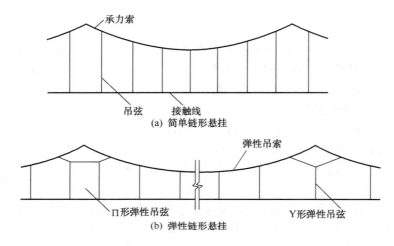

图 2-11　单链形悬挂示意图

弹性吊弦的作用是增加支柱处接触线固定点（又称定位点）的弹性，使一个跨距内接触线弹性均匀，有利于机车受电弓取流。简单链形悬挂结构简单，造价较便宜，运行、检修方便。弹性链形悬挂和简单链形悬挂相比，有更好的弹性均匀性，但接触悬挂的施工检调比简单链形悬挂复杂。两者都能够适应高速电气化铁路的受流要求。目前在普速电气化铁路中，简单链形悬挂是主要悬挂类型。在高速电气化铁路中，简单链形悬挂适用于单弓取流、跨距缩小、接触线张力加大的接触网系统，比如设计时速 350km/h 的京津城际高速铁路就采用了简单链形悬挂形式。弹性链形悬挂形式适用于双弓或多弓的高速取流，使弹性不均匀度尽可能低。目前弹性链形悬挂形式是中国高速铁路接触悬挂的主要形式，京沪、武广、石武、郑西等正线都采用了这种形式。

② 双链形悬挂。双链形悬挂的接触线经短吊弦悬挂在辅助吊索上，辅助吊索又通过吊弦悬挂在承力索上，如图 2-12 所示。双链形悬挂接触线弛度小，受流稳定性和风稳定性都比较优越，弹性均匀度好，有利于电力机车高速运行取流。但结构较复杂，投资及维修费用高，我国仅在个别地段试验。

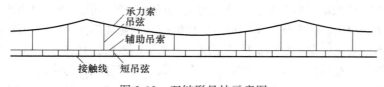

图 2-12　双链形悬挂示意图

多链形悬挂及其他悬挂类型由于结构复杂、不易施工、维修困难、设计繁琐、造价高等原因，目前没有得到广泛应用。中国高速铁路正线接触悬挂典型结构如图 2-13 所示。

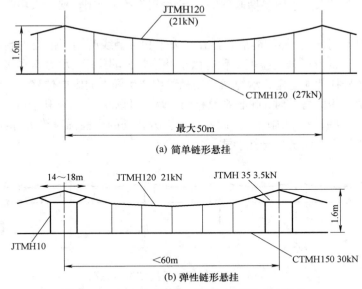

图 2-13 中国高速铁路正线接触悬挂典型结构

2．链形悬挂按照线索下锚方式的分类

① 未补偿链形悬挂。这种悬挂方式的承力索和接触线两端无补偿装置，均为硬锚。在大气温度变化时，因为承力索和接触线的热胀冷缩，承力索和接触线的张力、弛度变化较大，造成受流状态恶化，一般不采用。其结构形式如图 2-14 所示。

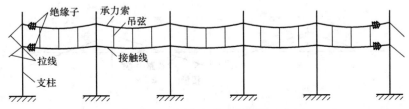

图 2-14 未补偿链形悬挂结构示意图

② 半补偿链形悬挂。在半补偿简单链形悬挂中，接触线两端设张力补偿装置，承力索两端为硬锚，如图 2-15 所示。

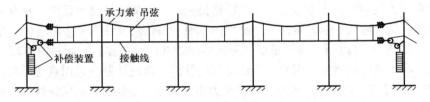

图 2-15 半补偿链形悬挂结构示意图

半补偿链形悬挂比未补偿链形悬挂在性能上得到了很大改善，但由于承力索为硬锚，当温

度变化时，承力索的张力和弛度随之发生变化，使得接触线弛度变化。同时，在温度变化时，接触线和承力索之间存在线路纵向位移，导致吊弦偏斜、接触线形成纵向张力差。这种悬挂形式不能满足高速行车需要，中国早期修建的电气化线路上有采用，现阶段均改造为全补偿链形悬挂形式。

③ 全补偿链形悬挂。全补偿链形悬挂在承力索和接触线两端下锚处均装设补偿装置，如图2-16所示。全补偿链形悬挂在温度变化时由于补偿装置的作用，承力索和接触线的张力基本不发生变化，接触悬挂性能稳定，承力索和接触线均产生同方向纵向位移，因而吊弦偏斜减小（接触线和承力索为相同材质时，膨胀系数相同，偏斜可以忽略），有利于机车高速取流，因此得到广泛使用。在一些较短的锚段（如渡线锚段，分相处的中性锚段等），接触网采用一端硬锚、一端补偿下锚的全补偿链形悬挂形式。

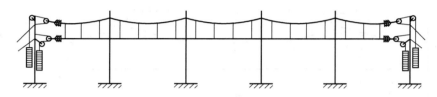

图 2-16　全补偿链形悬挂结构示意图

全补偿链形悬挂也分为全补偿简单链形悬挂和全补偿弹性链形悬挂两种形式。全补偿链形悬挂是目前中国电气化铁路使用的主要悬挂类型。

3. 链形悬挂按其承力索和接触线的相对位置不同的分类

① 直链形悬挂。直链形悬挂是承力索和接触线布置在同一垂直平面内，它们在轨平面上的投影是相互重叠的折线。如图2-17所示。

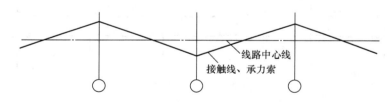

图 2-17　直链形悬挂

直链形悬挂的风稳定性较差（和半斜链形悬挂相比），在大风作用下接触线易产生横向摆动。在2000年以前，中国电气化铁路主要在曲线区段采用这种悬挂形式，即在曲线处承力索和接触线在垂直于轨面的正上方。近年来在铁路提速改造和高速铁路建设中，业内一致认为采用直链形悬挂可使接触线、承力索在一个平面内，便于吊弦长度计算（采用整体吊弦后，吊弦长度计算非常重要），可以提高施工精度，避免接触线在吊弦存在纵向倾斜时出现的接触线偏磨甚至是线夹与受电弓的碰撞。因此，新建电气化铁路、高速铁路多采用直链形悬挂。

② 半斜链形悬挂。在半斜链形悬挂中，承力索沿线路中心线布置，接触线在每一支柱定位点处，通过定位装置被布置成"之"字形，承力索与接触线不在同一垂直平面内，它们在水平面上的投影有一个较小的偏移，如图2-18所示。半斜链形悬挂风稳定性较好，是中国在2000年以前修建的电气化铁路接触悬挂（直线区段）的主要形式。

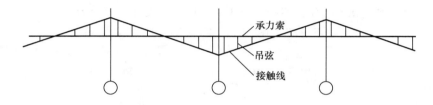

图 2-18　半斜链形悬挂

③ 斜链形悬挂。斜链形悬挂是指接触线和承力索布置成方向相反的"之"字形，接触线和承力索在水平面上的投影有一个较大的偏移，如图 2-19 所示。在曲线区段，承力索对线路中心线向外侧有一个较大的偏移，吊弦的倾斜角较大。这种悬挂的优点是风稳定性好，可增大两支柱之间的距离（简称跨距），但其结构复杂，设计计算繁琐，施工和检修困难，造价较高，在中国没有工程应用。

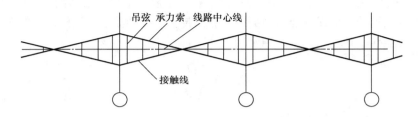

图 2-19　斜链形悬挂

第四节　接触网线索

学习目标：
① 掌握常见接触线的材料、规格型号；
② 掌握常见承力索的材料、规格型号；
③ 了解接触线磨耗测量。

一、接触线

接触线是接触网中与机车受电弓滑板摩擦接触并传输电流的导线。接触线的材质、工艺及性能对接触网起着重要作用，要求具有较小的电阻率、较大的导电能力、良好的抗磨损性能、较长的使用寿命、高强度的机械性、较强的抗张能力。接触线的截面形状为带有悬吊沟槽、合金种类识别沟槽的规则圆形。悬吊沟槽用于安装固定接触线的线夹，同时又不影响受电弓取流，识别沟槽用于识别接触线材质。

1. 接触线按照材质的分类

按照材质主要分为铜接触线、铜合金接触线和钢铝接触线。
（1）铜和铜合金接触线

铜、铜合金接触线在电气化铁路中的应用非常广泛，其型号表示为：

C——接触线。

材料：铜—T；铜银合金—TA；铜锡合金—TS；铜镁合金—TM；铜铬锆—TCZ。

强度等级：铜、铜银合金、铜铬锆合金：省略；铜镁合金：低—省略；中—M；高—H。

规格：标称截面积，mm^2。

接触线的常用规格有 120、150 两种。150 型截面积较大，有较大的载流量，主要用于需要较大牵引电流的站场正线和区间；120 型主要用于站场侧线。随着电气化铁路的大幅度提速和高速电气化铁路的建设，铜接触线因抗拉强度低、耐高温软化性差、耐磨性能差已经不能满足接触网技术发展的要求。高速接触网对接触线提出了更高的技术性能：

① 抗拉强度高。受电弓和接触网通过弓网接触点组成一个相互振荡耦合的振动系统，弓网振动以横波的方式沿着接触线向受电弓的前后方向传播。振动波沿着接触网（接触线）向前移动的速度称为接触线波动传播速度，通常用 C_p 所示：

$$C_p = 3.6\sqrt{\frac{T_j}{g_j}}$$

式中　C_p——接触线波动传播速度，km/h；

　　　T_j——接触网张力，N；

　　　g_j——接触线单位长度自重，kg/m。

接触线波动传播速度是接触线选择设计的重要依据。接触线波动传播速度应不小于线路列车最高行车速度的 1.4 倍。

为了提高接触线的波动传播速度，需相应提高接触线的张力，要求抗拉强度大于 $500N/mm^2$。提高接触线的张力可以得到两个附加效果：第一，可以相应地限制高速运行时的动态抬升量；第二，可以降低接触网弹性和提高弹性系数的均匀度，使接触网弹性降到 0.5mm/N 以下，从而使弹性在整个跨距内趋于一致。

② 导电性好，电阻率低。高速接触网中电流强度较大，必须要求接触线的电阻率低。铜和铜银合金接触线具有较好的导电性，CTCZ 型接触线有着更高的抗拉强度（大于 $560N/mm^2$）和更好的导电率（大于 75%IACS），在 350km/h 或者更高速铁路中有良好的应用前景。

③ 耐热性能好。高速接触网一般都具有列车运行速度高、密度大、持续时间长的特点。接触线内持续流过较大电流时，导线发热，在温升达到一定程度时，导线的材质会软化，强度会降低。因此，选择的接触线材质应具有较好的耐热性能，一般要求软化点在 300℃ 以上，以适应较高载流量。

④ 耐磨性能好。接触线和受电弓是滑动接触的，接触压力大，速度高，要求接触线具有良好的耐磨性能，接触线的耐磨性应小于 $0.015mm^2$/万弓架次。同时注意其抗腐蚀性能，尽量延长接触线的使用寿命。

一般的，铜银合金接触线用于普速电气化铁路，铜锡合金接触线用于速度 250km/h 的高速铁路，铜镁合金接触线用于速度 300km/h 及以上的高速铁路。铜及铜合金接触线的截面形状及合金识别沟槽如图 2-20 所示。

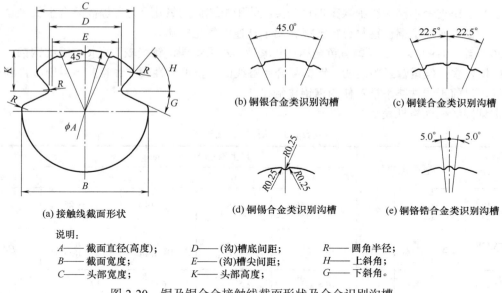

图 2-20 铜及铜合金接触线截面形状及合金识别沟槽

说明：
A——截面直径(高度)；　　D——(沟)槽底间距；　　R——圆角半径；
B——截面宽度；　　　　　E——(沟)槽尖间距；　　H——上斜角；
C——头部宽度；　　　　　K——头部高度；　　　　G——下斜角。

（2）钢铝复合接触线

钢铝复合接触线的其型号表示为：

C——接触线。

材料代号：GLN——内包梯形钢、铝复合；GLW——外露异形钢、铝复合。

断面图如图 2-21 所示。常见规格为 CGLW173、CGLW215、CGLN195、CGLN250 等。它是由导电性能较好的铝和机械强度较高的钢滚压冷轧而成，钢的部分用于保证应有的机械强度和耐磨性能，铝的部分用于导流。钢铝复合接触线具有很好的机械强度，不容易断线，线密度低，安全性较好，并具有价格便宜、材料来源广泛的优点。缺点是其刚度和截面积较大，形成的硬弯和死弯不易整直，影响受流。另外，钢的耐腐蚀性能差。铝覆钢的结构可以有效防止钢材料的氧化，在运行过程中，接触线下部铝磨耗后，开始发挥钢材料的耐磨性，这种结构有效

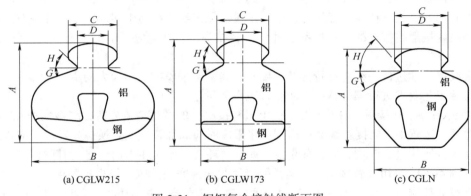

图 2-21 钢铝复合接触线断面图

防止了非工作支钢铝接触线中裸露钢材和接触线钢材侧面的氧化。为了提高复合金属接触线的导电性，日本研发了铜包钢复合接触线，用于高速电气化铁路。

20世纪70~90年代，我国有色金属比较紧缺，对采用铜接触线较为谨慎，因此钢铝复合接触线应用较多。但运营经验表明，钢铝复合接触线的安全可靠性较差，且其本身回收再利用价值较低。目前干线铁路不推荐使用钢铝接触线。

常见接触线规格见表2-3。

表2-3 常见接触线规格

接触线型号	标称截面/mm²			尺寸规格及允许偏差/mm				单位质量/(kg/km)
				A	B	C	D	
$GLCA\frac{100}{215}$	215	148	67	$16.5^{+0.66}_{-0.33}$	$19.6^{+0.78}_{-0.39}$	$8.4^{+0.4}_{-0.2}$	5.7 ± 0.25	925
$GLCA\frac{180}{173}$	173	119	54	$16.7^{+0.66}_{-0.33}$	$13.2^{+0.52}_{-0.26}$	$8.05^{+0.20}_{-0.40}$	$5.7^{+0.20}_{-0.40}$	744
CGLN250	250	188	62	$18.5^{+0.65}_{-0.30}$	$18.5^{+0.80}_{-0.40}$	6.85	$7.27^{+0.40}_{-0.20}$	994
CGLN195	195	140	55	$16.2^{+0.65}_{-0.30}$	$16.0^{+0.55}_{-0.30}$	6.85	$7.27^{+0.40}_{-0.20}$	807
CT85	86			$10.80\pm1\%$	$10.76\pm2\%$	$9.40\pm2\%$	$7.24^{+4\%}_{-2\%}$	769
CT110	111			$12.34\pm1\%$	$12.34\pm2\%$	$9.73\pm2\%$	$7.24^{+4\%}_{-2\%}$	992
CT120	121			$12.90\pm1\%$	$12.90\pm2\%$	$9.76\pm2\%$	$7.24^{+4\%}_{-2\%}$	1082
CT150	151			$14.40\pm1\%$	$14.40\pm2\%$	$9.71\pm2\%$	$7.24^{+4\%}_{-2\%}$	1350

2．接触线的接头和磨耗

① 接触线接头。对于普速铁路，为了保证整个接触网线路质量，规定在新架设的车站正线及区间干线上每个锚段中接触线的接头数目，正线不应超过1个，站线不应超过2个（不包括下锚处非工作支上接头），接头间距不应小于150m。接触线接头处应平滑、不打弓、螺栓紧固、扭矩应符合有关标准的要求。在接头线夹上应安装普通吊弦（目前进口的铜接头线夹不带吊弦），新建高速铁路接触线不得有接头。

运行中的接触线可能因为磨耗、损伤和断线而使锚段中的接头数量增加。对于普速铁路，一个锚段内接触线接头、补强的总数量应不超过2处，接头距悬挂点应不小于2m，同一跨距内不允许有两处接头。在高速客运专线中，正线锚段接触线在施工和运行中不允许有接头，侧线一个锚段内接触线接头的总数量不超过1处，接头距悬挂点应不小于2m，同一跨距内不允许有两处接头。

接触线接头通过接头线夹进行接续，接头线夹属于锚段中受力较大的重要零部件，应该严格按照安装工艺要求进行螺栓紧固，防止抽脱事故发生。

② 接触线磨耗。接触线在运行中，受电弓和接触线的摩擦会造成接触线截面积减小，称为接触线磨耗。运营中，当接触线磨耗达到一定限度时应局部补强或更换。如发现全锚段接触线平均磨耗百分比超过20%时，应全部更换。局部磨耗百分比达30%时可进行补强，当局部磨耗百分比达到40%时应切换做接头，高速铁路接触线允许磨耗参照维修规程要求。

接触线磨耗测量一般一年一次，测量点通常选在定位点、电连接线、导线接头、中心锚结、电分相、电分段、锚段关节、跨距中间等处。测量磨耗要利用游标卡尺。接触线的磨耗面积计算如图 2-22 所示。

$$a = 2\left[\pi R^2 \frac{\theta}{360} - \frac{R-x}{2}y\right] = \pi R^2 \frac{\theta}{180} - (R-x)y$$

将 $y = \sin\theta$ 代入上式得：

$$a = \pi R^2 \frac{\theta}{180} - (R-x)R\sin\theta$$

$$\theta = \arccos\left(1 - \frac{A-h}{R}\right)$$

式中　a——接触线的磨耗面积，mm^2；
　　　R——接触线圆截面半径，mm；
　　　h——接触线剩余高度，mm
　　　x——实际磨耗高度，$x = A - h$。

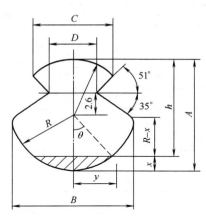

图 2-22　接触线磨耗面积计算

现场应用中，一般是用游标卡尺量出接触线的直径剩余高度，对照该型号接触线磨耗表，查出该点接触线磨耗截面积。表 2-4 所示为 150 型接触线磨耗表。

表 2-4　150 型接触线磨耗表

剩余高度/mm	磨耗面积/mm²	磨耗比例/%	剩余高度/mm	磨耗面积/mm²	磨耗比例/%
9.10	53.65	35.77	10.35	37.09	24.72
9.15	52.97	35.31	10.40	36.45	24.30
9.25	51.61	34.41	10.45	35.82	23.88
9.30	50.93	33.95	10.50	35.18	23.46
9.35	50.26	33.50	10.55	34.55	23.04
9.40	49.58	33.05	10.60	33.93	22.62
9.50	48.23	32.16	10.65	33.30	22.20
9.55	47.56	31.71	10.70	32.68	21.79
9.60	46.89	31.26	10.75	32.06	21.37
9.65	46.23	30.82	10.80	31.45	20.96
9.74	45.03	30.02	10.85	30.83	20.55
9.75	44.90	29.93	10.90	30.22	20.15
9.80	44.24	29.49	10.92	29.98	19.99
9.85	43.58	29.05	10.95	29.61	19.74
9.90	42.92	28.61	11.00	29.01	19.34
10.00	41.61	27.74	11.05	28.41	18.94
10.05	40.95	27.30	11.10	27.81	18.54
10.10	40.30	26.87	11.15	27.21	18.14
10.15	39.66	26.44	11.20	26.62	17.75
10.25	38.37	25.58	11.25	26.03	17.36
10.30	37.73	25.15	11.30	25.45	16.96

续表

剩余高度/mm	磨耗面积/mm²	磨耗比例/%	剩余高度/mm	磨耗面积/mm²	磨耗比例/%
11.35	24.86	16.58	13.15	6.81	4.54
11.40	24.29	16.19	13.20	6.41	4.27
11.45	23.71	15.81	13.25	6.02	4.01
11.50	23.14	15.43	13.30	5.64	3.76
11.55	22.57	15.05	13.35	5.26	3.51
11.60	22.01	14.67	13.40	4.90	3.27
11.65	21.45	14.30	13.45	4.54	3.03
11.70	20.89	13.93	13.50	4.19	2.79
11.75	20.34	13.56	13.55	3.85	2.57
11.80	19.79	13.19	13.60	3.52	2.35
11.85	19.24	12.83	13.65	3.20	2.13
11.90	18.70	12.47	13.70	2.89	1.93
11.95	18.17	12.11	13.75	2.59	1.72
12.00	17.63	11.76	13.80	2.30	1.53
12.05	17.11	11.40	13.85	2.02	1.35
12.10	16.58	11.06	13.90	1.75	1.17
12.15	16.06	10.71	13.95	1.50	1.00
12.20	15.55	10.37	14.00	1.26	0.84
12.25	15.04	10.03	14.05	1.03	0.69
12.30	14.54	9.69	14.10	0.82	0.54
12.35	14.04	9.36	14.15	0.62	0.41
12.40	13.54	9.03	14.20	0.45	0.30
12.45	13.05	8.70	14.25	0.29	0.19
12.50	12.57	8.38	13.80	2.30	1.53
12.55	12.09	8.06	13.85	2.02	1.35
12.60	11.62	7.74	13.90	1.75	1.17
12.65	11.15	7.43	13.95	1.50	1.00
12.70	10.69	7.12	14.00	1.26	0.84
12.75	10.23	6.82	14.05	1.03	0.69
12.80	9.78	6.52	14.10	0.82	0.54
12.85	9.34	6.22	14.15	0.62	0.41
12.90	8.90	5.93	14.20	0.45	0.30
12.95	8.47	5.64	14.25	0.29	0.19
13.00	8.04	5.36	14.30	0.16	0.11
13.05	7.62	5.08	14.35	0.06	0.04
13.10	7.21	4.81	14.40	0	0

二、承力索

承力索的作用是通过吊弦将接触线悬挂起来。要求承力索能够承受较大的张力和具有抗腐蚀能力，并且在温度变化时弛度变化较小。承力索根据材质一般可分为铜和铜合金承力索、钢承力索、铝包钢承力索三类。按照设计时承力索是否通过牵引电流，可以将承力索分为载流承力索和非载流承力索。使用载流承力索的电力牵引区段习惯称为载流区段，使用非载流承力索的电力牵引区段称为非载流区段。

1. 铜和铜合金承力索

铜和铜合金承力索导电性能好，可做牵引电流的通道之一，和接触线并联供电，提高接触网的负载能力，降低压损和能耗，且抗腐蚀性能高。但铜承力索消耗铜多，造价高且机械强度低，不能承受较大的张力，温度变化时弛度变化也大。为了提高承力索的机械强度，采用新型铜镁、铜铬锆合金承力索，其允许工作温度高、载流能力强，在高速、重载电气化线道上有广阔应用前景。铜和铜合金承力索型号用下列形式表示：

J——绞线。

材料：铜——T，铜镁合金——TM，铜铬锆——TCZ。

抗拉强度及导电率等级：520MPa、62%IACS 导电率，铜铬锆及铜绞线省略；620MPa、62%IACS 导电率——M；620MPa、75%IACS 导电率——H。

规格：标称截面积，mm²；

绞合结构：同心层绞（在一根中心线周围螺旋绞上一层或多层单线组成的导线，其相邻层纹向相反）用"1×构成绞线的单线根数"表示；复绞用构成绞线的股数和构成股数的单线根数表示，中间用"×"分开，复绞的股层间用"+"分开，并用圆括号括起，靠前者为内层。

例如：标称截面积为 95mm²、单线 19 根、单线直径 2.50、抗拉强度为 620MPa 的铜镁合金绞线（同心层绕）表示为 JTMH—1×19/2.50。

2. 钢承力索

钢承力索用镀锌钢绞线制成，强度高，耐张力大，安装弛度小，弛度变化小，节省有色金属，造价低。但电阻大，导电性能差，一般为非载流承力索。钢承力索不耐腐蚀，使用时还要采用防腐措施。常用规格有 GJ—100、GJ—80、GJ—70 等类型，GJ 表示钢绞线，数字是绞线的截面积。20 世纪 90 年代以前，镀锌钢绞线作为承力索在普速铁路中应用广泛，也常用作下锚拉线、软横跨横承力索等的线材。

3. 铝包钢承力索

铝包钢承力索有两种，一种是铝包钢绞线，另一种为铝包钢芯铝绞线。铝包钢绞线的单线上覆盖 0.1~0.28mm 厚的铝，隔离钢绞线和空气，达到防腐的目的，载流能力相对小，型号表示为 LBGJ—□（），其中 LGB 表示材质为铝包钢，J 表示绞线，后面两个参数是标称截面积和股数。

铝包钢芯铝绞线主要以铝覆钢线中的钢芯部分承受张力,覆铝层和铝线载流,导电性能好,机械强度和抗腐蚀性能较好。其型号表示为:

比如 LBGLJ—120/35(8/7)表示铝标称截面积为 120mm²、钢标称截面积为 35mm² 的铝包钢芯铝绞线。

承力索与接触线采用同类材质,可改善接触网的性能,简化施工,提高施工精度,免去电气连接线夹的特殊处理程序,并可降低运营维护的工作量。我国的运营实践表明:铜或铜合金材质的承力索技术性能可靠、安全性好。为了提高系统的安全可靠性,2000 年以后,干线电气化铁路承力索一般采用铜镁合金绞线,2010 年后又研制出了更高强低阻的铜铬锆承力索。

三、典型应用举例

典型的接触悬挂线索应用见表 2-5。

表 2-5 典型的接触悬挂线索应用

序号	使用场合	接触线型号	接触线张力/kN	承力索	承力索张力/kN	应用情况
1	正线	CTMH150 CTZH150	31.5(350km/h 区段) 33~36(380km/h 区段) 40(高速试验段)	JTMH120	20	京沪高铁
	站场	CTSH120	15	JTMH95	15	
2	正线	CTMH150	30	JTMH120	21	武广高铁、石武高铁
	站场	CTMH120	15	JTMH95	15	
3	正线	CTSH150	25	JTMH120	20	合宁客专
	站场	CTSH120	15	JTMH95	15	
4	正线	CTAH120	15	JTMH95	15	既有线提速区段
	站场	CTAH85	8.5	JTMH70	15	
5	正线	TCG110	10	GJ-100	10	早期线路
	站场	TCG85	8.5	GJ-70	10	

第五节 吊 弦

学习目标:
① 掌握吊弦的作用;
② 掌握吊弦的分类、结构和偏移计算。

一、吊弦按照结构形式的分类

1. 环节吊弦

环节吊弦在20世纪90年代以前的普速电气化铁道中广泛采用，其形状如图2-23所示。环节吊弦的环孔直径为线径的5~10倍，环孔高宽比约为3:2，环孔收口处尾线缠紧主线两圈半，制作过程不能损伤镀锌层。为增加悬挂弹性，每根吊弦不少于两节，两节连接处的环孔互相垂直。与接触线相连的一节吊弦，其一端制成环孔，另一端制成直线状，安装时可穿过固定在接触线上的吊弦线夹，多余的回头拧成"8"字形状。

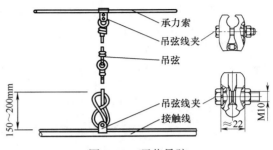

图2-23 环节吊弦

环节吊弦现场安装精度不好把控，基本上不具备载流能力，受电弓通过时产生的振动会导致环与环瞬时脱离，从而导致电流烧损，环与环再接触时又会导致机械磨损，且耐腐蚀、耐电弧烧蚀能力也较差。随着列车运行速度的逐步提高，对接触网的可靠性要求越来越高，环节吊弦已经逐渐被淘汰。

2. 整体吊弦

随着中国电气化铁路不断向高速发展，由耐腐蚀铜合金铜绞线制成的带有导流线的整体吊弦逐步替代了传统的环节吊弦，成为中国电气化铁道的吊弦的主要形式。整体吊弦按照结构形式分为带心形环的整体吊弦和刚性吊弦（C型），带心形环的整体吊弦分为不可调整体吊弦（A型）和可调整体吊弦（B型）两种，见图2-24。

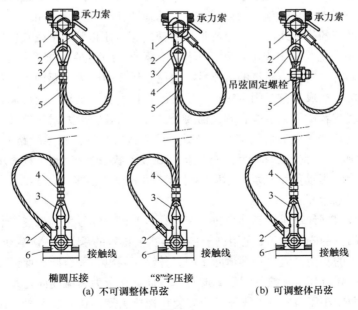

图2-24

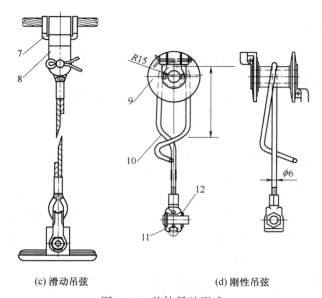

(c) 滑动吊弦　　　　(d) 刚性吊弦

图 2-24　整体吊弦形式

1—承力索吊弦线夹；2—压线端子；3—心形环；4—压接管；5—吊弦线；
6—接触线吊弦线夹；7—塑料护套；8—滑动吊弦线夹；9—绝缘护套；
10—刚性吊弦；11—刚性吊弦线夹；12—特殊螺栓

（1）带心形环的整体吊弦

带心形环的整体吊弦是整体吊弦的主要形式，由接触线吊弦线夹、承力索吊弦线夹、心形环、压接管、连接线夹、吊弦线等组成，采用心形环结构，吊弦线在接触线端的连接采用压接管压接。吊弦线采用 JTMH10 铜镁合金绞线，最大垂直工作荷重为 1.3kN。

不可调整体吊弦的吊弦线内衬一个心形环折回后穿过压接管，吊弦长度固定，是电气化铁路吊弦的主要形式。尾线留出规定长度，压接铜线鼻子后压接在线夹螺栓上，称为导流尾线，保证接触悬挂振动时横向电流通道的可靠性，避免心形环的电火花腐蚀。可调整体吊弦将吊弦线上端固定的压接管换成吊弦线固定螺栓，使得吊弦长度在一定范围内可调，主要用于接触悬挂上存在集中荷载或者锚段关节等有调整需要处。当吊弦处的承力索和接触线存在顺线路方向的位移时，比如高速线岔处装设的交叉吊弦处，两支接触悬挂存在顺线路方向的较大位移时，固定长度的吊弦倾斜，可能拉起接触线，造成接触线技术状态改变，此时宜采用滑动吊弦形式，如图 2-24（c）所示。滑动吊弦和承力索间不易形成可靠电气连接，应绝缘安装，用防水塑料将承力索和吊弦可靠绝缘开。

整体吊弦一般根据计算机计算结果进行工厂化预装配，编号后到现场安装，安装时要按照计算表精确确定吊弦的安装位置；先用刷子将安装线夹位置的承力索、接触线及线夹与承力索、接触线的接触面上的灰尘、氧化物等清除干净，并涂一层电力复合脂，保证线索、线夹间电气连接良好；吊弦的导流环，在接触线端朝向行车方向，在承力索端朝向行车的反方向；吊弦呈垂直或线夹倾斜角度小于 15°时，线鼻子应安装在螺栓头侧，在曲线区段，接触线吊弦线夹的螺栓上的螺母和线鼻子应朝向低轨，如图 2-25 所示。

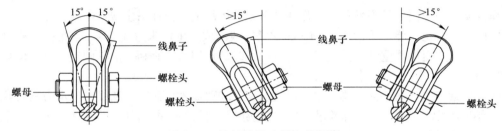

图 2-25 接触线吊弦线夹的倾斜

（2）刚性吊弦

刚性吊弦由 $\phi 6mm$ 的铜合金棒制成，下端与接触线吊弦线夹压接连接。承力索端通过长形环悬吊在承力索上的绝缘套上，这种绝缘安装使得刚性吊弦不能通过横向电流。受电弓通过时，长形环上端脱离绝缘套，受电弓的抬升力不施加到承力索上，吊弦本身不发生弯曲，避免线材的疲劳损伤，主要用于大风区段。在工程应用中，刚性吊弦长形环制作尺寸要标准，防止其从绝缘套中脱出；吊弦本体铜合金棒和接触线线夹的压接要牢固，防止抽脱事故发生。

二、吊弦按照使用场合的分类

1. 支柱定位处吊弦

支柱定位处吊弦也称为第一吊弦，支柱定位处吊弦按悬挂类型的不同分为简单支柱吊弦和弹性支柱吊弦两种。

采用简单链形悬挂时，在定位点两侧各 4m 处安设一组吊弦，如图 2-26 所示，称为简单支柱吊弦。

当为弹性链形悬挂时，安设弹性支柱吊弦，亦称弹性吊弦，如图 2-27 所示，有 Y 形结构和 Π 形结构两种

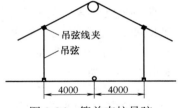

图 2-26 简单支柱吊弦

形式。实际应用中 Π 形弹性吊弦在时速超过 200km/h 的高速铁路中应用较多，Y 形弹性吊弦在中国早期的电气化铁道中有使用，后逐渐取消。

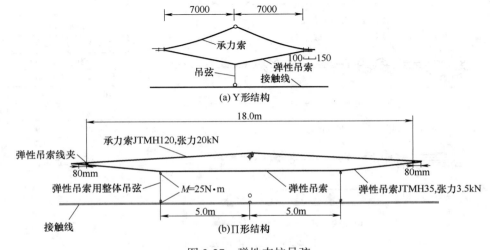

图 2-27 弹性支柱吊弦

弹性支柱吊弦由一根弹性吊索、弹性吊索用整体吊弦和弹性吊索线夹组成。弹性吊索的长度主要由跨距决定。弹性吊索用 JTMH35 铜镁绞线制成，工作张力 3.5kN。该吊弦形式可增加定位弹性，减少定位器重量对受电弓通过定位点时的作用力，有利于消除硬点，增加接触悬挂弹性均匀性。

弹性吊索用整体吊弦的结构和整体吊弦类似，区别主要是弹性吊弦线夹比承力索吊弦线夹稍小。当电分段锚段关节内因弹性吊弦造成两接触悬挂的各带电部分间的空气绝缘距离不足时，应将弹性吊弦撤除，并适当增设普通吊弦。

2. 软横跨直吊弦

软横跨是多股道站场的横向支撑装置，软横跨直吊弦安设在软横跨横向承力索与上部固定绳之间，不分环节，早期采用两股 $\phi 4mm$ 的镀锌铁线拧合而成，根据技术要求，最短不小于 0.4m。软横跨直吊弦应保持垂直，在直线区段应在线路中心线处，曲线区段应在纵向承力索的正上方。软横跨直吊弦可采用软不锈钢绞线，可以提高直吊弦的耐腐蚀能力和可靠性。

3. 隧道内吊弦

隧道内吊弦安装如图 2-28 所示。在有净空高度限制的隧道内，接触悬挂高度较小，吊弦形式不同于区间或站场。采用全补偿链形悬挂时，跨距为 35~42m，一般每个跨距中布置 4 根吊弦，吊弦与悬挂点间距取 $l/8$，吊弦间距取 $l/4$。吊弦在顺线路方向应该垂直安装。隧道内吊弦一般由两节组成，第一节采用固定的吊弦长度，第二节做成可调节长度，吊弦长度可根据承力索的弛度算出。当隧道内为简单悬挂时，净空高度允许安装悬挂点，则可设滑动吊弦和人字吊弦，人字吊弦如图 2-29 所示。隧道净空若不能满足安装悬挂点，则采用局部开挖拱顶安设滑动吊弦，如图 2-30 所示。

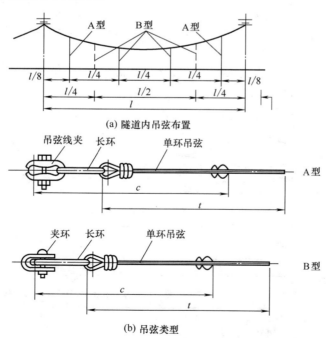

图 2-28　隧道内吊弦安装图

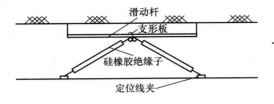
图 2-29　隧道简单悬挂人字吊弦

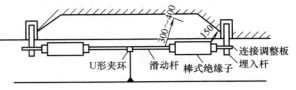
图 2-30　隧道简单悬挂开挖拱顶式滑动吊弦

在新建线路中，一般隧道都能较好地满足电气化空间的净空要求。高铁中考虑列车高速通过隧道时空气气压的变化，隧道界面更大，这时隧道内吊弦和非隧道区间相同。

4．普通吊弦

除了以上几种情况外，在链形悬挂跨中承力索接触线间的吊弦统称为普通吊弦。

三、吊弦的偏移

在设有补偿装置的链形悬挂中，当气温变化时，线索因热胀冷缩的物理特性，顺线路方向产生移动。对于全补偿链形悬挂，目前中国电气化铁路承力索和接触线为相同铜或铜合金材质时，吊弦无论在什么温度安装，都应该垂直安装。在采用交叉吊弦的场所，当两个锚段接触悬挂距离中心锚结距离不同时，会产生吊弦偏移：

$$E=\alpha(L_1 - L_2)(t_x - t_p)$$

式中　E——所计算吊弦的偏移值，m；
　　　L_1、L_2——两支接触悬挂吊弦处距中心锚结的距离，m；
　　　α——接触线、承力索的线胀系数，1/℃；
　　　t_x——安装时的温度，℃；
　　　t_p——腕臂和定位器在正常位置时的温度，℃。

四、整体吊弦的预制施工要求

1．吊弦长度的计算

吊弦长度计算的工程意义是对整体吊弦进行预制计算，精确确定各个吊弦的安装位置和长度。目前吊弦长度计算主要应用专用的计算机软件来进行，较少进行手工计算。影响吊弦长度的因素很多。吊弦长度计算是按照锚段进行的，进行吊弦长度计算的基本参数包括几个方面：锚段的一般参数（包括锚段长度、跨数、线路的曲线超高和坡度情况），接触悬挂线索的参数、弹性吊弦和吊弦的参数，第一吊弦的距离，线夹重，吊弦的切割长度，双腕臂槽钢（关节处）的长度，其他支持数据（承力索座的型号、特殊悬挂和附加荷载情况、侧面限界、支柱倾斜等）。输入参数后，由计算机生成一个锚段内各吊弦的安装位置和长度信息，用于指导吊弦预制。

2. 整体吊弦的工厂化预制工艺

① 工前检查。

② 来料检查：确定零件是否与线材相匹配，吊弦线夹尺寸是否正确，有无断股、散股、磨伤等现象。

③ 工装检查：检查压接模的尺寸、表面质量以及有无影响正常压接的缺陷；检查压接模与压接钳是否连接良好；检查量具及尺寸标定装置是否准确；检查设备及其他辅助装置的安全防护。

④ 预拉：根据预制场地大小，每次从线盘中放出 30~50m 长的吊弦线，在线索两端串接紧线器和拉力计，按 1.5kN 张力对吊弦线进行预拉。

⑤ 吊弦线下料：按照《吊弦预制安装表》中吊弦下料长度，将吊弦线头部无散股部位用细铜线绑扎，用断线钳截取线索，截断后线头无松散、毛刺等现象。

⑥ 穿线：取掉吊弦线上的铜扎线，将吊弦线穿过压接管，并放在压接装置护环的圆弧槽内，压接管尽量靠近护环，拉紧吊弦线，吊弦线剩余长度 20mm，防止单线未穿入及伤线现象。

⑦ 压接：将穿好的吊弦线放入工装，按高度方向垂直放置，压接管中心应与型腔中心重合，将吊弦一端合模压接；将压好的一端套在压制平台的固定钢筋柱上，把吊弦拉直，用钢板尺复核吊弦的长度；合模压接另一端回头，压接时应使线鼻子与心形环在同一断面内。

⑧ 检查：对压接完毕的吊弦尺寸进行校核，确保工装达到设计要求，压接部位应光滑。

⑨ 标识、包装：将吊弦实际长度打印在吊弦线夹背面，并按照跨距分类，装箱。

3. 整体吊弦的施工要求

① 吊弦安装位置测量。普速线路的吊弦安装位置的测量从悬挂点向跨中测量，其偏差应在跨中调整，施工偏差为±100mm。在高铁施工中，吊弦间距按计算值布置，安装测量应从中心锚结向下锚侧进行，吊弦间距测量的起测点与闭合点均以悬挂点为准，吊弦间距测量偏差小于 150mm 时，应将误差均布在各间距内。如大于 150mm 时安装允许偏差为±50mm，整体吊弦制作长度偏差应不大于 1.5mm。

② 先安装承力索上的吊弦线夹，再安装接触线上的吊弦线夹。安装前用刷子清除掉承力索、接触线安装吊弦线夹部位的灰尘和氧化物层，并在安装位置涂一层电力复合脂，保证连接处导电性良好。悬挂点高度符合设计要求，允许偏差±30mm；相邻吊弦点接触线高度施工偏差为±10mm。

③ 在常温下，吊弦顺线路方向应垂直安装。承力索、接触线采用不同材质时，应按设计提供的曲线表安装，或按计算公式计算的偏移量安装，顺线路方向施工偏差不应大于 20mm；承力索、接触线采用同一材质时，在任何温度下均应垂直安装，误差控制在 20mm 以内，交叉吊弦除外。

五、吊弦检调要点

① 检查线夹本体及螺栓有无损伤、变形、裂纹、烧伤或其他不良状态，止动垫片是否安装到位。紧固力矩 23N·m，无严重超负荷或欠负荷紧固，无变形，本体和螺栓无开裂。压接环压接牢靠，无松动现象。

② 吊线线夹螺栓检查维修标准。

直线段与曲线内侧：接触线吊弦线夹螺母在田野侧，即接触线吊弦线夹螺栓由线路侧向田野侧穿。承力索吊弦线夹螺栓的穿向与接触线吊弦线夹螺栓的穿向相反。

曲线外侧：接触线吊弦线夹螺母在线路侧，即接触线吊弦线夹螺栓由田野侧向线路侧穿，承力索吊弦线夹螺栓的穿向与接触线吊弦线夹螺栓的穿向相反。在导线扭面的情况下，螺栓永远从低侧向较高的一侧穿。

吊弦载流环线鼻子始终在螺栓头一侧（即不在螺母侧），吊弦线夹的载流圈固定在吊弦线夹的螺栓侧。承力索吊弦线夹载流圈与接触线吊弦线夹载流圈安装方向相反，接触线吊弦线夹载流圈面向列车前进方向，线鼻子与接触线夹角不得小于 30°。

③ 吊弦线检查维修标准。检查有无损伤、变形、断股、烧伤或其他不良状态；检查吊弦与鸡心环是否紧密接触；吊弦承力索线夹 U 型卡环无变形，吊弦螺栓要安装止松垫片。

④ 弹性吊索无断线、断股、松弛，外露长度达标。承力索座应该在弹性吊索的中心外置，允许偏差为 ±20mm。弹性吊索工作张力符合设计规定，允许偏差为 ±50N。弹性吊索吊弦处与定位点处接触线高度相等。

吊弦的长度要能适应在温度极限范围内接触线的伸缩和弛度的变化，否则应采用滑动吊弦。吊弦预制长度应与计算长度相等，误差应不大于 ±2mm。吊弦截面损伤不得超过 20%。

第六节　腕臂支柱装配

学习目标：
① 掌握绝缘腕臂的结构及主要部件的名称；
② 掌握腕臂装配要求；
③ 掌握侧面限界、结构高度和导高的含义；
④ 了解常见中间柱的装配结构。

一、腕臂的分类

腕臂是从支柱上伸出的由一根或几根横臂组成的支撑结构，一般使用圆形钢管、铝合金管或用槽钢、角钢加工制成，用以支撑接触悬挂，传递荷载。腕臂按其与支柱之间是否绝缘分为绝缘腕臂和非绝缘腕臂两类。

1. 绝缘腕臂

我国目前在接触网上普遍采用绝缘腕臂，安装结构如图 2-31 所示。由于腕臂与水平拉杆均通过绝缘子对地绝缘，故称为绝缘腕臂。

绝缘腕臂结构灵巧简单，技术性能好，施工维修和安装方便，由于绝缘子安装在靠支柱侧，减少了对支柱容量和高度的要求，从而降低了成本，同时在内电混合牵引区段不易被污染，减少了绝缘子清扫和维护工作。

2. 非绝缘腕臂

这种腕臂结构中,通过悬吊在腕臂上的绝缘子串来悬挂承力索。腕臂和支柱间不绝缘,因此称为非绝缘腕臂。非绝缘腕臂结构笨重,要求支柱高度和支柱容量大,安装维修困难,绝缘子容易脏污,不便开展带电作业,应尽量减少使用。结构如图2-32所示。

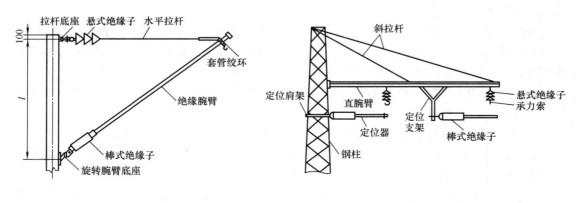

图 2-31　绝缘腕臂　　　　　　图 2-32　非绝缘腕臂

按腕臂在支柱上的固定方法,分为旋转腕臂和固定腕臂。旋转腕臂通过腕臂支撑装置的旋转,允许架空接触网纵向移动。

按照腕臂跨越的股道数分,有单线路腕臂、多线路腕臂等;按照腕臂的材质分,有钢腕臂和铝合金腕臂;按腕臂支撑装置结构,可分为带拉杆的水平腕臂(用于简单悬挂)、带水平拉杆(或压管)的斜腕臂、平腕臂等。

二、影响腕臂装配的基本参数

要根据线路需要来决定腕臂采用哪种装配形式,要求腕臂既有足够的机械强度,结构尽量简单、轻巧,易于施工安装、维修更换,还要满足一定的技术要求,包括腕臂跨越线路股道的数目、接触悬挂的结构高度、接触线高度、支柱侧面限界和支柱所在位置(即支柱设在直线上还是设在曲线区段,是在曲线内侧还是在曲线外侧)等因素。在曲线上,腕臂还要根据受力状况决定是否配合拉杆或压管使用。

1. 导高

导高是接触线工作支无弛度时悬挂点处(或称定位点处)接触线距轨面的垂直高度,一般用 H 表示。导高是根据车辆装载高度、空气绝缘距离、冰雪附加荷载、工务维修、施工误差以及受电弓的工作范围等因素综合确定。受受电弓最大工作高度的影响,导高的最大值不应大于6500mm。

站场和区间(含隧道)接触线距轨面的高度宜一致,其最低高度不应小于5700mm;编组站、区段站等配有调车组的线、站,正常情况可不小于6200mm,确有困难时不应小于5700mm;既有隧道内(包括按规定降低高度的隧道口外及跨线建筑物范围内)正常情况不应小于5700mm,困难情况下不应小于5650mm,特殊情况下不应小于5330mm;开行双层集装箱列车的线路，接触线距轨面的最低高度应根据双层集装箱的高度和绝缘距离计算确定，不宜小于6330mm，一般采用6450mm。对于只开行动车组的线路，由于不存在超限货物列车通过问题，为了提高接触悬挂稳定性，导高较低，一般采用5150~5500mm，目前我国采用5300mm。对于海拔超过1000m的区段，应考虑绝缘间隙的调整。

对于导高误差也有着严格的规定。行车速度大于160km/h时，对施工误差要求更加严格：定位点两侧第一吊弦处接触线高度应等高，相对该定位点的接触线高度的施工偏差为±10mm，但不得出现"V"字形；两相邻悬挂点等高相对差不得大于30mm；同一跨内相邻吊弦处的导高差应符合设计预留弛度的要求，施工偏差不得大于5mm。

2. 支柱侧面限界

支柱侧面限界是指支柱内缘与邻近铁路轨顶连线的线路中心线的水平距离。电气化铁路接触网是沿铁路架设的，为了确保行车安全，要求接触网支柱及其他电气装置的限界不得侵入《铁路技术管理规程》规定的铁路接近限界。为了安全起见，支柱侧面限界的设计值比建筑接近限界规定值要大。

在直线区段，支柱侧面限界在通行超限货物列车的正线或站线上必须大于2440mm；不通行超限货物列车的站线（比如机车走行线）必须大于2150mm。曲线区段，受外轨超高的影响，上述距离应按现行国家标准《标准轨距铁路建筑限界》的规定加宽。表2-6所示为支柱侧面限界选用表。

表2-6 支柱侧面限界选用表

曲线半径/m	200	300~599	600~1000	>1000	∞
曲线外侧限界/m	2.850	2.70	2.60	2.60	2.50
曲线内侧限界/m	3.10	3.10	2.80	2.70	—

采用大型机械化养护的路基路段，接触网支柱侧面限界应满足大型机械作业的需要，不应小于3000mm，一般取3100mm。牵出线处支柱侧面限界一般不应小于3500mm，困难情况下不应小于3100mm。

桥墩台上支柱的侧面限界一般按照表2-7选用。

表2-7 桥墩台上支柱侧面限界选用表

线路条件/m	曲线外侧		曲线内侧		
曲线半径/m	250~1500	>1500	250~1500	>1500	2000~4000
侧面限界/m	2.90	2.70	3.00	2.90	2.80

3. 结构高度

链形悬挂的结构高度是指悬挂点处承力索和接触线的垂直距离，用 h 表示。确定一个技术、经济都合理的结构高度，一般应考虑几个方面的因素：最短吊弦长度不要过小；在条件许可时，尽可能减少支柱高度；选择适当的悬挂类型，全补偿比半补偿要求较低的结构高度；考虑适当的调整范围，如起道的影响；便于调整和维修。

结构高度一般取950~1700mm。高速铁路中，为了改善定位点接触线弹性，结构高度一般取值大于 1400mm，我国的高速铁路取为 1600mm。结构高度可以下公式表示：

$$h=F_0+C_{\min}$$

式中 h——结构高度，mm；
F_0——接触线无弛度时承力索弛度，mm；
$C_{\min}$——最短吊弦长度，mm。

最小的结构高度必须满足最短吊弦长度的要求。最短吊弦长度见表 2-8。

表 2-8 最短吊弦长度

设计速度/（km/h）	最短吊弦长度/mm
120	300
160	400
200	400
250	500
300	600
350	600

注：隧道内及跨线建筑物下最短吊弦长度可根据净空情况酌情减小。

净空受限时，隧道内的结构高度一般为 450~550mm，不得低于 300mm。结构高度过小，会在吊弦处形成硬点，甚至受电弓通过时在跨中接触线与承力索相碰撞。因此，在条件许可时，增大结构高度会相应地改善悬挂的运营条件。高速铁路隧道断面大，采用和非隧道区间一样的结构高度 1600mm。

三、常见腕臂支柱装配

腕臂支柱装配根据悬挂类型的不同分为简单悬挂支柱装配、半补偿链形悬挂支柱装配、全补偿链形悬挂支柱装配等。根据支柱用途的不同，分为中间柱装配、转换柱装配、道岔定位柱装配、锚柱装配和中心柱的装配以及直线与曲线支柱装配。根据装配零件、形式不同，可以分为水平拉杆式腕臂支柱装配、平腕臂支柱装配和铝合金腕臂支柱装配、整体腕臂支柱装配等。这里以中间柱为例，说明不同类型的腕臂装配形式。

在中间支柱上，只有一支接触悬挂，腕臂支撑装置悬吊并把承力索和接触线定位在所要求的位置上，这种支撑装置称为中间柱支撑装置。中间柱支撑装置是采用最多的支撑结构形式，支柱一般立于线路的同一侧，接触线需要按"之"字形布置，其拉出值一般在支柱点处要变换方向，所以定位为一正一反，保证定位器处于受拉状态。

1. 水平拉杆腕臂

水平拉杆腕臂的装配结构如图 2-33 所示。由于腕臂装配中，上部杆环杆 19 呈水平状态，承受拉力，故称为水平拉杆。水平拉杆经过调节板与装在腕臂顶端的套管绞环相连。在套管绞环下面安装钩头鞍子或悬吊滑轮，用以固定承力索。上述结构适用于各种类型支柱装配。

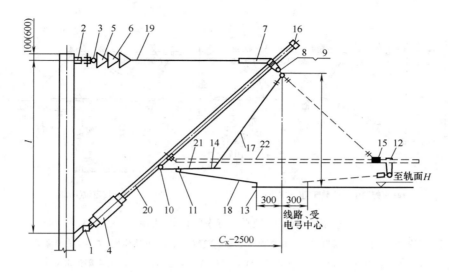

图 2-33 水平拉杆腕臂装配结构（虚线部分用于反定位）

1—腕臂底座；2—水平拉杆底座；3—双耳连接器；4—棒式绝缘子；5—耳环悬式绝缘子；6—杵头悬式绝缘子；
7—调节板；8—套管绞环；9—钩头鞍子；10—定位环；11—1/2 定位环；12—长定位环；13—定位线夹；
14—定位管卡子；15—I 型定位管卡子；16—管帽；17—$\phi 4.0$ 拉线；18—定位器；19—杵环杆；
20—腕臂；21—定位管；22—定位管

腕臂根部通过棒式绝缘子与安设在支柱上的腕臂底座相连，顶端经套管绞环、调节板、水平拉杆（或压管）并通过悬式绝缘子串（或棒式绝缘子）固定在支柱顶部水平拉杆底座处。

若支柱处于曲线内侧，当水平拉杆承受拉力较小或受压时，应该将拉杆换成压管，悬式绝缘子改为棒式绝缘子。当腕臂受力较大时，应采用套管型腕臂。腕臂顶端为防雨水或雪水流入，配用管帽，防止管内生锈。

定位器一端通过定位线夹与接触线相连，另一端通过定位钩与固定在定位管上的定位环连接。移动定位环在定位管上的位置，可以调节接触线的拉出值。定位管一端经过定位钩与腕臂上的定位环相连，这种定位钩与定位环的连接形式是定位装置的通用连接结构。

定位管可以受拉也可以受压，当采用正定位时受拉，采用反定位时受压，由于长杆在受压时容易失稳，因此外径增大。一般正定位时，定位管安装高度为 $H_0+210mm$，反定位时 $H_0+370mm$（H_0 是接触线正常工作高度），其长度应根据支柱侧面限界、拉出值的大小和方向来定。

2000 年以后，随着接触网技术进步和铁路提速，不再采用水平拉杆腕臂，支柱装配多采用 G 型、L 型平腕臂结构。

2. G 型腕臂装配

G 型腕臂装配即钢腕臂装配，主要由平腕臂、斜腕臂、腕臂连接器、承力索座、腕臂支撑、支撑连接器等组成。腕臂主要零件材质为 Q235 钢。分为 ZG、WG 两种，Z 表示直缝焊钢管腕臂，W 表示无缝钢管腕臂。近年来，随着接触网技术进步和铁路提速，支柱装配趋向于使用 G 型腕臂支柱装置，用平腕臂代替了拉杆结构，所以这种装配形式的结构也称为平腕臂结构。平腕臂结构和水平拉杆腕臂结构相比，抗风性能好、结构稳定、受力合理、强度大，可以提高接触网的稳定性，降低接触网的故障率，并有利于改善弓网受流质量。如图 2-34 所示。

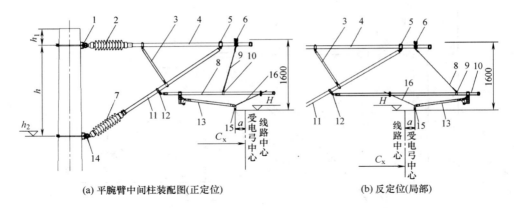

图 2-34 G 型平腕臂中间柱装配结构

1—上底座；2—棒式绝缘子；3—腕臂支撑；4—平腕臂；5—套管双耳；6—承力索座；7—棒式绝缘子；8—定位管；
9—定位管斜拉线；10—定位管卡子；11—斜腕臂；12—Z型定位环；13—限位定位器；
14—下底座；15—定位线夹；16—防风拉线

平腕臂既能承受拉力，又可以承受压力，统一了腕臂的装配形式，简化了设计和施工。通过现场测量后进行预配计算，确定腕臂结构尺寸，提高了施工安装的精度。在线路曲线半径为900~4000m时，其支柱装配形式和直线类似。这种装配结构在普速电气化线路广泛采用。

3. L 型腕臂装配

L 型腕臂装配表示其主要零件由铝合金构成的腕臂装配形式。在高速铁路建设中，开始广泛使用以铝合金零件为主的腕臂装置，铝合金腕臂主要由腕臂管及腕臂连接件、承力索支撑线夹、腕臂支撑及其连接件、定位管、定位环、定位器构成，均采用高强度铝合金材料，防腐性

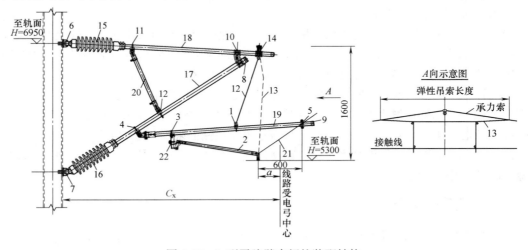

图 2-35 L 型平腕臂中间柱装配结构

1—吊钩定位环；2—矩形铝合金定位器；3—限位定位器座；4—垂直定位环；5—水平定位环；6—腕臂上底座；
7—腕臂下底座；8—管帽（70）；9—管帽（55）；10—双套筒连接器；11—套管单耳；12—定位管吊线；
13—弹性吊索；14—承力索座；15—平腕臂用棒式绝缘子；16—斜腕臂用棒式绝缘子；17—斜腕臂；
18—水平腕臂；19—定位管；20—腕臂支撑；21—防风拉线；22—定位器电连接

能好，重量轻，比强度高，外观美化，安装简便，便于施工，无需维护。其主要零件组成见图 2-35。

4．整体式腕臂

整体式腕臂主要由水平腕臂、斜腕臂、抱箍型定位环、腕臂支撑、定位管承力索座等组成。其水平腕臂采用焊接连板型（GB 型）钢腕臂和端部带双耳（GB 型）斜腕臂，通过圆头螺栓销连接。使用 C 型连接板（GC 型）承力索座，通过螺栓穿入平腕臂孔固定，钢制上下承力索压板间使用铜衬垫夹持铜合金承力索。连接零件多采用冲压、焊接、铰链加螺栓的合页式结构等，区别于常见的锻造零件。其主要零件组成见图 2-36。这种腕臂装配形式在日本使用较多，中国近年来在兰新高铁、广州沿海高铁、海南岛环岛高铁等使用。其结构高度较低（1100mm），有较好的风稳定性。

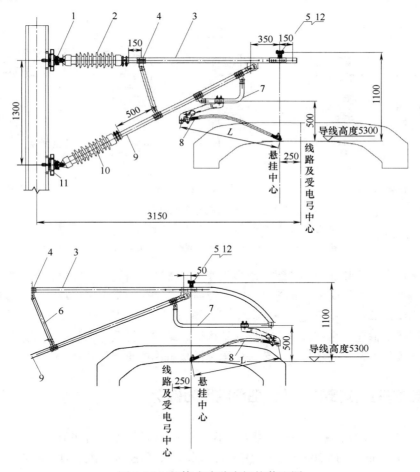

图 2-36 整体式腕臂中间柱装配图

1—上底座；2—棒式绝缘子；3—水平腕臂；4—抱箍型定位环；5—承力索座；6—腕臂支撑；7—弯管型定位管；8—限位定位器装置；9—斜腕臂；10—棒式绝缘子；11—下底座；12—预绞丝保护条

5．简统化腕臂

简统化腕臂对简化设计、方便施工安装及运营维护、统一接触网器材制造具有现实意义，为接触网工程实现"先进，成熟，经济，适用，可靠"目标打下坚实的技术基础。简统化腕臂装配结构也属于G型平腕臂结构，采用了新型零件设计，如图2-37所示。

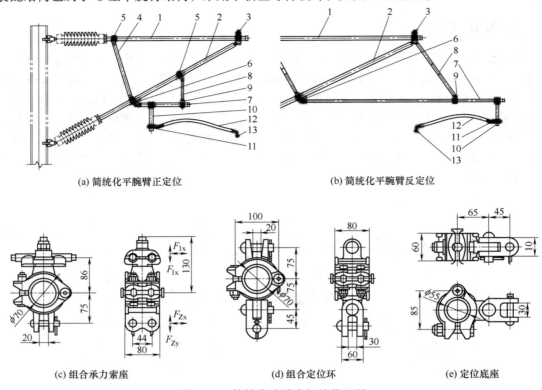

图 2-37　简统化腕臂中间柱装配图

1—平腕臂；2—斜腕臂；3—组合承力索座；4—腕臂支撑；5—支撑连接器；6—组合定位环；7—定位管；8—定位支撑；9—支持连接器；10—定位立柱；11—定位底座；12—定位器；13—定位线夹

简统化腕臂中间柱装配使用了组合承力索座，平腕臂、斜腕臂、定位管支撑的连接统一到组合承力索座零件。腕臂支撑、斜腕臂、定位管的连接统一到组合定位环。定位装置采用定位立柱加定位底座加非限制抬升定位器结构。采用椭圆形、"8"字型压接吊弦，减少加工损失；设计销轴和铰链抱箍连接结构，改进心形环结构等，结构、材质、工艺等方面采用了一系列新技术工艺。简统化腕臂及其零件、工艺是中国标准接触网的重要组成部分。

四、腕臂支撑装置检修要点（L型平腕臂为例）

① 腕臂本体无开裂、麻点；平腕臂挠度不大于1%，目视不得有明显变形；一般平腕臂端部余长为200mm，低头约200mm（PG腕臂要求水平）；斜腕臂斜度合理，不得侵入动态包络线；管帽完备。

② 棒式绝缘子与腕臂连接件安装正确、完备；瓷瓶无破损；滴水孔应朝下。

③ 双套筒连接器承力索支撑线夹距双套筒连接器除特殊标明外一般为300mm；零部件无裂纹变形；连接器本体连接后，部件竖直面应垂直于轨面。

④ 承力索支撑线夹无裂纹变形，承力索支撑线夹安装方向应正确；安装好的承力索支撑线夹应竖直向上；铜铝过渡套安装正确、压合密贴，无缺失；压线盖板螺栓止动垫片的状态要

完好。

⑤ 腕臂底座安装高度符合设计要求（多线路腕臂底座及连接件安装高度应满足最高轨面至横梁下缘的设计高度，允许偏差±50mm。），根据基础标高偏差情况选择预留孔安装位置，允许偏差±50mm。腕臂底座应呈水平状态。水平腕臂应符合设计要求。安装位置满足承力索悬挂点（或支撑点）距轨面的距离（即导线高度加结构高度），允许误差±200mm；悬挂点距线路中心的水平距离符合规定。

⑥ 接触线悬挂点距吊钩定位环一般为400mm。吊钩定位环的开口方向在受力方向的反向。防风拉线环距定位器头水平距离600mm，允许误差+50~-100mm。

⑦ 支撑装置各部件组装正确，腕臂上的各部件（不包括定位装置）应与腕臂在同一垂直面内，铰接处转动灵活。防风拉线环的U螺栓穿向补偿下锚方向（以中心锚结为界），防风拉线长环在定位管端。承力索座下悬挂定位管吊线钩缺口，背向斜拉线安装，正定位朝远离支柱侧，反定位朝支柱侧。承力索座内的承力索置于受力方向指向轴心的槽内。

⑧ 腕臂应垂直于线路中心线，温度变化时腕臂偏移应符合腕臂偏移安装曲线要求。

⑨ 定位管吊线两端均装设心形环，线鼻子采用压接方法固定。

⑩ 各部零部件无裂纹、变形，顶丝、锁紧螺母无缺失，各螺栓紧固力矩符合标准要求。

第七节 绝 缘 子

学习目标：
① 掌握不同结构和材质绝缘子的应用场合；
② 掌握绝缘子干闪、湿闪和击穿电压等电气性能；
③ 了解不同材质绝缘子性能上的区别。

一、绝缘子的电气性能

接触网绝缘子一般安设在户外，其破损、脏污、受潮以及各种过电压等均会导致绝缘性能下降，产生沿表面的气体放电现象，通常称沿面放电，这种放电发展到表层空气绝缘击穿时，称为闪络。绝缘子闪络会引起牵引变电所继电保护装置跳闸而中断供电。由于跳闸后空气绝缘恢复，绝缘子瓷体尚未受到破坏，可维持使用，所以跳闸后往往能自动重合成功，恢复供电。但闪络后不及时清扫、更换处理则会引起绝缘老化，发生裂纹、渗水，使内部绝缘性能下降而引起再一次闪络。

绝缘子的电气性能常用干闪电压、湿闪电压、击穿电压和绝缘泄漏距离等表示。

① 干闪电压 绝缘子表面在干燥状态时，使其闪络所需的最低电压。

② 湿闪电压 雨水与水平面呈45°角淋在绝缘子表面时，使其闪络的最低电压值。

③ 击穿电压 指绝缘子元件被击穿损坏而失去绝缘作用的最低电压。绝缘子击穿后应立即进行更换。

④ 绝缘泄漏距离 指绝缘元件表面的曲线长度，即两电极间绝缘表面的爬电距离，俗称"爬距"。泄漏距离是反映绝缘子绝缘水平的重要参数，相同电压等级的绝缘子，其爬距越大，耐污性能越好。接触网的绝缘泄漏距离，轻污区不应小于960mm，重污区不应小于1200mm；

在实行V形维修作业的双线电气化区段，上、下行正线间分段绝缘子串的绝缘泄漏距离应增大为1600mm；时速超过300km的高速铁路，绝缘泄漏距离一般不小于1400mm。

二、绝缘子的构造及分类

1. 绝缘子的构造

绝缘子主要由钢连接件和绝缘部分两部分组成，连接件有球头、球窝、单耳、双耳、圆管等多种类型。绝缘部分大多采用电瓷、钢化玻璃和复合材料。

绝缘子除了起到电气绝缘的作用，还要承受机械荷载。在接触网中，绝缘子承受接触悬挂的荷载，且经常受拉伸、压缩、弯曲、扭转、振动等，在短路时又承受电动力，故在制造时其机械破坏负荷均应留有裕度，一般安全系数按2.0~2.5选取。

2. 绝缘子的分类

接触网常用的绝缘子按结构分为悬式绝缘子、棒形绝缘子及针式绝缘子三大类，按绝缘子表面泄漏距离又可分成普通型和防污型两种。

① 悬式绝缘子。悬式绝缘子使用最广泛，用量较多，主要用于绝缘子承受张力的场合，如用于线索下锚、水平拉杆、软横跨绳索、隧道内悬挂、锚段关节以及馈电线、并联线等处的对地绝缘。悬式绝缘子的机械破坏负荷为40~530kN，分为九个等级，电气化铁路中常见的为40kN、70kN级。悬式绝缘子如图2-38所示，主要技术数据见表2-9。

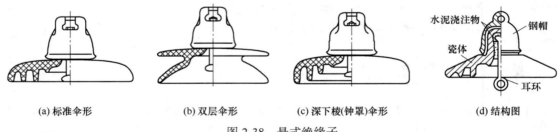

(a) 标准伞形　　(b) 双层伞形　　(c) 深下棱(钟罩)伞形　　(d) 结构图

图2-38　悬式绝缘子

悬式绝缘子的型号表示规范为：

形式代号：U——交流系统用盘型悬式瓷绝缘子；UG——交流系统用盘型悬式玻璃绝缘子。
机械破坏荷载：机械破坏荷载等级的值，kN。
连接形式：B——球头球窝连接（也称杵头杵座连接）。
伞形结构：N——标准形；D——双伞形；T——深下棱（钟罩）形。

② 棒形绝缘子。在需要承受压力、张力和弯矩的场合使用棒形绝缘子，电气化铁路接触网中，棒形绝缘子主要用于斜腕臂、压管、平腕臂及隧道定位和隧道悬挂等场合。棒形绝缘子按功能结构形式分为棒形腕臂绝缘子、棒形支柱绝缘子、棒形横担绝缘子、棒形悬式耐张绝缘子和棒形悬式定位绝缘子五类，按安装方式分为悬式、定位式和腕臂式三种。

表 2-9 悬式绝缘子主要技术数据

基本型号	绝缘件最大公称直径/mm	公称爬电距离/mm	工频实验电压/kV			机械破坏荷载/kN	质量/kg
			干闪	湿闪	击穿		
U（G）40BN（XP-40）	175	190	55	30	75	40	2.6
U70BN（XP-70）	255	295	70	40	100	70	4.8
U（G）70BD（XWP-70）	280	450	80	42	120	70	7.1

目前采用的棒形绝缘子有 QX、QB、QZ、QBS 等几种型号，其型号表示方法为：

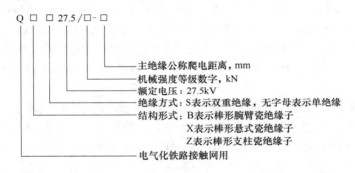

示例：QBS27.5/12-1400 表示绝缘方式为双重绝缘，额定电压为 27.5kV，弯曲负荷为 12kN，主绝缘爬电距离为 1400mm 的电气化铁路接触网用棒形腕臂瓷绝缘子。

棒形绝缘子结构示意图见图 2-39。

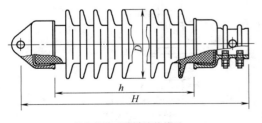
(a) 单绝缘棒形腕臂瓷绝缘子

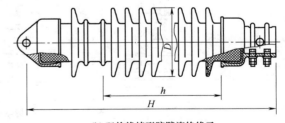
(b) 双绝缘棒形腕臂瓷绝缘子

图 2-39 棒形绝缘子结构示意图

③ 针式绝缘子。多用于回流线，保护线及跳线处，承受线索不同方向的负荷，将线索固定，一般采用 PL1.4/75C16/195、PL2.0/95C20/280（对应旧型号 P-10T、P-15T）。见图 2-40。

绝缘子按照材料进行分类主要有瓷绝缘子、钢化玻璃绝缘子与复合绝缘子三种。

① 瓷绝缘子。瓷绝缘子的绝缘材料是电瓷，即在瓷土中加入石英和长石烧制而成，表面涂有一层光滑的釉质。要求绝缘子质地紧密均匀，不能有裂纹或气孔。因为绝缘子不仅承受电气负荷，而且要承受机械负荷，所以绝缘子的钢连接件和瓷体之间用 525 号以上硅酸盐水泥胶合剂粘接成一个整体，以增加其机械强度。

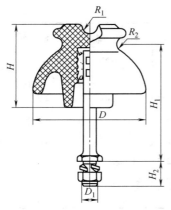

图 2-40 针式绝缘子

电瓷材料具有良好的化学稳定性和热稳定性,几乎永不变质和老化,具有良好的电气性能和机械性能,是制造绝缘子的理想材料。瓷绝缘子是我国电气化铁路中主要采用的绝缘子类型,其缺点是重量过重,缺乏弹性,防污和可靠性方面有待提高,运营维护费用较大。

② 玻璃绝缘子。玻璃绝缘子由铁帽、钢化玻璃绝缘件和钢脚组成,并用水泥胶合剂胶合为一体。

玻璃绝缘子具有零值自破的特点。当绝缘子失去绝缘性能或机械过负荷时,伞裙就会自动破裂脱落,容易发现,可及时进行更换。无需登杆逐片检测,降低了工人的劳动强度。

玻璃绝缘子遭受雷电烧伤后的新表面仍是光滑的玻璃体,并有钢化内应力保护层,仍保持了足够的绝缘性能和机械强度。

玻璃绝缘子不易积污,易于清扫,人工清扫的周期比瓷绝缘子长,降低了维护费用。

玻璃绝缘子具有较大的主电容,成串的电压分布均匀,有利于降低导线侧和接地侧附近绝缘子所承受的电压,从而达到减少无线电干扰、降低电晕损耗和延长玻璃绝缘子的寿命的目的。

限制玻璃绝缘子推广使用的主要原因是其自爆率较高(0.02%~0.04%),影响到线路运行可靠性。

③ 复合绝缘子。较为理想的新型绝缘子是复合绝缘子,这种绝缘子至少有两种绝缘部件,即芯棒和伞套,并装有端部装配件。芯棒是复合绝缘子的内部绝缘部件,用来保证机械性能。护套包覆在芯棒外表面,一方面提供良好的外绝缘性能,另一方面保护芯棒免受环境侵蚀。复合绝缘子在电气化铁道领域按结构形式分为棒形腕臂复合绝缘子,棒形支柱复合绝缘子、棒形横担复合绝缘子、棒形悬式耐张复合绝缘子和棒形悬式定位复合绝缘子五类,如图 2-41 所示。

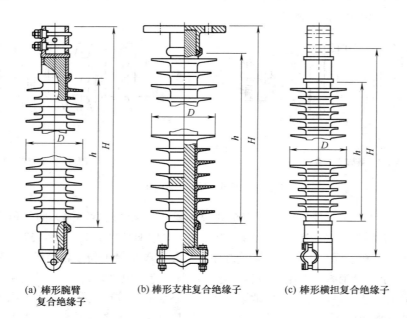

(a) 棒形腕臂复合绝缘子　(b) 棒形支柱复合绝缘子　(c) 棒形横担复合绝缘子

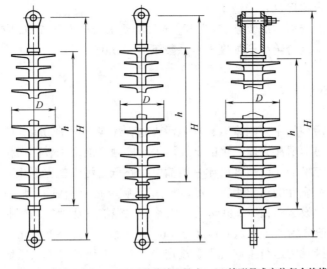

(d) 单绝缘棒形悬式耐张复合绝缘子　　(e) 双重绝缘棒形悬式耐张复合绝缘子　　(f) 棒形悬式定位复合绝缘子

图 2-41　复合绝缘子

复合绝缘子的型号表示为：

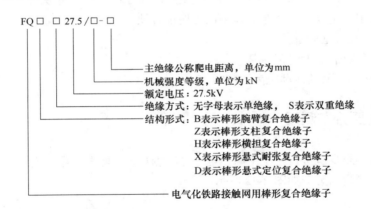

示例：FQBS27.5/16-1600 表示绝缘方式为双重绝缘，额定电压为 27.5kV，弯曲负荷为 16kN，主绝缘爬电距离为 1600mm 的电气化铁路接触网用棒形腕臂复合绝缘子。

复合绝缘子的优点为：机械强度大，抗拉、抗弯、耐受冲击性能好；自身重量较轻，只有瓷绝缘子重量的 1/10 左右，方便运输、安装；绝缘性能好，采用憎水性材料，在严重污染和大气潮湿情况下的绝缘性能十分优异，从而减少防污清扫工作量；耐电弧性能好。

复合绝缘子在电气化铁路中应用较为广泛。限制复合绝缘子使用的原因主要有：其价格较为昂贵；缺乏简便有效的现场检测技术，大面积使用时矛盾尤为突出。用于复合绝缘子检测的主要手段有：用超声波检测绝缘子中存在的气隙和裂纹，用红外检测局部绝缘缺陷带来的局部温升，其检测手段较复杂。

复合绝缘子主要用于：隧道内净空条件受限场合；粉尘污染严重地区；减少接触悬挂集中性荷载；易受击打破坏场合代替瓷、钢化玻璃绝缘子。在高速铁路应用中，接触悬挂中使用到的绝缘子全部使用复合棒形悬式绝缘子。

接触网用绝缘子的受力情况复杂,对芯棒、金具的要求较电力系统高,应用中要考虑抗拉、抗弯、抗剪性能。要求复合绝缘子强度安全系数不小于 5.0。

三、绝缘子的防污

导致绝缘子表面污秽的主要因素有：环境污染物；煤炭、化学粉尘；内燃电力混合牵引时内燃机排放的烟尘；列车闸瓦磨损产生的金属屑等。接触网绝缘子表面污秽造成闪络的事故频繁发生,而接触网中绝缘子安设高度又比一般输电线路低,污染就更严重。绝缘子污闪问题已成为影响接触网供电可靠性的重要因素。25kV 绝缘子爬电距离一般采用 1400mm,这是根据近几年我国高速铁路的建设运营情况,并考虑了铁路沿线经济发达地区的工业污染情况的特殊性而制定的。污染区一般分为 5 个等级：极轻度（0）、轻度（Ⅰ）、中度（Ⅱ）、重度（Ⅲ）、极重度（Ⅳ）。《普速铁路接触网运行维修规则》规定 0、Ⅰ、Ⅱ级污秽等级区域,接触网绝缘泄漏距离不小于 1400mm；Ⅲ、Ⅳ级污秽等级区域,接触网绝缘泄漏距离不小于 1600mm。

解决污闪问题主要措施为：

① 采用防污绝缘子,对减少绝缘子污闪事故效果显著。比如目前大量推广采用双伞绝缘子、钟罩绝缘子、玻璃绝缘子等。

② 采用半导体釉绝缘子,可以大幅度延长绝缘子清扫周期,提高供电的可靠性,试用效果良好。但也存在泄漏电流较大、半导体釉面易腐蚀等缺点。

③ 采用新型复合绝缘子。

④ 在绝缘子表面涂憎水性材料。

⑤ 增加绝缘子表面的泄漏距离（爬距）。

四、绝缘子电压分布测量

在使用中每年至少应进行一次绝缘子电压分布测量,以检查绝缘子绝缘性能是否正常可靠。绝缘子电压分布测量示意图如图 2-42 所示。

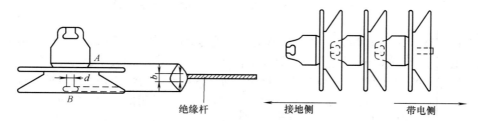

图 2-42　绝缘子电压分布测量示意图

电压分布测量要求如下：

① 电压分布测量用电压分布测量仪器进行,绝缘杆要有足够的绝缘长度,其长度不小于 1000mm,保证人体（包括所持非绝缘工具）距带电设备不小于 600mm。

② 测量仪器的放电间隙 b 调至 1~3mm。

③ 测量仪的两个金属探针分别接触绝缘子两侧金属体,即 A 点（钢帽）、B 点（杆头或

耳环）。

④ 接触网电压在绝缘子串上的电压分布，是从带电侧到接地侧依此减小，因此，放电声音也相对减弱。绝缘子电压分布记录格式见表 2-10。

表 2-10　绝缘子电压分布记录

支柱（隧道及悬挂点）号	绝缘子类型	电压分布（自接地侧依次）/kV				
		1	2	3	4	5

⑤ 测量绝缘子串电压分布时，应从接地侧依此向带电侧测量，当三片一组中有一片，四片一组中有二片绝缘子无间隙放电时，即停止测量，以保证设备运行和测量人员的安全。

五、绝缘子的使用与检查

绝缘子易碎，安装、运输中应特别注意。绝缘子连接件不允许机械加工和热加工处理（如切削、电焊等）。绝缘子在安装使用前应严格检查，瓷体与连接件间的水泥浇注物应无辐射状裂纹和开裂，绝缘子表面应清洁、光滑、完整、无破损、无裂纹，瓷釉剥落面积不大于 $300mm^2$。

悬式绝缘子串的连接要注意弹簧销子不能脱落，绝缘子串接（3 个以上）后不准有严重的塌腰现象。棒式绝缘子在使用中应注意与配套部件的型号（腕臂型号）统一。

绝缘子本体弯曲度不超过 1%。绝缘子表面无明显放电痕迹，无环状或贯通性裂纹。绝缘子裙边距接地体的距离应不小于表 2-11 的规定。

表 2-11　绝缘子裙边距接地体的距离

绝缘子类型 \ 距接地体距离	正常值/mm	困难值/mm
瓷质绝缘子	≥100	≥75
有机合成材料绝缘子	≥50	

为了保证绝缘子性能可靠，应对每个绝缘子按具体情况进行定期或不定期的清扫和检查。特别是在雨、雪、雾、霜天气以及混合牵引区段，更应经常观察绝缘子的状态，及时清扫，防患于未然。绝缘子脏污后的清扫工作应在停电时间内集中进行，并注意防止损坏瓷体表面。

第八节　定位装置

学习目标：
① 掌握定位管、定位器的作用、结构和型号；
② 掌握常见定位方式；
③ 掌握高速电气化铁路对定位器的技术要求。

定位装置是支撑结构中的主要组成部分，定位装置的作用就是根据技术要求，把接触线进行横向定位，保证接触线始终在受电弓滑板的工作范围内，保证良好受流；在直线区段，相对于线路中心，把接触线拉成"之"字形状；在曲线区段，相对于受电弓中心，则拉成折线或割线，使受电弓滑板磨耗均匀；同时，定位装置要承担接触线水平荷载，并将其传递给腕臂。

对定位装置的技术要求：其一，动作要灵活，在温度发生变化，接触线顺线路方向发生移位时，定位装置应能以固定点为圆心，灵活地随接触线沿线路方向相应移动；其二，重量应尽量轻，在受电弓通过定位点时，在受电弓抬升力作用下，应上下动作自如，并且有一定的抬升量，不产生明显硬点，其静态弹性和跨距中部应尽量一致；其三，具有一定的风稳定性，在受风时，保证定位状态的稳定性。

一、定位装置结构

定位装置主要由定位管、定位器、定位线夹及连接零件组成。根据限位与否分为限位定位装置和非限位定位装置。根据支柱所在位置不同及受力情况，定位装置采用不同形式，一般有正定位、反定位、软定位、双定位及特型定位方式。

1. 定位管

定位管有两种类型，普通定位管和 T 型定位管。普通定位管是用镀锌钢管加工制成的，尾部焊有定位钩，以便通过定位环连接在腕臂上使用。定位管安装后应呈水平状态，为保持其水平，可将其端部用 $\phi 4.0$ 镀锌铁线吊起，为了保证定位管稳定性，现在多用定位管支撑代替铁线。在高速铁路的定位装置中，定位管可以有 150mm/m 的低头（反定位）或抬头（正定位）。

设置普通定位管目的是为了定位器在水平方向和坡度方向便于调节，使定位装置结构较灵活，增加定位点的弹性。定位管的长度和外径的选用是根据支柱所在位置和定位管受力情况而确定的。普通定位管结构如图 2-43 所示，规格如表 2-12。

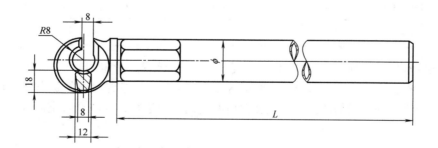

图 2-43 普通定位管结构图

表 2-12 普通定位管规格表

定位管本体型号	定位钩型号	端板	ϕ/mm	L/mm	参考质量/kg
1-700	1	有	34	700	2.20
1-960				960	2.86

续表

定位管本体型号	定位钩型号	端板	φ/mm	L/mm	参考质量/kg
1-1150	1	有	34	1150	3.34
1-1500				1500	4.22
1-1850				1850	5.44
1-2350				2350	6.37
1-2850				2850	7.64
1-3200				3200	8.52
$1\frac{1}{2}$-2500	$1\frac{1}{2}$	无	48	2500	10.57
$1\frac{1}{2}$-2850				2850	11.97
$1\frac{1}{2}$-3200				3200	13.38
$1\frac{1}{2}$-3550				3550	14.78

T型定位管又称套管式定位管,它与普通定位管仅尾部不同,加焊了一段套管来代替定位钩,便于与棒式绝缘子配套并增加其尾部的机械强度。T型定位管多用于隧道定位和多线路腕臂支柱装配。带支持器的定位器如图2-44所示,T型定位管如图2-45所示,型号如表2-13所示。该种型号的定位方式,新建线路已较少采用。

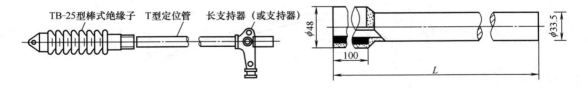

图2-44 带支持器的定位器　　　　　图2-45 T型定位管结构图

表2-13 T型定位管型号表

型号	适用范围	主要尺寸 L/mm	最大工作荷重/kN	破坏荷重/kN	质量/kg
JL62-(T960)-89	接触线特殊定位	960	2.5	≥7.6	2.8
JL62(T1150)-89		1150	2.5	≥7.6	3.3
JL62(T1500)-89		1500	2.5	≥7.6	4.1
JL62(T1850)-89		1850	2.5	≥7.6	5.1
JL62(T-2350)-89		2350	2.5	≥7.6	6.4

2. 定位器

定位器是定位装置中关键的部件,其作用是通过定位线夹把接触线按设计标准拉出值固定在一定位置，保证接触线工作面平行于轨面，并承受接触线的水平力。从材质上分，定位器分为铝质定位器（用 L 表示）和钢质定位器（用 G 表示），钢质定位器热浸镀锌，铝制定位管采用阳极氧化，防锈蚀。

定位器从形状上可分为普通定位器、TG 型定位器、TL 型定位器、软定位器等几种常见定位器，如图 2-46 所示，其型号如表 2-14 所示。

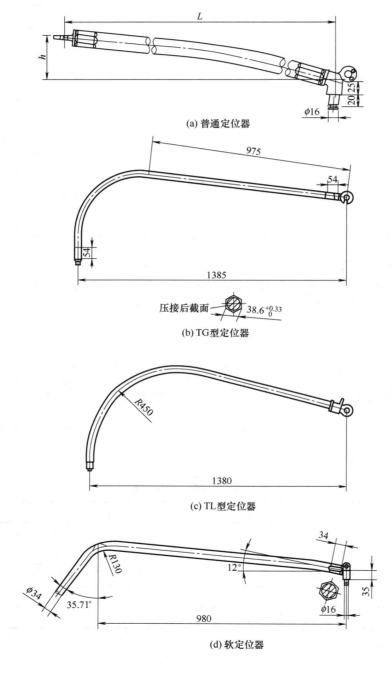

图 2-46　常见定位器类型

表 2-14 普通定位器型号表

型号	标准代号	材质	D/mm	L/mm	H/mm	参考质量/kg
G1	TB/T 2075.4A（G1）-20	20 号	28	145	105	1.78
G2	TB/T 2075.4A（G2）-20	20 号	28	1000	150	2.08
G3	TB/T 2075.4A（G3）-20	20 号	28	1200	200	2.40
DCG	TB/T 2075.4A（DCG）-20	20 号	28	1000	112	
L1	TB/T 2075.4A（L1）-20	6082（T6）	28	750	105	1.50
L2	TB/T 2075.4A（L2）-20	6082（T6）	28	1000	150	1.82
L3	TB/T 2075.4A（L3）-20	6082（T6）	28	1200	200	2.15
DCL	TB/T 2075.4A（DCL）-20	6082（T6）	28	1000	112	1.69

为了适应高速电气化铁路的要求，定位器一般采用轻型铝合金材料，在定位点处不产生硬点或重量集中，同时在铅垂方向应有足够的灵活性，能适应受电弓较大的抬升量。

为了避免定位器和电力机车受电弓发生碰撞，要求定位器安装后应有一定的倾斜度（现场称定位坡度），即定位器根部在安装后要适当抬高一些，其倾斜度要求为 6°~10°（高铁）、8°~11°（普铁）。在曲线区段，由于电力机车车身随线路的外轨超高而向内轨侧倾斜，机车的受电弓也呈倾斜状。

定位器在正常温度下应该垂直于线路中心线，温度变化时，沿接触线纵向偏移不得大于定位器长度的 1/3。

3. 定位线夹

定位线夹由两片铜合金夹板和连接螺栓、止动垫圈等组成，其中夹板上带有环孔，通过定位器的固定销穿入，和定位器连接起来。受电弓滑板条与定位线夹之间的夹角必须小于 20°，以免受电弓滑板与线夹螺栓头相接触。承力索、接触线间横向电流沿腕臂流入接触线的最后一个连接零件就是定位线夹，所以，定位线夹安装前，需用钢刷对线夹表面、接触线上的夹持部分进行清除灰尘及氧化物处理，涂电力复合脂。还要注意定位线夹的受力方向，定位线夹主要承受接触线水平力，其主要荷重应该由夹板承担，不能装反。图 2-47 所示为常用 A、B 型定位线夹。

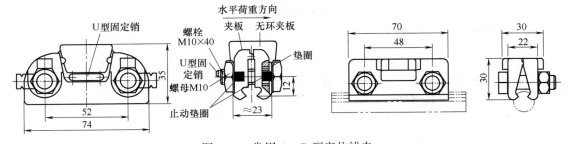

图 2-47 常用 A、B 型定位线夹

二、定位方式

1. 正定位（Z 定位）

正定位采用 Z 型工作支非限位定位装置，根据定位器材质不同分为 ZL、ZG 型。在直线区段或曲线半径 R>1200m 区段采用这种定位方式。该定位方式的定位装置由直管定位器和定位管组成，定位器的一端利用定位线夹固定接触线，另一端通过定位环与定位管衔接，定位管又通过定位环固定在腕臂上。结构见图2-48（a）。

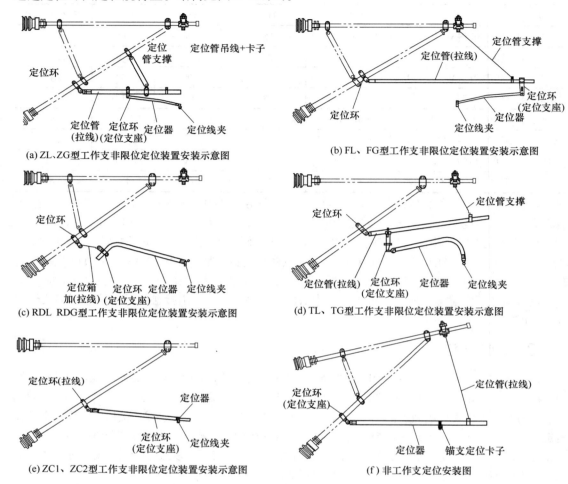

图2-48 定位方式安装图

2. 反定位（F定位）

反定位采用F型工作支非限位定位装置，定位器附挂在较长的定位管上，定位管受压力较大，为保证其稳定性，反定位管一般用镀锌钢管制成；为了使定位管保持水平，一般用两条斜拉线将定位管吊住，固定在承力索上。为了保证定位器与主定位管之间保持一定的距离（大于或等于300mm），定位器通过长支持器与主定位管连接。结构见图2-48（b）。

3. 软定位（R定位）

软定位即RD型工作支非限位定位装置，弯管定位器通过两股$\phi 4.0mm$锌铁线拧成的定位拉线（现场称为软尾巴）固定在绝缘腕臂上的定位环里，定位拉线活固定端在定位器侧，死固定端在腕臂侧，如图2-48（c）所示。在定位器受到较大水平拉力时使用，因而它用于曲线半径$R<1000m$的区段。

4. 特性定位（T定位）

如图2-48（d）所示，特性定位使用T型定位器进行工作支非限位定位，主要在有两支工作支时，定位器须跨过另一支接触悬挂,不影响其抬升或者保持绝缘时采用。用于道岔和锚段关节等处。

5. ZC 型定位

这种方式采用 ZC 型工作支非限定定位装置,如图 2-48(e)所示,采用定位管、支持器(长支持器)接触线进行定位,该种定位方式没有采用定位器零件,常见于城市轨道交通中。

6. 组合定位

组合定位方式用于锚段关节的转换支柱、中心支柱及站场线岔处的定位,这些地方均有两组悬挂安在同一支柱处,分别固定在所要求的位置上。组合定位的方式较多,各种组合定位的作用也不相同,这主要是根据各种各样的地形条件及悬挂条件决定的,其安装见图 2-49。合定位器的拉(L)定位,就是两定位器都使得定位管受到拉力,定位器把两支接触线拉向支柱。图 2-49(b)中所示定位属于组合定位器的拉压(LY)定位,两定位器一支使定位管受拉力,一支使定位管受压力。其一支接触线拉向支柱,另一支接触线拉向支柱的反方向(反定位),且两支接触线等高,都处于工作状态。组合定位的第三种形式是压(Y)定位,即双定位器都使得定位管受压力,定位器将两支接触线拉离支柱。

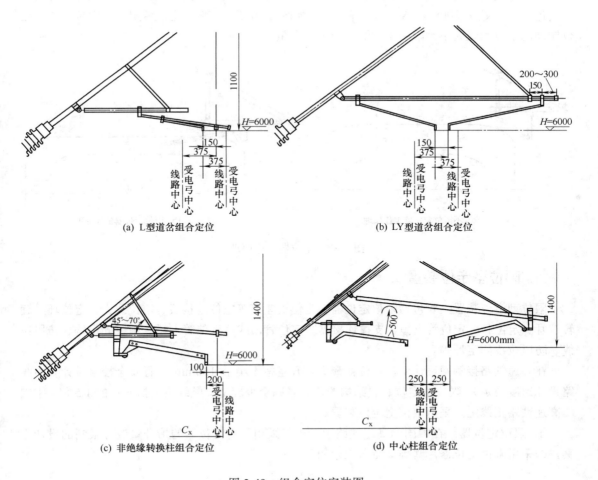

图 2-49 组合定位安装图

在锚段关节的转换柱、中心柱和道岔柱等需要对两支接触悬挂定位的场合，多采用单支柱加双底座槽钢，两支接触悬挂各自采用独立腕臂的结构，早期设计中采用单腕臂组合定位形式。对通过车速要求较高的线岔柱，两支接触悬挂也采用两套独立腕臂，这样可以避免两支接触悬挂在温度变化时，顺线路方向的偏移量不同甚至相反（比如锚段关节处），造成两定位器偏斜量不同甚至相反。习惯上依然采用组合定位 L、LY、Y 来描述线岔处两腕臂的定位方式。

以上六种定位方式都是对工作支接触悬挂的定位，事实上非工作支的定位也是保持接触网良好技术状态的一部分，如图 2-48（f）所示。

非限位定位装置主要用于普速铁路、高速铁路的站线等车速较低场所，高速铁路正线也有应用（比如京津城际）。

三、高速接触网定位装置

在高速电气化线路中，定位装置是决定接触悬挂弹性均匀性的关键部件之一。在受电弓高速通过定位装置时，定位器的动态抬升量大，抬升量与接触线的高度变化、悬挂特性、线路状态、运行速度等因素有关，定位器的最大抬升量可以达到 400mm。定位装置在受电弓最大抬升量下不能和受电弓滑板发生碰撞。高速定位装置有非限位定位装置和限位定位装置两种类型，"限位"的含义是限制定位器的最大抬升量。如图 2-50 所示，限位定位装置通过限位定位器定位钩端的限位间隙大小来限制定位器的最大抬升量。

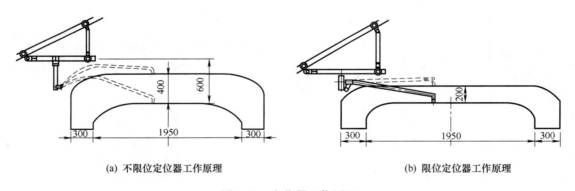

(a) 不限位定位器工作原理　　(b) 限位定位器工作原理

图 2-50　定位器工作原理

1. 限位型定位装置

限位型定位装置主要包括限位定位器、定位支座、等电位连接线、定位线夹、定位环、旋转双耳、定位管、定位管支撑、支撑连接器、定位管吊线、定位管卡子、吊线固定钩、防风拉线、防风拉线固定环等。

在高速铁路接触网设计中，定位器最大抬升量按不小于 150mm 进行安全校验设计（由线路设计速度决定）。限位型定位装置结构的抬升量则至少应是接触线最大抬升量的 1.5 倍。中国的高速铁路正线主要采用限位型定位装置。

① 限位定位器。在中国的高速铁路中，一般采用了对定位器的抬升量进行限制的设计方案，即采用限位定位器，其类型命名规则如下：

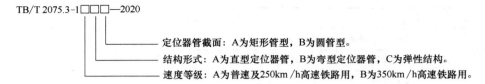

例如：350km/h 高速铁路用矩形管截面直型定位器管结构：TB/T 2075.3-1BAA—2020。

限位定位器的外形结构如图 2-51 所示，其主要型号见表 2-15。L 型限位定位器的主要构成材料是铝合金；G 型限位定位器采用 20 号钢圆形管压接定位销钉和 XG 型定位钩；RG 型限位定位器是软横跨上使用的钢质限位定位器。

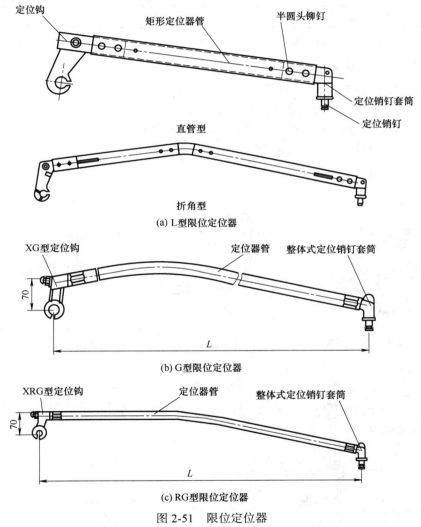

图 2-51 限位定位器

表 2-15 限位定位器主要型号

型号	标准代号	定位器管材料及形式	$L^{①}$/mm	适用定位支座形式	参考质量/kg
L9	TB/T 2075.3A（L9）-20	6082 矩形管	900	L	1.16
L10	TB/T 2075.3A（L10）-20	6082 矩形管	1000	L	1.24

续表

型号	标准代号	定位器管材料及形式	L①/mm	适用定位支座形式	参考质量/kg
L11	TB/T 2075.3A（L11）-20	6082矩形管	1100	L	1.32
L12	TB/T 2075.3A（L12）-20	6082矩形管	1200	L	1.40
L13	TB/T 2075.3A（L13）-20	6082矩形管	1300	L	1.48
G10	TB/T 2075.3A（G10）-20	20号钢圆形管	1000	G1、G2	3.02
G12	TB/T 2075.3A（G12）-20	20号钢圆形管	1200	G1、G2	3.42
G13	TB/T 2075.3A（G13）-20	20号钢圆形管	1300	G1、G2	3.82
RG12	TB/T 2075.3A（RG12）-20	20号钢圆形管	1200	RG	3.41
RG13	TB/T 2075.3A（RG13）-20	20号钢圆形管	1300	RG	3.81

① 表中限位定位器长度 L 为常用值，选用其余值时可按实际需要确定。

② 高速限位定位装置和定位支座的连接。高速限位定位装置和定位支座的连接形式如图 2-52 所示。限位定位器的定位钩和配套的定位支座之间为钩环连接，定位支座的环是水平的（传统定位环的环孔安装后处于垂直位置），定位器支架上有一凸台，当定位器被抬高后，定位器定位钩侧上端的一圆形挡块和凸台间间隙（即限位间隙）减小。定位器抬高达到允许的最大值时，凸台和挡块接触，从而定位器的抬高被限制在允许的范围内。定位器的抬升量和坡度都

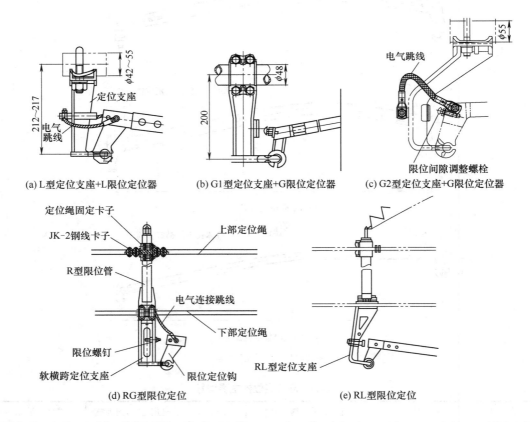

图 2-52 高速限位定位装置和定位支座的连接

是由定位器限位间隙决定的，定位器限位间隙的施工允许偏差为±1mm。

当挡块和凸台接触后，限制抬升的作用力由定位器支架传递给定位管，定位管受到抬升力作用，当该抬升力可能导致定位管向上旋转时，定位管不应该采用斜拉线悬吊，而应该用撑杆结构。在软横跨上使用时，下部固定绳不能保持定位支座的稳定性，为了保持定位支座不发生旋转，必须将定位器支架固定于立柱上，或者采用专用的软横跨吊架（定位环）配合钢管、定位器挂板使用。立柱、软横跨吊架用来提供限制定位管抬高的力矩。

③ 高速定位装置的装配。高速定位装置的装配如图2-53所示，虚线框内的是定位装置部分。

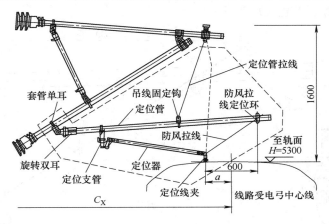

图2-53 高速定位装置的装配

传统的定位管通过端头的定位管钩和定位环连接，高速定位装置中采用带旋转平双耳的套筒单耳（定位环），通过销钉和定位管端头的双耳套筒连接，如图2-54所示。高速定位器通过旋转平双耳上两个互成90°的销钉实现定位管在水平、垂直方向调整。

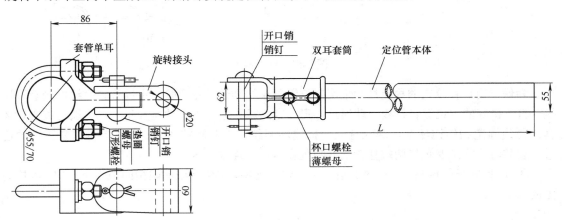

图2-54 套筒单耳和定位管的连接

定位支座主要有三种类型：L型定位支座，G1、G2型定位支座，RL、RG型定位支座。定位器和定位支座间采用钩环进行机械连接，同时在定位支座和定位器间设置电气连接线，在定位支座和定位器间形成可靠电气连接，防止定位器定位钩和定位支座上定位环间产生电蚀。电气跳线采用两端带连接端子的35mm²软铜绞线。在定位支座电气安装位置穿入M10×45螺栓，然后依次装上铜铝复合垫圈、连接端子、弹垫、螺母。安装时注意铜铝复合垫圈的铝面与定位支座侧相贴，铜面与电气连接跳线相贴，防止定位支座（铝合金）和电气跳线（铜）间产生电化学腐蚀。连接线夹平侧与铜铝复合垫圈的铜面相贴。用相同方法安装定位钩侧电气跳线，连接端子平侧与铜铝复合垫圈铜面相贴。螺栓紧固力矩 25N·m。定位器工作在振动场所，为了防松，可在安装电气跳线的螺栓上使用螺栓锁固剂。

在定位管和定位线夹间设置防风拉线，如图 2-55 所示。防风拉线由不锈钢线预制而成，长环（上端）套在定位管上的防风定位环内，短环（下端）与定位器顶端的专用孔相连。在安装时，拉线环要呈水平方向。为了便于日常维护，防风定位环应装在面向补偿装置一侧，将防风拉线上的卡箍向上推，并在末端做一个弯。

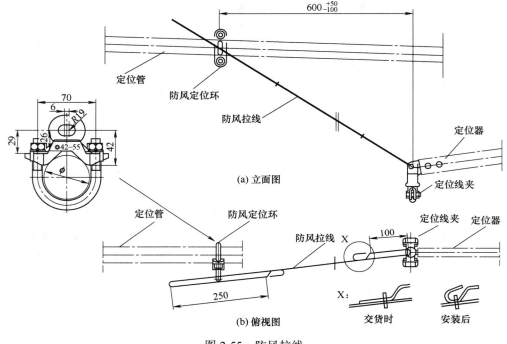

图 2-55 防风拉线

为保持定位管位置的稳定性，采用定位管斜拉线来悬吊定位管。定位管斜拉线用铜套管压接，将压接好的定位管斜拉线一端通过心形环套入承力索座下部的钩环里，另一端通过心形环套入拉线固定钩的钩环里，套入时应先把线环顺绞制方向旋转 90°，套入后再恢复正常的位置。安装时应注意避免使两端挂钩的开口处在拉线的连线段内。

④ 限抬间隙的调整。定位器的抬升量由定位支座、定位钩处的限抬间隙大小决定。限抬间隙的大小为：

$$d = h \times \frac{a}{L}$$

式中　d ——限位间隙的大小，mm；
　　　a ——定位支座圆环到凸台的距离，mm；
　　　h ——限位范围，mm；
　　　L ——定位器长度，mm。

精确的定位器位置取决于定位管的倾斜角度、线路坡度、定位器长度以及导线的抬升。对于直管型定位器，限位间隙的大小是通过调整定位器角度（定位管高度）、定位管坡度来实现的。对于折角型矩形管定位器，定位管水平安装，限位间隙通过定位器尾部的调节螺栓来调整。保证限位间隙的同时，要求定位器的安装角度控制住 8°~13°；正定位时，面向线路中心，定位管将有 20~150mm/m 的向上倾斜。反定位时，面向线路中心，定位管将有 20~150mm/m 的向下倾斜。定位器线夹和受电弓滑板夹角小于 20°。定位器在抬升范围内不能和任何支撑装置发生机械碰撞。

有些高速铁路接触网也采用非限位定位装置，比如京津城际铁路、法国 TGV 等。中国标准简统化接触网也采用了非限位定位装置。

2．弓形定位器

弓形定位器属于非限位定位装置的一种，是一种新型定位装置，其结构如图 2-56（a）所示，弓形定位器和其定位底座之间通过销钉连接，这种结构比钩环连接更具有可靠性。弓形定位器的类型命名规则及标记如下：

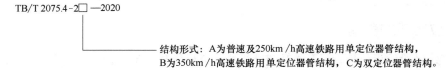

中国高速铁路中，采用非限位定位装置时，使用弓形定位器。

3．弹性限抬定位器

弹性限抬定位器结构如图 2-56（b）所示，多用于西北、沿海等地的风区接触网，其定位钩端设置了弹簧装置，可以减少定位器的硬点，减少定位器振动。

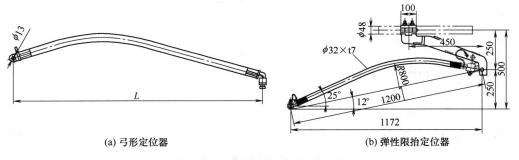

(a) 弓形定位器　　　　　　　　(b) 弹性限抬定位器

图 2-56　弓形和弹性限抬定位器

四、接触线拉出值的确定

接触线直接与电力机车受电弓接触且发生摩擦，为了保证受电弓和接触线可靠接触、不脱线和保证受电弓磨耗均匀，要求接触线在线路上按技术要求固定位置，即在定位点处保证接触线与电力机车受电弓滑板中心有一定偏移量，称为拉出值。

接触线拉出值可以保证运行中的电力机车受电弓滑板工作面与接触线摩擦均匀（否则会使滑板工作面某些部分磨出沟槽，降低受电弓使用寿命），保证接触线与受电弓接触，不发生脱弓，避免因脱弓造成的弓网事故。

1. 拉出值的大小

接触线的拉出值的大小由电力机车受电弓最大允许工作范围、线路情况、行车速度等因素决定。在直线区段，线路中心线与机车受电弓中心线重合，接触线沿线路中心线上空成"之"字形对称布置，即所谓直线区段，接触线拉出值标准值为±（200~300）mm，正负号表示定位点处接触线的位置。当定位点位于线路中心线和支柱之间时，记为正，否则记为负。拉出值的允许误差范围为±30mm。

曲线区段电力机车车身随线路的外轨超高向曲线内侧（简称曲内）倾斜，受电弓也呈倾斜状，线路中心线与受电弓中心不重合，曲线区段上随曲线半径不同拉出值有差异，一般在150~400mm之间。拉出值的允许误差为±30mm。

如果因地理环境受限或设备特殊，拉出值也可适当增大或减小，但拉出值最大不超过受电弓滑板允许工作范围的二分之一，即拉出值最大不得大于450mm。在高铁应用中，一般规定拉出值不大于400mm。拉出值的选用必须保证最大风偏移时，跨距中任一点接触线产生的最大水平偏移不超过规定的受电弓允许工作范围。

2. 拉出值的检调

① 直线区段拉出值检调。现场对接触线拉出值检修时，借助于测杆和道尺，将定位点处接触线的位置通过测杆上的线坠垂直投影到轨面放置的道尺上，可以方便地确定接触线与线路中心线之间的水平距离。在直线区段，线路中心线和受电弓中心线重合，定位点处接触线的垂直投影距线路中心线的距离就是定位点处接触线距受电弓中心的距离，即接触线的拉出值。根据实际拉出值和标准拉出值间的误差大小来进行检调。

② 曲线拉出值检调。在曲线区段，为平衡列车在转弯时产生的离心力，将曲线外侧轨道抬高，称为外轨超高，外轨超高值由线路曲线半径和线上列车允许通过的最大时速而定，可按下式计算：

$$h = \frac{7.6 V_{\max}^2}{R}$$

式中　h——外轨超高值，mm；

　　　R——线路曲线半径，m；

　　　$V_{\max}$——线路允许最大行车速度，km/h。

为了应用方便，外轨超高值也可以查表2-16。在现场检调中，超高值一般采用现场测量值。

表2-16　曲线外轨超高值参考表

半径 R/m	外轨超高值/mm （a）普通线路超高值参考									
200	30	40	50	60	70	80	90	100	110	120
300	25	40	65	90	125	—	—	—	—	—
400	15	25	50	70	95	120	—	—	—	—
500	15	20	40	50	75	95	120	—	—	—
600	10	20	30	45	60	80	100	125	—	—

续表

半径 R/m	外轨超高值/mm									
700	10	15	25	40	55	70	90	100	—	—
900	10	15	20	30	40	55	70	85	100	120
1200	—	10	15	25	30	40	50	65	75	90
1600	—	—	10	15	25	30	40	50	60	70
1800	—	—	10	15	20	25	35	40	50	60
2000	—	—	10	15	20	25	30	35	45	55

(b) 时速350km/h高铁外轨超高值参考

曲线半径 R/m	实设超高值 h/mm	曲线半径 R/m	实设超高值 h/mm
5500	155	11000	115
7000	155/175	12000	105
8000	155	13000	100
9000	140	14000	90
10000	125		

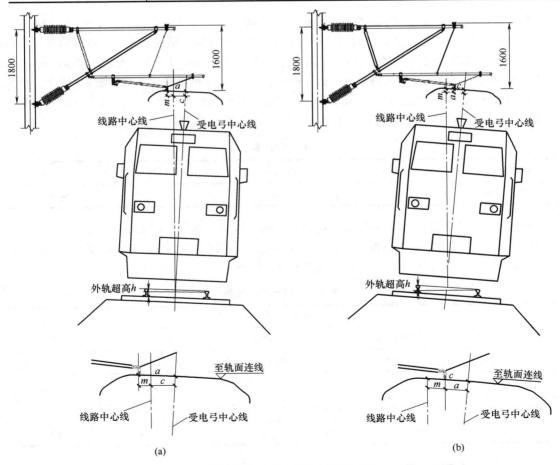

图 2-57 曲线区段外轨超高对受电弓位置的影响及 a、m、c 的关系

曲线上，由于线路外轨超高，使机车车身向曲线内侧方向倾斜，机车受电弓随之偏斜，受电弓中心线与线路中心线有一定偏斜距离。在使用测杆线坠测量检调时，测杆上的线坠将定位点处接触线投影到轨平面（道尺）处，测得的是线路中心线与接触线距离。无法直接测量接触线距受电弓中心线的水平距离（即 a 值）。在确定曲线拉出值时，要通过定位处接触线距线路中心线投影的距离（即 m 值）间接确定对受电弓中心的位置，如图 2-57 所示。

定位点处接触线距受电弓中心的水平距离（拉出值）用 a 表示，定位点处接触线距线路中心的距离用 m 表示，线路中心线距机车受电弓中心的偏斜值用 c 表示，三者的关系为 $a=m+c$。当接触线定位点投影在线路中心线与外轨间时，m 值为正值，当在线路中心线与内轨间时，m 值为负值。

c 值可以根据下式求得：

$$c = \frac{hH}{L}$$

式中　　c——受电弓中心对线路中心偏移值，mm；
　　　　h——曲线外轨超高，mm；
　　　　H——接触线至轨面的高度（导高），mm；
　　　　L——轨距，mm。

现场进行简化计算，当导高为 6000mm 时，$c \approx 4h$。

h 值可在现场进行接触线拉出值检调时用轨道尺测量得到。虽然工务施工或检修时一般将超高值标记在曲线内轨的内侧，但由于线路在运行中外轨超高略有变化，故在计算偏移值 c 时，应用实际测得的外轨超高值（曲线内侧标记值仅供参考）；H 值可在现场实际测量得到；L 值系指钢轨轨顶下面 16mm 处的两轨之间的距离，可以用轨道尺测量得到，我国铁路直线区段轨距为 1435mm，称为标准轨距，在曲线上考虑机车车辆转弯，轨距需加宽，轨距参考表见表 2-17。

表 2-17　轨距参考表

曲线半径 R/m	651 以上（或直线）	650~451	450~351	350 以下
轨距 L/mm	1435	1440	1445	1450

曲线拉出值的检调，主要是根据现场实际情况求标准 m 值，过程如下。

① 确定计算条件：a 为标准拉出值，一般可以在接触网平面图中查到，如果图纸中没有标注，可以参考表 2-18。h、H、L 可以通过现场实测得到。

表 2-18　拉出值参考表

（a）车速 $v \leq 120$km/h 时

曲线半径 R/m	$180 \leq R \leq 1200$	$1200 < R < 1800$	$R \geq 1800$	直线
拉出值 a/m	400	250	150	±300

（b）车速 $v \leq 200$km/h 时

曲线半径 R/m	$3000 \leq R \leq 4000$	$1800 \leq R \leq 200$	$1200 \leq R \leq 150$	$900 \leq R \leq 1000$	直线
拉出值 a/m	100	150	250	300	±200

② 计算标准 m 值（$m_{标}$）：$m_{标} = a - c$
③ 利用 $m_{标}$ 指导施工、检调。施工时，利用 $m_{标}$ 确定接触线的水平位置。检调时，$m_{标}$ 和现

场实际测得的 m 值（$m_{实}$）相比较，如果 $m_{标}$ 和 $m_{实}$ 之差的绝对值小于 30mm，可以不检调，否则应该进行检调。$\Delta m = m_{标} - m_{实}$，Δm 为定位点实际位置和标准位置的差值。在拉出值检调中，将定位点向曲线外侧移动，称为拉；将定位点向曲线内侧移动，称为放。Δm 为正时，需要将定位点向曲外拉 $|\Delta m|$，Δm 为负时，需要将定位点向曲内放 $|\Delta m|$，现场简称为"正拉、负放、零不动"。在检调过程中，特别要注意的是 $m_{实}$、$m_{标}$ 的符号，当接触线定位点垂直投影在线路中心线至外轨间时，m 为正值，在线路中心线至内轨间时，m 为负值。计算时，要带符号进行运算。

近年来，为了提高接触网几何参数测量效率和精度，广泛使用各种接触网几何参数测量仪，可以克服测杆测量的一些明显缺点：对高压进行接触测量时带来的绝缘、安全问题；绝缘工具的定期检验；线坠重力改变接触网工作状态，测量时风干扰影响比较大，测量结果需要换算等。

接触网几何参数测量仪由主机和测量架两部分组成。先将测量架按照放置标准放置在钢轨上，主机放置在测量架固定座上，形成一个以钢轨面和钢轨中心为基准的测量平台。旋转主机或者前后移动测量架，使得激光点打在目标测量点中心后，按下测量键，仪器内部会完成角度、距离、水平位移等数据的测量并计算输出导高、拉出值、轨距等几何参数，并能进行测量结果的存储和处理，根据测量结果进行检调。利用接触网几何参数测量仪可以直接测得 a 值，省去了 a、m、c 间的计算过程，减少了作业程序，提高了劳动效率。

【例 2-1】 某区间接触网定位点处接触线高度（导高）$H=6000$mm，所处区段为曲线，曲线半径 $R=600$m，外轨超高为 $h=60$mm，设计拉出值 $a=400$mm，求该定位处接触线的位置。若现场实测该定位处接触线投影在线路中心线与外轨间，距线路中心线距离为 100mm，是否应该调整？

解：求定位点处接触线的位置就是求该处接触线相对线路中心线的位置，也就是求 $m_{标}$。根据 R 查表 2-17 得 $L=1440$mm。$c = \dfrac{hH}{L} = \dfrac{60 \times 6000}{1440} = 250$（mm）。$m_{标} = a - c = 400 - 250 = 150$（mm）。

即该定位点处接触线的位置应在线路中心线至外轨之间且距线路中心线距离为 150mm 处。

现场实际定位处接触线投影在线路中心线至外轨间且距线路中心线为 100mm，即 $m_{实} = 100$mm，$\Delta m = m_{标} - m_{实} = 150 - 100 = 50$（mm）。

所以应使定位处接触线位置向外轨侧"拉"50mm，才能符合设计定位要求。在曲线区段检调定位时，不满足标准要求可能造成严重后果。

【例 2-2】 甲作业组在某区间 90#~108# 支柱间综合检修，调整拉出值，当检调到 104# 支柱定位时，实测接触线定位点距线路中心距离为 80mm，且接触线定位投影在线路中心至外轨之间，测得外轨超高为 115mm，查接触网平面图知该定位标准拉出值为 400mm。领导让操作人将该定位向外轨侧再拉 140mm，结果作业组作业结束消令后，第一趟电力机车通过时即发生了弓网事故，请分析弓网事故发生的原因。

解：已知：$m_{实测} = 80$mm，$h = 115$mm，$a_{标} = 400$mm，$\Delta m = 140$mm，检调后现场 $m_{实} = m_{实测} + \Delta m = 80 + 140 = 220$（mm）。调整后的定位实际拉出值为 $a_{实} = m_{实} + c \approx 220 + 4h = 220 + 4 \times 115 = 680$（mm）。

调整后的定位实际拉出值，大于受电弓允许最大工作范围的一半，即 475mm（接触网拉出值最大值规定为 450mm，当拉出值大于 450mm 时，必须降弓）。所以，事故原因是拉出值超标，造成弓网事故。

该处拉出值正确检调方法如下：该定位处距线路中心的标准距离为 $m_{标} = a_{标} - c \approx a_{标} - 4h = 400 - 4 \times 115 = -60$（mm），$m_{标} = -60$mm 说明该定位处接触线距离线路中心标准距离应该为 60mm，且投影位置应在线路中心线至内轨之间。$\Delta m = m_{标} - m_{实测} = (-60) - 80 = -140 \,(\text{mm})$。

正确的检调应该是将接触线定位点向内轨侧放 140mm。

在进行曲线拉出值检调的时候，一定要注意 m 值的符号和检调方向。在测量、计算、检调每一个步骤中认真记录好符号。

复习思考题

1. 接触网是由哪几部分组成的？各起什么作用？包括哪些主要元件？
2. 接触网支柱按材质分有哪几种？举例说明各种支柱符号的意义。
3. 比较常见接触网支柱的优缺点。
4. 支柱按用途分为哪几种？
5. 接触悬挂按照结构可以分为哪几种类型？
6. 接触悬挂按照线索锚定方式可以分为哪几种类型？
7. 按照接触线和承力索在空间的位置关系，可以分哪几种类型？比较其优缺点。
8. 常见的接触线有哪几种？
9. 说明下列几种接触线型号的含义：CT110、GLCA$\frac{100}{215}$、CTAH110、CTMH150、CTSH150。
10. 什么是接触线磨耗？对磨耗有什么技术要求？
11. 高速电气化铁道对接触线的技术要求有哪些？
12. 某区间锚段采用 CTMH150 型接触线，用卡尺测量各点后发现接触线平均直径为 13.10mm，请利用磨耗换算表查出平均磨耗面积，是否应大修更换？
13. 常见的承力索按照材质分有哪几种？比较其优缺点。
14. 吊弦的作用是什么？根据作用分吊弦有几种类型？
15. 整体吊弦的优点是什么？
16. 简述整体吊弦的制作工艺。
17. 腕臂的作用是什么？有哪些类型？
18. 比较绝缘腕臂和非绝缘腕臂的优缺点，我国多采用哪种形式腕臂？
19. 什么是接触线的导高？导高的最高与最低高度分别是多少？根据什么确定这两个高度？
20. 说明支柱侧面限界、结构高度的含义、符号，我国的侧面限界、结构高度规定为多少？
21. 叙述直线中间柱腕臂装配（采用水平拉杆时）的常用零件名称。
22. 叙述直线中间柱腕臂装配（采用 G 型平腕臂时）的常用零件名称。
23. 叙述高速电气化铁道直线中间柱腕臂装配（采用 L 型平腕臂时）的常用零件名称。绝缘子的电气性能的主要参数有哪些？
24. 电气化铁道用绝缘子按照结构分为哪些类型？
25. 电气化铁道用绝缘子按照材质分为哪些类型，比较其优缺点。
26. 绝缘子的电气性能的主要参数有哪些？
27. 钢化玻璃绝缘子、复合绝缘子的优点有哪些？
28. 绝缘子防污采取的措施有哪些？

第三章 接触网结构与设备

第一节 锚段及锚段关节

学习目标
① 掌握锚段的作用；
② 掌握锚段长度确定原则；
③ 掌握三跨和四跨锚段关节作用、结构及技术要求；
④ 掌握高速电气化铁路中五跨锚段关节的结构。

一、锚段和锚段长度确定

为满足供电和机械受力方面的需要，将接触悬挂分成若干长度一定、相互独立的分段，这些独立的分段称为锚段。

1. 锚段的作用

设立锚段可以限制事故范围。当发生断线或支柱折断等事故时，各锚段间在机械受力上是独立的，不影响其他线段的接触悬挂，缩小了事故范围。设立锚段便于在接触线和承力索两端设置补偿装置，以调整线索的弛度与张力。设立锚段有利于供电分段，满足供电方式的需要，可实现一定范围内的停电检修作业。

2. 锚段长度确定

接触网每个锚段包括若干个跨距。在确定锚段长度时，要考虑发生事故的影响范围；当温度变化时，线索伸缩引起的吊弦、定位器及腕臂的偏斜不要超过允许值；要考虑补偿坠砣应有足够的上下移动空间（即补偿范围）；要保证在极限温度下中心锚结处和补偿器端线索张力差不超过规定值。

对于时速 160km/h 的线路，正线双边补偿时的最大锚段长度一般情况下不大于 2×800m，困难情况下不宜大于 2×900m。单边补偿的锚段长度，应为上述值的 50%。对于时速 200km/h 的线路，正线双边补偿时的最大锚段长度一般情况下不大于 2×750m，困难情况下不宜大于 2×800m。对于高速铁路，正线接触网锚段长度一般不超过 2×700m。

对于时速 160km/h 的线路，其站场最大锚段长度一般不大于 2×850m，困难情况下不大于 2×950m。时速 200km/h 的线路，其站场最大锚段长度一般不大于 2×850m，困难情况下不大

于 $2\times900m$。对于时速 350km/h 的高速铁路，站线最大锚段长度不宜大于 $2\times800m$，困难情况下不宜大于 $2\times900m$；单边补偿的锚段长度不超过 850m。

对于普速铁路，隧道内一般不分锚段，但隧道长度超过 2000m 时，应划分锚段，锚段长度确定原则与上述方法相同。对新建隧道，当预留锚段关节断面及下锚洞时，锚段长度不宜大于 2000m；对既有线隧道，当未预留锚段关节断面及下锚洞，改建困难时，锚段长度不宜大于 3000m。对于高速铁路，隧道内锚段长度不应大于 $2\times700m$。

二、锚段关节

两个相邻锚段的衔接区段（重叠部分）称为锚段关节。锚段关节工作状态是接触网供电可靠性的关键因素之一。电力机车通过锚段关节时，受电弓应能平滑、安全地由一个锚段过渡到另一个锚段，且弓线接触良好，取流正常。

锚段关节按用途可分为非绝缘锚段关节和绝缘锚段关节两种。按锚段关节所含跨距数可分为二跨、三跨、四跨、五跨锚段关节，常用的是三跨、四跨和五跨锚段关节。

1. 普速铁路锚段关节

（1）非绝缘锚段关节

非绝缘锚段关节仅用作接触悬挂在机械方面的分段，电气方面仍然相连接，即两个锚段在电气上不绝缘，又称电不分段锚段关节。

普速铁路非绝缘锚段关节一般由三个跨距组成，又称三跨非绝缘锚段关节，结构如图 3-1 所示。相互连接的两个锚段分别在锚段关节最外侧二支柱处下锚，受电弓在中间两支柱间实现从一个锚段向另一锚段的转换，故锚段关节中间的二支柱称为转换柱。

图中转换柱命名为 QF、ZF，其中 Z 表示直线区段，Q 表示曲线区段，F 表示非绝缘锚段关节，W、N 分别表示支柱处于曲线外侧、曲线内侧。下标 1、2 表示转换支柱装配的形式。

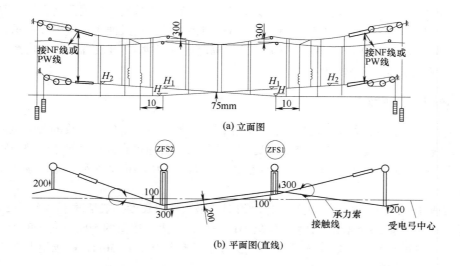

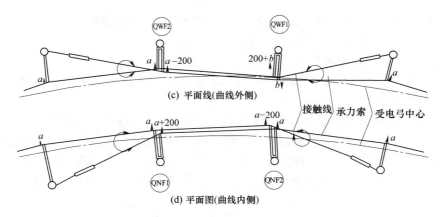

图 3-1 三跨非绝缘锚段关节

在锚段关节内，同时存在两个锚段的两组接触悬挂，其中接触线与受电弓接触实现受流的一组称为工作支，另一组接触悬挂的接触线通过抬高脱离与受电弓的接触后下锚，称为非工作支（简称"非支"）。

图 3-2 所示为三跨非绝缘锚段关节转换柱在直线正定位时的装配图。

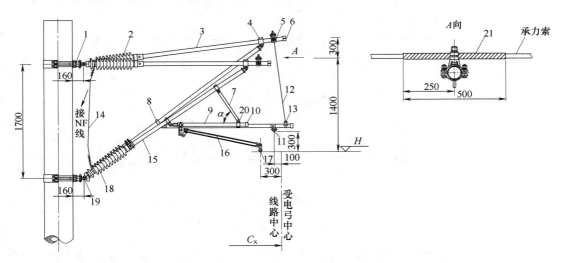

图 3-2 三跨非绝缘锚段关节转换柱

1—旋转腕臂双上底座；2—棒式绝缘子；3—水平腕臂；4—套管双耳；5—承力索支座；6—2 型管帽；7—ϕ34 定位管支撑；8—2 型定位环；9—1.5 型定位管；10—1.5 型管帽；11—锚支定位卡子；12—4.0 拉线；13—1.5 型定位管卡子；14—接地跳线；15—X 型腕臂；16—组合定位装置；17—定位线夹；18—棒式绝缘子；19—旋转腕臂双下底座；20—1.5 型套管双耳；21—预绞丝保护条

三跨非绝缘锚段关节技术要求：

① 锚段关节内，两转换柱间的两条接触线在水平面上的投影应平行，线间的距离为 200mm。在立面图中，两接触线的交叉点应在该跨距中心处，两接触线在跨距中心处等高。

② 转换支柱处，非工作支接触线比工作支接触线抬高 200~250mm；下锚处非工作支比工作支抬高 500mm。

③ 下锚支接触悬挂在转换柱水平面处改变方向时，其偏角一般不应大于 6°，困难情况下

不得超过 10°。在时速大于 200km/h 区段，正线接触线工作部分改变方向时，其与原方向的水平夹角不宜大于 4°，困难情况不宜大于 6°。

④ 锚柱在距转换柱 10m 处应安装电连接线。

⑤ 电不分段锚段关节转换柱处，两接触线间垂直、水平距离允许误差±20mm。

（2）绝缘锚段关节

绝缘锚段关节除机械分段外，可以实现同相电分段，多用于站场和区间的衔接处，也称为电分段锚段关节。普速铁路绝缘锚段关节一般由四个跨距配合一台隔离开关组成，所以又称四跨绝缘锚段关节，其接触线、承力索在垂直方向和水平方向都彼此相距（500±50）mm（高速铁路为 450_{-0}^{+50} mm），以保持其电气绝缘。四跨绝缘、非绝缘锚段关节结构如图 3-3 所示。

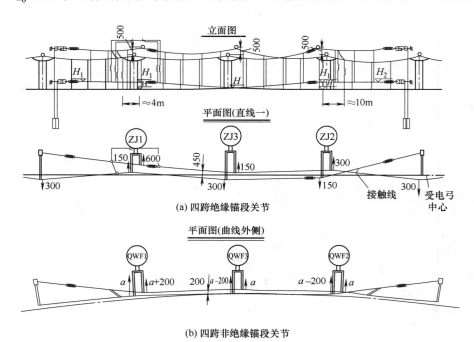

图 3-3　四跨绝缘、非绝缘锚段关节结构图

图 3-3 中，J 表示绝缘锚段关节；ZJ 表示绝缘中心支柱装配形式；ZJ1、ZJ3 表示直线区段和曲线区段的转换柱装配形式。QWF 表示支柱在曲线外侧时，非绝缘转换柱的装配形式。

图 3-4 所示为某区段四跨关节转换柱、中心柱的直线正定位装配。

绝缘锚段关节，其结构特点和技术要求为：

① 在两转换柱间，两接触线的投影应保持平行，线间距离为 450_{-0}^{+50} mm。

② 在转换柱处，非工作支接触线比工作支接触线抬高 500mm，允许误差±50mm。

③ 四跨绝缘锚段关节在中心柱处两接触线距轨面等高，允许误差±10mm；三跨绝缘锚段关节在两转换柱跨距中间处两接触线距轨面等高（为受电弓转换点）。

④ 非工作支接触线和下锚支承力索在转换柱靠中心柱处加装一串（4 片）绝缘子（为分段绝缘子），高速铁路和提速区段多采用复合棒形悬式绝缘子。

⑤ 在两转换柱与锚柱间距转换柱 10m 处设电连接线各一组（承力索载流区段为各两组）。

⑥ 两个锚段的电路连通或断开由隔离开关控制。

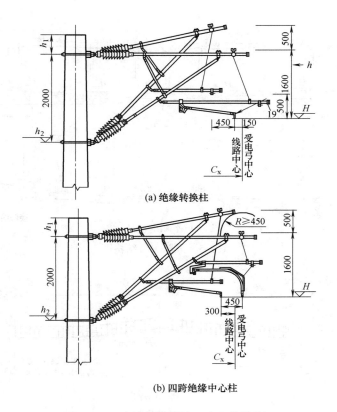

图 3-4　四跨关节转换柱、中心柱装配

2. 高速铁路锚段关节

只要锚段关节安装调整得当，四跨、五跨锚段关节都可以得到满意的受流效果。在中国，高速铁路绝缘和非绝缘锚段关节主要采用五跨关节形式，即锚段关节中含有五个跨距。因为地形或者施工预留原因也会采用四跨关节。

四跨锚段关节在受电弓由一个锚段过渡到另一个锚段通过中心支柱处时，两接触线的等高点在定位点处，受电弓要同时和两支接触线接触，加上两支定位器的存在，中心柱处接触网的弹性变差，在此不仅会加大接触线的局部磨损，而且影响受流质量。对于五跨关节，其两组悬挂的等高点在中间跨距的中心，这样就可以保证弹性良好、过渡平稳。在高速铁路中，当使用四跨锚段关节式时，其中心柱处的等高点（区）一般比标准导高抬高 40mm，从转换柱到等高点的抬高采用逐渐加大的抛物线抬高法，或者采用将等高点（区）移离定位点的方法来改善中心柱附近的弹性。

图 3-5 所示是五跨关节结构图。在高速铁路中，绝缘和非绝缘五跨关节在两悬挂结构上区别不大，转换柱各部件间距要求稍有不同。在高速铁路中，为了保证两转换柱间的平滑过渡和弹性，要求两支接触线按照图 3-6（a）所示的方式抬高，必须保证导线走向在内转换跨中心形成屋脊状。两接触线的等高点必须处于跨中，等高点比标准导高抬高 40mm，在动态检测车的检查结果中，两接触线的等高点应该在跨中，不应出现明显偏移。从 ZJ3 到 ZJ4 的接触线导高，从标准导高到等高点再到抬高 150mm，要采用抛物线抬高。

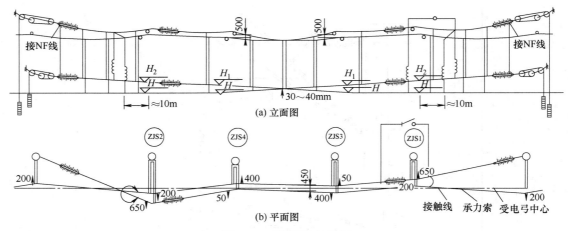

图 3-5　五跨关节结构图

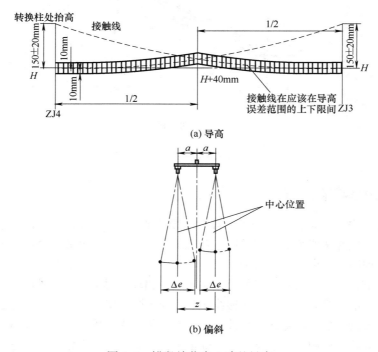

图 3-6　锚段关节中心跨的导高

在锚段关节处要特别注意转换柱、中心柱的腕臂偏斜情况。在这些地方，两支接触悬挂通过各自的腕臂固定在双底座槽钢上。两支接触悬挂的下锚方向是相反的，如图 3-6（b）所示，在线索温度达到最大值时，两腕臂向槽钢中心线附近靠拢，两支腕臂间有绝缘要求时，$z-\Delta e$ 必须大于安全绝缘距离。两腕臂间有绝缘要求时，要选取 $a=750mm$，没有绝缘要求时 $a=600mm$。在进行安装施工时，一定要按照当前温度和腕臂偏斜的安装曲线来确定安装时腕臂的偏斜量。在两接触悬挂的中锚间距为 1400m 时，在 100K 的温度变化范围内，Δe 可以达到 1190mm。

在锚段关节处，五跨绝缘锚段关节的缺点为结构上相对较复杂，造价较高，安装检调难度较大。其主要检调要求为：

① 在转换的三跨中，两接触线的投影应保持平行，线间距离为 450^{+50}_{-0} mm。

② 在两内转换柱处，非工作支接触线比工作支接触线抬高 150mm，允许误差±20mm。

③ 在两外转换柱处，非工作支接触线比工作支接触线抬高 500mm，允许误差±20mm。

④ 在两下锚柱处，非工作支接触线比工作支接触线抬高 900mm，允许误差±20mm。

⑤ 两接触线的等高点必须处于内转换跨的跨中，等高点比标准导高抬高 40mm，保证导线走向在内转换跨中心形成屋脊状。

⑥ 非工作支接触线和下锚支承力索在两外转换柱靠中心处加装复合棒形悬式绝缘子。绝缘子串距悬挂点的距离应符合设计要求，允许偏差为±50mm。承力索、接触线绝缘子串上下应对齐，允许偏差为±30mm。

⑦ 在两转换柱与锚柱间距转换柱 10m 处设电连接线各两组。两个锚段的电路连通或断开由隔离开关控制。

⑧ 腕臂随温度变化顺线路的偏移量应符合设计要求，允许偏差±20mm。腕臂随温度变化顺线路的偏移量可以通过安装曲线得到，同一支柱上两支接触悬挂的下锚方向是相反的，这种情况下特别要注意腕臂偏移量，防止在极限高温下两腕臂距离过近，特别是两内转换柱处，两腕臂有绝缘要求。

⑨ 绝缘锚段关节两锚段承力索和接触线、两内转换柱的两支腕臂零件和线索相互间的空气绝缘间隙应符合设计要求。

三、锚段关节处常见故障分析

锚段关节是两个相邻锚段的衔接部分，结构比较复杂，技术要求高，是接触网运行安全的关键点之一。一旦发生弓网事故，不仅会造成锚段关节处接触网设备损坏，而且会同时影响两相邻锚段接触网无法正常运行，事故抢修工作量大，恢复时间长。抢修锚段关节接触网事故时，一般在保证导线高度的条件下临时供电，机车受电弓降弓通过，尽量缩短停电时间。制定抢修方案要根据实际情况灵活运用。

锚段关节常见弓网事故有以下几个方面：

① 锚段关节工作支与非工作支承力索或接触线间距不符合规定。当锚段关节处隔离开关打开，锚段关节一端停电并接地时，两组接触悬挂由于线间绝缘距离不够，使空气间隙击穿放电，烧坏部件，如未及时检修，则隔离开关合上送电后，电力机车受电弓通过时，发生接触网设备故障。

② 绝缘锚段关节在转换柱处，非工作支接触线抬高不够，受电弓碰撞分段绝缘子串，出现刮弓事故，或者受电弓钻入非工作支导线上方而出现钻弓事故，造成受电弓和接触网设备损坏，如果机车司机未及时采取措施，受损伤的受电弓继续运行，会刮坏接触网其他设备，造成更大弓网事故。

③ 锚段关节电连接线夹处发生接触不良、松动、偏斜等，易引发烧断电连接线、吊弦、接触线、承力索及刮弓事故。

④ 锚段关节内两工作支接触线拉出值（或"之"字值）超标，致使某一支接触线发生受电弓脱弓和钻弓事故。

⑤ 当绝缘锚段关节设在小半径曲线区段时，在转换柱与中心柱间容易发生脱弓事故。在检调该处锚段关节时，应注意检查跨中工作支接触线相对受电弓中心的偏移值。受电弓在发生脱弓事故后，由于自身抬升力的作用，其滑板升高而超过接触线高度，随着机车向前运行，受电弓滑板进入导线上方，出现刮坏吊弦、腕臂、定位装置等重大弓网事故，因此脱弓和钻弓事故是同时发生的。

第二节　接触网补偿装置

学习目标：
① 掌握补偿装置作用；
② 掌握补偿装置的形式、组成及安设要求；
③ 掌握补偿装置 a、b 值的含义及 b 值安装曲线在工程中的应用；
④ 了解补偿装置的检修。

在大气温度发生变化时，接触线或承力索会发生伸长或缩短，从而使线索内张力发生变化，从而影响到接触线或承力索的弛度也发生变化，因而使受流条件恶化。为改变这种情况，一般在一个锚段两端的接触线及承力索内串接接触网补偿装置，再进行下锚。接触网补偿装置有许多种类，有滑轮式、棘轮式、鼓轮式、液压式及弹簧式等。我国电气化铁路中使用最广泛的是滑轮式、棘轮式和弹簧式补偿装置。

对接触网补偿装置的要求有两点：其一，补偿装置应灵活，在线索内的张力发生缓慢变化时，应能及时补偿，传送效率不应小于97%；其二，具有快速制动作用，一旦发生断线事故或其他异常情况，线索内的张力迅速减小时，补偿装置应能及时制动，防止坠砣串落地而造成事故扩大。

一、滑轮补偿装置

1. 主要组成部分

滑轮式补偿装装置由补偿滑轮组、双环杆（杵环杆）、补偿绳、坠砣杆、坠砣、连接零件和坠砣限制架组成。补偿滑轮组包括定滑轮和动滑轮，定滑轮改变受力方向，动滑轮除改变受力方向外还可移动位置，其结构如图3-7所示。滑轮组传动比有1∶2、1∶3、1∶4、1∶5四种规格，见图3-8。滑轮一般都装有轴承，有滑动轴承型（H型）、滚动轴承型（G型），滑轮轮体按不同组合要求，备有270mm、205mm、165mm三种直径，材质为ZL114A铝合金，制造工艺

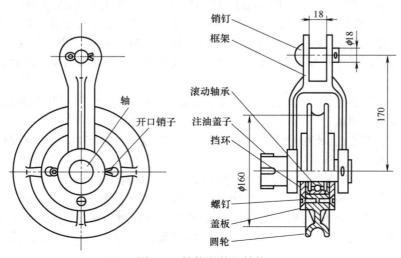

图 3-7　补偿滑轮组结构

单位：mm

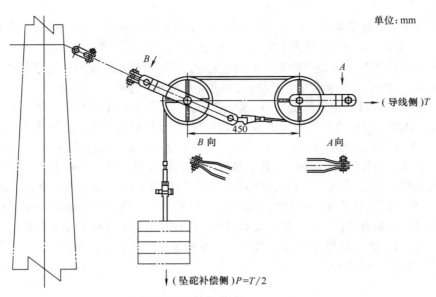

(a) 1:2 传动比补偿滑轮组

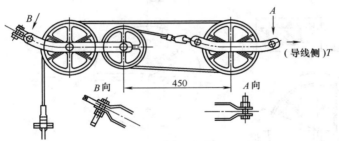

(b) 1:3 传动比补偿滑轮组

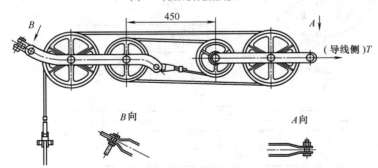

(c) 1:4 传动比补偿滑轮组

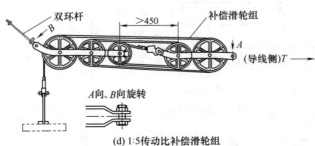

(d) 1:5 传动比补偿滑轮组

图 3-8　补偿滑轮组规格

为金属模低压铸造。补偿绳为奥氏体不锈钢钢丝绳，公称直径ϕ8.75mm。补偿滑轮组最大工作荷重：1∶2型为12kN，1∶3型为18kN，1∶4型为22kN，1∶5型为25kN。

坠砣每块约重25kg，坠砣串的重量（含坠砣杆、坠砣抱箍及连接的楔型线夹重量）允许误差不超过1%，单块坠砣重量误差小于等于2%。按照材质分为混凝土坠砣、铸铁坠砣和复合材料坠砣。混凝土坠砣材质为不低于150标号的混凝土，呈中间开口的圆饼状，主要用于时速200km/h以下线路。铸铁坠砣一般用于高速铁路以及大型桥梁隧道中。铸铁坠砣从形状上分圆形和方形，圆形铁坠砣用于隧道外，方形铁坠砣主要用于隧道内。铸铁坠砣（标称厚度35mm）和混凝土坠砣（标称厚度110mm）相比，坠砣串的长度较短，可以获得更大的补偿范围，在锚段长度较长时可满足补偿坠砣移动范围要求，但是造价较高，易丢失。复合坠砣标称厚度60mm，在满足补偿范围要求下可替代铸铁坠砣，降低造价。坠砣杆一般由直径16mm、18mm圆钢加工制成，上端有单孔焊环，底部焊有托板。坠砣杆的型号规格根据其放置坠砣块数量的不同分为三种：17型、20型（23型）、26型、30型等。型号中的数字表示坠砣杆所悬挂坠砣的数量。坠砣如图3-9所示。

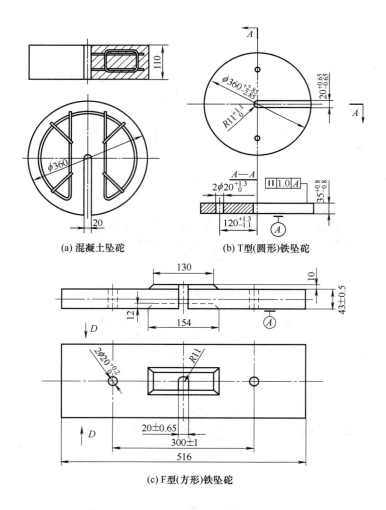

(a) 混凝土坠砣　　(b) T型(圆形)铁坠砣

(c) F型(方形)铁坠砣

图3-9　坠砣

不同材质、不同截面积线索，选用张力不同，坠砣的重量（片数）和传动比会有所不同，坠砣应完整，码叠整齐，其缺口相互错开 180°。坠砣块自上而下按块编号，并标明重量。

2. 坠砣限制架

为了防止在外力作用下坠砣串摆动侵入行车限界，补偿装置装设有坠砣限制架。坠砣限制架结构形式分为 A 型埋入式、B 型支柱固定式两种。坠砣限制架导管上端采用角钢在支柱上固定。埋入式坠砣限制架下端采用混凝土浇筑的埋入式基础，B 型支柱固定式下端在支柱上固定，如图 3-10 所示。安装坠砣限制架后，在坠砣串上加装坠砣抱箍，使坠砣串只能沿着坠砣限制导管方向上下移动，增强了坠砣串稳定性。

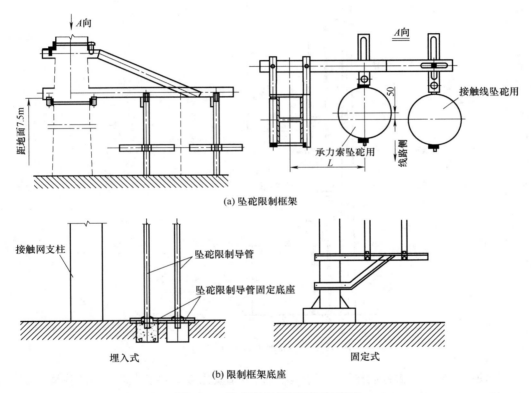

图 3-10　坠砣限制框架和框架底座

3. 补偿器的 a、b 值

全补偿下锚装置结构如图 3-11 所示，承力索和接触线分别设置各自的补偿滑轮组和坠砣，在支柱的同侧下锚。在支柱对侧设置下锚拉线，用于平衡承力索和接触线对锚柱的下锚力。拉线的固定有两种方法，一种是埋设锚板固定，一种是混凝土现浇地锚。提速区段和高速铁路使用混凝土现浇地锚。为了美观要求或者地形受限不宜打拉线时，可以采用不设拉线的锚柱。

补偿器靠坠砣串的重力使线索保持平衡。当温度变化时，线索的伸缩使坠砣串上升和下降，当坠砣串升降超出允许范围时（如下降过多使坠砣串底面接触地面，或上升过多使补偿绳双耳楔形线夹在定滑轮槽中），都会使补偿器失去补偿作用。因此用补偿器的 a、b 值来表示坠砣串的工作位置。坠砣杆耳环孔中心至补偿（定）滑轮下沿的距离为 a 值。坠砣串的最下面一块坠砣的底面至地面（或基础面）的距离称为补偿器的 b 值。补偿器 a、b 值随温度变化而发生变化，接触线和承力索补偿器的 a、b 值不相等。

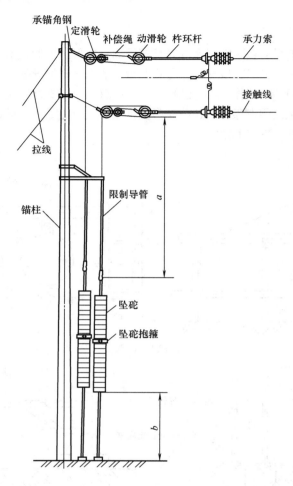

图 3-11　全补偿下锚装置结构图

为了使补偿器不失去补偿作用，对补偿器 a、b 值提出以下要求：运行中的补偿器 a、b 值的最小值不小于 200mm，在进行接触网设计时，a、b 值不小于 300mm。

补偿器 a、b 值计算方法如下：

$$a = a_{\min} + nL\alpha(t_x - t_{\min})$$
$$b = b_{\min} + nL\alpha(t_{\max} - t_x)$$

式中　$a_{\min}$——设计时规定的最小 a 值，mm；

$b_{\min}$——设计时规定的最小 b 值，mm；

$t_{\min}$——设计时采用的最低气温，℃；

t_x——安装或调整作业时的温度，℃；

$t_{\max}$——设计时采用的最高气温，℃；

n——补偿滑轮传动系数，即传动比的倒数；

L——锚段内中心锚结至补偿器的距离，mm；

α——线索的线胀系数，$℃^{-1}$。

在图 3-12 中，将 b 值计算结果标注在图中，通过描点作图绘制出补偿器 b 值安装曲线，供施工和维修人员参照调整，准确控制坠砣串的高度。

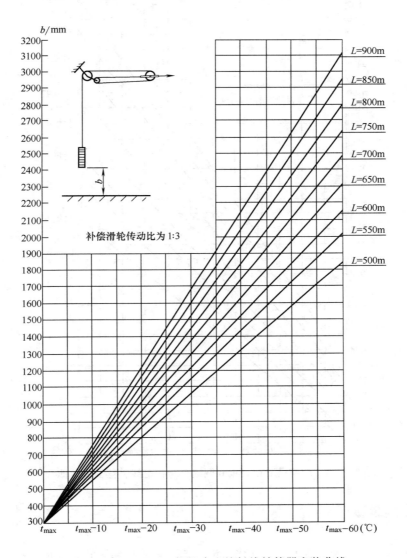

图 3-12　CTAH-120 铜银合金接触线补偿器安装曲线

新线架设时，接触网线索存在初伸长问题，即线索承受张力后，会蠕变延伸。线索的初伸长会影响到接触网施工时补偿器 b 值。新线考虑线索延伸时，其 a、b 值的计算公式为：

$$a = a_{\min} - n\theta L + nL\alpha(t_x - t_{\min})$$
$$b = b_{\min} + n\theta L + nL\alpha(t_{\max} - t_x)$$

式中，θ 为新线延伸率，钢承力索为 3.0×10^{-4}，铜合金承力索和接触线取 6.0×10^{-4}。

新线的延伸会影响到补偿装置的安装曲线，安装时应考虑线索超拉伸长后坠砣位置符合设计要求，故新线安装曲线采用图 3-13 所示的安装曲线。

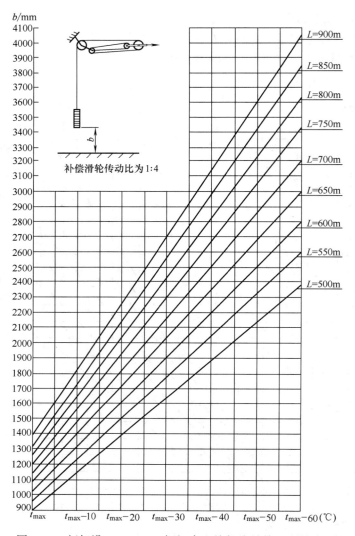

图 3-13 新架设 CTAH-120 铜银合金接触线补偿器安装曲线

二、棘轮补偿装置

中国哈（尔滨）—大（连）线电气化引进了德国棘轮补偿装置，外形及结构如图 3-14 所示。棘轮补偿装置由棘轮、棘轮支架、平衡轮、双耳楔形线夹、补偿绳等组成。2000 年以来，棘轮补偿装置在高速铁路和城轨交通中应用广泛。棘轮结构形式的分类主要有：H 为滑动轴承型，GA 为圆柱滚子轴承型，GB 为圆锥滚子轴承型。棘轮补偿装置的棘轮与其他工作轮共为一体，没有连接复杂的滑轮组，安装空间比铝合金滑轮补偿装置小很多，可以解决空间受限时的补偿问题。棘轮本体大轮直径为 566mm，小轮直径为 170mm，传动比为 1:3，补偿绳为柔性不锈钢丝绳，工作荷重有 30kN、36kN 两种，平衡轮的作用是平衡两侧小轮的受力。主要优点是具有断线制动功能，正常工作状态下，棘齿与制动卡块之间有一定间隙，棘轮可以自由转动；当线索断裂后，棘轮和坠砣在重力作用下下落，棘齿卡在制动卡块上，具备断线制动功能，可以有效地缩小事故范围、防止坠砣下落侵入限界。

棘轮补偿装置按补偿绳绕向分为 Z 型和 F 型两种，其区别主要是棘轮支架的长度和补偿绳的绕向。Z 型装置中，坠砣补偿绳在棘轮的支柱侧，F 型与之相反，二者棘轮棘齿制动的方向是不同的，要注意制动卡块的安装方向。F 型多用于隧道。

京沪高速铁路接触线用棘轮下锚补偿装置的断线制动棘齿采用伞齿结构设计，如图 3-14（b）所示，进一步提高了大张力条件下断线制动的可靠性。

棘轮装置具有转动灵活、传动效率高（与铝合金滑轮补偿装置相当）、防腐性能好、使用寿命长等优点，但价格较高。由于棘轮本体形状复杂、轮径大、薄壁部位多，因而制造上对设备的要求很高，同时对铸造技术水平的要求也很高。

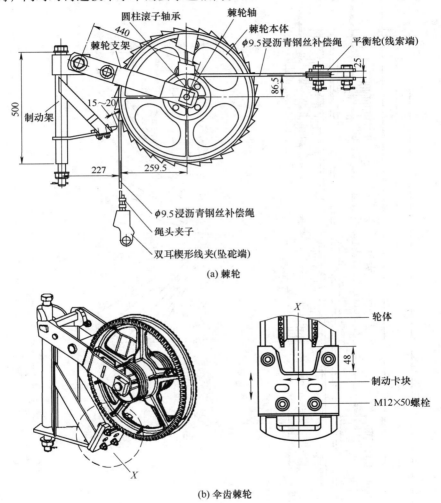

图 3-14　棘轮补偿装置

图 3-15 中，安装曲线中标注的 L 值是半个锚段的长度（中心锚结到补偿器距离），竖轴为坠砣安装的 a 值位置，安装曲线对应的温度范围是 $-20\text{℃} \sim +80\text{℃}$。补偿坠砣安装曲线的最高计算温度为 $+80\text{℃}$，它是考虑承力索和接触线在满电流负荷运行中，线索可能产生的温升，在这种极限情况下承力索和接触线的伸长不致使坠砣串的底部着地。补偿装置的最高计算温度一般不超过 $+80\text{℃}$。

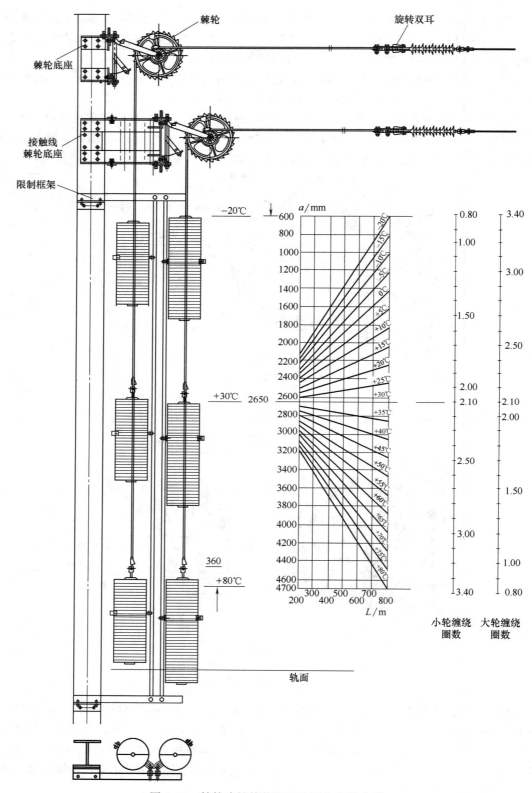

图 3-15 棘轮式补偿装置安装图和安装曲线

棘轮的安装曲除了对坠砣 a、b 值进行确定外，还包括补偿绳在棘轮上正确的缠绕圈数。理顺补偿绳与轮体之间的缠绕关系，并使其正确入槽，防止绳股之间交错、重叠。缠绕时注意两边对称。首次安装时，根据设计坠砣曲线，调整初始缠绕圈数。棘轮补偿装置在应用中有多种安装形式，如图 3-15 所示的接触线、承力索补偿棘轮为上下布置，这种布置对支柱高度、容量要求较高；另外一种为承力索、接触线下锚棘轮水平布置，分别安装在支柱的两侧；还有承力索、接触线共用一个棘轮的并联棘轮补偿装置，在实际工程中都有采用。安装后，棘轮轴必须处于水平位置，补偿绳运行时不得超过棘轮的齿面。注意补偿绳在棘轮上的缠绕方向，如图 3-16 所示。

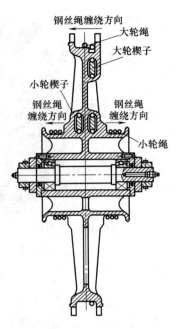

图 3-16　补偿绳的缠绕

三、弹簧补偿装置

滑轮、棘轮补偿装置需要较大的安装空间、坠砣空间和维护工作。弹簧补偿装置按照结构形式分为涡盘式（A 型）弹簧补偿装置和柱式（B 型）弹簧补偿装置两种，在大型枢纽车站、净空受限的隧道、城市轨道交通（地铁）中有应用。

1. 涡盘式（A 型）弹簧补偿装置

涡盘式弹簧补偿装置的结构如图 3-17 所示，额定工作行程 1300mm。弹簧补偿装置（本体）结构中，利用储能装置中线性变扭矩平面涡盘弹簧产生扭矩，弹簧一端与座体固定，一端和主轴固定。当承力索和接触线因环境温度变化而发生长度变化时，平面涡盘弹簧与渐开线轮搭配组合，使承力索和接触线保持基本恒定的张力。其优点是结构紧凑、体积小巧、重量较轻、安装调整方便、没有坠砣，对景观影响小。

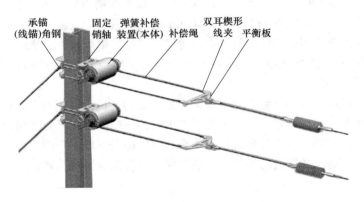

图 3-17　涡盘式弹簧补偿装置的安装结构

弹簧补偿装置本体的结构见图 3-18，断线后补偿装置本体向下转动，拨动拨叉，使制动楔块卡死制动轮，起到断线制动作用。弹簧补偿装置额定张力为 10~25kN 多个规格，选用时额定张力和线索张力一致。

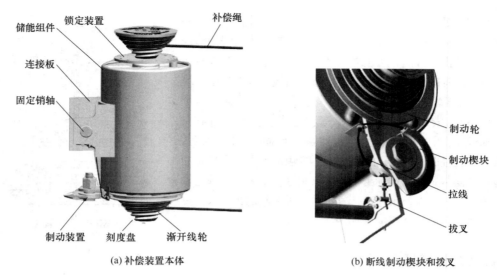

(a) 补偿装置本体　　(b) 断线制动楔块和拨叉

图 3-18　弹簧补偿装置本体的结构

弹簧补偿装置的安装和调整流程为：

① 通过辅助工具起吊弹簧补偿装置，通过销轴将其安装在下锚角钢上。注意断线制动拨叉卡在销轴中间；将弹簧装置本体和补偿绳、楔形线夹、平衡板、连接器等零件和接触悬挂连接。注意两楔形线夹距弹簧补偿装置距离保持两侧一致，保证完成最终检调后，两渐开线轮槽和补偿绳间不会产生偏磨。因为涡盘弹簧的弹力是和主轴旋转角度和圈数有关的，所以补偿绳应该从渐开线轮槽的标记处通过紧线拉出。

② 弹簧补偿装置（本体）调整。紧线后，通过调整螺栓调整弹簧补偿装置的角度，使得补偿绳和渐开线轮槽保持平行状态，防止偏磨。

调整前，弹簧补偿装置处于锁定状态，紧线器收紧接触悬挂线索后，锁定板转动，锁定销和锁定盘脱开，拔除锁定销。锁定盘的另一端为弹簧补偿装置调整刻度盘。渐开线轮共有 5 圈，其中有效工作圈数为 3.8 圈，工作圈为第 Ⅱ~Ⅴ 圈。根据所在锚段的锚段长度，选用不同工作行程的补偿装置，图 3-19 是工作行程为 0~1300mm 的刻度盘。安装施工时，根据施工时环境温度，通过特性曲线图查得当前工作行程 a 值。通过紧线器将钢丝绳沿着绝缘子的方向移动到与刻度牌相对应的位置（实际环境温度对应工作行程 a 或对应渐开线轮的圈数 n），做好承力索或接触线终端锚固线夹的安装。

安装完成后，应该检查刻度盘是否与安装当地当日的环境温度相对应，或测量补偿绳的 a 值是否符合特性曲线。如有误差，通过紧线器再次调整到刻度牌实际温度相对应的位置。为确保弹簧补偿装置的运行状态与实际环境温度符合，一般情况下要进行两次调整，最终调整偏差 ≤±30mm。使用中，要注意导线初伸长对补偿装置工作行程的影响，必要时进行调整或者等初伸长完成后调整。

2. 柱式（B型）弹簧补偿装置

柱式弹簧补偿装置采用双重或者三重圆柱形轴向螺旋弹簧串联组合而成，主要由连接座、圆柱弹簧、弹簧套筒和法兰、刻度板等组成，如图 3-20（a）所示。线索张力值和弹簧轴向行程量（长度）呈线性关系。张力变化曲线如图 3-20（b）所示。在运行中，考虑弹簧和套筒以及内

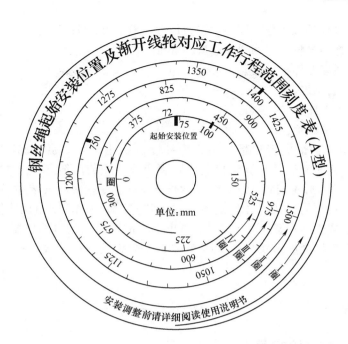

图 3-19 弹簧补偿装置工作行程范围刻度盘

圈套筒法兰和外圈套筒间的摩擦力，当柱式弹簧补偿器拉伸，行程增大时，张力曲线向上偏移，柱式弹簧补偿器收缩，行程减小时，张力曲线向下偏移。为保持补偿特性的稳定性，合理设计弹簧的防锈和套筒间的润滑是非常重要的。根据线路的速度等级不同，对接触悬挂张力差的要求不同，设计对应柱式弹簧补偿器的最小张力差可以达到±4%，基本满足各个速度等级线路要求。

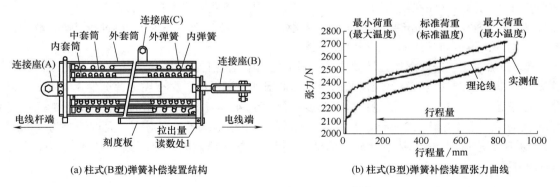

图 3-20 柱式（B 型）弹簧补偿装置

对于柱式弹簧补偿器安装曲线的计算，要考虑线索热胀冷缩和线索弹性伸缩以及线索张力变化带来的弛度变化三种因素。其补偿器行程量变化量为：

$$l = \alpha L(t_{max} - t_{min}) + \frac{T_{max} - T_{min}}{EA}L + \frac{(MgS)^2}{24}(T_{max} - T_{min})L$$

式中　α——线索的线胀系数，℃$^{-1}$

　　　L——锚段内中心锚结至补偿器的距离，mm；

　　　t_{max}、t_{min}——设计时采用的最高、最低气温，℃；

T_{max}、T_{min}——补偿器在工作范围内的张力最大、最小值，N；
　　　　E——接触悬挂线材的弹性模量，MPa；
　　　　A——线索截面积，m²；
　　　　M——单位长线索质量，kg/m；
　　　　g——重力加速度，9.8m/s²；
　　　　S——当量跨距，m；

柱式弹簧补偿装置最大行程量和恒张力补偿器相比要小 8%~17%。在实际工程应用中，会将各个温度下的行程量计算结果制成安装表或者安装曲线形式，方便工程技术人员使用。弹簧补偿装置和滑轮装置相比，受线索长度影响大，在实际安装中要注意通过超拉消除新架设线索的蠕变初伸长或工作稳定后二次调整。因为工作原理的不同，一个锚段的两端应采用一致的下锚补偿装置、设备型号，防止中心锚结两侧受力不平衡。和涡盘弹簧补偿器比，柱式弹簧补偿装置重量较大，是前者的 2~3 倍，适应高速线路补偿要求的型号重量可达一吨。

四、补偿器检调

1. 滑轮补偿装置检修要点

① 补偿装置的 a、b 值应符合安装曲线的要求，允许误差 200mm，b 值最小不得小于 200mm。在最低温度下的 a 值（补偿绳回头末端至定滑轮或制动部件的距离）不得小于 200mm。

② 坠砣应完整，无严重破损（砣块有环状裂纹或损伤体积超过 1/5 为严重破损），重量符合张力补偿要求，允许误差不超过 2%。

③ 坠砣叠码整齐，其缺口相互错开 180°；坠砣块自上而下按块编号，每块砣块的编号、重量应用黑色油漆标注在侧面同一位置，上下各一块坠砣侧面涂上白色油漆。

④ 补偿绳须用 50mm² 截面积的不锈钢丝绳，整绳破坏拉断力不少于 54kN，无断股、散股、接头、锈蚀，不得与其他部件、线索相摩擦。

⑤ 补偿滑轮应完整无损、转动灵活（用手托动坠砣能上下自由移动），没有卡滞现象。对需要加注润滑油的补偿滑轮，应按产品规定的期限加注润滑油，没有规定者至少 3 年 1 次。定滑轮槽应保持铅垂状态，动滑轮槽偏转角度不得大于 45°。同一滑轮组的两补偿滑轮的工作间距，任何情况下不小于 500mm。承力索、接触线两下锚绝缘子串应对齐，允许偏差为±0mm。

⑥ 坠砣应有限制架，限制坠砣串的摆动，但不得妨碍坠砣的升降，限制架安装正确，不得侵入限界。

2. 棘轮补偿装置的检修要点

① 目测检查棘轮是否有损坏，如是否与补偿绳摩擦，是否有开裂现象。棘轮应处于垂直状态，用水平尺检查。

② 平衡轮的安装偏角不超过 20°。

③ 限制导管、坠砣、补偿绳检修要点同滑轮装置。

④ 棘轮上补偿绳要排列整齐，不得交错、重叠，水平补偿绳平顺无交叉。

⑤ 隧道外棘轮齿与制动块的间隙为 20mm。隧道内补偿为 14~17mm。

⑥ 隧道内坠砣框架纵横向垂直度对补偿装置灵活性影响极大，应使用专业垂度仪精确测

量。导向滑轮与大轮的出线口是否垂直。

3. 恒张力弹簧检修要点

① 弹簧补偿装置刻度牌与环境温度相对应，补偿绳伸缩长度 a 值符合安装曲线要求。
② 弹簧补偿器本体安装位置符合设计要求，安装牢固，本体与下锚方向在同一直线上。
③ 补偿绳不得有松股、断股和接头，应位于渐开线轮槽正中，不得偏磨。
④ 平衡轮连接的 U 型旋转双耳的螺栓销无缺失、断裂等。

第三节 中 心 锚 结

学习目标：
① 掌握中心锚结的作用；
② 掌握中心锚结结构；
③ 了解中心锚结的各种形式。

一、中心锚结的作用和安设

1. 中心锚结的作用

设在接触悬挂锚段中部，将承力索、接触线进行固定，防止整个锚段向一侧窜动，缩小事故范围的装置，称为中心锚结，简称中锚。线索在中心锚结处的固定点不会出现偏移，因此当温度变化时，补偿器补偿范围在中心锚结与两端的补偿器间，有效缩短了线索的伸缩范围。

中心锚结具有以下作用：
① 缩短了补偿器补偿范围，使锚段线索张力比较均匀，保证接触悬挂处于良好工作状态。
② 设立中心锚结后可以缩小事故范围，当中心锚结一侧发生断线事故时，不会影响另一侧悬挂线路，有利于抢修事故，缩短事故抢修时间。
③ 可防止线索在外力作用下向一侧窜动，如风力、受电弓摩擦力、因坡道和自身重力引起的窜动力。

2. 中心锚结的安设

在两端装设补偿器的接触网锚段中，必须加设中心锚结。每个锚段中心锚结安设位置应根据线路情况和线索的张力增量计算确定。布置原则是中心锚结固定点两侧线索的张力尽量相等，并尽可能靠近锚段中部。

当锚段全部在直线区段或整个锚段布置在曲线半径相同的曲线区段时，该锚段中心锚结应设在锚段的中间位置。

当锚段布置在既有直线又有曲线且曲线半径不等的区段时，该锚段的中心锚结应设在偏离锚段中间位置靠近曲线且曲线半径小的一侧。在特殊情况下，锚段长度较短时（一般定为锚段长度 800m 以下），可不设中心锚结，将锚段一端硬锚，另一端安装补偿器，此时的硬锚就相当于中心锚结。

二、中心锚结的结构与分类

按照接触悬挂类型，中心锚结分为简单悬挂中心锚结、半补偿链型悬挂中心锚结（已淘汰）和全补偿链型悬挂中心锚结。中心锚结主要由接触线中心锚结线夹、承力索中心锚结线夹、接触线中心锚结绳、承力索中心锚结绳等组成。全补偿链型悬挂中心锚结按照结构分主要分为三跨式中心锚结和两跨式中心锚结。按照功能分为防断型中心锚结和防窜型中心锚结。

1. 三跨式中心锚结

三跨式中心锚结属于防断型中心锚结，即发生线索断线时，能有效固定接触悬挂，将事故限制在半个锚段内。其接触线的中心锚结绳在某跨中间与承力索固定，该跨距内增加一根承力索中心锚结绳，在该跨距两端的腕臂上固定后，再延长一个跨距拉向另一支柱固定，使该跨距的承力索不产生位移，因此承力索中心锚结由三个跨距组成，称为三跨式中心锚结。当线索断线时承力索中心锚结绳承担较大张力荷载，中心锚结绳下锚支柱要设置拉线。中心锚结处固定锚结绳的各线夹要有足够的夹持力，防止线索抽脱。防断型承力索中心锚结线夹与承力索之间的滑动荷载：高速铁路应大于等于 33.0kN，普速铁路应大于等于 16.5kN；防断型承力索中心锚结线夹与承力索中心锚结绳之间的滑动荷载：高速铁路应大于等于 25.3kN，普速铁路应大于等于 16.5kN；防断型承力索中心锚结线夹与接触线中心锚结绳之间的滑动荷载：高速铁路应大于等于 33kN，普速铁路应大于或等于 16.5kN。三跨式全补偿链形悬挂中心锚结形式如图 3-21 所示，这种结构是 2000 年以前电气化铁路中心锚结的主要形式。锚结处承力索中锚绳在中心跨和承力索绑扎在一起，不利于吊弦长度的精确计算，接触线中心锚结线夹质量较大，且在跨中接触线易形成负弛度，逐渐被两跨式中心锚结代替。

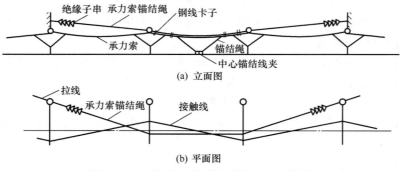

图 3-21 三跨式全补偿链型悬挂中心锚结

接触线中心锚结绳采用 GJ—50 镀锌钢绞线（19 股）制成，在线索张力大时（如 3T 系接触悬挂），锚结绳根据需要选择 GJ—70 等线索。接触线中心锚结绳中间用中心锚结线夹与接触线固定，两端分别用两个相互倒置的钢线卡子紧固在承力索上。当一侧接触线断线后，另一侧接触线在中心锚结绳的拉力下不会发生松动现象，起到了缩小事故范围的作用。接触线中心锚结绳的长度为所在跨距中心处接触线与承力索间距的 20 倍，不应小于 15m，若太短，中心锚结张力的垂直分量大，导致中心锚结线夹处接触线被抬高，出现较大的负弛度，使受电弓取流情况变坏，造成该处接触线磨耗严重。

承力索中心锚结绳一般采用和承力索相同的线索制成，承力索中心锚结绳应在该跨距中部及相邻两悬挂处与承力索用钢线卡子固定，跨距中部用 3 个，悬挂点两侧各 2 个，相互倒置，间距为100mm；在中间一跨，中心锚结绳的弛度应等于或略小于跨距承力索的弛度，承力索中心锚结绳两端应分别固定在设有拉线的支柱上，锚结绳下锚时不宜低于承力索高度，应抬高下锚；中心锚结跨距内不得有接触线接头，中心锚结线夹在直线区段应端正，曲线区段应与导线倾斜度一致。

2. 两跨式中心锚结

时速200km/h及以上线路的全补偿链型悬挂中心锚结主要采用两跨式中心锚结，如图3-22所示。中心锚结需要三根支柱两个跨距，中间支柱是固定点支柱，左右端是固定点下锚支柱。弹性链型悬挂中，接触线中心锚结绳采用JTMH70或者ϕ8.75不锈钢丝绳，正线长度约10m（站线5m），分别在2个跨距中，呈"Z"字形布置，也称为"Z"绳。承力索中心锚结绳采用和承力索同材质线索，在中间支柱通过一对中心锚结承力索线夹固定后，在两相邻支柱处下锚。

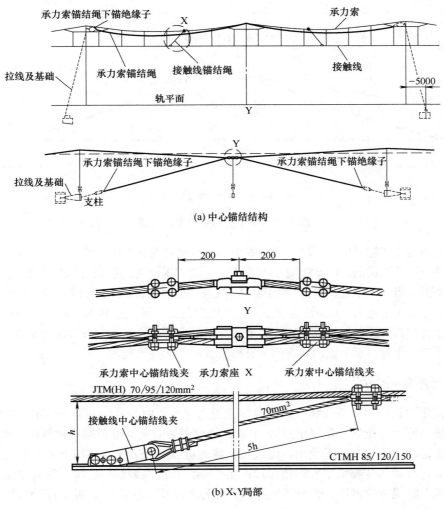

图3-22 两跨式中心锚结

安装时应该用钢刷清除线夹和线索接触部位的杂物和氧化物，保证机械、电气连接可靠。

各线夹螺栓应该用扭矩扳手轮流紧固到规定力矩。接触线中心锚结绳在接触线中锚线夹端通过电动液压钳使用专用模具压接管压接。

采用简单链型悬挂时，接触线中心锚结绳采用"八"字形布置，如图3-23所示。弹性链型悬挂不能采用这种形式的原因是弹性吊索和锚结绳交叉互磨。这种结构的零件装配要求同"Z"字形布置。

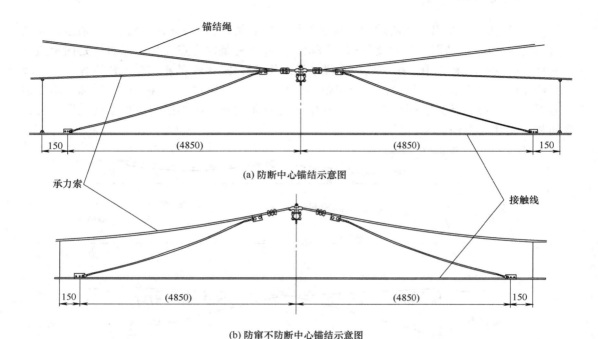

图3-23 简单链形悬挂中心锚结

在中心锚结安装施工中，要注意承力索中心锚结绳的安装弛度。承力索中心锚结绳的安装状态就是一个两端硬锚的"简单悬挂"，其张力弛度随着温度变化遵循简单悬挂规律。其张力变化范围和跨距及当地气象条件有关，跨距越小，气温变化越大，张力变化越大，可以达到5~17kN。跨距越大、气温变化越大，其弛度变化越大，弛度变化最大可以达到380mm。应该按照设计弛度张力变化表或者安装曲线，根据安装温度、跨距查得正确的弛度张力值进行安装。承力索中心锚结绳弛度变化时，承力索的弛度因为补偿装置的存在是不变的。

3. 防窜中心锚结

高速铁路的正线、联络线和站线都应该优先选用防断中心锚结，在条件不允许时（主要是承力索锚结绳无法设置下锚固定点），中心锚结仅用来防止锚段两端补偿器向一侧滑动，称为防窜中心锚结，一般在站场使用。电气化铁路的运行实践表明，站场上承力索断线事故较少，采用防止窜动的全补偿中心锚结可以满足需要，其优点是结构简单，安装方便；缺点是不能有效减少断线事故范围，这种特性习惯上称为"防窜不防断"。常见的接触线中心锚结线夹如图3-24所示，其中H、Y型为防断型，C型为防窜型。

在软横跨站场的正线及站线，防窜中心锚结用软横跨节点14实现，结构如图3-25所示。通过承力索上两个中心锚结线夹和一根约1m的承力索中心锚结绳将承力索和悬吊滑轮相对固

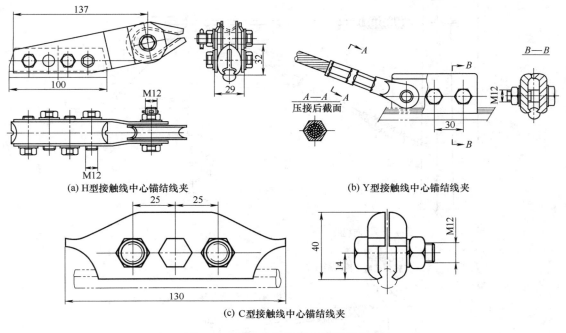

图 3-24 常见的接触线中心锚结线夹

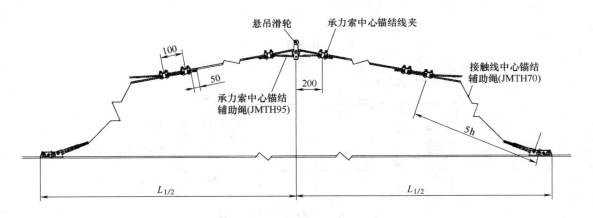

图 3-25 软横跨防窜中心锚结

定下来,防止接触悬挂向某一端窜动。在悬挂点两侧,用接触线中心锚结辅助绳将接触线固定在承力索上。

在采用硬横跨和腕臂柱的站场,防窜中心锚结的实现是通过防窜中心锚结腕臂柱来实现的,其结构形式如图 3-26 所示。这种特殊的装配形式中,在平腕臂底座处设置三底座槽钢,平腕臂固定在三底座槽钢的中间腕臂底座上,在同一高度处,设置两根斜(单耳)腕臂,通过套管双耳和平腕臂相连,组成一个稳定结构,使得该处的腕臂结构不能水平旋转,达到防窜目的。在悬挂点两侧,用接触线中心锚结辅助绳将接触线固定在承力索上。

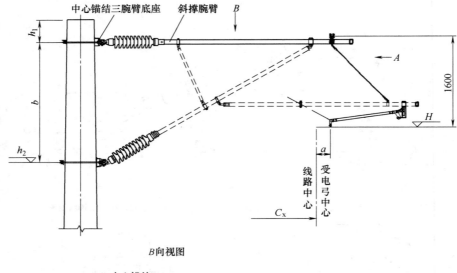

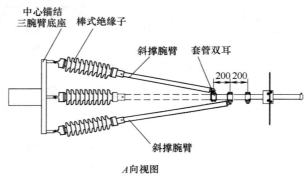

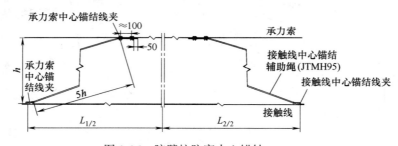

图 3-26 腕臂柱防窜中心锚结

4. 简单悬挂中心锚结

在城市轨道交通的停车场、车辆段和干线铁路的机务段、检修库内可采用简单悬挂。简单悬挂中心锚结仅需增设一条中心锚结绳，锚结绳采用 GJ—50 镀锌钢绞线或 JTMH 绞线制成，锚结绳的两端分别通过一串悬式绝缘子锚固在中心锚结所在跨距两侧的支柱上（等于在该跨距中增加了一段承力索）。该支柱应打拉线，以保证断线时有足够的强度，其结构如图 3-27 所示。

采用弹性简单悬挂的站场，软横跨、硬横跨上一般不需另设中心锚结，而是在设置中心锚结处把定位吊索放置在钩头鞍子中紧固，代替中心锚结结构（悬挂点一般将吊索放在悬吊滑轮中）。

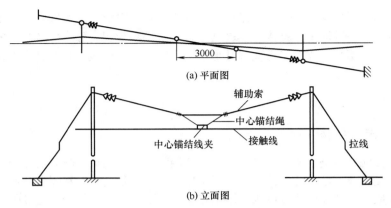

图 3-27 直线简单悬挂中心锚结

三、中心锚结检调重点

① 接触线中心锚结线夹处导高应与相邻吊弦处导高相等，允许抬高为 0~10mm，中心锚结线夹锚结绳两边张力相等，不得松弛或高度低于接触线。锚结绳处于受力状态，但不改变相邻吊弦受力和导线高度。

② 接触线中锚线夹安装应牢固、端正、不打弓、无裂纹。在直线上应保持铅垂状态，在曲线上应与接触线的倾斜度一致。接触线侧锚结绳压接后回头外露长度不小于 20mm；承力索中心锚结线夹锚结绳外露长度不小于 50mm。

③ 接触线中心锚结绳与承力索固定线夹的设置和间距符合设计要求。中心锚结绳范围内不得安装吊弦和电连接线；锚结绳与鸡心环接触应密贴。

④ 承力索中心锚结绳范围内承力索不得有接头和补强。中心锚结绳两端固定线夹的设置和间距符合设计要求，中心锚结绳的弛度应等于或略高于该处承力索的弛度，两侧弛度均匀，承力索中心锚结绳在其垂直投影与线路钢轨交叉处应高于接触线 300mm 以上，防止钻弓事故。所有线材不得有腐蚀、断股、交叉、折叠、硬弯、松散、烧伤等缺陷。

⑤ 紧固力矩检查维修标准。接触线、承力索中心锚结线夹紧固力矩应符合要求：接触线中心锚结线夹 100N·m，承力索中心锚结线夹 46N·m。

第四节 线　　岔

学习目标：
① 掌握线岔的作用；
② 掌握线岔的结构及技术要求；
③ 掌握无交叉线岔的结构与原理；
④ 掌握线岔的检调方法。

在站场中，站线、侧线、渡线、到发线总是并入正线的，线路通过设道岔达到转换机车线路的目的。接触网就必须设一个线岔（也称架空转辙器），来自两条线路的接触网以某一角度交叉或保持特殊的相对位置关系，满足机车受电弓能沿着其中任一条接触线滑行通过，转换线路时，受电弓能安全平滑地由一条接触线过渡至另一条接触线。接触网线岔的具体结构形式和技术参数取决于道岔型号、受电弓弓头尺寸形状、列车正线和侧线的通过速度等因素。

一、交叉线岔

1. 交叉线岔结构

线岔处两接触网相交，两条接触线在交叉处用限制导杆约束，限制两相交接触线位置，称为交叉线岔。交叉线岔由两相交接触线、限制导杆（旧称限制管）和固定限制导杆的线夹、螺栓和吊弦等组成。限制导杆两端用线夹固定在交叉点下方的接触线上，通过限制导杆将两相交接触线互相贴近；当上方接触线被受电弓抬升时，限制管带动下方的接触线同时升高，以消除始触点两导线的高差，防止发生钻弓事故。两接触线间有 1~3mm 活动间隙，保证接触线自由伸缩。由正线与侧线组成的交叉线岔，正线接触线位于侧线接触线的下方；由侧线和侧线组成的线岔，距中心锚结较近的接触线位于下方。交叉线岔结构如图 3-28 所示。

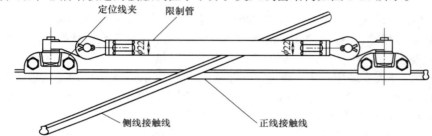

(a) Y形圆管结构限制导杆交叉线岔

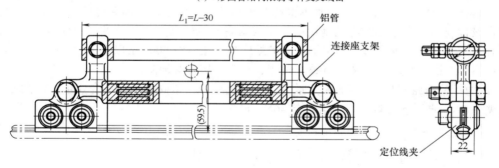

(b) S形双根圆管结构限制导杆交叉线岔

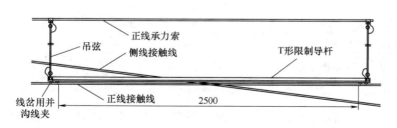
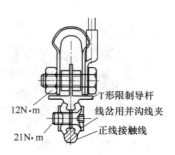

(c) T形结构限制导杆交叉线岔

图 3-28　交叉线岔结构

20世纪90年代以前，铁路行车速度较低，线岔使用 Y 形圆管型限制导杆，导杆为 3/8 英寸镀锌钢管。现多在普速铁路使用 Y 形铝合金圆管限制导杆，通过销钉和定位线夹上的双耳连接器相连，其长度由道岔号和道岔到中心锚结的距离决定，当该距离小于 500m 时，采用 500 型（长度 1300mm），大于 500m 时，选用 700 型（长度 1550mm）。高速交叉线岔主要应用于行车速度在 200~350km/h 的线路。为了克服铝合金管抗弯能力不足问题，使用 T 形限制导管，图 3-28（c）所示为采用 T 形限制导杆的交叉线岔结构。T 形限制导杆强度较高，自重较大，两端各使用两个固定线夹固定在下方接触线上，为了减少 T 形限制导杆的硬点，在导杆两端设置吊弦，安装处接触线导高比标准导高有所抬升。也有采用 S 形双圆管限制导杆形式，如图 3-28（b）。

道岔号数是辙叉角的余切值，常见的有 9 号、12 号、18 号和 42 号道岔等。道岔号数越大，道岔直向容许通过速度越大，其辙叉角也越小；导曲线半径越大，允许的侧线通过速度也越大，道岔长度也较长。线岔是电气化铁路接触网的关键点，接触网线岔的布置关系到机车是否平滑通过及安全过岔速度。

2. 交叉线岔布置

在 20 世纪 90 年代中期以前，普速铁路多采用 9 号、12 号道岔，常见的单开道岔的直向容许通过速度一般不超过 140km/h，侧向容许通过速度 30~50km/h。两支接触线交叉点的轨面投影在线路间距（690mm）的横向中心位置。

随着铁路提速和技术进步，考虑机车高速运行中受电弓垂向和横向的运动规律，并严格校验风偏移、张力差、抬升量等因素，形成了更为精确、科学的道岔区接触网交叉线岔布置技术。图 3-29 所示单开道岔线岔布置示例。道岔型号和使用场景很多，具体参数会有所差别。用平面图表示交叉线岔平面布置，道岔定位支柱 1 一般在两线路中心线间距 0~400mm 范围内，道岔定位柱 2 位置要保证定位处受电弓在动态包络线范围内，极限情况下不与另一支接触线接触，比如位于正线、侧线线间距大于 1400mm 处。也可以通过定位柱 2 距离道岔中心的纵向距离来确定其位置。线岔交叉点两侧定位点拉出值根据设计确定，任何情况下不大于 450mm，交叉点位置横向距任一线路中心不大于 350mm，纵向距道岔定位支柱大于 2.5m。交叉点在轨平面投影点位于道岔导曲线两内轨轨距 735~1050 范围的横向中间位置，误差不超过 50mm。当非工作支下锚偏角大于 10°时，非工作支经过过渡柱延长一跨并适当抬高（不能形成上拔力）后下锚。用立面图表示各定位点处接触线、承力索的高度。

道岔始端为尖轨尖端前的基本轨端轨缝中心（有技术资料中参考德国习惯，标注为 WA）。对于既有线，我们可以通过道岔始端到支柱的距离确定支柱纵向位置。道岔中心（电气化工程设计中也习惯称为理论岔心）指道岔主线中心线与道岔侧线中心线（中心线是曲线时，为其切线）的交点。在接触网平面图中标出的道岔位置和里程就是道岔中心的位置和里程，施工中，通过支柱到道岔中心的距离可以确定支柱位置。

3. 始触区与无线夹区

当机车通过道岔时，由于受电弓有一固定宽度，受电弓沿着一支接触线滑行到两导线交叉点前，即已接触到另一支接触线，受电弓弓头开始接触到另一支接触线的区域，称为线岔始触区。受电弓沿工作支接触线滑动，在到达交叉点（或过渡区域）前，另一支接触线逐渐接近受电弓，在到达始触区时，受受电弓的动态抬升及车辆的横向运动等因素影响，另一支接触线进入受电弓

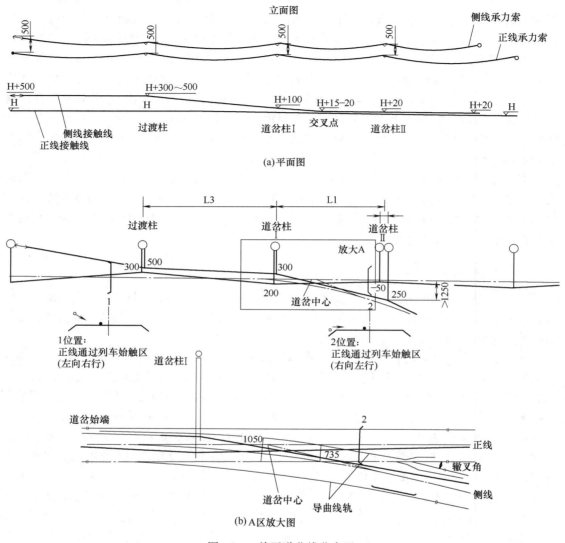

图 3-29 单开道岔线岔布置

工作范围多是从受电弓的弓角的诱导斜面开始的,特别是双工作支侧。为了避免各类线夹(接头线夹、电连接线夹和吊弦线夹等)和受电弓弓头碰撞诱发事故,规定对于宽 1950mm 的受电弓,距受电弓中心 600~1050mm 的平面和受电弓最大动态抬升高度(最大 200mm)构成的立体空间区域为始触区范围,该区域内不得安装除吊弦线夹(必需时)外的其他线夹或零件,称为无线夹区,如图 3-30 所示。道岔开口方向、道岔定位后的第一个悬挂点设在线间距大于等于 1220mm 处,并应保证两线接触悬挂的任一接触线分别与相邻线路中心的距离不小于 1220mm。

始触区两接触线高度非常关键。当两支接触线均为工作支时,两线间距 500mm、800mm 处,正线线岔的侧线接触线比正线接触线高 20mm,侧线线岔两接触线等高;当一支为非工作支时,距线路中心 800mm 处,非工作支接触线比工作支接触线抬高 80mm,并向下锚方向均匀抬升。

始触区两接触线应处于受电弓同侧,在正线线路中心距离侧线接触线 600~1050mm 或侧线

第三章 接触网结构与设备

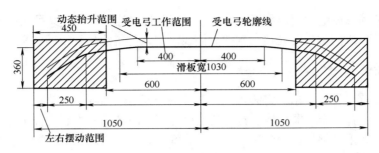

图 3-30 无线夹区

线路中心距正线接触线 600~1050 的道岔始触区范围内，正线、侧线的接触线必须在受电弓的同一侧，如图 3-31 所示。当两接触线处于受电弓中心线同侧时，弓网间压力使得受电弓向始触点处倾斜，有利于诱导即将接触到的接触线。

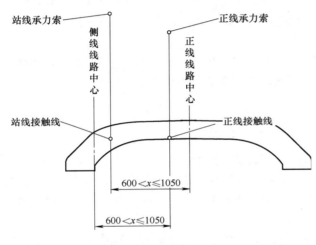

图 3-31 始触区同侧

4. 交叉吊弦

在线岔交点两端，在辙岔区两工作支侧，正线接触线和侧线中心线距、侧线接触线和正线线路中心线距均在 550~600mm 之间；设置两根交叉吊弦，用侧线接触悬挂的承力索悬吊正线接触悬挂的接触线，而正线接触悬挂的承力索悬吊侧线接触悬挂的接触线。在尖轨方向，一工作支一非工作支处，设置一根交叉吊弦，正线承力索通过交叉吊弦悬挂非工作支接触线，如图 3-32 所示。机车受电弓将正（侧）线接触线抬升时，通过交叉吊弦的作用可将侧（正）线的接触线同步抬升。

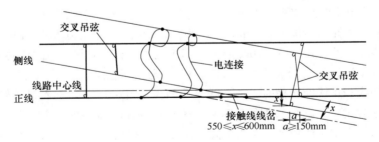

图 3-32 交叉吊弦

交叉吊弦的两端是不同的接触悬挂，为了防止两吊弦线夹间纵向移动过大，要求两支接触悬挂下锚方向相同。当下锚方向不同或者线岔距中心锚结距离相差较大时，交叉吊弦的两吊弦线夹依然可能存在较大纵向移动，将导致交叉吊弦处的导线被倾斜的吊弦拉高，引发弓网事故，这时交叉吊弦应该采用滑动吊弦。滑动吊弦的绝缘垫块必须装正，否则存在放电隐患。两组交叉吊弦的间距一般为 2m，其安装位置应能保证在极限条件情况下，两吊弦间距不小于 60mm。两支接触悬挂的承力索间距较小（小于 300mm）时，应在两承力索上并接一段 400mm 的 35mm^2

101

铜绞线，以避免动态放电，或者在两交叉吊弦附近装设电连接线。交叉吊弦的安装顺序应保证受电弓从道岔开口方向进入时先接触到的为侧线承力索与正线接触线间的吊弦。

5. 其他要求

限制管长度符合设计要求，安装牢固，两接触线间有 1~3mm 活动间隙，保证接触线自由伸缩。限制管在腕臂和定位器位置正常时的温度 t_0 下，限制导杆中心重合于接触线交叉点，安装温度高于 t_0 时，限制导杆应偏向于下锚方向，低于 t_0 时，应偏向中心锚结方向。其精确定位可以通过线索热胀冷缩公式计算得到，或者查对应线路的腕臂偏斜曲线得到。道岔定位支柱腕臂偏斜符合腕臂偏斜曲线设计要求，误差±20mm。岔区腕臂顺线路偏移应符合腕臂偏斜曲线设计要求。

两支承力索垂直间隙不应小于 60mm。线岔位置应安设电连接线，电连接线安装在距线岔 1.5m 至 2m 处，以保证始触点处等电位。道岔定位器支座、软横跨定位立柱不得侵入本线及邻线受电弓动态包络线。

随着铁路提速和高速铁路建设，从 20 世纪 90 年代末开始，各种适应高速受流需要的高速线岔形式涌现出来，形式不断创新。无交叉线岔越来越多地应用在高速铁路中。

二、无交叉线岔

无交叉线岔就是在道岔处，正线和侧线两组接触悬挂无相交点。我国自广深线开始，逐渐在（准）高速线路的正线道岔中使用无交叉线岔。无交叉线岔的优点是正线和侧线两组接触线既不相交、不接触，也没有限制导杆等设施，适应高速行车需求。无交叉线岔应达到以下两点要求：

① 机车受电弓沿正线高速行驶通过线岔时，不与侧线接触线接触，不受侧线接触悬挂的影响。

② 机车从正线驶入侧线（或从侧线驶入正线）时，要使受电弓平稳过渡，不出现钻弓和打弓现象，且接触良好，侧线容许通过速度不高（不大于 80km/h）。

无交叉线岔结构及布置如图 3-33 所示。在道岔柱 A 支柱处，侧线与正线间距大于 1320mm，侧线与正线中心线间距 1320mm−150mm=1170mm，侧线、正线拉出值为−150mm；在 B 支柱处，侧线接触线距正线拉出值为 1100mm，机车正线通过时，侧线接触线始终处于受电弓动态包络线以外，列车运行不受侧线接触线影响，可以高速通过正线。

当列车在侧线和正线间转换时，从正线进入侧线（图 3-33 从左向右进入侧线），始触区为受电弓位置 2 所在的梯形区域，即始触区处于侧线接触线距离侧线线路中心 600~1050mm 处，侧线接触线（非工作支）从较高位置逐渐降低高度进入弓头工作区域；从侧线进入正线，始触区为受电弓位置 3 所在的梯形区域，即始触区处于正线接触线距离侧线线路中心 600~1050mm 处，从静态几何结构看，这时两支接触线处于受电弓中心线的两侧，在不考虑受电弓抬高侧线工作支的情况下，正线接触线仍然比侧线接触线低 20mm，需要弓角斜面的诱导才能进入受电弓工作区域，所以某些设计中，在始触区前设置了交叉吊弦，改善通过性能。交叉吊弦应安装在正线接触线距侧线线路中心线，侧线接触线距正线线路中心线水平投影 550~600mm 的范围内，两交叉吊弦间距一般为 2m。交叉吊弦与其他吊弦间距（始触区反侧）不大于 6~8m。交叉吊弦的安装顺序应保证在受电弓从道岔开口方向进入时，先经过侧线承力索和正线接触线间的吊弦。交叉吊弦线夹会有一定的倾斜，其螺栓、导流尾线线夹都应该装在线夹倾斜的反侧，线夹倾斜角最大不超过 15°。对于 38 号及以上道岔，在正线接触线距离侧线线路中心、侧线接触线距离正线线路中心投影大于 850mm 处，各增加一根吊弦。吊弦线夹螺栓从两接触线间向外穿。

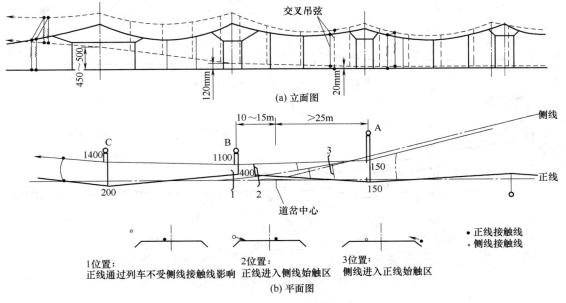

图 3-33　无交叉线岔结构及布置

对于侧线接触线的抬高，导线的抬高量如图 3-33（a）所示，在道岔柱 A 处正线、侧线等高。侧线接触线按照抛物线规律向下锚侧逐渐抬升。

无交叉线岔结构形式在中国高铁中大量采用，无交叉线岔主要用于对于侧线行车速度要求不高（小于 80km/h）的正线道岔。根据现场情况不同，无交叉线岔结构会有差异。

三、带辅助悬挂的无交叉线岔

跨线车联络线与客运专线连接的道岔，跨线车联络线与既有铁路、联络线之间的连接道岔，对于侧线通过速度都要求较高，要采用 30~58 号高速道岔，使用带辅助悬挂的无交叉线岔，其结构示意图如图 3-34 所示。图中为某 38 号线岔，侧向通过速度可达 120~160km/h。图中存在三个锚段的接触悬挂，分别为正线、侧线和辅助悬挂。机车从右向左正线通过时，道岔柱 ZA、ZB、ZC、ZD 间正线锚段和辅助悬挂构成非绝缘锚段关节，图中用实线和虚线表示工作支和非工作支，工作支在 ZB—ZC0 间由正线锚段转换到辅助悬挂，继续前行中，道岔柱 ZC0、ZD0、ZE0、ZF1 间辅助悬挂和正线锚段构成非绝缘锚段关节，工作支在 ZD0—ZE0 间由辅助悬挂转换回正线锚段，机车通过两个连续的锚段关节后直行，高速通过线岔。这种设置了辅助悬挂，锚段间有多次转换的线岔，称为带辅助悬挂的无交叉线岔。

机车从右向左进入侧线时，道岔柱 ZA、ZB、ZC、ZD 间正线锚段和辅助悬挂构成非绝缘锚段关节，工作支在 ZB—ZC0 间由正线锚段转换到辅助悬挂，机车在受电弓转换到辅助悬挂的同时通过转辙机进入侧线，受电弓沿着侧线中心线继续前行，道岔柱 ZC1、ZD1、ZE1、ZF0

间辅助悬挂和侧线悬挂构成非绝缘锚段关节，工作支在 ZD1—ZE1 间由辅助悬挂转换到侧线锚段，机车通过两个连续的锚段关节后高速通过线岔，进入侧线。

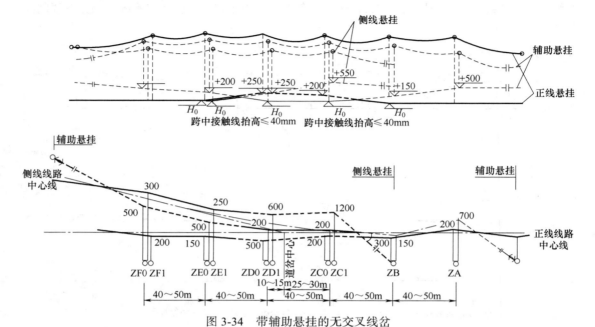

图 3-34 带辅助悬挂的无交叉线岔

当侧线为渡线时，两条正线不在同一个供电分区，辅助悬挂和侧线悬挂间可以设置绝缘锚段关节，代替分段绝缘器，起到供电分段的作用。辅助悬挂虽然是站锚，但是机车要正线高速通过 2 个跨距长的辅助悬挂，为了受流稳定性，辅助悬挂宜采用和正线一样的张力和弹性。在更大号道岔处，带辅助悬挂的无交叉线岔各线路间的过渡可以采用 5 跨锚段关节结构。

带辅助悬挂的无交叉线岔结构复杂，安装精度要求高，腕臂装配复杂多样，在检测维修中，要注意腕臂偏斜量符合设计偏斜曲线要求，各个定位点的拉出值、导高准确。定位坡度、受电弓动态包络线范围符合要求，承力索间不发生互相摩擦损伤。要控制侧线接触线距离正线线路中心的距离，正线通过时受电弓不和侧线接触线接触，不受侧线接触线影响。在正线、侧线线路中心线间距为 720mm 处（图中右向左，经过 ZD1 柱后，即将进入辅助悬挂和正线、侧线等高转换区域），正线与和侧线间距应小于 1200mm。

四、线岔检调要点

1. 交叉线岔的检调

① 道岔定位支柱的位置应按设计的定位支柱布置，定位支柱间跨距误差±1m。线岔交叉点两侧定位点拉出值满足设计要求。

② 两接触线相距 500mm 处的高差：当两支均为工作支时，正线线岔的侧线接触线比正线接触线高 10~30mm，侧线线岔两接触线等高，误差不大于 30mm。当一支为非工作支时，非工作支接触线比工作支接触线高 50~100mm，并按设计要求延长一跨，抬高 350~500mm 后下锚。

③ 限制导杆长度符合设计要求，并使两接触线有一定的活动间隙，保证接触线自由伸缩。

④ 在始触区至接触线交叉点处，正线和侧线接触线应位于受电弓的同一侧。对于宽 1950mm 的受电弓，距受电弓中心 600~1050mm 的平面和受电弓最大动态抬升高度（最大 200mm）构成的立体空间区域为始触区范围，该区域内不得安装除吊弦线夹（必需时）外的其他线夹或零件。

⑤ 由正线与侧线组成的交叉线岔，正线接触线位于侧线接触线的下方；由侧线和侧线组成的线岔，距中心锚结较近的接触线位于下方。

⑥ 两组交叉吊弦的间距一般为 2m。其安装位置应能保证在极限条件情况下，两吊弦间距不小于 60mm。安装顺序应保证在受电弓从道岔开口方向进入时，先接触到的为侧线承力索与正线接触线间的吊弦。

⑦ 两支承力索间隙不应小于 60mm。岔区腕臂顺线路偏移量符合设计要求，允许偏差±20mm。

2. 高速无交叉线岔的检调

① 道岔柱 A 定位点检查维修标准：保证正线导高为 5300mm，侧线与正线等高。正线拉出值 150mm，侧线拉出值 150mm。

② 始触区检查维修标准：无交叉线岔的始触区范围是 600~1050mm（测量方法为：用激光测量仪或线坠从侧线线路中心量取正线接触线到侧线线路中心的距离），此范围内不得装设任何线夹。始触区范围内侧线接触线比正线接触线抬高 20~30mm。

道岔柱往中心柱方向第一吊处侧线抬高 20mm，第二吊处侧线抬高 35mm，第三吊处侧线抬高 50mm，第四吊处侧线抬高 80mm。

③ 交叉吊弦检查维修标准：第一根交叉吊弦（侧线承力索与正线接触线间的吊弦）应布置在正线接触线距离侧线线路中心 550mm 处。第二根交叉吊弦（正线承力索与侧线接触线间的吊弦）应布置在第一根交叉吊弦往岔尖方向离第一根吊弦 1.5~2m 处。如果交叉吊弦采用的是滑动吊弦，则它不能代替正常布置的普通吊弦，除非距离小于 300mm。

④ B 柱处检查维修标准：正线导高为 5300mm，侧线抬高 120mm。正线拉出值为 400mm，侧线拉出值为 1100mm。B 柱往 C 柱方向第一吊处侧线抬高 160mm，第二吊处侧线抬高 200mm。

⑤ C 柱处检查维修标准：正线导高为 5300mm，侧线抬高 500mm。正线拉出值为 200mm，侧线拉出值为 800mm。侧线从道岔柱往 C 柱方向第一吊起下锚，抬高从 20mm 至 500mm，顺坡要平滑，不能出现忽高忽低现象。

⑥ 腕臂顺线路偏移应符合设计要求，允许偏差为 ± 20mm。

第五节　软横跨与硬横跨

学习目标：
① 掌握软横跨、硬横跨基本结构；
② 掌握 15 种软横跨节点结构及用途。

一、概述

在站场中，接触网不能采用支柱腕臂的架设方式，因站场中支柱过多会影响行车及车站工作人员信号瞭望；股道间距较小，难以满足设立支柱要求，所以多采用软横跨或硬横跨形式。多股道接触悬挂通过横向线索悬挂在线路两侧的支柱上的装配方式称为软横跨。接触悬挂通过金属桁架架设在线路两侧支柱上的装配方式称为硬横跨。

1. 软横跨

软横跨由站场线路两侧支柱（称为软横跨支柱）和悬挂在支柱上的横承力索，上、下部定位索（固定绳），软横跨直吊弦，绝缘子及支持和连接它们的零件组成，如图 3-35 所示。横承力索是软横跨的主要构件，承受各股道纵向接触悬挂的全部垂直负载。由于横承力索承重较大，早期选用 GJ—70 镀锌钢绞线，在股道数较多（大于五股道）或负载较大时，采用两根 GJ—70 钢绞线，称为双横承力索。随着线路提速，接触悬挂张力增大，横承力索线材多用 LBGJ—80，LBGJ 绞线比 GJ 绞线具有更好的耐腐蚀能力。为了减小横承力索中的张力，降低对支柱容量要求，横承力索一般有较大弛度。在横承力索下方布置有上、下部定位索（或称为上、下部固定绳），上、下部定位索在软横跨或硬横跨中呈水平状态，仅承受水平荷载。上部定位索的作用是固定各股道的接触悬挂的承力索，并将承力索的水平荷载（如风力、曲线力等）传递给支柱。下部定位索作用是固定定位器，以便对接触线按技术要求定位，并将接触线水平负载传递给支柱。由于上、下部定位索只承受水平力，负载不大，早期多用 GJ—50 镀锌钢绞线，随着线路提速，接触悬挂张力增大，接触悬挂的水平力也增大，定位索选用和横承力索相同的 LBGJ—80。

软横跨按照其横承力索和支柱间是否绝缘分为绝缘软横跨和非绝缘软横跨两种，绝缘软横跨的横向承力索与上、下部定位索均对地绝缘，是我国目前采用的主要形式，如图 3-35（a）所示。绝缘软横跨有很多优点，它的各条线索对地都是绝缘的，这样便于开展带电检修作业；对地绝缘的绝缘子串都装在线路两侧，故在电力和内燃混合牵引区段上，可减轻绝缘子的污损程度，从而减少了清洗绝缘子的工作量。在线路较多的站场上用绝缘软横跨可节约大量绝缘子，使软横跨结构重量减轻，并且有利于机务人员的信号瞭望，同时增加了车站的美观。上、下行分开供电的车站，跨越上、下行股道的软横跨应用绝缘分开，软横跨上、下行股道间的横向电分段绝缘子串应位于相邻上、下行股道的中间。靠支柱的接地绝缘子串应在同一垂直平面内，允许误差为±10mm。

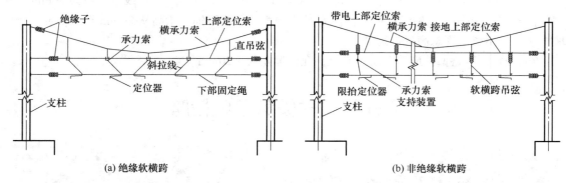

图 3-35 软横跨结构示意图

软横跨中使用的绝缘子可以分为两类：一类是实现带电部分和大地的绝缘，称为接地侧绝缘子；一类是实现不同股道间绝缘的横向电分段绝缘子。软横跨一方面起绝缘作用，另一方面起连接作用，因此软横跨绝缘子机械性能和绝缘性能要求都比较高。在安装、检修时，要严格检查软横跨两侧及中间绝缘子串，特别是绝缘子串中各绝缘子的连接情况，防止弹簧销脱落和丢失，确保安全供电。

横向承力索的弛度和张力及上、下部定位索的张力和弛度可以用锚固拉杆调节，锚固拉杆不能弯曲，它经球形垫块或角形垫块固定到钢支柱角钢上，可以改善拉杆的受力。

横向承力索和上部定位索间通过两股$\phi 4.0$镀锌铁线拧成的直吊弦连接起来，上、下部定位索间通过两股$\phi 4.0$镀锌铁线拧成的斜吊线将鞍子或悬吊滑轮与定位环线夹连接起来，直吊弦应该垂直，仅将接触悬挂、节点和定位索的垂直负载传递给横承力索。镀锌铁线易锈蚀，可用不锈钢软绞线代替。

非绝缘软横跨如图3-35（b）所示。和绝缘软横跨相比，其结构复杂，绝缘子用量大、易污染，在我国没有大量推广使用。

2．硬横跨

随着铁路提速和高速铁路建设，硬横跨越来越多地在干线铁路中使用，硬横跨结构如图3-36所示，硬横跨主要由横梁、支柱和基础组成。

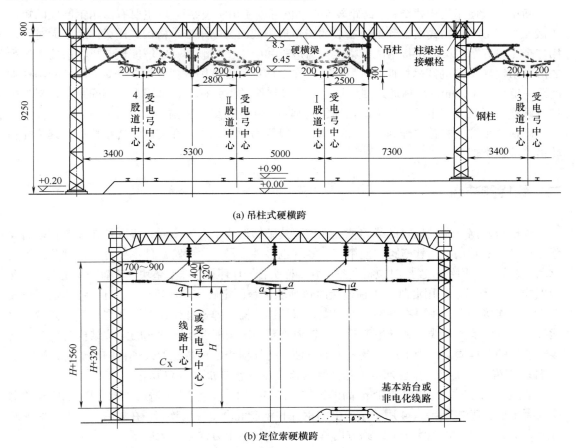

图3-36 硬横跨结构

硬横跨按照结构形态可分为格构式硬横跨、钢管式硬横跨。格构式硬横跨按照支柱和横梁连接方式分为刚接式硬横跨和铰接式硬横跨。刚接式硬横跨梁两端和支柱顶部可承受弯矩，跨中及支柱底部产生的弯矩相对较小，稳定性好，适用跨度大，但施工测量精度要求高。铰接式硬横跨梁两端和支柱顶部均不承受弯矩，在跨中和支柱底部会产生较大的弯矩，材料用量及支柱基础容量要求较大，稳定性较差，适用跨度较小，但施工测量精度要求相对低。目前国内应用较多的是刚接式硬横跨。格构式硬横跨按照材料分为混凝土柱与格构式横梁、格构式钢柱和格构式横梁两种。钢管式硬横跨按照横梁结构可以分为单钢管硬横跨、双钢管硬横跨和三钢管（三角形）硬横跨。其中三钢管（三角形）硬横跨在高速铁路中应用较多。

在站场中使用硬横梁的主要优点为：采用硬横跨可以提高接触网的稳定性，减少列车高速通过时接触网振动对相邻线路的接触悬挂的干扰，明显改善了弓网的受流质量；硬横跨便于工厂化预制，提高了施工效率、减少了调整工作量；硬横跨结构可以降低对支柱高度、弯矩和基础承载能力的要求；在大型客站采用硬横跨结构更整齐、美观。其主要缺点为投资较大、结构较笨重、钢结构防锈成本高，横向跨距不易过大。

硬横跨从接触悬挂的支撑形式上分为吊柱硬横跨和定位索硬横跨。吊柱硬横跨主要由横梁和吊柱组成，接触悬挂通过腕臂装置固定在吊柱上，如图3-36（a）所示。定位索硬横跨主要由横梁和上下部定位索组成，如图3-36（b）所示。

横梁一般使用格构式结构（跨距较小时，也可以使用实腹结构），主要有由角钢制成的矩形（截面为矩形）格构式横梁和钢管制成的三角形（截面为三角形）格构式横梁。跨度大时可以用三个（或五个）梁段拼接组成，梁段分为边段和中段，一般按一定坡度预起拱。吊柱一般为Y形方吊柱和T形的圆吊柱两种，吊柱可以在硬横梁长度范围内任意位置安装。吊柱的两柱脚间距一般为1300mm，吊柱通过固定杆连接在硬横跨的下弦杆上，采用大柱脚间距可以减少吊柱对硬横梁下弦杆产生的次应力。任何线材都不能在硬横梁上下锚。

硬横跨吊柱上腕臂装配和腕臂柱类似，一般侧面限界较小，在定位索式结构中，其装配和软横跨节点类似。

二、软横跨节点

软横跨根据其所设地点的线路情况而定，其结构形式也多种多样，特别是在股道较多而线路比较复杂的站场上。软横跨中使用到的零件也多种多样，软横跨零件主要分三个部分：①支撑固定装置。采用钢柱连接时包括角型垫块、杵头杆、耳环杆、球型垫块、软横跨固定角钢（含钩螺栓）、夹环等。采用混凝土支柱连接时包括软横跨固定底座、耳环杆、夹环、带耳定位环线夹等；②连接装置，主要有杵座楔形线夹、双耳连接器、弹簧补偿器、调节螺栓等；③横承力索线夹、双横承力索线夹和悬吊滑轮等。软横跨零件结构配合不同形式的定位结构实现对线路接触悬挂的支撑固定。为了设计及施工的方便，把软横跨各种装配形式进行归纳综合，制定了15种软横跨节点类型。接触网链形悬挂软横跨节点示意图如图3-37所示。

节点1、2适用于13m或15m高的钢柱（图3-38），节点3、4适用于地面以上12m的钢筋混凝土柱。其中节点2、4用于站台上的钢柱和钢筋混凝土柱的连接。在站台上，为了保证站台上人员的安全，将绝缘子向线路方向移动，保证站台上方线索为无电区。

当$CX>6m$时，节点2（或者4）的横向承力索绝缘子串应下移，且与上、下部定位索绝缘子串在同一垂直平面内，另将悬吊上部定位索的吊弦外移至双点划线处，装配零件会有所调整。

节点1、2是软横跨在钢柱上的安装形式，横向承力索由杵头悬式绝缘子、杵头杆、固定角钢、角形垫块固定在钢柱靠线路侧的一面。上、下部定位索用绝缘子、杵头杆、双耳连接器、定位索弹簧补偿器、固定角钢、球形垫块等固定在钢柱的田野侧，具体零件名称见表3-1。

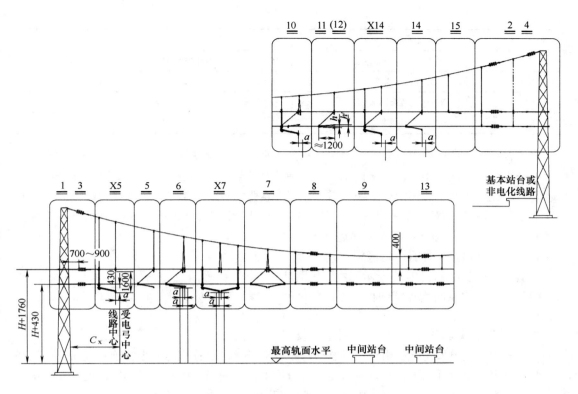

图 3-37 软横跨节点示意图

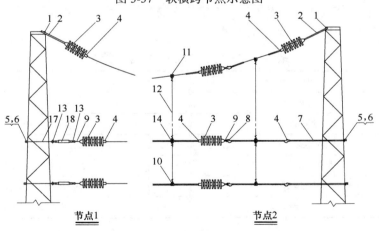

图 3-38 接触网链形悬挂软横跨节点 1、2 安装图

表 3-1 节点 1、2 零件名称

序号	名称	序号	名称
1	角型垫块	6	球形垫块
2	600 型杵头杆	7	1600 型杵头杆
3	杵头悬式绝缘子	8	80 型双耳楔型线夹
4	80 型杵座楔型线夹	9	QP-7 型球头挂环
5	软横跨固定角钢	10	横承力索线夹

续表

序号	名称	序号	名称
11	双簧承力索线夹	15	WS-7型碗头挂板（双横承力索时使用）
12	上、下部吊线	16	LV-0712型联板（双簧承力索时使用）
13	Y型双耳连接器	17	1000型耳环杆
14	带耳定位环线夹	18	定位绳索簧补偿器

定位索弹簧补偿器应该安装在定位索的松边。早期电气化铁路中，线索张力相对较小，定位索的松边张力一般在1~2kN，未使用定位索弹簧补偿器，通过串接一个开式螺旋扣来调整定位索张力。提速线路中，接触悬挂张力增加，定位索张力也相应增加，软横跨跨距不大于30m时，补偿器采用额定张力3kN型，大于30m时，采用额定张力6kN型，补偿器和开式螺旋扣串接使用。节点3、4是软横跨在钢筋混凝土支柱上的装配形式，连接零件有一定区别。

双横承力索装配如图3-39所示，主要区别是在绝缘和双横承力索间增加了联板，零件名称见表3-1。

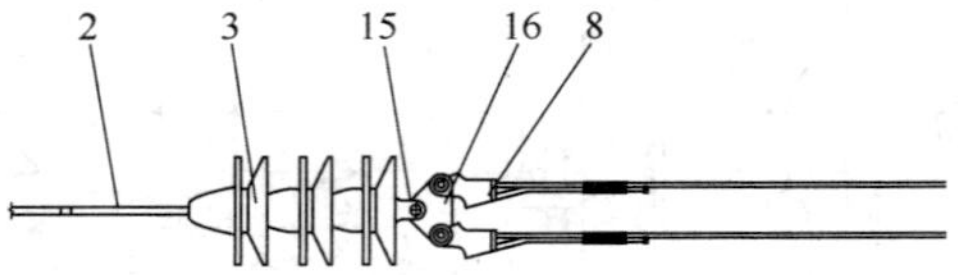

图3-39 双横承力索安装

节点8用于软横跨上、下行正线股道间及不同供电分区间的电分段绝缘。由于站场软横跨把各股道接触悬挂在电路上都连接起来，而某些上、下行股道需要分开供电，某些股道需要进行停电作业而另一些股道又不能停电作业，从而造成不便。为解决这些矛盾，就采用节点8的结构对软横跨进行电分段，节点8仅用悬式绝缘子串和相应的组件将横向承力索及上、下部定位索隔开，以达到绝缘分段的目的。节点8的安装结构如图3-40（a）所示，零件名称见表3-2。

表3-2 软横跨节点8、9、13零件名称

序号	名称	序号	名称
1	横承力索线夹	7	80型杵座楔型线夹
2	上部吊线	8	下部吊线
3	带耳定位环线夹	9	LV-0712型联板（双横承力索时使用）
4	80型双耳楔型线夹	10	Z-7型挂板（双横承力索时使用）
5	QP-7型球头挂环	11	WS-7型碗头挂板（双横承力索时使用）
6	杵头悬式绝缘子	12	双横承力索线夹

节点8在用于供电分区间的电分段绝缘和用于上下行正线股道间绝缘时，对绝缘子的要求是不同的。当节点8起上下行电分段作用时，在实行"V"型天窗作业区段，绝缘子串要保证实行"V"型天窗作业时作业人员的人身安全，在这种情况下规定悬式绝缘子泄漏距离要达到1600mm。绝缘子作为供电分区间的电分段绝缘时，根据污秽程度，绝缘子爬距为1200~1600mm。

节点9的安装结构多用于软横跨跨越中间站台时，为了保证车站工作人员以及旅客生命财产安全，下部定位索在跨越中间站台时将两端用绝缘子串隔开，正对中间站台上方的下部定位索形成一个无电区，即中性区。其结构如图3-40（b）所示，所用零件名称见表3-2。当定位索跨过中间站台上的雨棚时，应该在上部定位索中串接绝缘子，形成无电区，保证安全。

当软横跨线索穿过中间站台，站台两侧接触悬挂处于不同供电分区，需要绝缘时，采用节

点 13。节点 13 在节点 9 结构基础上，横向承力索以及上部定位索上也用绝缘子串隔开，如图 3-40（c）所示，其所用零件见表 3-2。当定位索跨过中间站台上的雨棚时，应该在上部定位索中串接绝缘子，形成无电区，保证安全。

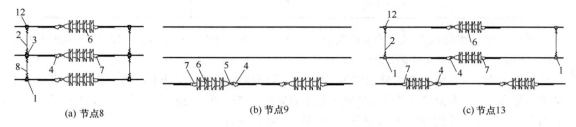

图 3-40　接触网链形悬挂软横跨节点 8、9、13 安装示意图

节点 5 的作用相当于一个腕臂中间柱，在整个站场软横跨定位中，采用最普遍的是节点 5。为满足全补偿的要求，承力索经悬吊滑轮固定在上部定位索上。为了保护承力索，悬挂点处承力索需要加装铜合金预绞丝保护条裹覆防护，预绞丝外径≥2.18mm，裹覆长度每处不小于 2.0m。腕臂无温度偏移时，悬吊滑轮应处于裹覆区域的中心位置。其节点装配型式如图 3-41（a）所示，所用零件见表 3-3。

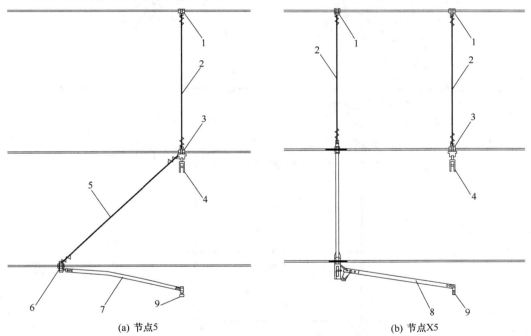

图 3-41　接触网链形悬挂软横跨节点 5、X5 安装示意图

表 3-3　软横跨节点 5、X5 零件名称

序号	名称	序号	名称
1	双横承力索线夹	4	悬吊滑轮
2	上部吊线	5	下部吊线
3	带耳定位环线夹	6	定位环线夹

续表

序号	名称	序号	名称
7	G3 型定位器	9	定位线夹
8	软横跨限位定位装置		

提速区段正线股道采用限抬定位器时，其节点号称为 X5，装配形式有所不同，如图 3-41（b）所示，相当于中间柱装配的节点 5。

节点 6、7 所定位的两组悬挂均为工作支，两根接触线的高度基本一致。节点 6 相当于 L 型道岔组合定位，节点 7 相当于 LY 型道岔组合定位。在提速线路的正线道岔，有限抬需要时，使用 X7 节点。其结构如图 3-42 所示，所用零件见表 3-4。

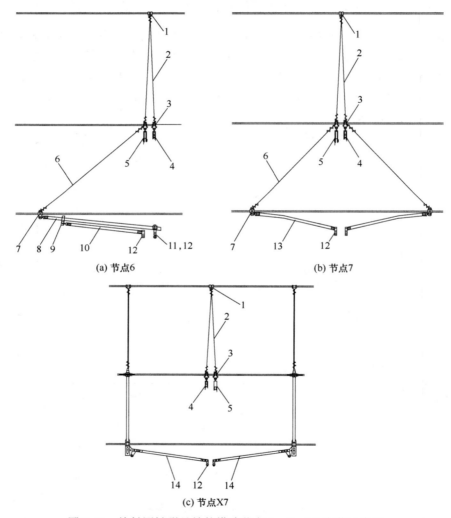

(a) 节点6　　　(b) 节点7

(c) 节点X7

图 3-42　接触网链形悬挂软横跨节点 6、7、X7 安装示意图

表 3-4　接节点 6、7、X7 零件名称

序号	名称	序号	名称
1	双横承力索线夹	2	上部吊线

续表

序号	名称	序号	名称
3	带耳定位环线夹	9	I型定位环
4	悬吊滑轮	10	DC型定位器
5	加长型悬吊滑轮	11	I型长支持器
6	下部吊线	12	定位线夹
7	定位环线夹	13	G3型定位器
8	1-1500型定位管	14	软横跨限位定位装置

节点10装配形式与锚段关节中转换柱的装配相似，它悬吊的两组接触悬挂中，一组悬挂为工作支，另一组悬挂为非工作支，在悬挂点处按非绝缘锚段关节转换柱的要求，非工作支比工作支抬高200~500mm。非工作支接触线不用定位器，而采用夹环，通过ϕ4.0mm镀锌铁线或者不锈钢软绞线固定在定位环线夹上。其结构如图3-43所示，所用零件见表3-5。

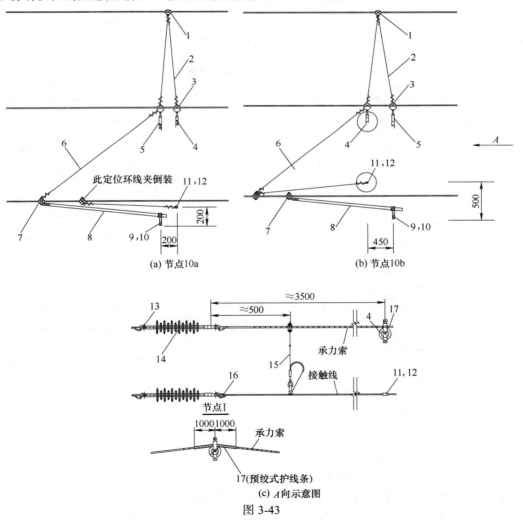

图 3-43

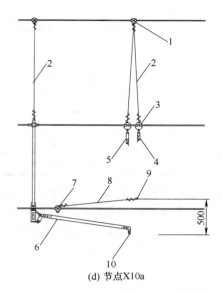 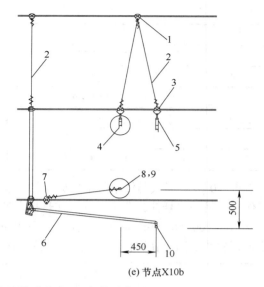

图 3-43 接触网链形悬挂软横跨节点 10 安装示意图

表 3-5 节点 10 零件名称表

(a) 10a、10b 节点零件

序号	名称
1	双横承力索线夹
2	上部吊线
3	带耳定位环线夹
4	悬吊滑轮
5	加长型悬吊滑轮
6	下部吊线
7	定位环线夹
8	1-1500 型定位管
9	1 型长支持器
10	定位线夹
11	拉线
12	夹环
13	承力索终端锚固线夹
14	单重绝缘硅橡胶绝缘子
15	可调式载流整体吊弦
16	接触线终端锚固线夹
17	预绞式护线条

(b) X10a、X10b 节点零件

序号	名称
1	双横承力索线夹
2	上部吊线
3	带耳定位环线夹
4	悬吊滑轮
5	加长型悬吊滑轮
6	软横跨限位定位装置
7	定位环线夹
8	拉线
9	夹环
10	定位线夹

节点 10 为绝缘转换节点时,将非工作支接触线在悬挂点处抬高 500mm,距工作支接触线水平距离 450mm。有限抬要求时,装配形式如图 3-43(d)、(e) 所示。

节点 11 接触线在图 3-44 所示位置升高后与下部定位索之间的垂直距离 $h = H' - (H + 200)$,

节点 12 接触线在图 3-44 所示位置升高后，与下部定位索之间的垂直距离 $h = H' - (H + 430)$，其中 H' 为下部定位索距轨平面（或轨平面连线中心）的高度，h 为正值时，接触线在下部定位索的下方，为负值时，接触线在下部定位索的上方，均悬挂非工作支，两组非工作支接触线均不用定位器，而与节点 10 非工作支接触线一样采用夹环，通过 $\phi 4.0$mm 镀锌铁线固定在定位环线夹上，这样不妨碍接触线的伸缩。节点 11（12）安装见图 3-44，所用零件如表 3-6 所示。节点 15 用于站场软横跨中心锚结绳的定位安装。

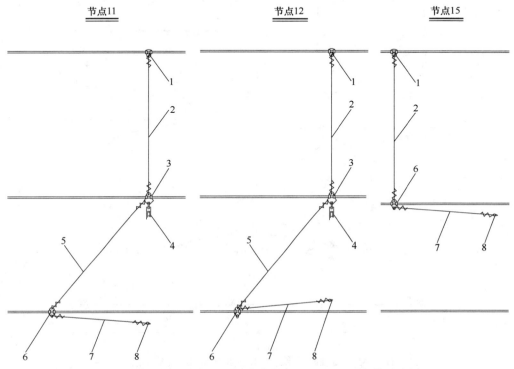

图 3-44 接触网链形悬挂软横跨节点 11、12、15 安装示意图

表 3-6 节点 11、12、15 零件名称表

序号	名称	序号	名称
1	双横承力索线夹	5	下部吊线
2	上部吊线	6	定位环线夹
3	带耳定位环线夹	7	拉线
4	悬吊滑轮	8	环线

节点 14 采用站内软横跨处设防窜动中心锚结的安装定位方式，其装配形式和节点 5 相似，接触线中心锚结安装在相邻两跨（l_1，l_2）的中间位置，其结构如图 3-45 所示，所用零件见表 3-7。承力索在直线区段应位于线路中心正上方，在曲线区段应位于接触线正上方；接触线拉出值 a 在直线及曲线区段均为相对于受电弓中心的距离。

当各股道轨面不等高时，下部定位索的高度以电气化轨道的最高轨面连线的中心为准，接触线高度不得超过 6500mm，轨面较低时，可按不大于接触线允许坡度升高接触线的方式安装；

接触线高度超过 6500mm 时，可采用加设调节立柱的措施安装，如图 3-46 所示。

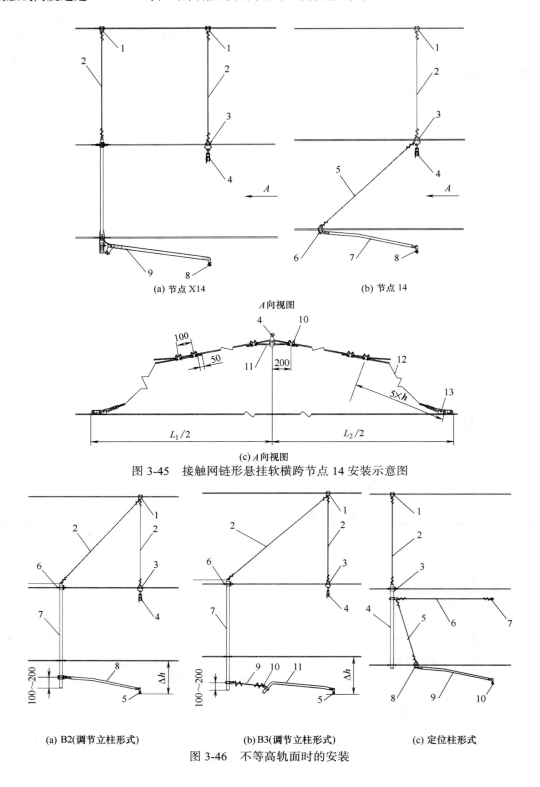

图 3-45　接触网链形悬挂软横跨节点 14 安装示意图

图 3-46　不等高轨面时的安装

表 3-7　节点 14 零件名称表

序号	名称	序号	名称
1	双横承力索线夹	8	定位线夹
2	上部吊线	9	软横跨限位定位装置
3	带耳定位环线夹	10	承力索中心锚结线夹
4	悬吊滑轮	11	承力索中心锚结辅助绳
5	下部吊线	12	接触线中心锚结辅助绳
6	定位环线夹	13	两跨式接触线中心锚结线夹
7	G3 型定位器		

其主要零件见表 3-8。

表 3-8　接触网链形悬挂不等高轨面软横跨节点安零件名称表

图 3-46（a）、(b) 中节点

序号	名称
1	双横承力索线夹
2	上部吊线
3	定位环线夹
4	悬吊滑轮
5	定位线夹
6	钢线卡子
7	调节立柱
8	G3 定位器
9	尾子线
10	1 型定位环
11	软定位器

图 3-46（c）中节点

序号	名称
1	双横承力索线夹
2	上部吊线
3	JK-2 型线卡子
4	D14 型调节立柱
5	下部吊线
6	拉线
7	夹环
8	定位环线夹
9	G3 定位器
10	定位线夹

三、软横跨定位索张力补偿器

2000 年以前，我国电气化铁路未对软横跨上、下部定位索进行自动张力补偿。气温变化导致上下部定位索张力变化，造成软横跨处接触网技术状态不稳定。定期通过调节螺栓来调整上、下部定位索长度和张力比较麻烦。近年来，定位索张力补偿器开始在软横跨、硬横跨结构中使用，如图 3-47（a）所示。

定位索张力补偿器从工作原理上看也是一种弹簧补偿器。其内部固定有一个弹簧，弹簧具有一定的初始压缩力。当软横跨定位索伸长时，弹簧被释放，工作杆收回，拉紧软横跨定位索；当软横跨定位索收缩时，弹簧被压缩，工作杆伸出，使软横跨定位索的张力保持在一定范围内。弹簧补偿器具有结构简单、安装方便、价格低廉、效果明显等优点。

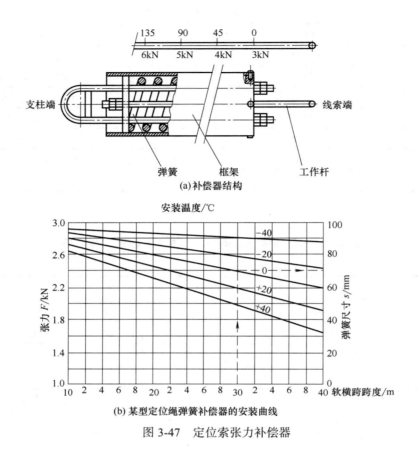

图 3-47 定位索张力补偿器

四、软横跨故障

现场因软横跨故障而影响供电的例子并不多见，但是，一旦软横跨发生故障，其影响范围很大，波及站场上、下行很多条股道，恢复时间较长。因此，对软横跨易发生故障处应经常检查。软横跨的故障大致分以下几个方面。

① 软横跨接地侧绝缘子串因污染严重闪络击穿或损坏，造成接触网接地故障。

② 分段供电用的分段绝缘子串污染严重或损坏，当一部分接触网设备停电检修时，带电部分接触网设备因分段绝缘子串污染严重闪络或损坏，造成接触网的接地故障。

③ 下部定位索距接触线的铅垂距离太小，受电弓抬升接触网，造成受电弓刮坏下部定位索。

④ 接地侧或分段的绝缘子串中，杵头连接部分弹簧销脱落，线索松弛或上人作业时绝缘子串下垂，杵头从绝缘子串中脱落，造成软横跨线索抽脱。

⑤ 下部定位索松弛严重（正弛度严重），受电弓刮断下部定位索。

软横跨、硬横跨检修重点为：

① 软横跨横向承力索（双横承力索为其中心线）和上下部定位索应布置在同一铅垂面内。双横承力索两条线的张力应相等，V 形连接板应垂直于横向承力索。

上部定位索至横向承力索的吊弦应保持铅垂状态，最短吊弦的长度为 400~600mm。

横向承力索和上、下部定位索绝缘子应对齐，上、下部定位索不得有接头、断股和补强，其机械强度安全系数应满足要求。

上、下部定位索应水平，允许有平缓负弛度，其数值应为：5 股道及以下不超过 100mm，5 股道以上不超过 200mm，下部定位索与工作支接触线的垂直距离不小于 250mm。

② 软横跨支柱向受力反向的倾斜标准：对 13m 高的支柱为 100~200mm，对 15m 及以上高度的支柱为 200~300mm，每组软横跨两支柱中心的连线应垂直于正线，其偏角不得大于 3°。

③ 横向承力索和上、下部定位索的电分段绝缘子串应在同一垂直面内，位于站台沿上方绝缘子带电裙边应尽量与站台沿对齐，股道间横向电分段绝缘子应位于股道中间，横向承力索两端绝缘子串外侧钢帽距支柱内缘的最小距离不小于 700mm，带电侧绝缘子裙边距线路中心线不得小于 200mm。

④ 软横跨横向承力索，上、下部定位索调节拉杆的调整余量应不小于±50mm，并分别垫有角形垫块和球形垫块，杵头杆在螺帽处外露 50~100mm，横向承力索及上、下部定位索的开式螺旋扣至少露出两扣，螺杆间的空气间隙不少于可调部分的 1/3。斜吊线应受力，不得松弛，采用不锈钢丝绳、软铜绞线或不锈钢软态钢丝。下部定位索与接触线间距一般为 300~400mm，最小不得小于 250mm。

⑤ 硬横梁安装高度应符合设计要求，允许误差不超过+50mm。硬横梁及中心锚结钢梁的漆面剥落和锈蚀面积不得超过钢梁总面积的 20%，超出 20%时应除锈涂漆。

⑥ 硬横梁角钢应无变形和弯曲，硬横跨的吊柱在横、顺线路方向均应垂直，限界满足要求，允许偏差不大于支柱高度的 0.5%。

硬横梁呈水平状态或向上微拱起，不得有弛度。各段之间及其与支柱应连接牢固，螺栓紧固力矩应符合设计要求。

第六节　软横跨预制

一、软横跨布置示意图的绘制

绘制软横跨布置示意图时，必须充分研究接触网平面布置图。在站场咽喉区，接触线比较集中，软横跨对各道岔接触线的定位应合理；线间距离狭窄地段，下定位索的电分段不得影响定位器对接触线正常定位。软横跨布置示意图采用单线图，见图 3-48。

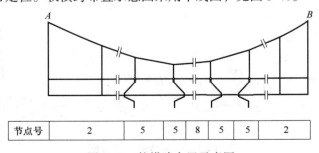

图 3-48　软横跨布置示意图

软横跨布置示意图绘制要点：
① 根据接触网平面图标示的节点类型号、线间距、拉出值等绘制节点安装示意图。
② 接触线高度为 6000mm 的站场，上、下定位索高度以最高轨面为准，呈水平状态；各

股道接触线亦应在同一水平面内。

③ 接触线高度为 6450mm 的站场，上、下定位索成折线形，其高度对各股道轨面均为同一高度，即上定位索为 6.45+h+0.16（m），下定位索 6.45+0.3（m），其折线坡度一般不超过 4%。

④ 软横跨之上定位索可适当降低，横承力索最低点相应降低，其降低的幅度即纵向承力索在该定位软横跨处的弛度，其中半补偿纵向承力索的弛度取接触线无弛度时的承力索弛度。

⑤ 接触线高度不得超过 6.5m；若超过 6.5m，可通过调节立柱降低高度。

二、软横跨测量

1. 测量内容

① 最高轨面与钢柱底面及各股道轨面高差 h_A、h_2、$\cdots$、h_B，或最高轨面与混凝土软横跨柱地线孔位及各股道轨面高差 h_A、h_2、$\cdots$、h_B。

钢柱底面或混凝土柱地线孔位线高于最高轨面时 h 取正值，低于最高轨面时取负值。

② 钢柱外缘顶端垂线与钢柱外缘底部基点的距离 d（为便于测量，底部基点取钢柱底面以上 1m 处，站台上钢柱取底面以上 0.3m 处）或混凝土柱内缘顶端悬挂孔位垂线与外缘地线孔位的距离 d（若垂线偏于钢柱外缘内侧，d 取正值，反之取负值）

③ 支柱外缘上述基点处至相邻线路中心距离 CX' 及各线间 a_1、a_2、a_3、$\cdots$、a_n（按承力索在线路中的投影位置测量）

2. 测量步骤及方法

① 按平面图、现场支柱及股道实际状况绘制测量示意图，见图 3-49。

② 置经纬仪于 A 柱与相邻柱连线适当地点，调平仪器，将望远镜十字线瞄准柱顶位置（钢柱顶外端，混凝土柱顶内端），然后慢慢将望远镜向下转到支柱下部测量基点标高处（钢柱底以上 1m 或 0.3m 处；混凝土柱地线孔）做好标记，用钢卷尺量取 d_1 值。

③ 将望远镜调平，将水平尺（塔尺）分别置于同一组软横跨钢柱底（混凝土柱为地线孔）

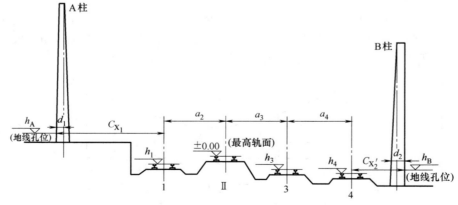

图 3-49　软横跨测量参数图

标高处和各股道轨顶上，测出 h_1、h_2、$\cdots$、h_n 值（曲线处，h 值取低轨轨面标高加½超高）。

④ 移镜于 B 柱与相邻柱之间连线的适当地点，调平仪器，测出 d_2 值。

⑤ 用钢卷尺测出 $C_{X'_1}$、a_2、a_3、$\cdots$、a_n、$C_{X'_2}$ 值。测量记录格式见表 3-9。

表 3-9 软横跨测量记录

杆号	A					B	
支柱类型	$G\dfrac{25}{15}$					$G\dfrac{35}{15}$	
股道编号		1	Ⅱ	3	4		
d/cm		d_1				d_2	
h/cm	h_A	h_1	h_2	h_3	h_4	h_B	
$C_{X'_1}$, a/cm	$C_{X'_1}$	a_2	a_3	a_4		$C_{X'_2}$	

3. 注意事项

① 应测二支柱外缘基点处的总距离,以校核 $C_{X'_1}$、$C_{X'_2}$ 及各线间距 a 之和,精度以 cm 计,如误差在 5cm 以内,可分摊到各线间距内,如超过 5cm,应重测。
② 在道岔处,应测两接触线中点与相邻线路中心的距离。
③ 经纬仪必须置稳调平,读数后,应检查水平是否有偏移。
④ 应防止钢尺短接轨道电路。

三、软横跨计算原理

① 抛物线计算法。就是把接触悬挂的集中负载看成是均布负载,将横承力索当成悬链线,用抛物线公式计算它的长度。
② 图解法。就是将已知数据按一定比例绘制在坐标纸上,然后用曲线尺描绘横承力索的悬线。
③ 实测法。就是安排人员测量现有软横跨的尺寸,按照原有尺寸进行软横跨的预制和安装。但仅适用于大修的线路,对于新建和有改造的线路不适用。

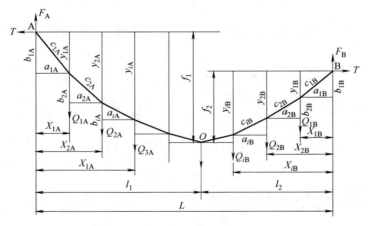

图 3-50 软横跨计算原理图

T—支柱反力的水平分力,即承力索的水平张力,N;F_A、F_B—A、B 支柱反力的垂直分力,N;f_1、f_2—A、B 支柱悬挂点分别至横承力索最低点的铅垂距离,m;l_1、l_2—A、B 支柱悬挂点分别至横承力索最低点的水平距离,m;L—两支柱悬挂点间的水平距离,m;Q—各悬挂点负载,kg;X—各负载悬挂点至支柱悬挂点的水平距离,m;a—相邻悬挂点间的水平距离,m;b—相邻悬挂点间的垂直距离,m;c—相邻悬挂点间的距离,m

现在多采用的负载计算法，如图 3-50 所示，是以实际负载为计算条件，利用静力平衡原理，由负载的计算转化为结构尺寸计算的方法，计算结果具有较好的准确度。该计算法完全是根据实际条件进行公式化的计算，不仅数据准确，而且有较大的规律性，在大量计算时，便于使用电子计算机。

1. 确定最低点位置（最短吊弦位置）

① 求横向承力索在支柱悬挂点的反力之垂直分力 F_A、F_B。设二悬挂点为等高悬挂，则有：

$$F_B = F_{B0} = \frac{\sum_{i=1}^{n} Q_i X_i}{L}$$

$$F_A = F_{A0} = \sum_{i=1}^{n} Q_i - F_{B0}$$

实际上，由于地形条件的差异，完全等高的悬挂是很少见的，在不等高悬挂的情况下，其支座反力 F_A、F_B 均发生变化，如图 3-51 所示。高柱 A 的支座反力：

$$F_A = F_{A0} + r$$

低柱 B 的支座反力：

$$F_B = F_{B0} - r, \quad r = T\tan\alpha = Th/L$$

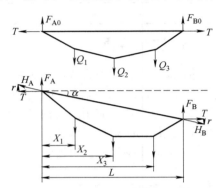

图 3-51 不等高悬挂的支座反力示意图

式中，r 为不等高悬挂的均衡力。

② 确定最短吊弦位置。由 F_A（或 F_B）依次减去其相邻悬挂点的重量，减至某一负载，当其差值由正变为负时，该负载所在的股道即为最短吊弦所在位置，如图 3-52（a）所示，并有：

$$F_A - Q_1 > 0$$

$$F_A - Q_1 - Q_2 < 0$$

如果减至某一负载，其差值恰为零，则此组软横跨出现 2 个最低点，如图 3-52（b）所示。

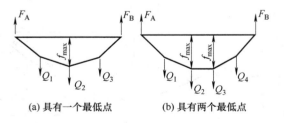

(a) 具有一个最低点　　(b) 具有两个最低点

图 3-52 最短吊弦位置图

2. 求横向承力索的水平张力 T

最低点确立后，从最低点将悬挂分成左右两部分，如图 3-53 所示。则有：

$$M_1 - Tf_1 + rl_1 = 0$$

$$M_2 - Tf_2 + rl_2 = 0$$

由上面二式得：

$$\frac{M_1 - Tf_1}{l_1} = -\frac{M_2 - Tf_2}{l_2}$$

整理得：

$$T = \frac{M_1 l_2 + M_2 l_1}{f_1 l_2 + f_2 l_1} = \frac{M_1 + nM_2}{f_1 + nf_2}$$

$$n = \frac{l_1}{l_2}$$

式中　f_1、f_2——由悬挂点分别至横向承力索最低点的铅垂距离，m；

　　　l_1、l_2——由最低点分别至两悬挂点的水平距离，m；

　　　M_1、M_2——A、B 侧各铅垂力分别对悬挂最低点的力矩之和，N·m。

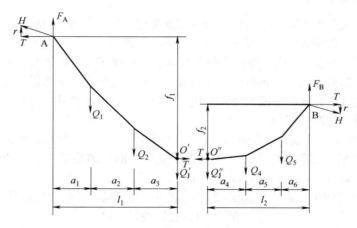

图 3-53　悬挂分成左右两部分

3. 求横承力索各股道悬挂点至支柱悬挂点的垂直距离 y

分别对各悬挂点取分离体并取矩，得：

$$y_{iA} = \frac{F_A X_{iA} - \sum_{i=1}^{i} Q_{(i-1)A}(X_{iA} - X_{(i-1)A})}{T}$$

$$y_{iB} = \frac{F_B X_{iB} - \sum_{i=1}^{i} Q_{(i-1)B}(X_{iB} - X_{(i-1)B})}{T}$$

4. 求相邻悬挂点在横承力索上的高差 b

$$b_{iA} = f_1 - y_{iA}$$

$$b_{iB} = f_2 - y_{iB}$$

5. 求横向承力索的分段长度 c

$$C_{iA} = \sqrt{a_{iA}^2 + b_{iA}^2}$$

$$C_{iB} = \sqrt{a_{iB}^2 + b_{iB}^2}$$

6. 求横向承力索吊弦长度 K

$$K_{iA} = f_1 - y_{iA} + 500$$
$$K_{iB} = f_2 - y_{iB} + 500$$

注：式中 500 为最短吊弦长度，不同的设计中其值不同。

四、软横跨预制计算步骤

1. 悬挂负载的确定

软横跨的悬挂负载计算就是根据软横跨的节点类型求悬挂负载。在现场勘测时要根据线路的实际情况，绘制出软横跨布置示意图就可确定悬挂负载了。

悬挂负载包括节点负载、纵向悬挂自重负载 nq_0l、绝缘子及分段绝缘子的重力负载以及横向承力索与上、下部固定绳的自重负载。在负载计算时，由于上、下部固定绳水平，不承受垂直力，所以假设垂直负载全部由横承力索承担，并且各个悬挂的负载全部集中在悬挂点。每个悬挂点负载应包括下述四个部分。

① 悬挂点零件重量负载（节点负载）J_i。仅包括悬挂零件的负载，称为节点负载，又称节点重量。节点重量是实际节点所悬挂的零件的重量，即软横跨于该节点处所用零件的总重量。比如单横承力索时节点 5 的节点负载计算方法如下：

J_5 =单横承力索线夹重量+2 个定位环线夹重量+悬吊滑轮重量+
下部吊线 $\phi 4.0$ 镀锌铁线重量

在中间站台或有分段绝缘的股道，其分段绝缘子串重量应按距悬挂点远近分摊在绝缘子串两侧的悬挂点上。对于悬挂点 3 及 4，因有中间站台使用了节点 9，则认为相应节点都是直接加一串绝缘子串的自重负载。

② 一个跨距的接触悬挂自重负载（悬挂自重负载）G_i。

$$G_i = nq_0l$$

式中　n——悬挂点的接触悬挂数量；

q_0——接触悬挂每单位长度的自重负载，N/m；

l——悬挂的纵向跨距，$l = \dfrac{l_1 + l_2}{2}$，l_1、l_2 为该软横跨相邻两纵向跨距，一般取

$l = l_{max} = 65 \text{m}$。

当接触悬挂中存在集中负载时，应该分摊计入节点。

③ 横向承力索及上、下部固定绳的自重负载 P_i。横向承力索及上、下部固定绳的自重负载也应换算到悬挂点上，其方法是将单位长度自重负载乘以平均线间距（即取悬挂点两侧线间距的平均值）：

$$P_i = \frac{a_i + a_{i+1}}{2} \times (0.615 + 2 \times 0.411)$$
$$= 0.72(a_i + a_{i+1})$$

在使用双横承力索时，应按实际情况予以计算：

$$P_i = \frac{a_i + a_{i+1}}{2} \times (2 \times 0.615 + 2 \times 0.411)$$

$$= 1.026(a_i + a_{i+1})$$

④ 中心锚结和下锚支自重负载 M_i。对于有中心锚结和有下锚支的悬挂，则根据实际的悬挂自重负载，经计算后加于相应的悬挂点上。对已经归算中心锚结和下锚支自重负载的节点负载，在计算悬挂负载时不再另行计算中心锚结自重负载。上述各负载之和为该悬挂点的悬挂负载，即：

$$Q_i = J_i + G_i + P_i + M_i$$

式中　Q_i——节点的悬挂负载，N；
　　　G_i——接触悬挂一个跨距的自重负载（悬挂自重负载），N；
　　　J_i——节点负载，N；
　　　P_i——横向承力索及上、下部固定绳自重负载，N；
　　　M_i——中心锚结和下锚支自重负载，对中心锚结和下锚支自重负载已经归算到节点负载 J_i 中去时，$M_i = 0$。

2. 计算结构参数

① 求横承力索弛度 f_1、f_2。

$$\text{钢柱 } f_1 = \text{柱高} - 0.07 - (H + h + 0.16 + 0.50) + h_A$$

$$\text{钢柱 } f_2 = \text{柱高} - 0.07 - (H + h + 0.16 + 0.50) + h_B$$

$$\text{混凝土柱 } f_1 = 10.80 - (H + h + 0.16 + 0.50) + h_A$$

$$\text{混凝土柱 } f_2 = 10.80 - (H + h + 0.16 + 0.50) + h_B$$

式中　H——接触线高度，以最高轨面为准；
　　　h——结构高度。

② 求横向跨距 L。

钢柱　　　　$a_{1A} = C_{X'_1} - d_1 - a_s - b'$

钢柱　　　　$a_{1B} = C_{X'_2} - d_2 - a_s - b'$

混凝土柱　　$a_{1A} = C_{X'_1} - d_1 - 0.06 - b' = C_{X'_1} - d_1 - 0.01$

混凝土柱　　$a_{1B} = C_{X'_2} - d_2 - 0.06 - b' = C_{X'_2} - d_2 - 0.01$

横向跨距　　$L = a_{1A} + a_2 + \cdots + a_n + a_{1B}$

3. 确定横承力索最低点

确定横承力索最低点一般情况下采用估算法，复杂情况下应用计算法。

① 估算法。当软横跨跨越的股道线间距相差不大时，则以横向跨距 L 中部为界；若两侧接触悬挂的条数相等，则接近跨中的悬挂点为最低点；若两侧接触悬挂条数不等，则接触悬挂条数多的一侧的接近跨中的悬挂点为最低点。

② 计算法。先求出 F_{A0}、F_{B0}，再按前述判断式确立最低点位置。最低点确立之后，即可算

出最低点分别至两悬挂点的水平距离 l_1、l_2，即：

$$l_1=a_{1A}+a_2+\cdots+a_{0A}, \quad l_2=a_{1B}+a_2+\cdots+a_{0B}$$

式中　a_{0A}、a_{0B}——最低点至相邻线间距。

4. 求支柱水平反力 T 及垂直反力 F_A、F_B

①根据确定的负载及结构尺寸绘制软横跨示意图。②求出 T。③求出 r。④求 F_A、F_B。

$$F_A=F_{A0}\pm r$$

$$F_B=F_{B0}\pm r$$

式中，悬挂点高的支柱取加号，悬挂点低的支柱取减号。

5. 求横承力索分段长

① 求出各股道悬挂点至支柱悬挂点的垂直距离 y。② 求出相邻悬挂点在横承力索上的高差 b。③ 求得横承力索分段长 C。

6. 确定上、下部固定绳形状及安装高度

接触线高度为 6.00m 的站场，上、下固定绳取水平形状。上部固定绳安装高度：

$$\text{A 柱}\quad H_{SA}=H+h+0.16-h_A$$

$$\text{B 柱}\quad H_{SB}=H+h+0.16-h_B$$

下部固定绳安装高度：

$$\text{A 柱}\quad H_{XA}=H+0.30-h_A$$

$$\text{B 柱}\quad H_{XB}=H+0.30-h_B$$

7. 确定上、下部固定绳长度

① 求上、下部固定绳安装高度处钢柱外缘（混凝土柱为内缘）至相邻股道中心的距离：

$$a'_{1A}=a_{1A}+H'_A d_1/H_j$$

$$a'_{1A}=a_{1B}+H'_B d_2/H_j$$

$$a''_{1A}=a_{1A}-H''_A d_1/H_j$$

$$a''_{1B}=a_{1B}-H''_B d_2/H_j$$

式中　H_j——支柱顶悬挂点至测量基点的垂直距离，混凝土支柱为 10.80m；
　　　H'_A、H'_B——支柱顶悬挂点至上部固定绳安装处的垂直距离；
　　　H''_A、H''_B——支柱顶悬挂点至下部固定绳安装处的垂直距离。

② 上部固定绳长度：$L=a'_{1A}+a_2+a_3+\cdots+a'_{1B}$

③ 下部固定绳长度：$L''=a''_{1A}+a_2+a_3+\cdots+a''_{1B}$

8. 确定横承力索吊弦长度 K

$$K_0=\text{设计值（如 0.40m、0.50m、0.60m）}$$

第七节 电 分 段

> 学习目标：
> 1. 掌握接触网供电分段的形式；
> 2. 握分段绝缘装置结构与要求；
> 3. 掌握常见分段绝缘装置的型号。

一、供电与分段

接触网是一种特殊形式的供电线路，为了保证供电的可靠性和灵活性，并缩小停电事故发生的范围，将接触网从电气上分为若干区段，并用隔离开关连接。当某区段发生事故或停电进行检修时，可以打开相应段的隔离开关使该区段无电，而不致影响其他各段接触网的运行。

在交流电气化铁路区段，同一变电所供电的不同供电分区的同相电之间的绝缘，称为电分段，实现电分段绝缘的装置称为分段绝缘装置。分段绝缘装置可以用绝缘锚段关节或分段绝缘器实现。采用绝缘锚段关节形式可以提高列车通过电分段时的允许运行速度。在系统正常运行，没有停电作业时，分段绝缘装置两端几乎没有电位差；当相邻的供电分区有一个停电检修时，分段绝缘装置承受 25kV 工作电压。绝缘锚段关节作为电分段绝缘装置使用时，两支接触悬挂过渡区域较长，当机车受电弓停留在等高点附近的时候，可能因为不同供电分区间的电位差发生拉弧，在一端接地时，将产生短路电弧，烧损接触悬挂线索，故要在两转换柱间设置禁停标，在 30m 左右的范围内禁止电力机车停车。

接触网分段有横向分段和纵向分段两种形式，见图 3-54。

1. 横向分段

接触网线路（或线群）之间所进行的分段称为横向分段，如站场内因各股道的作用不同进行的分段。图 3-54 中，某车站的 6 个股道在线路横向分为三个供电分区，分别为 5、7，Ⅰ、3，Ⅱ、4 股道。

在双线和多线路区段上，不论是区间还是站场，其正线间电气上总是分开的，其分段方式、方法视股道的具体情况而定。图 3-54 中Ⅰ、Ⅱ股道为下行、上行正线，其通过渡线处的分段绝缘器和各个软横跨处的节点实现横向电气分段。在枢纽（含大型客站及区段站）的各分场中，为方便供电和检修，对不同的电化股道群采用不同供电分区进行供电，称为分束供电。装卸线、旅客列车整备线、检查电力机车上部设备的线路均应分段，并在该处安装带接地刀闸的隔离开关。每条库线应当单独分开，且用带接地刀闸的隔离开关连接。为保证检修工作的安全，还应在适当位置上装设隔离开关开闭灯光指示器。

大型车场上的电分段应特别注意其灵活性。在各个线群之间有分段时，应能打开任一线群（或车场）而不影响其他线群的接/发列车。图 3-54 中，经 5、7 股道和Ⅰ、3 股道分成两个线群，在 5、7 股道停电检修、装卸时，不影响正线的接发车。

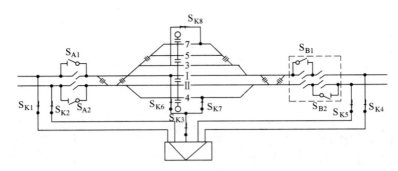

图 3-54　双线区段有牵引变电所的车站站场分段与供电方式

站场的供电线路应做到既能向站场供电，也可作为区间供电线。在选择供电线的截面时，应保证可向站场和区间同时供电。在双线区段上，区间每条正线都应有单独的供电线路。设置隔离开关的原则是既保证供电的可靠性，又要保证供电的灵活性；应保证既可以向整个站场供电，也可以分别向站场各线群供电。

选择隔离开关的安设地点时，应注意操作方便和便于实现远距离控制；连接跳线应简单和安全。在绝缘关节处，开关一般设在靠近车站的转换支柱上。横向分段时多采用分段绝缘器进行分段。

2. 纵向分段

接触网沿线路方向所进行的电气分段称为纵向分段，如在站场和区间衔接处所进行的分段。站场和区间的电气分段一般为绝缘锚段关节。区间接触网遇有大型构筑物（长大隧道及长大下承桥）时，应将构筑物的接触网单独分段。图 3-54 中虚线框中部分表示分相绝缘装置，是不同供电臂间的纵向电气分段。

二、分段绝缘器

分段绝缘器又称分区绝缘器，由绝缘部件、导流部件和零部件组成，能使同相位的相邻两段接触悬挂实现电分段，并允许受电弓通过和不间断取流。它安装在上下行正线间渡线接触网、基本站台的独立检修股道、各车站装卸线、机车整备线、电力机车库线、专用线、动车运用所分束供电区域等处。当某一侧接触网发生故障或因检修需要停电时，可打开分段绝缘器处的隔离开关，将该部分接触网断电，而其他部分接触网仍能正常供电，从而提高了接触网运行的可靠性和灵活性。

分段绝缘器在材质及结构上均存在一定的问题，虽经不断改进，但仍为接触网运营的薄弱环节，应合理使用，尽量少设。不应使分段绝缘器长时间处于对地耐压状态，尤其在雾、雨、雪等恶劣天气时，应尽量缩短其对地的耐压时间，当作业结束后应尽快合上隔离开关，恢复正常运行。

分段绝缘器按照其绝缘结构分为绝缘接触式分段绝缘器和非绝缘接触式分段绝缘器。其中绝缘接触式分段绝缘器的主绝缘部件运行时电力机车受电弓与其直接接触，非绝缘接触式分段绝缘器的主绝缘部件运行时电力机车受电弓不与其直接接触。分段绝缘器按最大工作荷载可分为 A 型（16.5kN）、B 型（31.5kN）。分段绝缘器多带有引弧角隙，它由一对金属构件组成，是具有一定空间距离及引开电弧能力的结构。

分段绝缘器的产品型号表示方法为：

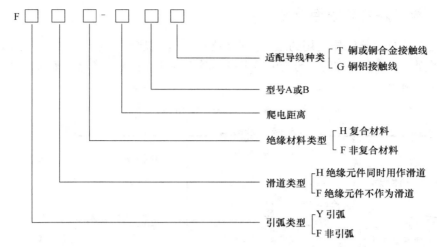

示例：FYHH-1.6AT 表示分段绝缘器为引弧型，绝缘部件同时作为滑道，绝缘部件为复合材料，爬电距离为 1.6 m，型号为 A 型，适用于铜或铜合金接触线。

目前我国常见的分段绝缘器有高铝陶瓷分段绝缘器、菱形分段绝缘器和各种引弧分段绝缘器等，在结构上既保证机车受电弓平滑通过，又能满足供电分段的要求。

1. 高铝陶瓷分段绝缘器

高铝陶瓷分段绝缘器结构如图 3-55 所示。可满足 70km/h 行车速度的要求。

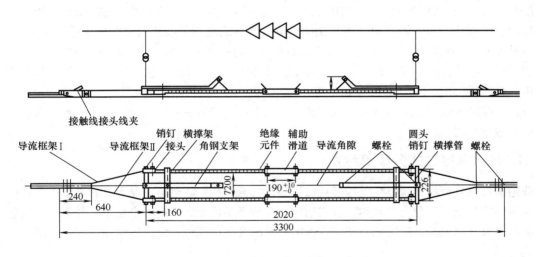

图 3-55　高铝陶瓷分段绝缘器

其中绝缘元件为高铝陶瓷绝缘棒，它由高强度玻璃纤维芯棒、高铝陶瓷护套、密封垫圈、灌封层和金属接头组成，长度为 600mm，每侧用两根棒串接起来，总泄漏距离是 1200mm。高强度玻璃纤维芯棒，拉伸强度超过 45 号钢，直径为 12mm。高铝陶瓷护套为 75 号氧化铝瓷，表面涂硅脂，有优异的耐磨和抗老化性能。密封垫圈起密封和缓冲作用，采用石棉垫或硅橡胶。硅橡胶垫圈在耐老化、抗漏电及工艺方面都优于石棉垫圈。

这种型号的分段绝缘器的缺点为：高铝陶瓷管容易受到受电弓冲击而破碎，受电弓滑板通过导流间隙时易拉弧，不适合在通行速度较高线路上使用，目前属于淘汰产品，逐渐退出应用。

2. 绝缘接触式分段绝缘器

绝缘接触式分段绝缘器使用的绝缘滑道和导流滑道的底面同分段绝缘器两侧接触导线处于同一水平面，当机车通过时，与受电弓滑板同时直接接触。典型产品为菱形分段绝缘器。结构如图3-56所示。

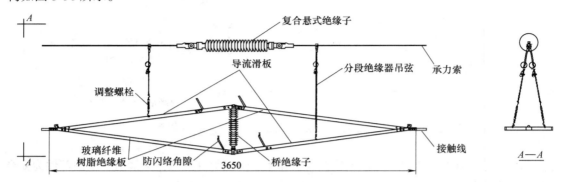

图3-56　绝缘接触式菱形分段绝缘器

分段绝缘器绝缘件采用玻璃纤维树脂绝缘棒，具有较高的机械强度、绝缘强度和耐磨性。导流板用磷青铜制成，具有较好的导电性和耐磨性。桥绝缘子一般采用加强型玻璃纤维棒并覆盖硅橡胶或聚四氟乙烯护套，结构上起支撑和绝缘作用，桥绝缘子的伞裙下沿比滑道平面高。受电弓通过桥绝缘子下方时，为防止在两导流板转换时拉弧，设置防闪络角隙，以保护桥绝缘子，角隙为220mm。绝缘泄漏距离1200mm，当用于钢铝接触线时总长度为3058mm，用于铜接触线时，因接头线夹不同，总长度为2812mm。滑道式菱形分段绝缘器结构简单、质量轻、便于安装维护，防污性能好，使用寿命长，不易出现打弓现象，可适应160km/h的行车速度，应用较广泛。这种分段绝缘器存在的缺点就是消弧能力差，灭弧率约为33%，不适用于高电位差的电气化区段。

分段绝缘器安装于交叉渡线时，应安装在线路中心，安装后分段绝缘器滑道平面应与轨平面平行，过渡平滑。

3. 非绝缘接触式分段绝缘器

非绝缘接触式分段绝缘器的绝缘部件底面高于接触线，一般运行工况下不和受电弓滑板接触。非接触式分段绝缘器为非对称开放式结构，在消弧角隙处，受电弓滑板单侧受力，一边悬空，因此要求对导流滑道进行精确调平，否则容易出现打弓现象。分段绝缘器典型产品形式有以下几种：

① AF分段绝缘器。基本结构如图3-57所示，承力索处的绝缘采用长棒绝缘子(无伞裙)，分段绝缘器吊弦上端固定在绝缘子上的滚柱上。为了减轻自重，绝缘器滑板采用多孔的结构，滑板伸出接触线线夹前部一定距离，减小了接触线线夹处的冲击。分段绝缘器的绝缘材料采用两根带聚四氟乙烯护套的玻璃纤维树脂杆。护套磨损到一定值时，要更换绝缘杆。它的突出优点是灭弧率高，成功率高达94%。可以满足200km/h运行需要，目前在高速铁路中比较常见。

② 吉斯玛分段绝缘器。基本结构如图3-58所示。它能有效地避免绝缘部件、接触线、承力索、金属构件的烧伤。其结构特点是，主绝缘元件不与受电弓直接接触，在主滑道开口侧通

过固定安装在主绝缘棒上的辅助绝缘滑道对受电弓进行过渡，结构较复杂。其主绝缘使用爬距达 1600mm 的绝缘子，具有引弧角隙（长 200mm）。

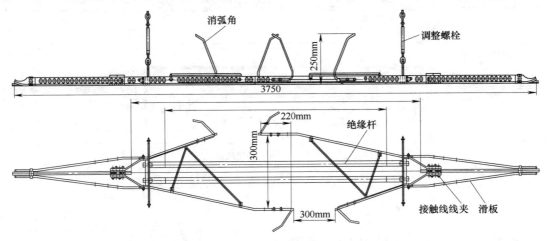

图 3-57　绝缘接触式 AF 分段绝缘器

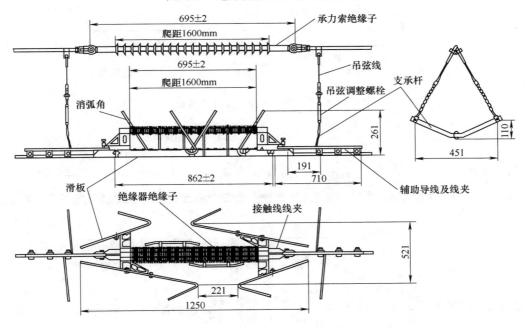

图 3-58　吉斯玛分段绝缘器

该结构形式的分段绝缘器应用比较广泛，典型产品为 DXF-(1.6)Ⅱ分段绝缘器，其设计上增大了分段绝缘器的整体架构，辅助绝缘滑道和主滑道之间空气间隙加大，减少电弧对辅助绝缘滑道的烧损。

③ 西门子轻型分段绝缘器。基本结构如图 3-59 所示。

④ Re200C 分段绝缘器。这种分段绝缘器主要应用在哈大线，分段绝缘器自重较大，其单向行车要求使其在中国电气化铁路上的应用效果不佳，其他线路较少使用，基本结构如图 3-60 所示。它由两根滑道和绝缘子组成鱼叉式结构。

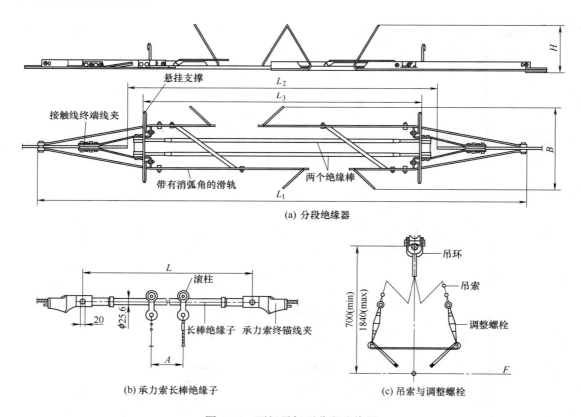

图 3-59　西门子轻型分段绝缘器

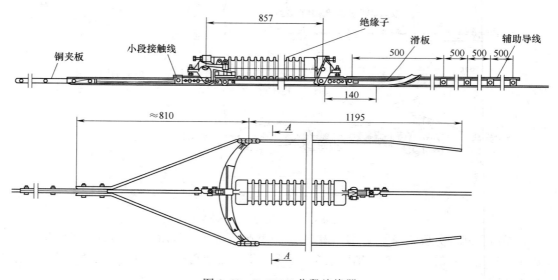

图 3-60　Re200C 分段绝缘器

三、分段绝缘检调

分段绝缘器是整个线路的薄弱环节，事故率较高，主要表现在：分段绝缘器和轨面不平行,导致碰弓刮弓事故;分段绝缘器接头线夹处出现硬点,造成导线磨耗严重;分段绝缘器绝缘元件发生闪络击穿事故;接头线夹松动导致导线抽脱事故等。检修、清扫分段绝缘器时,必须采取旁路措施。分段绝缘器 6 个月检查 1 次,检调的要点有:

① 各绝缘子是否脏污、破损,长棒绝缘子表面应清洁、无烧伤、裂纹,表面放电痕迹不应超过有效绝缘长度的 20%,主绝缘严重磨损应及时更换;对于 AF 滑道式分段绝缘器直径为 20mm 的圆形绝缘棒,当磨损超过 2.5mm 后旋转使用,可以旋转 4~5 次,每面磨损小于 3.5mm;

② 分段绝缘器应位于受电弓中心,一般情况下偏差不超过 100mm。相对于两侧吊弦点有 5~15mm 的负弛度。滑道底面应平行于轨面,最大偏差不超过 10mm。安装处接触线和承力索必须垂直,注意安装点的轨道超高和坡度对分段绝缘器安装的影响。绝缘器导线接头处过渡平滑。

分段绝缘器安装高度应按照设计行车速度要求的抬高量确定,运行误差为±5mm,如图 3-61 所示,在根据行车速度确定受电弓抬升力。用弹簧秤按照抬升力大小在安装位置中心向上提拉接触线,测出需抬高的值,确定分段绝缘器的安装高度。安装平面平行于轨面连线,最大误差不超过 10mm。

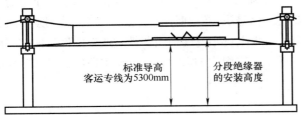

允许行车速度/(km/h)	单接触线的抬升力/N
20	80
100	100
160	120
200	150

图 3-61 分段绝缘器安装高度

③ 滑板磨损大于 3mm 时,需要重新调整滑板的高度,以便确保滑板与绝缘棒的间隙不小于 4mm,当磨损达到最大值(滑板剩余高度余 1~2mm)时,需要及时更换滑板。

④ 各部螺母、开口销、防松垫片应齐全,各螺栓紧固力矩应符合要求。

⑤ 分段绝缘器导线接头、导流滑道端头处过渡平滑。

⑥ 分段绝缘器不应长时间处于对地耐压状态。雨、雪、雾、霾、冻雨等恶劣天气下,分段绝缘器并联的隔离开关严禁处于分闸状态。隔离开关应在作业开始前 30min 内断开,在作业间歇时间大于 30min 时应闭合,继续作业时再断开,作业结束后应及时闭合。

⑦ 分段绝缘器安装位置符合规定,距离定位点不得小于 2m。

⑧ 分段绝缘器严禁安装在机车经常停车位置的上方;分段绝缘器下方严禁机车停车并起动运行,否则可能会因频繁启动取流而烧损分段绝缘器滑道。通过速度不得超过 120km/h。空气绝缘间隙不小于 300mm。

第八节 分相绝缘装置与电分相

学习目标:
① 掌握分相绝缘装置的结构与要求;
② 掌握锚段关节式电分相结构;
③ 了解自动过分相技术。

一、电分相及分相绝缘装置

在单相交流牵引供电系统中,电力机车是单相供电的,为了平衡电力系统的 U、V、W 各相负荷,一般要实行 U、V 相轮流供电。不同供电臂间的接触网设置可靠绝缘,并能阻止受电弓经过时连通不同电压、不同相位或不同频率接触网的分段区域称为电分相。

分相绝缘装置要有可靠的绝缘性能,其工作状态下承受不同相之间的 43.3kV(120°相位差时)电位差,在处于不同电网交界处的分相装置承受的电压可达 55kV(反相时),同时又要保证列车受电弓平滑通过。在变电所出口处及两牵引变电所之间(供电臂末端)必须设电分相装置。列车通过电分相采用机车主断路器打开,受电弓不降弓的惰行方式。

图 3-62 所示是某线路的一个供电臂两端的分相装置示意图,图中牵引所供电线供 1、供 2 给将 U 相供给供电分区 2,供 20、供 21 将 V 相供给供电分区 1,供电分区 1、2 间应设置分相绝缘装置。在供电分区 1 的末端和供电分区 3 衔接处也需要设置分相绝缘装置,将不同变电所的供电线路绝缘开。图中虚线框内所示部分为分相绝缘装置。

电分相根据其实现方法分为器件式分相和锚段关节式电分相。电分相位置应满足电力机车(电动车组)运行、调车作业方便,满足进站信号机位置和显示等要求。当电分相须设置在坡道区段时,应进行行车验算;接触网电分相可根据行车速度采用器件式或带中性段的空气间隙绝缘的锚段关节式;锚段关节式电分相应满足运输组织的需要,电分相中性段接触网应设电动隔离开关,与前进侧接触网相连。

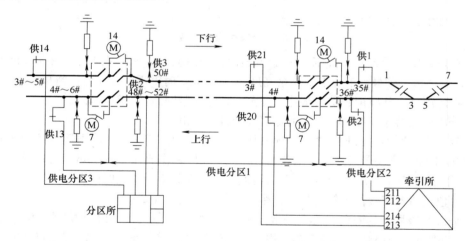

图 3-62 分相装置示意图

二、分相绝缘器

在接触悬挂中串入分相绝缘器,实现两侧接触悬挂的电气分段。分相绝缘器两侧在机械上不分段,受电弓可以平顺滑过分相装置。分相绝缘器的型号表示为:

早期分相绝缘器一般由三块(或四块)相同的环氧树脂玻璃层压布(俗称玻璃钢)绝缘件组成,每块玻璃钢绝缘件长 1.8mm,宽 25mm,高 60mm,底面做成斜槽,以增加表面泄漏距离。当机车受电弓有接触线进入绝缘元件时,产生的电弧容易烧损或烧坏绝缘件,甚至破坏其

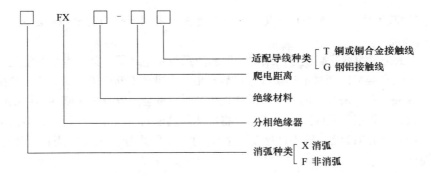

绝缘性能，为了改善其性能，在绝缘元件两端设置导弧角隙。图 3-63 所示为 XFX1.6-T 分相绝缘器，根据接触线所使用的导线类型不同，它可分为 T 型和 G 型，整机长度：T 型≥2200mm，G 型≥2300mm。要求接触线和绝缘件连接平滑可靠，不得形成硬点，应保持接触线原有张力，保证机车受电弓平滑通过。

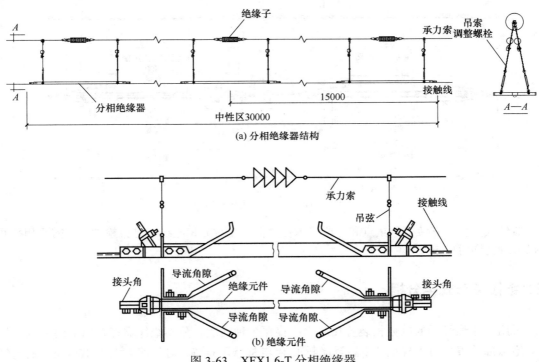

图 3-63　XFX1.6-T 分相绝缘器

接触网电分相两端边界间的区段称为中性区段，简称中性区。电力机车通过中性区段时采取断电惰行通过，中性区长度应保证列车安全通过而不发生短接事故。其长度以电力机车升起双弓时不短接不同相接触线为限，同时，中性区段不宜过长。分相绝缘器上方的承力索通过与绝缘元件位置对应的悬式绝缘子断开。

随着铁路运行速度的提高，对分相绝缘器的要求提高，中国引进了瑞典、法国的消弧分相绝缘器产品，其结构和分段绝缘器类似，区别在于保证两侧可靠绝缘的同时，其滑道较短，有足够的爬距和空气绝缘距离。该种分相绝缘器设有金属滑道及引弧装置，分相绝缘器与导线连接接头高出金属滑道 3~5mm，避免了受电弓与接头线夹的直接接触，长三角形布置的金属滑道在接头线夹前分散了受力，减少了硬点；承力索绝缘子采用无裙边的聚四氟乙烯光棒绝缘子，有较好的自洁功能。

图 3-64 所示是京津城际高铁在场站中使用的消弧分相绝缘器，其特点是两组绝缘元件间的接触悬挂，承力索和接触线通过电连接线连接后接地。当机车不断电通过时，严重的拉弧会将一组分相绝缘器短路，发生来车方向供电臂的接地事故，而不会造成分相两侧两不同供电分区的短路。在工程实践中，采用两元件式的分相装置将中性段接地的应用并不广泛，大多数情况下两元件（或三元件）中间的接触悬挂中性区是不接地的。器件式分相主要应用在行车速度不超过 120km/h 的场合。

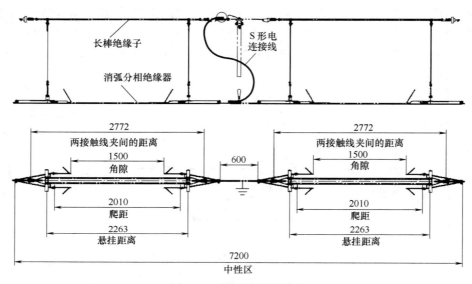

图 3-64 消弧分相绝缘器

器件式分相的安装检调重点和分段绝缘器类似。在对分相绝缘器进行检调时，需要相邻两个供电分区同时停电。

三、锚段关节式电分相

采用分相绝缘器的电分相装置在应用中存在多种问题：分相绝缘器存在明显的硬点，绝缘器绝缘部件表面易出现烧伤（甚至烧断），停电检修困难等。对于速度大于 160km/h 的电气化铁路，多采用带中性段、空气间隙绝缘的锚段关节式分相（简称关节式分相）。关节式分相的缺点是结构复杂，检修工作量大，抢修难度大，中性区长，对列车运行速度影响大。在坡道设置时，对牵引吨数和线路坡度会有严格的限制。分相区越长，对地形的适应性越差。两个空气间隙的存在要求重联机车牵引的受电弓间距必须限制，否则可能造成相间短路；受电弓在中性锚段和带电锚段过渡时，由于电位差的存在，会产生电弧，会影响到过渡区内的接触线寿命。

关节式分相从分相区长度上可以分为长分相和短分相；根据空气间隙绝缘的个数可以分为两断口式分相和三断口式分相。采用何种分相形式，和机车通过分相的自动装置的类型、机车（动车）重联、受电弓运行方式等因素有关。

在长分相方式时，电分相无电区长度大于双弓间距，按照16（8+8）编组动车组，受电弓采用"前-前、后-后"运行方式，双弓间距达到201m，其无电区长度为201~220m（四跨），加上两绝缘锚段关节实现绝缘断口，这时的分相长度达到12~18跨。长分相方案不能采用列车断电惰性方式通过，否则将造成速度损失或者列车无电区停车事故增加。短分相方式指中性段的长度小于双弓间距，如图3-65所示。关节式分相装置的无电区是指当无其他地面转换设备供电时，接触网无法给列车供电的区段。对于关节式分相，无电区为靠近电分相中心的两绝缘转换柱处，非工作支悬挂绝缘子近端边界之间的区段。分相装置的中性区，指两端绝缘关节最外侧绝缘转换柱处，非工作支悬挂绝缘子远端边界之间的区段。当列车采用多弓运行时，若多弓用高压母线连接，应保证两最远端受电弓之间的距离小于电分相无电区的长度$D1$；若多弓不用高压母线连接，应保证任意两受电弓之间的距离小于无电区长度$D1$或大于中性段的长度$D2$。

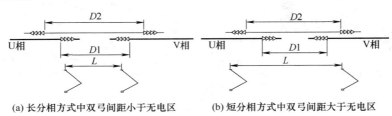

(a) 长分相方式中双弓间距小于无电区　　(b) 短分相方式中双弓间距大于无电区

图3-65　长分相与短分相

1. 短分相方案

短分相方式的分相装置由两个连续的绝缘锚段关节组成，有一个中性段、两个空气绝缘断口。绝缘锚段关节可以采用四跨或五跨关节。根据其重叠的跨数不同，构成不同类型的短分相方案。从六跨到九跨关节式分相在中国都有采用。目前应用较多的是提速线路中使用的七跨分相和高速铁路中使用的六跨分相。

图3-66所示为我国高铁六跨式分相的典型结构。它由两个四跨绝缘锚段关节重叠两跨构

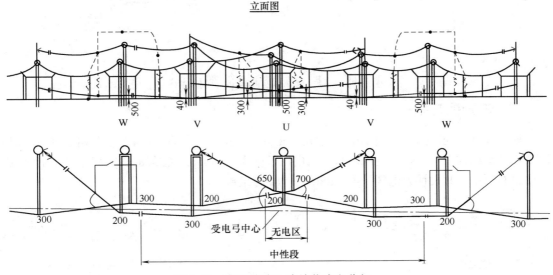

图3-66　高速铁路六跨关节式电分相

成。两列动车联挂运行时,严禁"后弓-前弓"运行方式,两受电弓最小距离不小于190m,两弓间不允许有高压母线连接。两外转换柱处两非支绝缘子串距离不大于190m。该分相结构在武广、郑西、京沪高铁等采用。其装配结构也和绝缘锚段关节类似,所不同的是其存在一个三腕臂支柱,其装配形式如图3-67所示(在不同线路的设计中,也有采用一双腕臂柱加一单腕臂柱形式)。图3-68所示为提速区段七跨关节式分相的立面图和平面图。

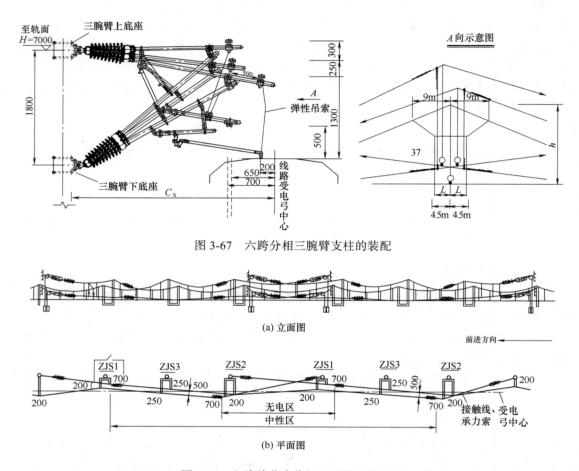

图3-67 六跨分相三腕臂支柱的装配

图3-68 七跨关节式分相立面图与平面图

2. 长分相方案

如图3-69所示为某高铁采用的一种长分相方案,整个分相有18跨。该分相方案中采用了两个五跨绝缘锚段关节作为绝缘断口,无电区长度大于400m。类似的长分相方案在京津城际高铁也有应用,其设计无电区长度220m,由12跨组成。

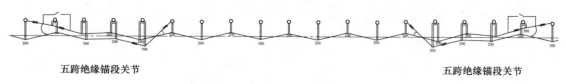

图3-69 长分相方案

在分相两端分别设置两台双极电动负荷开关，与两侧馈线或接触网相连，纳入远动控制。

3. 长短结合的关节式分相

长短结合的关节式分相装置的基本构成见图 3-70，主要由一个六跨关节式电分相和一个五跨绝缘锚段关节构成。当五跨关节的开关闭合时，工作状态为短分相方式；当五跨关节处的开关打开时，工作状态为长分相方式。这种设计在郑西、武广高铁都有采用。其好处在于，在列车运行方式改变时，长分相、短分相实现起来不需要太多线路更改。

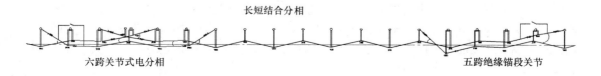

图 3-70　长短结合的分相方案

4. 三断口分相

如图 3-71 所示，三断口式分相实际上是由三个连续的绝缘锚段关节组成，3 个绝缘关节共形成了 3 个断口和 2 个中性段。对于无高压母线连接的两支受电弓，无论双弓间距如何，两受电弓都不可能将三个断口同时短接起来，也就是说三断口电分相可以适应任意受电弓间距的列车运行。当列车双弓有高压母线连接时，两受电弓的间距应小于两外侧断口内侧绝缘间的距离。

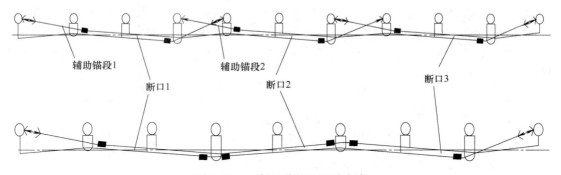

图 3-71　三断口分相的两种方案

三断口锚段关节式电分相在既有客货混运线路上有推广价值。其优点为：
① 满足双列动车组无高压母线连接的不同双弓间距运行需要；
② 满足多台机车重联、连挂升弓运行的需要；
③ 可降低由于人为因素或设备原因导致机车带电过分相而引起的相间短路故障发生的概率。

5. 机车停在无电区的处理

在关节式分相装置中一般装设有隔离开关或负荷开关。对于高铁线路，一般在两个绝缘断口处都设有双极电动负荷开关（除越区供电外，两组开关不能同时闭合），在联络线的关节式电分相机车前进方向设置单极电动负荷。提速区段中一般也只在机车前进方向设置隔离开关。这些开关可以提高系统运行的灵活性，并能对停在无电区的电力机车进行救援。

对于高速铁路而言，在来车和前进方向上都设有开关，当列车停在无电区时，先由列车调度员命令来车方向上列车停车降弓，然后供电调度对来车方向供电臂接触网停电（并联供电需先解环，再停电），然后闭合分相处两开关，机车升弓受电，驶离中性区后，供电调度回复系统正常供电状态，即断开分相处两开关，恢复来车方向供电。当来车方向供电臂中存在车站时，应上、下行同时停电，防止上、下行渡线上的分段绝缘器损坏导致短路事故。

当只有前进方向设置开关时，当机车停于无电区且和来车方向锚段间满足绝缘条件时，通过闭合隔离开关可使机车恢复供电，开出无电区。在隔离开关没有纳入远动控制时，需要接触网工区派员到现场确认受电弓来车方向锚段间满足绝缘条件，隔开闭合，机车可以自行驶离无电区。当隔离开关远动操作时，机车乘务员无法可靠确定能否闭合前进方向的开关，盲目操作有安全隐患。即使让来车方向供电臂上的机车全部降弓，来车方向变电所对供电臂停电，然后闭合前进方向隔离开关，对机车进行救援，也不是完全安全可靠的。当受电弓刚好停留在来车方向等高区前的某些位置时，会有拉弧等安全问题。

6. 电分相线路标志

为了防止受电弓通过电分相元件时拉弧烧损绝缘元件甚至烧断线索，电力机车乘务员必须按照操作规程退级，关闭辅助机组，断开主断路器，惰性通过电分相装置后恢复机车运行，在电分相两端设置线路标志以提示机车乘务员操作。普速铁路电分相线路标志设置位置如图3-72（a）所示。在双线电气化区段，考虑组织反方向行车需要，在"合""断"标志背面可分别加装"断""合"字标，作为反方向行车的"断""合"电标使用，标志牌应具有逆反射功能。图3-72（b）为高铁电分相线路标志，"断"电标设置在电分相中性区段起始位置前第2根支柱上（该支柱距电分相中性区段起始位置不小于80m）；在接触网电分相后方设"合"电标，"合"电标设置在电分相中性区段终止位置后400 m处附近的接触网支柱上（该支柱距电分相中性区段终止位置不小于400m）。

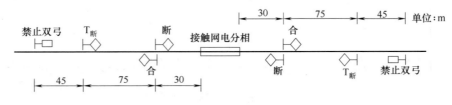

(a) 普速铁路电分相线路标志

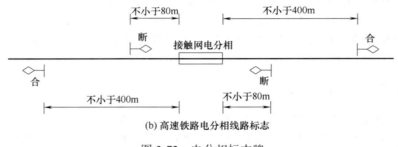

(b) 高速铁路电分相线路标志

图3-72　电分相标志牌

四、自动过分相

接触网上每隔 20~40km 就有一个电分相，随着高速铁路的发展，列车通过电分相的时间越来越短。例如直供区段，供电臂长 20km，车速为 160km/h 时，每 7.5min 就要通过一个电分相；AT 供电区段，供电臂长 40km，车速为 300km/h 时，每 8min 就要通过一个电分相。传统的电力机车过分相技术是由机车乘务员手动断机车主断路器，电力机车通过分相区时，机车乘务员必须按照线路上设置的断合标志进行操作，完全依赖于机车司机的注意力和技术操作水平，对行车安全极为不利，稍有疏忽操作不当或瞭望不及时，就会拉电弧烧损分相绝缘器甚至造成断线，直接危及设备及行车安全。对高坡重载区段，手动过分相会引起列车大幅降速，延长咽喉区段的运行时间，降低线路运营能力。

目前自动过分相技术的实现方法主要分为采用列车断电过分相装置、采用地面转换自动过分相装置、采用柱上断载自动过分相装置。

1. 列车断电过分相装置

列车断电过分相装置根据列车行驶速度、接触网电分相位置和中性区段长度，由车载控制设备采集分相信息，及时控制列车主断路器的分闸或合闸，实现自动过分相。过分相信息采集方式有：①列控自动控制方式。ATP 控车并处于 C2 等级时，通过地面应答器，ATP 控车并处于 C3 等级时，通过无线闭塞中心（RBC）或其他设备，提供至分相区的距离和分相区的长度；②车载自动控制方式。当车载控制设备无过分相信息输入时，可由地面磁感应器或者其他设备提供"预告点""强迫断电""恢复 1""恢复 2"等过分相信息给车载控制设备，由车载控制设备控制列车操作主断路器。自动控制的列车断电过分相系统出现故障或者未投入使用时，转为司机目视识别分相区，人工控制断电过分相。

车载自动控制方式的列车断电过分相装置（图 3-73）包括四种设备：

① 地面定点设备，习惯称为地感器，它安装在电分相区域中的相应位置，能准确为电力机车进行分相断电过电分相提供准确的位置信息。在高速铁路中多采用应答器为主，磁感应器为辅的地面定点设备方案。在重载和普速线路中，多采用磁感应器作为地面定点设备。

② 车载信号接收设备，也称信息接收器，它是安装在电力机车上，专门用于接收地感信息的装置。

③ 车载控制设备，对地面定点设备信号进行处理，并发出过分相信号给列车控制装置实现过分相的自动控制。

磁感应器一般预制在轨枕的端头，整体道床区段通过金属支架固定在轨枕板上。上表面低于钢轨面 15mm，中心离钢轨内侧面水平距离为 250mm，设备接受设备处磁感应强度不低于 0.004T（运营中不低于 0.0036T）。车载信号接收设备装在机车两端排障器下方的两侧位置，用于接收地面感应器信号，该装置基本不用维护。

机车按照图 3-73 所示方向行进时，1 号车载信号接收设备应可靠接收到磁感应器 A 的信号，这个信号为预备信号，控制装置做好断电准备；在机车继续前进时，2 号车载感应装置应收到磁感应器 B 信号，这时，控制装置立即执行断电过分相动作；1 号车载信号接收设备感应到磁感应器 C 后，恢复机车正常运行。

这种方案的优点在于：地面投资小，地面感应器采用免维护材料，安全可靠；机车主断只需要分断辅助机组小电流，不用切断牵引电流，对主断的电气寿命影响小；过分相后通过控制设备逐渐增大牵引电流，列车冲动小，改善了乘车的舒适性；过分相的自动控制与列车速度无

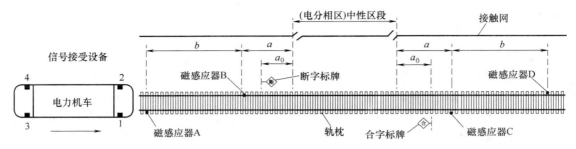

图 3-73　列车断电过分相装置

关，可适应低速、常速、准高速和高速的要求；应用表面可靠性较高；适合多弓运行列车，头车在接到分相预告信号后，各动力车同时断开主断，各车自己判断是否通过分相区，合主断命令相继发出，减少整个列车牵引力的损失。缺点是断电区较长，断电时间的长短和通过速度有关。这种运行方式在中国应用非常广泛，在广大提速区段和高速铁路中有应用。

2．地面转换自动过分相装置

地面转换自动过分相装置是指通过地面牵引供电设备（隔离开关、断路器等），由关节式电分相两端电源之一实现自动切换供电的、列车可不断电通过的接触网过分相装置，如图 3-74 所示。电分相处设置 JY1、JY2 二处绝缘，一般由锚段关节式电分相实现，绝缘间是中性区。在 JY1、JY2 两端跨接两个真空负荷开关 QF1、QF2，当机车从 A 相驶来，到 CG1 处时，开关 QF1 闭合，中性段接触网由 A 相供电，机车通过 JY1 时，JY1 两端等电位；机车到达 CG3 时，QF1 断开，QF2 迅速闭合，完成中性段供电的换相变换，机车在此过程中可以不用任何附加操作；待机车驶离 CG4 处时，QF2 断开，装置恢复原始状态。反向行驶时，由控制系统控制两个开关以相反顺序轮流断开和闭合。

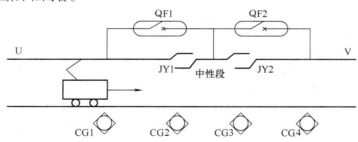

图 3-74　地面转换自动过分相装置

这种自动过分相装置的优点在于：接触网无供电死区；无须司机操作；机车上主断路器无须动作，自动切换时接触网中性段瞬间断电时间很短，而且时间与列车速度无关，可适用于 0~350km/h 速度范围，对行车中可能出现的限速、一度停车等情况均能正常工作。

地面转换自动过分相近几年发展很快，特别是随着大功率电力电子技术的发展，用电子开关代替机械开关，充分利用电子开关电流过零自然关断，解决操作过电压问题，如图 3-75（a）所示，利用大功率双向晶闸管串联，代替机械开关实现电子开关地面自动过分相技术。图 3-75（b）为利用变频移相技术自动过分相。电子开关式地面自动过分相可以缩短失电时间，柔性自动过分相能完全实现列车不停电过分相，同时消除了机械开关分断寿命、电流冲击等问题，在重载、高速铁路领域有着广阔的前景。

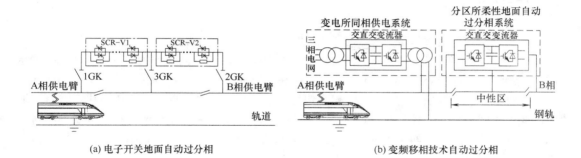

(a) 电子开关地面自动过分相　　　　　(b) 变频移相技术自动过分相

图 3-75　新型地面转换自动过分相装置

3. 柱上断载自动过分相装置

其基本原理图如图 3-76 所示，图中 L_1、L_2 为磁控线包，K_1、K_2 为真空灭弧室，MOA 为过电压吸收器，x—y 段为滑道式分相绝缘绝器，2、3 为两个西门子消弧绝缘器，1、4 为菱形分段绝缘器。承力索中采用 5 个复合悬式绝缘子绝缘。假使机车由左向右行驶，由 A 相驶入，依次经过 ab、cd、xy、ef、gh 各区段，进入 B 相。当机车行驶到 1—2 的位置，即进入线包受流区时，机车通过时磁控线包 L1 受流，真空灭弧室 K_1 合闸，2—x 区段带电。当机车驶过 2 以后，离开了控制线包受流区，进入 K_1 供电的分断区，真空灭弧室分闸，机车断载。此时机车不带电过 2—3 间的电分相的 x—y 主绝缘区。过了 3 以后，机车通过 B 相的受流线包 L2 得到 B 相的电流，经过 4 以后，由 B 相供电。机车反方向行驶时，同理，依次由 B 相过渡到 A 相。

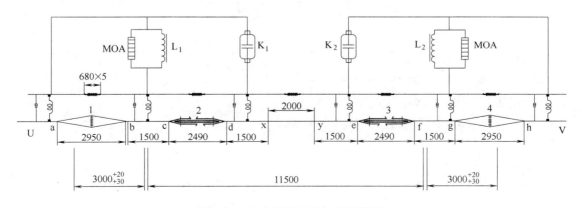

图 3-76　柱上断载自动过分相装置

这种方案的优点在于：比地面过分相方案结构简单，真空开关设备装在支柱上，无需设置分区所，供电死区（d—e—f—g 或者 c—d—e—f）比现有的分相区短，无需司机操作，机车上的主断路器不需分断。

这种方案的缺点在于：过分相后机车电流有很大冲击，造成机车主断路器跳闸，导致机车冲动；靠近分相两端易产生明显的电弧；分相区接触网分段比较多，接触网结构复杂，易形成硬点；机车向一个方向行驶时，A、B 两组开关中只有一组开关动作是必须的，另一组开关动作是多余的，造成机械电气磨损；存在一定长度的供电死区，断电时间比较长而且和机车速度有关。实际应用中还要解决过渡过程中的过电压和涌流问题。目前该装置没有推广使用。

五、分相绝缘装置检调

关节式分相绝缘装置检调重点（以短分相方案为例）：

① 绝缘距离：在电分相的锚段关节内，2 支接触悬挂的水平间距均为 500mm，2 支接触悬挂间空气绝缘间隙应≥450mm，施工误差应控制在 $^{+50}_{0}$ mm，各个定位点抬高允许误差 ±20 mm；

② 中性区：中性区长度为 35m，机车惰行通过中性区，其长度应大于单台机车升双弓取流时的受电弓间距（一般不大于 26m）。为了满足重联机车通过要求，35m 中性区长度不足时，可以采用九跨式电分相（两个绝缘锚段关节间只重叠 1 跨），中性段（包括中性区加两个过渡区）的长度应符合设计要求，施工允许偏差为±$^{500}_{0}$mm。

③ 为了减轻接触悬挂中的集中负载，非工作支中绝缘子易采用合成绝缘子，绝缘锚段关节电分段绝缘子串安装位置应符合设计要求，施工允许偏差为±50mm；承力索、接触线两绝缘子串中心应对齐，施工允许偏差为±50mm。

④ 接触线高度：五跨绝缘锚段关节转换跨内两接触线等高处，行车速度为 160km/h 路段，接触线高度比正常高度应高出 30mm，施工允许偏差为±10mm；行车速度为 200km/h 路段，接触线高度比正常高度应高出 40mm，施工允许偏差为±10mm。

⑤ 腕臂顺线路偏移值应符合设计要求，允许偏差为±50mm。（注意双腕臂的偏移值方向是相反的，不要调错）。

⑥ 转换柱处当非工作支接触线位于工作支定位管上面时，其间隙不应小于 50mm。限位定位器的间隙应符合设计要求，允许偏差为±1mm。

第九节 开关与电连接

学习目标：
① 掌握隔离开关结构及检修标准；
② 掌握电连接的作用和技术标准；
③ 了解隔离开关与电连接的检修要点。

一、隔离开关

隔离开关是一种没有灭弧装置的开关设备，它的作用是连通或切断接触网供电分段间的空载线路，增加供电的灵活性，以满足检修和不同供电方式运行的需要。

隔离开关一般装设在大型建筑物（如长大隧道和长大桥梁）两端、车站装卸线、专用线、电力机车库线、机车整备线、绝缘锚段关节、分区、分相绝缘器等需要进行电分段的地方。变电所和接触网间设馈线隔离开关。高速铁路采用馈线电缆或者馈线较长时，馈线隔离开关装设在上网点的接触网网支柱上，以方便馈线电缆的停电检修。

1. 隔离开关的类型和结构

接触网上使用电气化铁路专用单极隔离开关，在 AT 区段，要同时断开接触悬挂和 AF 线时，使用双极隔离开关或两个单极隔离开关。隔离开关结构如图 3-77 所示。

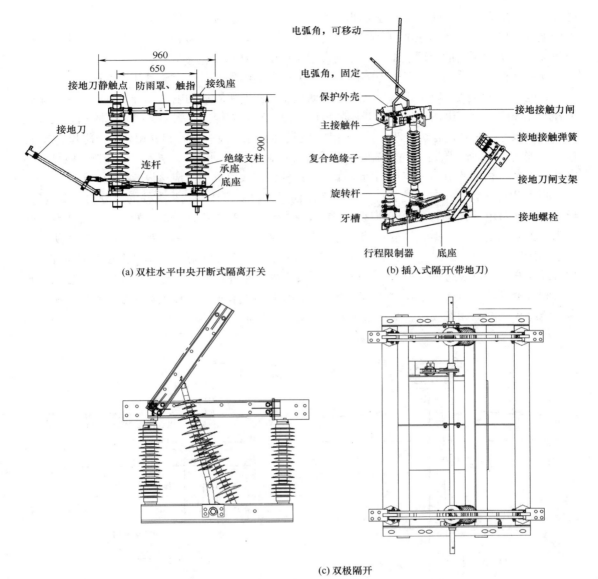

图 3-77 隔离开关结构

隔离开关的主体结构基本相同，由金属底座、绝缘瓷柱、导电刀闸、接地刀闸和操动机构组成。带接地刀闸的开关多了一套接地刀闸和联动装置。开关的分合过程是操作操动机构，经转动杆带动导电刀闸实现分合闸。其常见型号为 GW_4-27.5/630T、GW_4-27.5/630TD，各符号的意义：G—隔离开关；W—户外型；4—产品序号，27.5—额定电压为27.5kV；D—带接地刀闸；T—铁路专用；W—耐污型；630—额定电流，A。

隔离开关分为经常操作和不经常操作两种。经常操作的隔离开关安装在车站货物装卸线、机车整备线和库线等处，选用带接地刀闸的 TD 型开关。当开关打开的同时，接地刀闸将停电侧接地，以保证装卸货物和检修机车人员的安全。不经常操作的隔离开关，安装在绝缘锚段关节、分相电分段和馈线等处。

隔离开关按照结构分为单极隔开和双极隔开，单极隔开是仅与主回路一条导电路径相连的

145

隔离开关,最为常见。双极隔开是主回路两条导电路径相连的隔离开关,主要用于 AT 区段 AT 上网馈线、AT 区段的绝缘锚段关节处、变电所出口的并联开关和吸流变压器处等。牵引变电所与正馈线、接触网间的上网供电线宜分别设置单极电动隔离开关。

从操作机构上分类,可以分为手动隔离开关和电动隔离开关。手动隔开依靠操作人员就地操作,电动隔离开关可以实现就地操作和远动控制。变电所附近的电动隔开,可以采用控制电缆控制,线路上离变电所较远的隔开控制采用光纤。在既有线中,大多数接触网隔离开关都是手动就地操作。在高速客运专线中,上网点、隧道外绝缘锚段关节处和分相处(负荷开关)、自耦变压器所(AT 所)附近的绝缘锚段关节隔离开关,多为电动隔开,纳入远动控制。但是大型客站基本站台相邻股道、动车运用所(库)和机务检修线路处仍然应该设置手动隔开。

隔离开关安装时,对于腕臂柱安装在支柱顶部,软横跨柱安装在支柱的二分之一高度处,导电刀闸通过电连接线与接触网连接,如图 3-78 所示。在高铁中,隔离开关一般安装在专门的隔离开关支柱上,在 H 型钢柱的顶端装有避雷器、隔离开关、电缆头等装置,如图 3-79 所示。从牵引所馈出的供电线(T 线)、正馈线(AF)线接至支柱上的母排,在母排上接有避雷器,保护电缆安全;供电线通过软铜绞线,正馈线通过铝绞线接各自的隔离开关接线柱,经过隔离开关后和接触悬挂、AF 线相连。现场运行表明,操作机构动作时,支柱晃动明显,支柱顶端设备多,绝缘空气间隙相对较小,受鸟害影响大,对运营造成一定不利影响。

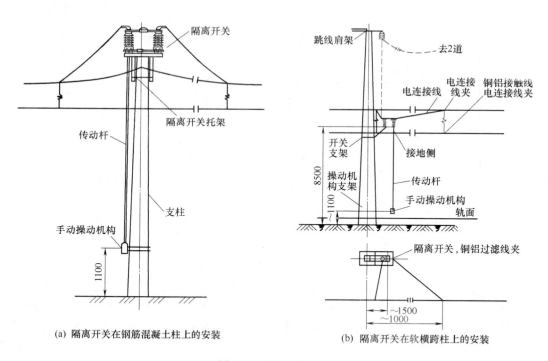

图 3-78 隔开安装图

2. 隔离开关的操作

从事隔离开关倒闸作业的人员,其安全等级应不低于三级。操作隔离开关时必须由两人进行,一人操作,一人监护。由于隔离开关触头外露,作业人员可以清楚地观察到它的开闭状态,检修后应恢复原状。隔离开关在开、合状态都应加锁。

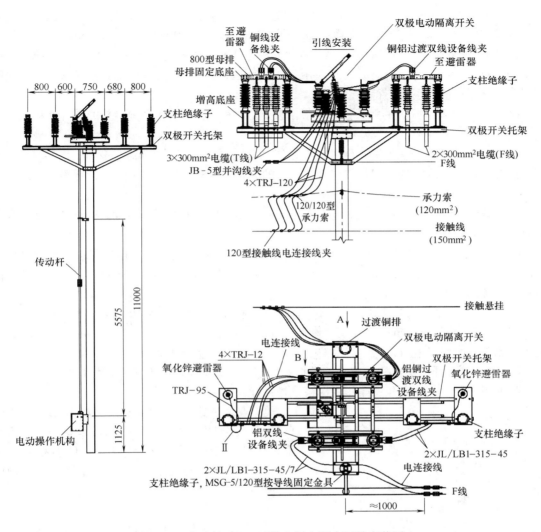

图 3-79 高速铁路 AT 区段上网点隔离开关安装图

凡接触网及电力作业人员进行隔离开关倒闸时,必须有电力调度的命令。对车站、机务段、厂矿等有权操作隔离开关的单位,在向电力调度申请倒闸命令之前,要令人应向单位主管负责人办理倒闸手续。对遇有危及人身或设备安全的紧急情况,可以不经电力调度批准,先行断开断路器或有条件断开的隔离开关,并立即报告电力调度,但在闭合时必须有电力调度员的命令。负荷开关的开断电流能力只有 2A,带负荷开断隔离开关会导致强烈的电弧和飞弧事故。

在进行隔离开关倒闸作业时,先由操作人向电力调度提出申请,经电调审查后发布倒闸作业命令,操作人受令复诵,电力调度员确认无误后,方可给命令编号和批准时间。每次倒闸作业,发令人要将命令内容等记入"倒闸操作命令记录",要令人要填写"隔离开关倒闸命令票"。操作人员必须穿戴规定的绝缘靴、绝缘手套。电动隔离开关需手动操作时,应使用手摇把并确认好手摇方向。操作完毕,确认开关开合状态无误、设备无异常后再加锁,操作人向要令人报告倒闸结束,操作完成后,操作人要立即填写"隔离开关倒闸完成报告单"。

3. 隔离开关检调重点

隔离（负荷）开关检调时，首先要确定编号及分合闸位置，检调后应恢复原状，远动隔离开关及其操作机构，检修周期为 6 个月，非远动隔离开关，检修周期为 12 个月，检调标准如下：

① 隔离（负荷）开关应动作可靠、转动灵活，合闸时触头接触良好，用 0.05×10mm 的塞尺检查，对于线接触的，应塞不进去；引线和连接线的截面与开关的额定电流及所连接的接触网当量截面相适应，引线不得有接头。

② 隔离（负荷）开关的触头接触面应平整、光洁和无损伤；在动静触头的耦合面涂抹导电油脂。

③ 隔离（负荷）开关的分、合闸角度及止钉间隙符合产品的技术要求。例如：S2V-27.5/2000 型负荷开关铰接绝缘子的分闸位置与合闸位置的夹角为 45°，隔离开关的分、合闸止钉间隙为 1~3mm。

④ 隔离（负荷）开关操作机构应完好无损并加锁，转动部分注润滑油，操作时平稳正确无卡阻和冲击。

⑤ 引线及连接线应连接牢固接触良好，无破损和烧伤。引线的长度应保证当接触悬挂受温度变化偏移时有一定的活动余量，并不得侵入限界，引线张力不得大于 500N，引线摆动到极限位置对接地体的距离不小于 350mm。

⑥ 支持绝缘子应清洁无破损和放电痕迹，瓷釉剥落面积不超过 300mm²。

⑦ 新安装的隔离（负荷）开关在投入运行前应做交流耐压试验，运行中每年用 2500V 的兆欧表测量一次绝缘电阻，与前一次测量结果相比不应有显著降低。

⑧ 电动隔离开关操作机构应良好无损并加锁。传动杆与隔离开关操作机构紧密配合，符合产品说明书要求。隔离开关操作机构箱密封良好。

⑨ 驱动装置的电动机转向正确，机械系统润滑良好；在完全打开和完全闭合位置，圆盘中心指示器正好指向固定在操作机构上的表盘上的参考标记。

⑩ 隔离开关在完全打开和完全闭合位置，操作机构顶部的圆盘中心指示器正好指向固定在操作机构上的表盘上的参考标记。

⑪ 隔离开关进行电动操作时，应保证隔离开关可靠合闸与分闸，其动作时间均不得大于 4s。

二、负荷隔离开关

隔离开关没有灭弧能力，只能开断空载线路。当带负荷开断某一供电分区，或空载线路较长、空载电流较大时，需要采用负荷开关。负荷开关是能够分断工作电流或小的过载电流的开关设备。负荷隔离开关的结构是将隔离开关和带有真空灭弧机构的负荷串联布置，既能开断负荷电流，又能形成明显的断口，起到隔离作用，在电气化铁路中多用作分相开关、备用联络开关等。

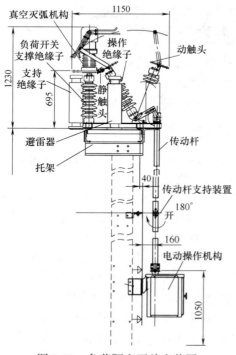

图 3-80 负荷隔离开关安装图

图 3-80 所示是在高速铁路使用的某型负荷隔离开关在支柱上的安装图。开关安装在支柱的顶端，安装有电动操作机构，可以实现手动和电动操作，电动负荷隔离开关一般纳入远动控制。负荷隔离开关由灭弧室和隔离断口组成。在合闸位置时导电回路与灭弧室可以采用串联或并联方式，灭弧室可以采用真空或其他灭弧方式，隔离断口是可见的，触头的触指结构应有防尘措施，户外型应有自清洗能力。

三、电连接装置

电连接装置是为接触悬挂某些点提供电气连接的构件，它的作用是将接触悬挂各分段供电间的电路连接起来，保证电路的畅通，通过电连接装置可实现并联供电，减少电能损耗，提高供电质量。在电气设备与接触网之间，用电连接线进行可靠的连接，使设备充分发挥作用，避免出现烧损事故，完成各种供电方式和检修的需要。电连接装置的使用场合包括承力索和接触线间、股道间、锚段关节、道岔等处。

电连接装置由电连接线夹和电连接线组成。电连接线夹按照功能分为接触线电连接线夹、承力索电连接线夹及并沟型电连接线夹。接触线电连接线夹分为螺栓型（A 型）、压接型（B 型）和压接加螺栓型（C 型）。承力索电连接和并沟型线夹均分为螺栓型（A 型）、压接型（B 型）。

电连接线用导电性能好的材料制成，在铜和铜合金接触线区段采用 TJR1 型软铜绞线，标称截面应大于等于 95mm^2。电连接线的线径选择主要依据承力索的截面积，当承力索为 95mm^2 及以下导线时，电连接线用 TJR—95，承力索用 120mm^2 导线时，使用 TJR—120。在钢铝接触线区段，采用 LJ—150 多股铝绞线。为减少电连接线与接触线连接处的硬点，保持接触网弹性，传统的电连接线做成螺旋弹簧状，以适应线索间顺线路方向发生移动时的拉伸，当电连接线在连接处意外烧损时，还可放开几圈继续使用，以便节约材料。

1. 电连接装置的分类

电连接装置按照用途分为 H 型电连接装置、G 型电连接装置、M 型电连接装置和 D 型电连接装置四种类型。

① H 型电连接装置。即横向电连接，多用于同一支接触悬挂内承力索和接触线间的电气连接。横向电连接的主要作用是实现并联供电，主要用于载流承力索区段，使承力索承担的牵引电流通过电连接线进入接触线，最终流向受电弓，需要每隔 200~250m 在承力索与接触线间安装一组 H 型电连接线，如图 3-81（a）所示。

在载流承力索区段，保证从承力索向接触线的横向电流通道的可靠性和主导电回路的可靠性一样重要。接触网结构中承担横向电流的部件非常多，比如腕臂结构、吊弦、接触线中心锚结绳和 H 型电连接，这些通道电气连接若不可靠，将会造成发热和烧损，所以腕臂的定位环（定位底座）和定位器间的电连接安装，定位线夹安装时的除锈涂电力复合脂，整体载流吊弦、吊弦线夹安装时的除锈涂电力复合脂都是非常重要的安装工艺。

当隧道内为简单悬挂、隧道外为链形悬挂时，应在隧道口承力索与接触线间安装电连接线，这样可以避免承力索电流经吊弦流向接触线，防止吊弦烧损。

② G 型电连接装置。即股道电连接，用于多股道接触悬挂间的电气连接。站线接触悬挂的接触线一般比正线接触线线径小，为满足站场上电力机车启动时所需的大电流，在各股道间安装股道电连接线，实现几股道接触网并联供电，可减少能耗和电压损失。G 型电连接线结构如

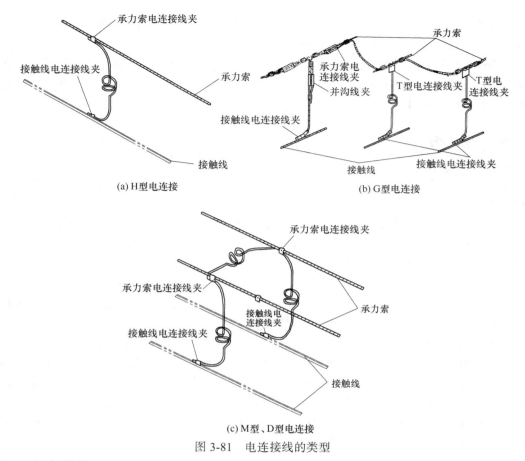

图 3-81 电连接线的类型

图 3-81（b）所示。

③ M 型电连接装置。即锚段关节电连接，用于锚段关节处两支接触悬挂间的电气连接。保证牵引电流通道的可靠性。

④ D 型电连接装置：即道岔电连接，用于道岔两支接触悬挂间的电气连接。

常见的电连接线夹见图 3-82。

2. 电连接常见故障

电连接设备故障将直接影响供电质量，严重时造成停电、刮弓、机车车辆损坏等事故。

电连接线夹接触不良会引起局部发热，烧断电连接线、接触线和承力索；电连接线载流量不够或接触不良，会使附近吊弦因分流被烧坏；接触线电连接线夹安装位置不正，会造成导线偏磨或出现刮弓事故；电连接线夹安装处的导线弹性较差，易造成硬点，使导线磨耗严重，应注意检查。

四、高铁用电连接线

在高速铁路中，电连接线采用了不同于既有线电连接线的零件和形式，其主要的结构形式如图 3-83 所示。高速铁路的电连接线一般不采用弹簧圈状，为了不增加接触线吊弦间弛度，接触线和承力索间的电连接线一般装在吊弦附近，自然松弛，不得有拉力改变相邻吊弦的受力状态。

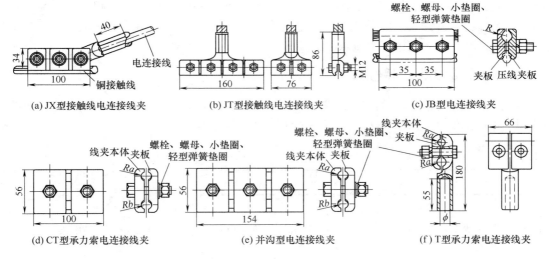

图 3-82 电连接线夹

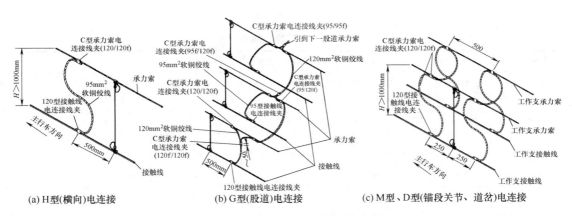

图 3-83 高速铁路电连接线结构形式

从承力索接触线间电连接线外形上来说，其分为 C 型和 S 型两类。C 型在接触线与承力索间距 $H<1.0m$ 时采用，S 型在 $H\geqslant 1.0m$ 时采用。在接触线线夹处，电连接线线头朝向主行车反向。高速铁路采用了 E 型接触线电连接线夹和 C 型承力索电连接线夹，见图 3-84。

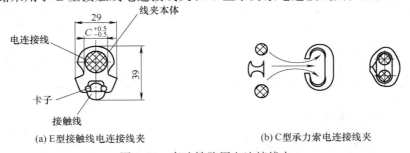

图 3-84 高速铁路用电连接线夹

高速铁路的精细化施工要求对电连接线的预制长度、安装位置提出了精确的要求，特别是在锚段关节处。锚段关节处（或分相处）的电连接线将两组接触悬挂连接起来，是纵向电流的

151

通道，是主牵引回路的重要构成部分，但是这两组接触悬挂的下锚方向是相反的，温度变化时，电连接线的线夹有较大的纵向移动。电连接线的预制长度必须满足位移需要，电连接线的安装位置必须使得在极限温度时纵向移动最小。

1. 电连接线的安装位置

电连接线在锚段关节处的偏斜情况如图 3-85 所示，其偏斜量 S 由腕臂无偏斜温度、两接触悬挂中心锚结间距和当前温度决定，其偏斜量可以按照表 3-10 确定。

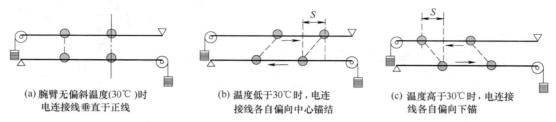

(a) 腕臂无偏斜温度(30℃)时电连接线垂直于正线
(b) 温度低于30℃时，电连接线各自偏向中心锚结
(c) 温度高于30℃时，电连接线各自偏向下锚

(图中，实心圆点表示承力索(接触线)电连接线夹位置，三角表示中锚)

图 3-85 电连接线的偏斜

表 3-10 电连接线偏斜量表

两中心锚结间距/m	当前温度下，电连接线偏移量/cm									
	+30℃	+35℃ 或+25℃	+40℃ 或+20℃	+45℃ 或+15℃	+50℃ 或+10℃	+55℃ 或+5℃	+60℃ 或±0℃	+70℃ 或−5℃	+70℃ 或−10℃	+75℃ 或−15℃	+80℃ 或−20℃
600	0	5	10	15	20	26	31	36	41	46	51
700	0	6	12	18	24	30	36	42	48	54	60
800	0	7	14	20	27	34	41	48	55	61	68
900	0	8	16	23	30	38	46	54	62	69	77
1000	0	8	17	26	34	42	51	59	68	76	85
1100	0	10	18	28	38	46	56	65	76	84	94
1200	0	10	20	30	41	51	61	71	82	92	100
1300	0	11	22	33	44	55	67	77	88	99	111
1400	0	12	24	36	47	59	71	83	95	107	119
1500	0	13	26	38	51	64	76	90	102	115	128
1600	0	14	27	41	54	68	82	95	109	122	136
1700	0	15	29	43	58	72	87	101	116	130	145
1800	0	15	31	46	61	77	92	107	122	138	153

2. 电连接线预制长度的确定

电连接线的长度既要满足接触悬挂间偏斜的需要，又要满足自然松弛状态，必须根据安装点情况，精确确定电连接线的长度。电连接线各部分尺寸如图 3-86 所示。悬挂 1 处接触线—承力索间高度加安装余量 H_1+K_1；悬挂 2 处接触线—承力索间高度加安装余量 H_2+K_2，两悬挂间段接触线长度（要满足极限温度下的偏移要求）加安装余量 $a+15$。

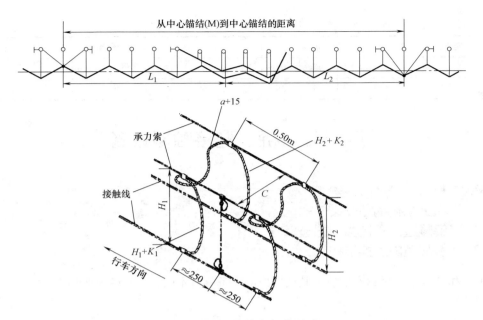

图 3-86 电连接线各部分尺寸

总线索长度为：$L = a + 15 + H_1 + K_1 + H_2 + K_2$

a 值的确定见表 3-11。安装余量 K 根据表 3-12 确定。

表 3-11 a 值的确定　　　　　　　　　　　　　　　　　　　　　　　cm

两中锚距离 (L_1+L_2)	两接触悬挂间距为 C 时的 a 值								
	40	60	80	100	120	140	160	180	200
400	53	69	87	106	125	144	164	183	203
500	58	73	90	108	127	146	165	185	204
600	65	79	95	112	130	149	168	187	206
700	72	85	100	117	134	152	171	190	209
800	79	91	105	121	138	156	174	192	211
900	87	98	111	126	143	160	178	196	214
1000	94	104	117	131	147	164	181	199	217
1100	102	112	123	137	152	169	186	203	221
1200	108	117	128	141	156	172	189	206	224
1300	118	126	137	149	164	179	195	211	229
1400	126	133	144	155	169	184	199	216	233
1500	134	141	151	162	175	190	205	221	237
1600	142	149	158	169	181	195	210	226	242
1700	150	157	166	176	188	202	216	231	247
1800	158	164	173	183	194	207	221	236	252

表 3-12　安装余量 H、K 的确定　　　　　　　　　　　　　　　　cm

安装余量	C 型电连接			S 型电连接						
H	80	90	100	110	120	130	140	150	160	170	180
K	27	26	25	29	28	27	26	25	25	24	23

第十节　桥、隧接触网设备

学习目标：
① 掌握上承桥钢柱安装形式；
② 了解隧道内悬挂类型的选择方法；
③ 了解隧道内悬挂结构。

桥梁和隧道中的接触网设备与其他区段的设备有所不同，本节将分别介绍这两种情况下的接触网结构。

一、桥梁接触网设备

铁路桥梁的种类很多，根据桥梁的承载方式可分为上承桥和下承桥。

1. 上承桥接触网

上承桥接触网支撑装置及悬挂类型与区间接触网基本相同，一般采用桥钢柱，使用腕臂结构，钢柱固定在桥墩上，根据不同形式的桥墩采用不同的支柱安装方式。

在既有线路电气化改造中，桥墩台或墩帽顶面的原有设计一般没有考虑电气化改造时支柱安装所需要的空间，一般墩台或墩帽比较狭窄，要根据桥墩端面宽度决定支柱安装方法。当桥梁墩台端面比较狭窄时，支柱只能安装在桥墩侧壁上。在桥墩侧壁钻孔、灌注埋入螺栓，安装金属支架和支柱接腿，桥钢柱安设在接腿上，如图 3-87（a）所示，拱桥也可以用这种方式来固定钢柱。为了适应不同尺寸的桥梁，接腿和金属支架的尺寸按其高度和长度可分为二节、三节、四节等几种结构。

桥墩台及墩帽顶面虽然狭窄，但当其端面横向与纵向尺寸均满足斜腿桥钢柱安装要求时，可直接将斜腿桥钢柱安设在顶帽上，如图 3-87（b）所示，这种安装方法只需在台顶帽上钻孔、灌注锚栓，可减少施工难度，方便维护。斜腿桥钢柱符号举例：$X\dfrac{5}{11}$，符号 X 表示桥上专用的斜腿桥钢柱，分子表示垂直方向的支柱容量，分母表示支柱高度。

在新建电气化线路或预留电气化空间线路的铁路桥梁施工时，桥梁建设单位可根据电气化工程设计部门所提供的设计依据，预先在墩台的一侧预留接触网支柱基础，预埋地脚螺栓，桥钢柱可直接立于桥台顶面，在普速铁路中如图 3-87（c）所示，在高速铁路中如图 3-87（d）所示。

在桥梁上，支柱之间的跨距受到桥墩间距的限制，当跨距较大时，风对接触网的影响将增加，有出现脱弓的危险，为了避免发生事故，要求支撑装置采用一定的防风措施，主要有双定位的防风定位装置、X 型腕臂结构和整体式腕臂等，如图 3-88 所示。高速铁路大多采用高架桥形式，在沿海地区，高耸的桥梁上接触网防雷问题突出，防雷设计也是接触网设计的重点。

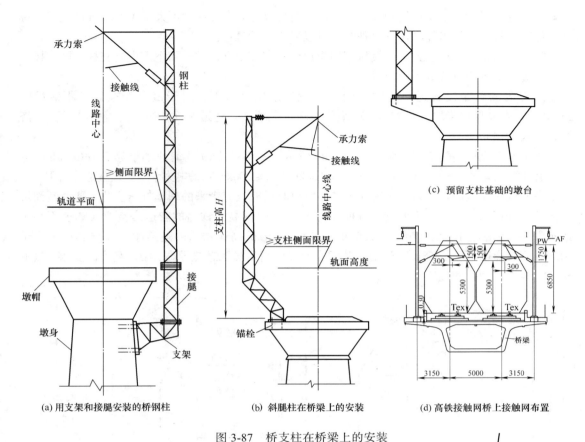

图 3-87 桥支柱在桥梁上的安装

2. 下承桥接触网

接触网在下承桥上是利用桥上的钢架结构取代支柱固定腕臂结构,在低净空条件下其结构形式与隧道中的装配类似。接触悬挂带电部分对钢架结构应保持足够的绝缘距离。

二、隧道内接触悬挂特点

隧道内接触悬挂是接触网结构中的重要组成部分。由于隧道接触悬挂的结构高度受到隧道净空高度、各项空气绝缘间隙的限制,所以悬挂类型和支撑装置结构都要根据不同断面的隧道来进行选择和设计。一般和隧道外接触悬挂类型一致,隧道内接触悬挂类型应优先采用全补偿链形悬挂,并宜与区间悬挂方式相一致;当隧道净空高度不能满足要求时,可采用简单悬挂。采用简单悬挂时,列车运行速度不宜超过 80km/h。隧道内

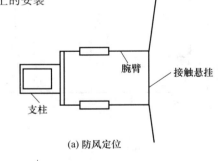

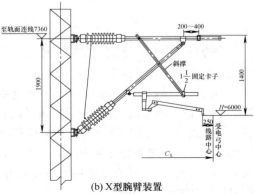

图 3-88 桥上腕臂装配的特殊形式

接触悬挂宜采用承力索位于接触线正上方的直链形悬挂。设计速度不大于160km/h的隧道，特别是低净空隧道，技术经济比较合理时，可以采用刚性悬挂。

隧道内的悬挂支撑装置可以直接利用隧道壁固定或设立吊柱，而不需设立支柱，可按技术要求在隧道壁上任意选取固定位置。

隧道内的跨距受隧道净空的制约，一般常采用小跨距，对于链形悬挂其跨距值可取25~40m，简单悬挂可取15~25m。跨距值的确定必须结合隧道断面情况，并经过技术、经济综合比较后决定。

我国电气化铁路隧道建筑限界如图3-89所示，图3-89（a）为时速小于等于160km/h的电力牵引区段隧道建筑限界，图3-89（b）为160km/h<v≤200km/h的电力牵引区段隧道建筑限界。对于高速铁路隧道而言，为了解决列车进出隧道时活塞效应带来的列车气压变化，隧道断面尺寸比其他线路大得多。设计时速300km/h、350km/h的高速铁路的隧道净空双线隧道不小于100m²，单线隧道不小于70m²，设计时速250km/h的高速铁路的隧道净空双线隧道不小于90m²，单线隧道不小于58m²，隧道内装配完全可以满足接触悬挂导高、结构高度的要求，接触悬挂基本技术状态和隧道外相同。

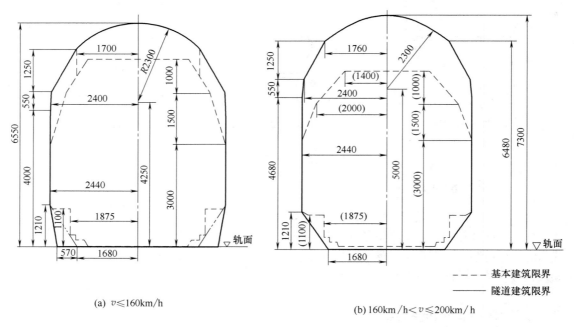

图3-89 电气化铁路隧道限界标准

当隧道净空符合隧道建筑限界要求，并带电通过5300mm最大级超限货物时，接触线距轨面的最低高度正常情况不应小于5700mm，困难情况下不应小于5650mm。

当隧道内接触线高度低于区间设计高度时，要求从区间至隧道内的接触线坡度变化一般为2‰，困难情况不超过4‰，力求平缓过渡，以免使接触线出现硬点影响受电弓取流。在直线区段，接触线应按"之"字形布置，定位点处的拉出值宜为±200mm。在曲线区段，应根据曲线半径、超高值、接触悬挂跨距选取"之"字值。在允许的行车速度范围内，定位点拉出值不宜大于400mm；电力机车受电弓滑板宽度为1000mm左右时，跨中点接触导线距受电弓中心的偏出值不宜大于450mm。

三、隧道内接触悬挂结构

1. 全补偿水平悬挂

既有线隧道内装配多采用水平悬挂形式，全部补偿链形悬挂水平悬挂如图 3-90 所示。用锚栓将水平悬挂底座固定在隧道壁上，杵环杆、悬式绝缘子、悬吊滑轮支架、调整螺栓连接在一起形成水平悬挂装置，将承力索悬吊在悬吊滑轮中。为了防止锈蚀，调整螺栓采用铜合金（T 型）或者不锈钢（B 型）材料制成。悬吊滑轮也分为 T 型和 G 型两种，悬吊滑轮处应该使用预绞丝保护条。

水平悬挂净空较小，采用定位齿座加棒式绝缘子、T 型定位管，长支持器对接触线进行定位；净空条件较好时，水平悬挂定位装置为单支撑定位装置，如图 3-91 所示。主要由可调底座、棒式绝缘子、平腕臂和定位器等构成。调节支持器在定位管上的位置，可以调整接触线的拉出值。棒式绝缘子通过可调底座与隧道壁相连，可以调节定位管的坡度。隧道定位点和悬挂点的位置在顺线路方向错开 2m，以防止接触线定位点被受电弓抬高时发生悬挂装置碰撞受电弓的事故，同时便于安装调整。

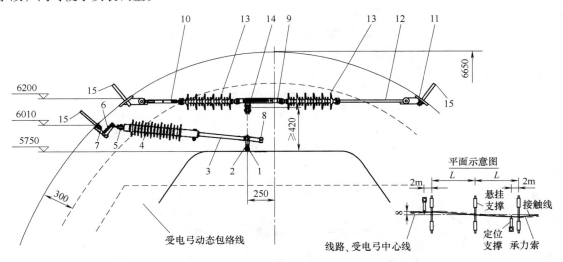

图 3-90　隧道内水平悬挂装置

1—定位线夹；2—长支持器；3—T 型定位管；4—隧道定位绝缘子；5—定位套环；6—定位齿座；7—定位埋入杆；8—管帽；9—滑轮支架；10—调整螺栓；11—水平悬挂固定底座；12—杵环杆；13—悬式绝缘子；14—隧道悬吊滑轮；15—固定锚栓

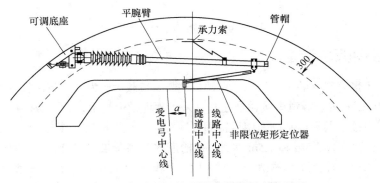

图 3-91　水平可调单支撑腕臂装置定位装置

隧道中接触网带电体距接地体的空气绝缘距离应保证在 300mm 以上，在净空允许的情况下，为了考虑带电作业，设计中采用 400mm，接地侧绝缘子瓷裙边至接地体的距离应在 150mm 以上。

2. 弓形腕臂定位装置

如图 3-92 所示，弓形腕臂定位装置主要由调整底座、弓形腕臂、GX 限位定位装置和承力索座等组成。其结构特点是腕臂为弓形。

3. 隧道内吊柱

在净空条件满足时，隧道内可以采用吊柱加腕臂的形式，如图 3-93 所示。接触网的腕臂装配形式和区间类似，结构高度、吊柱的侧面限界较小，要注意带电部分、绝缘子和接地体的安全绝缘距离以及受电弓通过时，受电弓和接地体的瞬时绝缘距离。

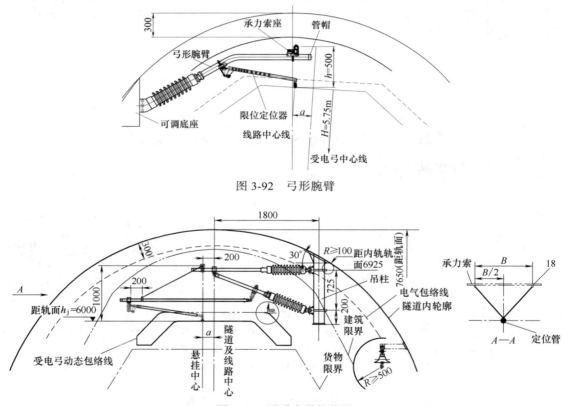

图 3-92　弓形腕臂

图 3-93　隧道内吊柱装配

4. 高铁隧道吊柱装配

高速铁路采用带有斜撑的吊柱结构。高铁吊柱长、负载大，为了改善吊柱受力，采用两根斜撑结构，如图 3-94 所示。隧道内接触悬挂基础采用预埋槽道技术，无预留槽道处宜选用群锚后锚固槽道。隧道内接触网下锚基础采用后锚固金属锚栓。预埋槽道如图 3-95 所示，大部分为弧形槽道，槽道的长度分为 2.5m 和 1.5m 两种，在槽道的背侧有 T 型锚杆，预埋时槽道固定在台车模板上，与隧道二衬一体浇制。槽道的正面为用 T 型螺栓固定吊柱，旋转 T 型螺栓，使 T 头长度方向与槽口纵向一致并插入槽底部，沿顺时针方向旋转 90 度，使螺栓卡在槽道内。两根槽道预埋组合在一起,形成槽道组,专为悬挂接触网零件使用。预留槽道是站前专业和接触网专业的重要接口,预留槽道应该满足以下要求:槽道面嵌入隧道二衬壁深度≤5mm,同组槽道应平行,间距偏差±5mm,与水平或垂直方向的偏斜±5mm/1000mm,垂直线路位置偏差±30mm。

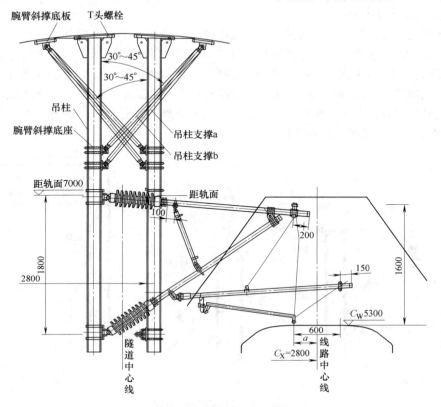

图 3-94 高速铁路隧道内装配

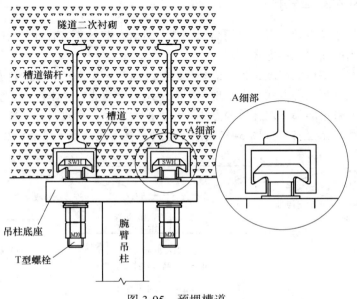

图 3-95 预埋槽道

为了调整吊柱的姿态，垫片可采用1~3片，每个垫片厚度宜为3mm、5mm或10mm，最大合计厚度（底盘空隙）不应超过15mm，否则应改变底盘与吊柱的加工制造角度。吊柱垫片应该为闭合环形，否则应采用焊接或粘接措施，防止运行振动脱落。吊柱受力后，要求为垂直，向受力反方向偏斜0~0.5%。

高速铁路正线采用AT供电方式，在非隧道区间中，AF线和PW线处于支柱的田野侧，在隧道装配中，PW线在直接固定在槽道上，AF线通过吊架和支持绝缘子固定在腕臂上方。处于吊柱的线路侧。所以AF线和PW线需要在隧道口换边转换，将AF、PW线转换到支柱的线路侧，然后在隧道口下锚，如图3-96所示。转换过程中，要保证PW线和接触悬挂间的绝缘距离，PW线和接触悬挂电压反相，压差50kV，其空气绝缘距离要大于540mm。并应按照安装曲线校验极限温度下绝缘距离的安全性。

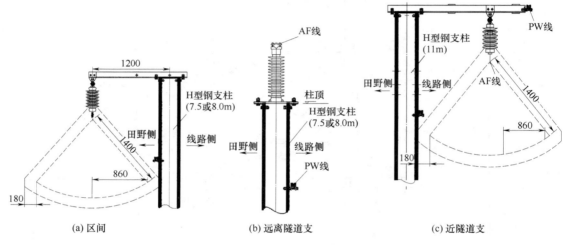

(a) 区间　　　　(b) 远离隧道支　　　　(c) 近隧道支

图 3-96　隧道口的附加导线换边

5. 隧道内的简单悬挂

早期修建的隧道净空较低时可采用简单悬挂，即承力索不进隧道而在洞口下锚，接触线进隧道，形成隧道内的简单悬挂方式。

根据接触线在隧道里的高度，为保证必要的绝缘间隙，其装配结构对隧道的要求目前分为不开挖和局部开挖洞顶两种方式。由于现在不断使用绝缘性能好、体积小、重量轻的新型绝缘元件，因而一般不采用局部开挖隧道的方式。为了扩大通过货物的能力，简单悬挂从结构上可分为人字形悬挂和T形悬挂，如图3-97所示，这种悬挂形式基本上已经淘汰。

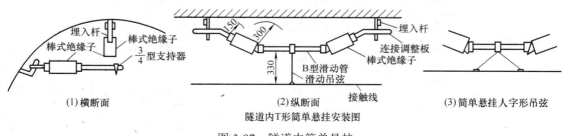

(1) 横断面　　　　(2) 纵断面　　　　(3) 简单悬挂人字形吊弦
　　　　　　隧道内T形简单悬挂安装图

图 3-97　隧道内简单悬挂

四、隧道内中心锚结

隧道内全补偿链形悬挂的中心锚结的结构如图 3-98 所示。先将接触线通过接触线中心锚结线夹、接触线中线锚结辅助绳固定在承力索上，将中心锚结处水平悬挂腕臂或弓形腕臂用双槽承力索座、承力索中锚线夹将承力索和承力索中心锚结绳左右固定在下锚底座。

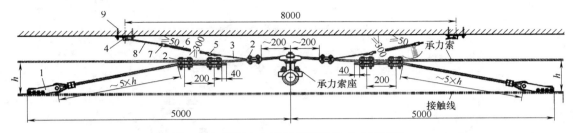

图 3-98　隧道内全补偿链形悬挂中心锚结图

1—接触线中心锚结线夹；2—承力索中心锚结线夹；3—承力索中心锚结绳；4—承力索下锚拉线底座；
5—承力索终端锚固线夹；6—悬挂用复合绝缘子；7—双板平行挂板；8—双环杆；9—锚栓

五、隧道内锚段关节

在长大隧道内设置锚段关节时，其基本要求与区间内设置相同，为了合理利用隧道净空，接触悬挂尽可能布置在隧道中心线附近，所以各定位点的拉出值和非隧道区间有所不同。由于隧道内不设立支柱，接触悬挂分别在线路两侧的隧道壁上下锚。为了利用净空，减少扩挖，下锚支接触线布置在靠近隧道中心处，到补偿装置位置时，除补偿滑轮外，增加两个定滑轮，用于补偿绳的方向。图 3-99 和图 3-100 分别为隧道三跨与四跨锚段关节示意图。高铁的隧道内锚段关节平面布置和非隧道区间相同。

图 3-101 所示是高速铁路隧道内棘轮下锚装置的安装图，其主要技术要求同非隧道区段下锚补偿要求。

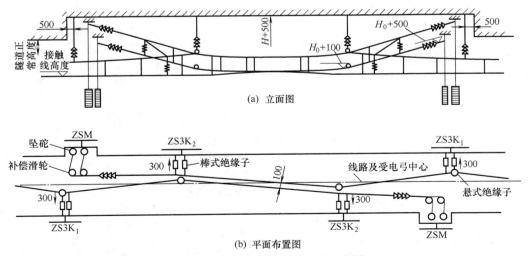

图 3-99　隧道内三跨锚段关节示意图

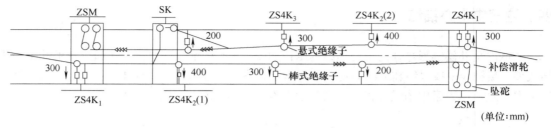

图 3-100　隧道内四跨锚段关节示意图

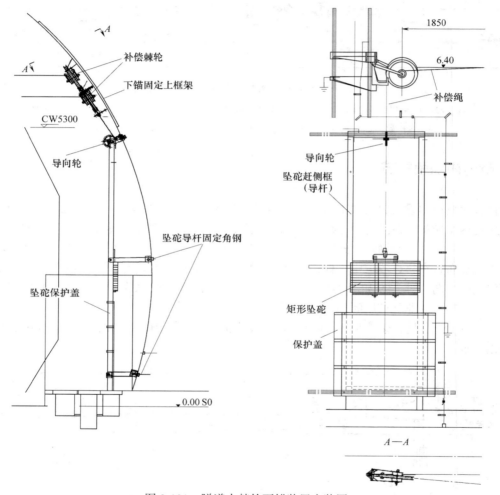

图 3-101　隧道内棘轮下锚装置安装图

第十一节　接触网接地

> 学习目标：
> ① 掌握接触网地线的作用；
> ② 了解综合接地系统。

一、接触网接地

1. 接触网接地的作用

我国交流电气化铁路接触网标称电压为25kV，接触网带电部分和接地部分经绝缘元件（悬式绝缘子、棒式绝缘子）绝缘。在通常情况下总有微弱的泄漏电流经绝缘元件流回大地，这样的微弱泄漏电流一般对设备和人身不会造成伤害，但随着绝缘元件的老化、脏污、出现裂纹或浸水时绝缘强度下降，这时泄漏电流就会增加。当支柱对地有较大的接地电阻时，泄漏电流在支柱上形成较大电压，有接触电压触电危险；另外，当绝缘元件缺残及遭到击穿时，会形成短路电流。当支柱本身电阻、基础电阻、基础至钢轨过渡电阻较大，限制了短路电流值，短路电流不足以使继电保护器动作时，在短路点处形成长时间的连续电弧，烧损设备并在地表面形成跨步电压，危机人员安全。为了避免上述情况的发生，接触网应设立接地装置，将接触网设备中非带电的金属部分与钢轨（牵引轨）或大地直接相连。

2. 接地的分类

① 工作接地。接触网接地根据其作用不同可分为工作接地和安全（保护）接地。为保证设备安全运行而设置的接地称工作接地。支柱利用回流线或保护线作为地线的集中接地方式，多用于区间线路；当成排支柱不悬挂回流线或保护线时，可增设架空地线实现集中接地，多见于有旅客站台的站场；零散的接触网支柱宜单独设接地极接地（有信号轨道电路区段），或通过接地线直接接钢轨（无信号轨道电路区段）。与回流线或保护线连接的吸上线在有信号轨道电路区段可直接接扼流变压器线圈中性点，在无信号轨道电路区段直接接钢轨。

② 安全接地。以防护为目的而设置的接地称为安全接地。安全接地的主要应用有：距接触网带电体5m以内的金属结构应可靠接地，站台上钢柱双重接地；开关等设备的底座应设接地极；接触网钢柱可通过架空地线或单独接地极接地，架空地线下锚处及长度超过1000m的锚段中间应单独设接地极实现安全接地等。

3. 接地装置构成

由接地线、接地极及接地部件组成的接地设备，称为接地装置。接地装置各部分间应有可靠电气连接。在通常情况下，无信号轨道回路区段，钢轨是方便的接地极，支柱的接地线直接接钢轨；有信号轨道回路区段不允许支柱直接接钢轨。早期在支柱和钢轨间加设击穿电压不大于800V的火花间隙或保安器，这种接地方式火花间隙的故障率较高，火花间隙放电时对信号轨道电路影响大，已经基本不使用，而更倾向于采用支柱设独立接地极。

① 独立支柱接地。钢筋混凝土支柱地线安装如图3-102所示，地线分上、中、下三部分。拉杆（平腕臂）底座到斜腕臂底座为上部地线；斜腕臂底座至支柱底部为中部地线；支柱底部至钢轨为下部地线。

当钢筋混凝土支柱内有预埋地线时，则可省去上、中部地线，下部地线直接同支柱内预埋地线的地线孔相连，另一端固定在钢轨上，与钢轨相连接的地线采用接地线夹连接，不得采用焊接的方式。对于钢柱，地线直接接在钢柱根部的螺栓孔上，另一端固定在钢轨或接地极上。接触网地线除钢筋混凝土支柱的上、中部地线用ϕ10mm的圆钢外，其余均采用ϕ12mm圆钢制成。在连接端应制成圆环状，便于安装。安装时应接在牵引轨上，注意不能短接两根钢轨，造成短接信号，出现红光带，信号误动作。

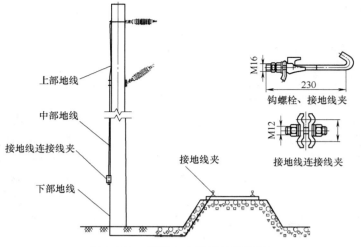

图 3-102　混凝土支柱接地安装图

② 集中接地。在有架空地线或保护线的支柱上可采用集中接地方式，即所有支柱上非带电的金属部分用 $\phi 10mm$ 圆钢互相连接后，直接和同架空地线或保护线连接。在隧道中所有埋入杆件均需与地线相连，将各悬挂点的地线都接在一根母线式地线上，然后每隔一定距离与钢轨连接，母线式地线沿隧道壁顺线路架设。

4. 回流线（或保护线）安装方式

回流线（或保护线）安装方式是指回流线（或保护线）与支柱间是否绝缘安装，一种是绝缘安装，习惯称为接触悬挂的双重绝缘；另一种称为不绝缘安装。

① 双重绝缘。双重绝缘安装方式如图 3-103 所示。肩架固定在支柱上，PW 线经一个绝缘子固定在肩架上，对钢柱绝缘。平腕臂、斜腕臂绝缘子选用双重绝缘棒式绝缘子，其主绝缘与辅助绝缘之间设置接地环，经接地跳线连接到 PW 线上。接地跳线绕过支柱时，增加一个额定电压不低于 3kV 的针式绝缘子（或一片圆形悬式绝缘子）保证与支柱间绝缘。同时正馈线（AF 线）或供电线（F 线）在肩架上悬挂时，接地侧也增加了一个悬式绝缘子作辅助绝缘。主绝缘和

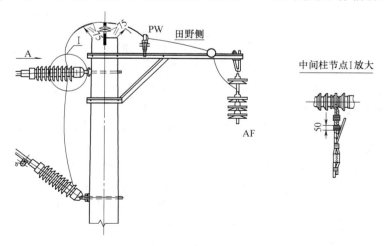

图 3-103　双重绝缘安装方式

辅助绝缘间设置接地跳线，连接到 PW 线。对站场软横跨结构，在软横跨和支柱间的主绝缘的接地侧增加一片悬式绝缘子，作为双重绝缘的辅助绝缘子，将闪络保护线接于主绝缘和辅助绝缘间。接地跳线一般采用 LGJ—50 或 LGJ—70 制成。钢支柱一般采用双重绝缘方式。

当接触网主绝缘子闪络或击穿时，其闪络或击穿电流不经过钢柱和肩架，也不经钢轨和大地回路回牵引变电所（开闭所、分区所），而是经接地跳线流至保护线，再经保护线流至牵引变电所（开闭所、分区所）内，相关保护设备动作，这样闪络或击穿电流就不会使钢柱带电，保证了人身安全，也避免了对信号轨道电路的干扰。

② 不绝缘安装方式。保护线（或回流线）不绝缘安装时，应将回流线肩架与同支柱上的腕臂上、下底座等零件与接地连线相连接，且接地连线应与不绝缘的回流线相连接，如图 3-104 所示。回流线混凝土支柱上不绝缘安装。当接触网绝缘子闪络或击穿时，短路电流直接经金属底座零件、肩架流入 NF 线，从 NF 线回牵引变电所（开闭所、分区所），使保护动作。短路电流被支柱的混凝土保护层阻隔，通过支柱分流流入地和钢轨的电流很小，效果与双重绝缘方式相当。有研究表明，干燥、完整的支柱混凝土保护层可以承受 2~3kV 的电压，但是当维修人员身体刚好和接地跳线和支柱破损漏筋接触时，会有明显的麻电感。

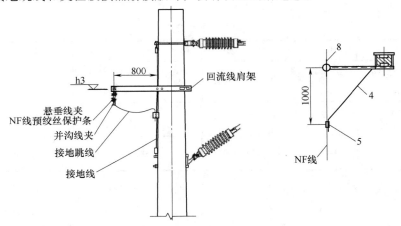

图 3-104　混凝土柱不绝缘保护方式

保护线、回流线的下锚一般采用绝缘方式下锚。当采用不绝缘下锚时，应采取措施保证消除电流沿下锚拉线入地带来的锚杆的电腐蚀。

5. 接地极的安装

接地极是深埋地中并直接与大地接触的金属导体。接触网独立支柱，安有隔离开关、避雷器、吸流变压器的支柱，位于行人较多的站台上的支柱，需要进行双接地的支柱以及远离钢轨的支柱，需要设置接地极独立接地。

① 接地极的形式。接地极根据使用材料不同可分为角钢接地极、钢管接地极、圆钢接地极等，如图 3-105 所示。

② 安装。在杆上地线安装完毕后，要进行接地极的安装，接地极安装方法如下：挖接地极沟，沟深 0.8~1.0m，从支柱开始按"一"字形开挖（有四根接地体角钢的也可以支柱为中心挖成闭合形沟）。从支柱向远离支柱方向依次将接地体角钢垂直打入沟底正中，角钢头露出 50~60mm，与接地扁钢焊接，用 ϕ12mm 圆钢引出，露土部分应能与支柱上地线搭接。用接地电阻测试仪测试接地电阻，电阻值应小于 10Ω。将接地极用 ϕ12mm 圆钢与支柱上地线用接地线

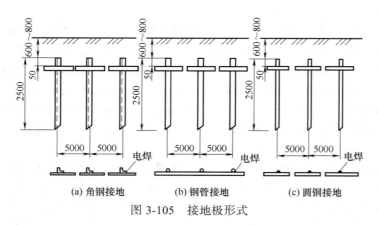

图 3-105 接地极形式

夹连接起来，接触面去漆并涂电力复合脂。接地体、线的敷设应避开地中的电缆线路 1.5 米以上或者采用穿绝缘管保护。

③ 接地电阻测试。接触网中的各种接地装置的接地电阻要越小越好，不得超过设计规定值，如表 3-13 所示。

表 3-13 接地电阻值

顺序	接地装置名称	接地电阻设计值	说明	顺序	接地装置名称	接地电阻设计值	说明
1	管型避雷器接地装置	4Ω以下	最大≯10Ω	4	隔离开关支柱接地装置	10Ω以下	最大≯30Ω
2	阀型避雷器接地装置	4Ω以下	最大≯10Ω	5	站台支柱接地装置	10Ω以下	最大≯30Ω
3	吸流变压器台接地装置	10Ω以下	最大≯30Ω	6	一般支柱接地装置	30Ω以下	

各种接地装置均需进行接地电阻测试（直接接钢轨的可不测试），一般采用电阻测量仪测量，如图 3-106 所示。除晶体管测试仪外，其余型号接地电阻测试仪系由手摇发电机、电流互感器、电位器及检流计等组成。借助开关旋钮改变互感器的二次绕组产生的电流，可得到不同的量限。

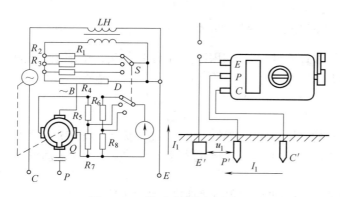

图 3-106 接地电阻测试仪原理

接地电阻属于分布电阻，在接地点附近比较大，在接地点 20m 以外不再增加，为了消除探测电极的影响，通常探测电极 P 埋设在距接地点 10m 以外，位于接地点与辅助电极 E 之间。接地电阻测量要防范地中牵引回流带来的安全隐患。

二、高速铁路的综合接地系统

将铁路沿线的牵引供电回流系统、电力供电系统、信号系统、通信及其他电子信息系统、建筑物、道床、站台、桥梁、隧道、声屏障等需接地的装置通过贯通地线连成一体的接地系统，称为高速铁路的综合接地系统。

1. 钢轨电位限制

高速铁路列车密度高、客流量大，旅客安全至关重要，接地系统必须满足更高的安装标准。高速列车负荷电流、故障短路电流均比既有铁路大，因此地网中钢轨电位也大大增高，采用传统的接地方式不能满足相关标准要求。钢轨电位的测量如图 3-107 所示。列车运行时，钢轨的电位定义为钢轨对无限远处的零电位间电位差，通过图中电压分布可以看出，钢轨电位的压降主要集中在距钢轨较近区域。普速铁路中要求距轨道 5m 范围内金属结构要接地；高速铁路中铁路两侧 20m 范围内的车站建筑、通信及信号中继站内的电气设备应接入综合接地系统，并实行等电位连接。钢轨电位限制标准参考 EN50122-1 标准确定，见表 3-14。解决钢轨电位限制的有效措施是采用综合接地系统。

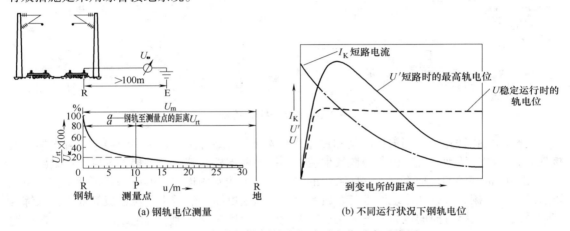

图 3-107 钢轨电位测量和短路时电位升高示意图

表 3-14 EN50122-1 规定允许接触电压和轨道电位值

系统运行状态	接触电压允许值/V	轨道电位/V
正常运行状态下（$t>300ms$）	60	120
正常运行状态下（$t=300ms$）	65	130
故障状态下（$t=100ms$）	842	1684

2. 综合接地系统

综合接地系统（图 3-108）中的接地电阻应不大于 1Ω。综合接地系统由两部分组成，一是贯通地线，二是接地装置。贯通地线是沿铁路线敷设的共用地线，用于各种建筑物、构筑物的接地装置、电气设备、金属构件的等电位连接，它采用带覆盖层的铜导线，型号为：

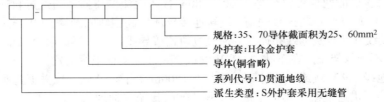

比如：规格为 70mm² 的合金护套贯通地线表示为：DH70。

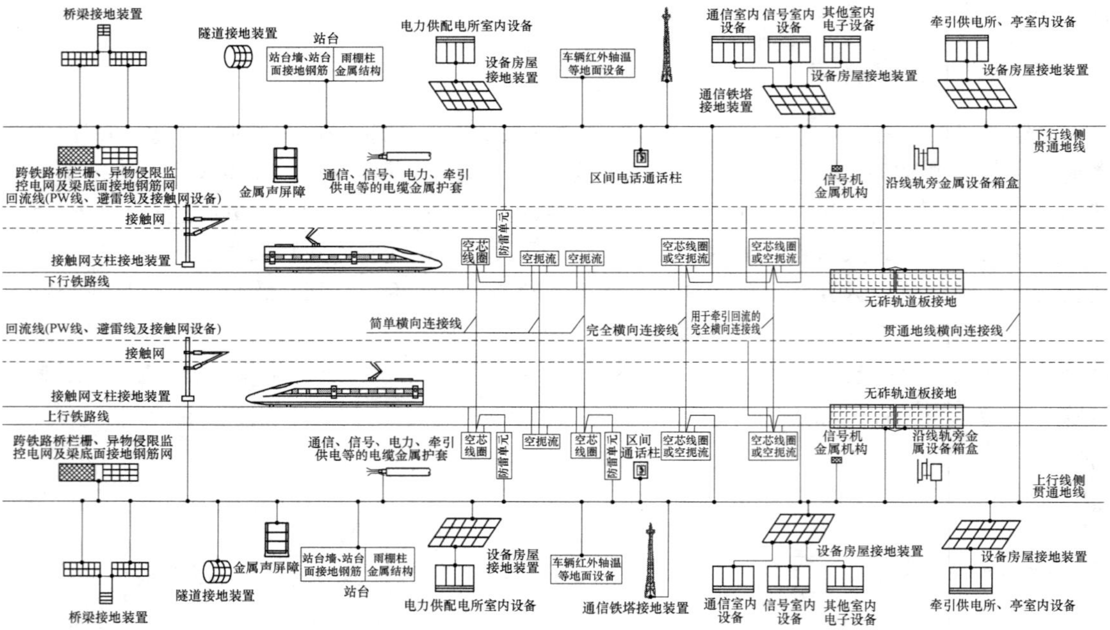

图 3-108 综合接地系统

交流电气化铁路中的回流回路是和贯通地线连接的。综合接地系统中的接地装置包括桥梁接地装置、隧道接地装置、设备房屋接地装置、接触网支柱和其他杆塔接地装置、沿线路的接触线支柱的桩基础的接地装置，这些系统的接地贯通地线互相连接，形成综合接地系统。声屏障、站台、雨棚、各种铁路地面设备、轨旁设备、通信电缆、信号机、轨道板等都应接入综合接地系统。顺线路方向的电力电缆采用三芯电缆时，参照护层接地单芯电缆。当采用单芯电缆时，根据电缆敷设长度、屏蔽层感应电压的大小确定其接地方式，可以是单端接地、中间接地、两端接地加护套交叉互连等多种形式的接地措施。

贯通地线的敷设，人工挖出宽 20cm、深 20cm 的纵向沟槽，在槽底铺设 5cm 厚中砂后敷设纵向贯通电缆，并在接触网基础位置预接分支电缆，以其基础钢筋作为接地极；在桥梁地段贯通地线敷设于两侧电缆槽内（用砂防护），通过预埋接地端子连接，将梁部接地、墩身接地、基础接地三者组合构成桥梁接地极，桥上金属部件通过梁体非预应力结构钢筋与贯通地线连接；隧道地段贯通地线敷设于两侧电缆槽内（用砂防护），每个台车位均设接地极，利用隧道底板下层钢筋、钢筋环接的锚杆作为接地极，并以专用接地钢筋连接至电缆槽侧壁纵向结构钢筋（也作纵向接地钢筋），再采用分支电缆和端子将各部分连接为一体；隧道内预埋槽道通过隧道衬砌内的钢筋连接到接地系统上。隧道内电缆槽侧壁每 50m，底部每 100m，设 1 个接地端子，综合洞室设 2 个端子。隧道内金属构件视需要与贯通地线等电位连接。

采用综合接地系统时的接触网接地回流接线、综合接地贯通地线、保护线直接和变电所接地母排相连。每股道的两根钢轨，每 1200~1500m 接入扼流变压器后通过过轨连接导线并联后接入贯通地线，注意预留过轨连接通道，过轨连接导体应和钢轨间绝缘。PW 线每 500~600m 通过保护线用连接线和综合贯通线相连，并通过过轨连接导线将上下行贯通地线相连，PW 线（或 NF 线）与支柱不绝缘架设。在车站中，PW 线或 NF 线与支柱绝缘设置，增设架空地线（GW）作为闪络保护地线。PW 线或 NF 线每隔不大于 1500m 上下行并联一次并通过扼流变压器中性点接钢轨，并接至贯通地线上；架空地线每隔 300m 接至贯通地线上。

第十二节 电 缆

> 学习目标：
> ① 掌握电缆的基本结构；
> ② 了解电缆的敷设类型；
> ③ 了解电缆的接地防护。

对电缆的学习，主要是针对其在牵引供电中的应用。接触网馈线可以采用架空导线和电力电缆两种形式。架空导线具有结构简单、制造方便、造价便宜、施工容易和便于检修等优点，而电力电缆线路一般埋于土壤或敷设于管道、沟道、隧道中，受气候和周围环境条件的影响小，供电可靠，安全性高，运行简单方便，维护费用低，整齐美观。电力电缆线路也存在不足之处：电力电缆线路比架空线路成本高，一次性投资费用高出架空线路几倍或几十倍，电缆线路建成后不容易改变，分支也很困难；电缆故障测寻与维修较难，需要具有较高专业技术水平的人员来操作。在接触网馈线应用中，一般采用架空线路而不用电缆线路。近年来，随着高速铁路的建设，电缆在接触网馈线中的应用逐渐增多，特别是当牵引所的二次侧采用 GIS 组合电器时，其出线为电缆。当出所单支馈线（T、F）长度超过 100m 时，一般采用"电缆出所+架空明线"的方式。架空明线采用独立架设。当馈线长度小于等于 100m 时，一般各所馈出端至上网支柱均采用电缆。高架桥、非旱桥区段架空馈线困难时，一般采用电缆。

一、电力电缆的结构

电气化铁道多用 27.5kV 单相交流交联聚乙烯绝缘电缆，其主要型号表示方法为：

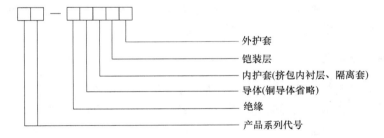

产品系列——TDDD（电气化铁路用低卤低烟）；TDWD（电气化铁路用无卤低烟）；
绝缘——YJ（交联聚乙烯绝缘）；
内护套——Y（聚乙烯护套）；
铠装层——7（非铁磁性金属丝铠装）；
外护套层——2（聚氯乙烯基料的低卤低烟阻燃护套）；3（聚乙烯基料的无卤低烟阻燃护套）。

在 GB/T 28427 实施以前，电气化铁路馈线用电缆型号用 TYJV 和 TYJY 表示。T 表示铜导体，YJ 表示交联聚乙烯绝缘，V 表示聚氯乙烯护套，Y 表示聚乙烯护套。

单芯电缆的结构如图 3-109 所示。电缆最基本的结构有导体、绝缘层及外护层，根据要求可增加一些结构，如屏蔽层、内护层或铠装层等。

① 导体（或称导电线芯）：其作用是传导电流。电气化铁道馈线用电缆导体一般为铜绞线，

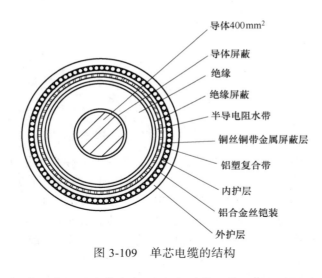

图 3-109 单芯电缆的结构

截面积 240~400mm²。

② 绝缘层：包覆在导体外，其作用是隔绝导体，承受相应的电压，防止电流泄漏。电气化铁道馈线电缆的绝缘层多采用性能优良的交联聚乙烯材料。

③ 屏蔽层：在绝缘层外、外护层内，由导体屏蔽层和绝缘屏蔽层两部分组成，导体屏蔽层采用半导电材料。绝缘屏蔽层由半导电层和监护屏蔽层组合而成。屏蔽材料主要有铜丝编织、铜丝缠绕、铝丝（铝合金丝）编织、铜带、铝箔、铝（钢）塑带、钢带等。电气化铁道馈线电缆一般使用铜丝屏蔽，由疏绕的软铜线组成，表面反向绕包铜丝或者通带，作用是限制电场和出现故障时通过电流。

④ 铠装层：铠装层作用是保护电缆不被外力损伤。最常见的是钢带铠装与钢丝铠装，还有铝带铠装、不锈钢带铠装等。电气化铁道馈线电缆采用铝材质。

⑤ 外护层：在电缆最外层起保护作用的部件。主要有三种类：塑料类、橡皮类及金属类。

二、电缆的敷设

1. 直埋敷设

电缆线路直接埋设在地面下 0.7~1.5m 深的壕沟中的敷设方式。它适用于市区人行道、公园绿地及公共建筑间的边缘地带，是最经济、简便的敷设方式。

2. 电缆排管敷设

电缆排管敷设是电缆敷设在预先埋设于地下管子中的一种电缆敷设方式。其适用于地下电缆与公路、铁路交叉，地下电缆通过房屋、广场等区段。在上网点，馈线须穿越股道、桥梁，可以采用排管敷设方式，也可以采用架空跨越方式。

3. 电缆沟（槽）敷设

电缆沟敷设是电缆敷设在预先砌好的电缆沟中的敷设方式，一般采用混凝土或砖混结构，其顶部用盖板（可开启）覆盖，且与地坪相齐或稍有上下。电缆沟敷设适用于变电站出线、电缆条数多或多种电压等级线路平行的地段。根据敷设电缆的数量多少，可在电缆沟的双侧或单侧装置支架，电缆应固定在支架上，布置成 S 形。在支架之间或支架与沟壁之间留有一定的通道。电气化铁道馈线电缆多采用这种方式。

① 牵引变电所、分区所、AT 所至铁路路基或桥梁区段 27.5kV 专用电缆宜采用分层敷设方式。27.5kV 专用电缆不同回路分设在不同层电缆支架上。

② 变电所至路基或桥梁区段 27.5kV 专用电缆按上、下行分沟敷设，分区所、AT 所至路基或桥梁区段上、下行可同沟敷设。

③ 27.5kV专用电缆在桥上或路基上局部水平敷设时，可与电力电缆沟同槽敷设，但采取隔离措施。

三、电缆接头

电缆接头主要类型有电缆终端头、中间接头和与设备相连的插入式终端等。在线路的接触网馈线上网点处，常见的电缆接头如图3-110所示。在做电缆头时，剥去了屏蔽层，改变了电缆原有的电场分布，将产生对绝缘极为不利的切向电场（沿导线轴向的电力线）。剥去屏蔽层芯线的电力线向屏蔽层断口处集中，所以屏蔽层断口处就是电缆最容易击穿的部位。冷缩式附件一般采用几何结构法与参数控制法来处理电应力集中问题，其材料性能优良，无需加热即可安装，弹性好，安装方便，只需在正确位置上抽出电缆附件内衬芯管即可安装完工。在施工安装中，高压电缆上网处电缆头本体应该有可靠的固定措施，不能使终端头承受较大拉力或者随风摆动等，否则容易造成电缆头应力锥处损伤，造成击穿事故。

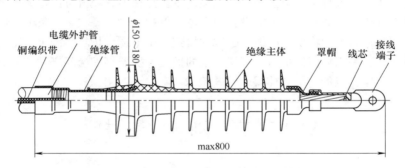

图3-110　预制（冷缩）式电缆终端头

四、电缆护层的接地保护

对于单芯电缆，缆芯导体与主绝缘上的金属护套之间构成1∶1的单匝变压器，芯线电流产生的磁力线一部分与金属护套交链，并在护套上感应出电动势（电压）。在未采取能有效防止人员任意接触金属护层的安全措施时，电力电缆感应电势最大值不得大于50V，其他情况下不得大于300V。目前常用的电缆护套接地方式包括护套两端接地、护套单端接地、护套中点接地、护套交叉互连、电缆换位金属护套交叉互连等。对于电气化铁道馈线电缆，其电缆金属保护层的接地方式主要有以下几种：

① 当线路不长时（比如小于100m）宜采用单点直接接地方式。

② 采用单点直接接地方式时，另一端设置保护层电压限制器。如图3-111（a）所示，一般在上网隔离开关处可靠接地，在变电所端通过护层电压保护器接地；线路较长时，划分适当区段，且在每个区段实施电缆金属保护层的绝缘分隔，实现线路采用单点直接接地方式，如图3-111（b）、图3-111（c）所示，需注意护层保护器不能暴露在自然环境中或浸泡于水中，应置于可靠的密封护层接地保护箱中；电缆长度较长时，采取分段保护接地的方式，即采用屏蔽层断开型绝缘中间头，中间头两侧均引出接地线，分别接至直接接地点和护层保护器。注意每段电缆不能两端都直接接地或都接至护层保护器。对于铠装电缆，铠装层和铜屏蔽要同时直接接地或接至护层保护器。

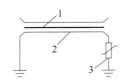 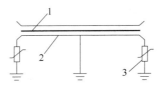 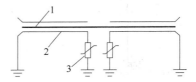

(a) 金属铠装层一端直接接地，另一端通过护层保护器接地　　(b) 金属铠装层中点直接接地、两端分别通过护层保护器接地　　(c) 金属铠装层中点通过护层保护器接地，两端直接接地

图 3-111　电缆护层接地

1—电缆导体；2—护层（铠装层和金属屏蔽层）；3—护层保护器

电缆护层保护器的工作原理和避雷器相同，其主要构成元件为 ZnO 阀片电阻，当电缆护层中的感应电压因为芯线短路等原因异常升高时，可以限制电缆护层上的最高电压。

在实际的工程应用中，当设计电缆线路采用单点直接接地方式时，要注意悬空端的电缆护层引出线要采取可靠绝缘措施，防止和接地体间导通，形成多（两）点接地，造成保护层和大地产生环流。电缆敷设过程中，防止外护层破损产生多点接地，环流可能造成破损点发热、烧损。当采用单点直接接地方式，另一端设置护层电压保护器时，要注意每条电缆屏蔽线通过独立的电缆保护器接地，不能将所有电缆屏蔽线均接到一个电缆保护器母线上，防止不同馈线电缆之间的多点接地；采用分段接地时，不同分段的护层保护器侧护层间必须相互绝缘，不能共用护层保护器，不同分段的护层导体要断开并绝缘。

第十三节　刚 性 悬 挂

> 学习目标：
> ① 了解刚性悬挂的特点；
> ② 了解刚性悬挂的基本组成部分。

刚性架空接触网将传统的接触线夹装在汇流排中，用汇流排取代了承力索，并靠它自身的刚性保持接触线的固定位置，使接触线不因重力而产生较大弛度。刚性架空接触网的优点如下。

① 刚性汇流排和接触线无轴向张力，不存在断汇流排或断线的可能，从而避免了柔性悬挂钻弓、烧熔、不均匀磨耗、高温软化、线材缺陷以及受电弓故障造成的断线故障。所以刚性悬挂的故障是点故障，而柔性悬挂的故障范围为一个锚段，所以刚性悬挂事故范围小。

② 刚性悬挂的锚段关节简单，锚段长度是柔性悬挂的 1/7~1/6，因此固定夹具窜动回转范围小，相应地提高了运行中的安全性和适应性。

③ 刚性接触网对隧道净空要求相对较小，并且无需下锚装置，可避免不必要的局部开挖，也可节省土建费用。

在日常运行中，刚性接触网也有维护工作量少、周期长、费用低的优点。当然，刚性接触网在施工中安装精度要求高，刚性悬挂的跨距较小，一般取 6~8m，定位点较多，只能应用于隧道内。这种悬挂方式主要应用于城市轨道交通（地铁）中，在干线铁路中主要应用于个别长大隧道中。2006 年 8 月通车的兰新铁路兰武段乌鞘岭隧道，第一次在中国干线电气化铁路中采用了刚性悬挂。近年来，刚性接触网在高速（160km/h）地铁、市域轨道交通的地下区段有所应用。

对于柔性接触悬挂，长大隧道的检修作业压力非常大，采用刚性悬挂能比较好地解决这个问题。

一、刚性悬挂形式

刚性悬挂的基本结构如图 3-112 所示，底座的作用主要是固定在隧道壁上，承受整个刚性悬挂及其支撑装置的重量。吊柱为 120mm 直径圆柱，根据隧道断面形状不同，吊柱的长度不同。铰座通过抱箍和吊柱固定。刚性悬挂的绝缘子和变电所使用的柱式绝缘子类似，两端采用螺栓连接的平面铸铁件，爬距可达 1500mm。旋转头连接板上开 400mm 长孔，便于旋转头能左右移动，获得不同的接触线拉出值。旋转头的作用是夹持汇流排，汇流排随温度伸缩时，其满足腕臂偏转的旋转要求。

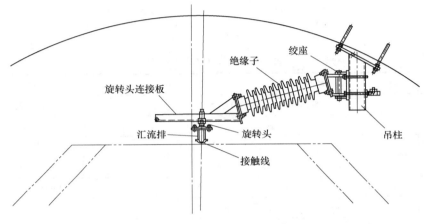

图 3-112　刚性悬挂

汇流排是刚性悬挂接触网系统中用于夹持、固定接触线并承载电流的部件。刚性架空接触网汇流排的形状有 T 形和 Π 形两种。T 形刚性架空接触网 1961 年在日本投入运营，Π 形刚性接触网 1983 年在法国投入运营，两者相比，T 形汇流排自重略大，跨距较 Π 形小，线夹零件多，造价较高。中国目前采用的刚性架空接触网均为 Π 形。如图 3-113 所示，汇流排以铝合金材料制成，承担主要的负荷电流，每根的长度 12m，通过中间接头连接起来，满足机械连接和导电性要求。其型号表示为：

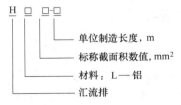

比如 HL 2213-12，表示标称截面积为 2213mm² 的铝合金、制造长度为 12m 规格的汇流排。它的特殊的形状使得接触线可以被汇流排自身的弹性夹持住，不需要线夹零件。在它的底部嵌入一根接触线，一般为 CTAH120（或 150），用于和受电弓滑板接触受流。汇流排底部两侧的工作导槽用于架放放线小车，使放线小车能够便捷并迅速地安装和更换接触线。汇流排的规格参数如表 3-15。

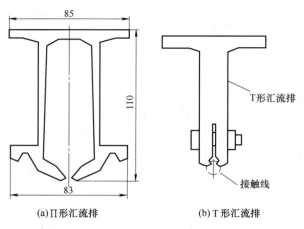

(a) Ⅱ形汇流排　　　　(b) T形汇流排

图 3-113　汇流排

表 3-15　汇流排的规格参数

序号	项目	技术数据
1	标称横截面（PAC110）	2213mm²
2	计算重量	5.91kg/m
3	20℃时电阻	$3.29 \times 10^{-5} \Omega \cdot mm^2/m$
4	线膨胀系数	2.4×10^{-5}/℃
5	弹性模量	69000N/mm
6	汇流排燕尾槽处单边张开2.2mm最多次数	10次
7	汇流排芯尾槽夹口处表面光洁度	6.3
8	汇流排型材水平方向人工弯曲最小半径	80m
9	汇流排型材水平方向机械预弯最小半径	45m
10	汇流排型材水平方向弯曲最多次数	8次
11	单位制造长度	L=12m
12	相当于铜当量截面	1233mm²

二、刚性悬挂的平面布置和各类结构

　　刚性悬挂在水平方向上有一定的刚度，不能像柔性悬挂一样成"之"字形排列。在隧道中是将刚性梁布置为沿线路中心线连续、均匀分布的正弦波形式，如图 3-114（a）所示。其锚段长度一般为 200~250m，最大不超过 300m，主要受到支撑结构偏斜和膨胀接头的补偿量限制，从而使受电弓滑板与刚性梁的磨耗更均匀、受流更平稳。正弦波布置的刚性悬挂相对于线路中心线的偏移量不是线性的，在一个完整的正弦波周期内，受电弓滑板和波峰附近接触线接触的时间要大于过零点附近，不可避免地造成受电弓滑板的不均匀磨耗。运行表明，受电弓的碳滑板容易出现拉出值附近磨损较大，中心线附近磨损小的凹凸不平现象。对架空刚性接触网平面布置进行优化，将一个锚段内刚性接触网汇流排设计为基本呈折线布置，折线间以圆弧相连，圆弧半径不小于汇流排最小人工弯曲半径，如图 3-114（b）所示，由于汇流排主要以直线形式出现，且与受电弓中心对称布置，接触线在受电弓上的分布基本平均，每段碳滑板的机械磨耗基本相当，改善了碳滑板机械磨耗不均匀性。

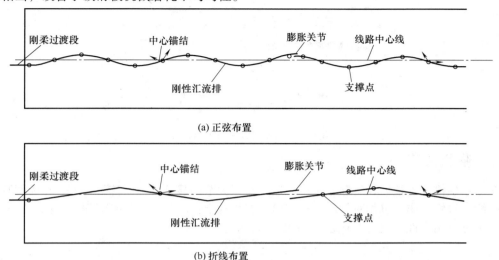

图 3-114　刚性悬挂的平面布置

刚性悬挂的平面布置上重要的结构有：刚柔过渡、中心锚结、膨胀关节、锚段关节、线岔等结构。

1. 刚柔过渡

刚性悬挂主要应用于隧道内，在隧道外为柔性悬挂，必须设置一定结构实现刚性悬挂到柔性悬挂的过渡，简称刚柔过渡。典型的刚柔过渡方式有两种，即关节式刚柔过渡和贯通式刚柔过渡，在国内的应用中，多采用带切槽式渐变汇流排的贯通式刚柔过渡形式，如图 3-115 所示。该方式主要采用了长 12.0m 的切槽式渐变汇流排，汇流排的具体形式与接触线的额定张力有关。该单元主要的特点是连续性好，区间柔性悬挂的承力索直接锚固在隧道洞口，接触线也未改变方向，直接锚固于过渡单元内，从而大大缓解了较高行车速度（160km/h）时此处的硬点冲击。

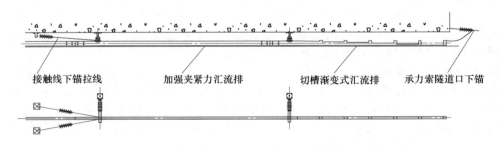

图 3-115　带切槽式渐变汇流排的贯通式刚柔过渡

2. 中心锚结

刚性悬挂中心锚结的作用是在锚段中部对汇流排进行固定，防止回流排向一侧窜动。在汇流排随环境温度变化热胀冷缩时，中心锚结将一个锚段的汇流排分成左右两个独立的膨胀段。中心锚结的结构如图 3-116 所示。因为刚性悬挂本身线索没有轴向力，所以其中心锚结主要的作用是防窜动，强度要求比柔性悬挂中心锚结小得多。

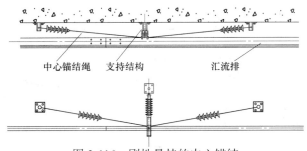

图 3-116　刚性悬挂的中心锚结

3. 膨胀关节

在两刚性锚段连接处设置膨胀关节，这种膨胀关节的显著特点是连续性好，相邻两膨胀段衔接平滑，检修工作量也相对较小，相应检修规程规定：例行检查的时间间隔开始为 5 年。膨胀接头也可以用刚性锚段关节代替，如图 3-117 所示。

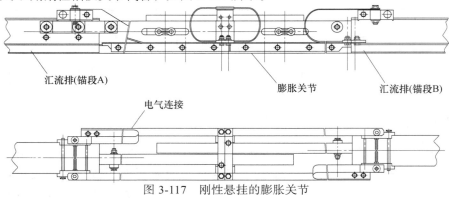

图 3-117　刚性悬挂的膨胀关节

三、刚性悬挂检修要点

刚性悬挂的检修量和柔性悬挂相比较小，主要检修项目为各装配结构中有无变形、腐蚀、损坏、磨损或丢失零件。①中心锚结：确定中心锚结处的支撑装置是否垂直于线路中心线，其两端的下锚拉线不应下垂，而应稍微绷紧。②刚柔过渡：确定接触线从链形悬挂系统以正坡度插入到过渡段。确定接触线被连续夹死，并且塑料护套也在正确位置。仔细检察过渡区段过渡梁或接触线由于振动疲劳产生裂纹的迹象。③绝缘子：仔细检查是否有任何晃动的迹象，安排合理的绝缘子清洗工作周期。④膨胀关节：确定镀银铜杆的表面在收缩膨胀动作时，没有发出"咔咔"的声音或其表面上没有沟槽痕迹。仔细检查任何过热的现象。确定膨胀部件的活动部分和相邻侧的接触线保持水平并平行于轨面，检验所有螺栓的紧固力矩。⑤加强接触线的磨耗检测，防止出现受电弓磨损汇流排。

第十四节　接触网其他设备

学习目标
① 掌握接触网附加导线的作用；
② 了解接触网附加导线、避雷器等设备的结构及安设要求。

一、接触网附加导线

接触网的附加导线包括供电线、正馈线、保护线、架空地线等，大多采用铝包钢芯铝绞线（LBGLJ）。

1. 供电线（F线）

供电线又称馈电线，用F表示，它是接触网与牵引变电所、自耦变压器所、开闭所、分区所之间的连接导线。其作用是将牵引变电所的电能输送到接触网上，一般送至接触网电分相两侧或者场站、机务段等独立供电分区。供电线与接触网同杆架设在支柱田野侧或者设置独立支柱，当有正馈线和回流线同杆架设时，供电线悬挂在最高处，如图3-118所示。

供电线的载流能力（截面积）应能满足接触悬挂的最大载流能力。早期供电线采用铝绞线，现在常采用的供电线主要有LBGLJ-150和LBGLJ-185两种铝绞线。随着铁路提速负载增大，LBGLJ-240等大线径导线也有采用。在高速铁路中，供电线采用铝包钢芯铝绞线 2×LBGLJ-250、315，双支供电线间每隔15~20m安装一处预绞式等距线夹。铝包钢芯铝绞线是将铝包钢线作加强芯和铝线绞合在一起的绞线，与普通钢芯铝绞线相比，导体重量轻，载流量提高，电力损耗减少，使用寿命长，而且不增加任何架设费用。

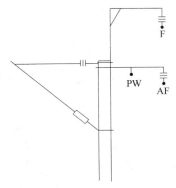

图3-118 供电线、正馈线、保护线架设示意图

在高速铁路中，采用GIS组合电器作为27.5kV高压设备时，供电线采用电缆出线；当距上网点距离较近，或者高架桥路段不便设置架空线上网时，多采用电缆在上网点通过上网隔开直接给接触网供电的形式。馈线电缆多采用3根截面积为300mm² 或400mm² 的27.5kV的铜芯交联聚乙烯塑料电缆。

2. 保护线（PW线）

保护线是AT供电方式中与钢轨并联，具有地线和牵引电流屏蔽线作用的导线。保护线和钢轨（扼流变中点）连接的导线称为保护线用连接线（CPW线）。保护线经保护跳线与接触网各绝缘子接地端相连，在各个AT自耦变压器的中点处和钢轨连在一起。采用综合接地时，和贯通地线每500~600m通过吸上线并联一次。因此当绝缘子发生闪络或击穿时，保护线会给短路电流提供一个良好的金属通路，使变电所继电保护装置迅速动作，达到及时反应和排除故障的目的。PW线的作用非常重要，当正馈线绝缘击穿或闪络时，如果没有PW线的存在，支撑装置绝缘子两端将承受55kV电压，可能使其绝缘闪络，最终造成牵引变压器55kV侧短路。

保护线的电压一般为200~300V，短路故障时可达3000V左右。由于保护线不流过牵引电流，只有在发生短路故障时才流过短路电流，所以保护线采用钢芯铝绞线。例如郑（州）—武（昌）线采用的是LGJ-70，既满足电流要求，也保证了机械强度。在高速铁路中，采用LBGLJ-125线材，保护线用连接线采用150mm² 铝芯电缆1~2根。

AT供电区段保护线与正馈线、接触网设备同杆架设，而且保护线经保护跳线与接触网接地端连接，所以在安装保护跳线时要充分考虑与正馈线之间的距离，防止因跳线与正馈线之间空气绝缘间隙不够,造成放电,烧断正馈线。根据《接触网运行维修规则》规定:接触网带电部分至固定接地物的距离不小于300mm,再考虑风力偏移,一般考虑保护跳线与正馈线间的间距为350mm。

3. 正馈线(AF线)

正馈线用于AT供电区段,架设在接触网支柱的田野侧,AF线的对地电位为27.5kV,和接触网电压反相。早期AF线采用铝绞线,例如京广线的郑(州)—漯(河)段AF线采用LJ-185,高速铁路中采用和供电线相同的线材(比如石武高铁)或比供电线稍小的线材(比如在京沪高铁中,架空线上网时供电线采用2×315mm²架空线,正馈线采用2×200mm²架空线),现行设计规范要求正馈线的载流能力应和接触悬挂相同。AF线与PW线同时悬挂在支柱田野侧,肩架上PW线靠支柱侧,AF线靠田野侧,在停电作业时,AF线和接触线的地线同时接钢轨,而PW线经接地极接大地。

4. 架空地线(GW线)

在基本站台或中间站台上,为了人身安全,除设了保护线外,还在支柱顶部架设了一段架空地线(GW线),架空地线直接固定在支架上,并与钢柱相连。架空地线在站台的两端下锚,在每端各打一个接地极,所以GW线的设置可以保证站台上人身安全,使站台钢柱有双重保护。架空地线一般用GJ-50。为了与PW线线材统一,减少备料等原因,有时(如郑武线)GW线采用LGJ-70铝芯绞线,当站台较长,GW线长度超过1000m时,根据设计应该在锚段中部增加接地极。

附加导线锚段长度一般小于2000m,在曲线区段、高度或跨距相差悬殊地段可适当减小锚段长度,其强度安全系数不低于2.5。附加导线下锚一般采用支柱两侧对向下锚,即两个锚段在同一颗支柱的左右两侧硬锚后用跳线相连,支柱左右都应打下锚拉线。对于AT区段,PW线和AF线可以在同一支柱对向下锚,但是要特别注意支柱上导线间的绝缘距离;也可以在相邻两支柱上分别对向下锚,但这时要多2条拉线的施工量。导线在下锚时,张力应符合设计要求,导线弛度应符合安装曲线规定,施工误差+2.5%~5%,不合理的工作张力将导致极限温度(最低温度)下线索张力过大,对于供电线、正馈线,在曲线段可能导致绝缘子偏斜过大,引起放电事故;在隧道、硬横跨上方框架架设时,净空条件较受限,可以采用两绝缘子呈V形来悬吊线索或使用支持绝缘子,有较好的稳定性。

附加导线不得散股,安装牢固,断股、损伤面积小于标准截面的7%时,可将断股处磨平并用铝线扎紧,断股损伤面积在7%~25%时要局部补强,用并沟线夹将同材质线索在损伤处两侧夹持,如图3-119所示。断股破损面积大于25%时必须更换或截断做接头。

图3-119 供电线补强示意图

耐张段内供电线、回流线接头断股和补强线段总数分别不得超过下列规定且接头距悬挂点的距离应大于500mm:耐张段长度在800m及以下为4个,锚段长度为800m以上为8个。供电线、回流线与接触网同杆架设时,带电部分距支柱边缘的距离,回流线不得小于0.8m,供电线不得小于1m。

二、接触网雷电防护

接触网雷电防护包括直击雷防护和限制过电压两方面。直击雷防护的主要手段是安装架空地线（避雷线），防止接触悬挂等遭受直击雷。限制过电压是通过各类避雷器限制接触网上的雷电引起的大气过电压等。架空地线装设于接触网无防护时，雷击跳闸率大于4次/(100km·a)，长度不小于1km。避雷器安装在接触网支柱上，一端和接触悬挂相连接，一端接地，作为接触网大气过电压保护设备。大气过电压是指在接触网附近发生雷击或接触网落雷时接触网产生的过电压，这种峰值很高的过电压会使绝缘子闪络、击穿而发生短路事故，造成接触网设备损坏，当安装了避雷器后，它能及时地将雷电引入大地，限制接触网上过电压的大小。

对接触网进行大气过电压保护，需要加装避雷器的场所有：

① 年均雷暴日超过40天的下列重点位置应设避雷器：分相和站场端部绝缘锚段关节；长度2000m及以上隧道的两端；供电线上网点；需要重点防护的设备。

② 高速铁路雷暴日不小于40天地区的接触网宜设避雷线，或将回流线/保护线适当抬高兼起防雷功能，其他铁路年均雷暴日超过60天的接触网应设避雷线或将回流线/保护线适当抬高兼起防雷功能。

其他常见安装避雷器的场所有：吸流变压器的原边、电缆头处，分区所、开闭所、AT所。

1. 架空地线与直击雷防护

防止接触网接触悬挂、附加导线直接落雷的主要方法是设置架空地线（避雷线），架空地线是连接接触网的所有非带电金属体的接地保护线。电气化铁路接触网本身的耐雷水平较低，对直击雷防护能力弱，设置架空地线是一种设计施工简单、效果明显的雷电防护措施，可将雷击跳闸率大幅降低。在支柱上方架设架空地线后，对AF线和T线形成屏蔽，减少接触网直击雷害；架空地线接闪雷电后，雷电流经架空地线和支柱分流入地，只有当雷电流幅值较大时才会引起绝缘子闪络；架空地线还对雷击时接触网附近大地产生的感应过电压起屏蔽作用。架空地线屏蔽效果与保护角有关，保护角越小，屏蔽效果越好。在接触网支柱顶端架空地线，架设位置越高，对AF线保护角越小，但架空地线本身的引雷作用会随着高度的增加而增强。架空地线高度确定要权衡屏蔽作用与引雷效果。如图3-120所示，架空地线通过支撑装置架设在顶端，对地高度较AF线高出2~2.5m，在直接供电方式下，对地高度高出接触悬挂1.5~2m，起到防雷作用，也可以直接将PW线架设在对应位置作为架空地线使用。架空地线和支柱间不绝缘安装，利用每根支柱接地。

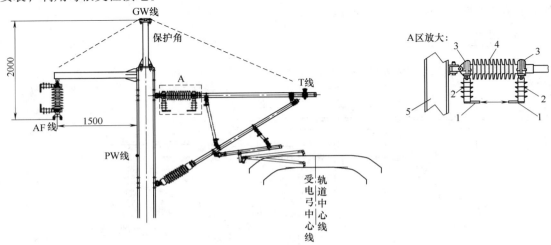

图3-120 架空地线与串联间隙避雷器

1—棒电极；2—避雷器本体；3—安装抱箍；4—棒式绝缘子；5—支柱

2. 角隙型避雷器

角隙型避雷器主要有并联间隙避雷器和角隙避雷器两种，如图 3-121 所示。角隙避雷器主要由角型间隙、支持绝缘子、支持钢管及底座组成。角型间隙是角隙避雷器的关键部分，它由两个串在一起的火花间隙组成，其中一个靠边的角固定在防污型支柱绝缘子上，用截面不小于 25mm² 的铜绞线或 70mm² 钢芯铝线将它连接到接触网，而另一个靠边的角则通过支持钢管和地线接到钢轨上（或架空地线上）。当接触网产生过电压时，角型间隙击穿，放电电流被引入大地，此时角型间隙之间的电弧在电动力和上升的热气流作用下，自动沿着开放的角型导体向外拉长，弧柱迅速变细，并在大气中冷却熄灭，使接触网又恢复到正常工作状态。

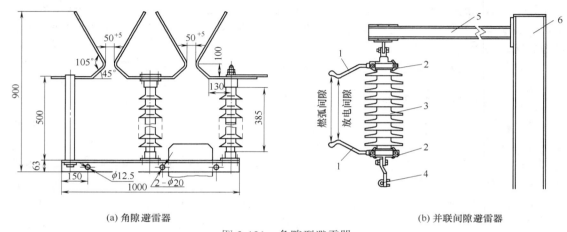

图 3-121　角隙型避雷器
1—电极；2—安装抱箍；3—AF 线悬式绝缘子；4—AF 线；5—悬臂梁；6—支柱

并联间隙避雷器由一对金属电极构成，固定在绝缘子两端，一端通过支柱接地，在雷电过电压作用下，间隙击穿，释放雷电能量，随后系统工频续流电弧在电磁力作用下，沿电极向离开绝缘子方向移动，弧根固定在电极端部燃烧，避免烧伤绝缘子，造成永久接地故障。并联间隙避雷器结构简单，成本低。并联间隙避雷器在 AF 线绝缘子使用时，朝向线路外侧方向安装，对于平腕臂绝缘子，朝向水平方向安装。

3. 管型避雷器

管型避雷器的安装结构如图 3-122 所示。

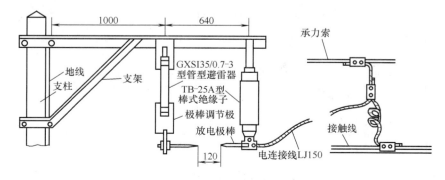

图 3-122　管型避雷器的安装结构

它是由内部间隙、外部间隙和产气管组成。外部间隙由两个针尖相对的极棒构成,其作用是使避雷器在正常运行时,避免产气管承受电压,防止管子表面长时间通过泄漏电流而引起破坏。内部间隙在管子里,由一个棒形电极和一个环形电极组成。当接触网遭受雷击时,避雷器在大气过电压作用下,其外部间隙和内部间隙相继被击穿,在放电瞬间,强大的放电电流在内部间隙中产生高温电弧,管子内壁在高温电弧作用下融化,产生高压气体并从管口一端喷出,将管内电弧吹灭,放电终止,使接触网恢复对地绝缘。整个灭弧过程可在 0.01~0.02s 的时间内完成。管型避雷器动作特性分散,在电气化铁路中已经基本淘汰。

4. 外串联间隙金属氧化物避雷器

外串联间隙金属氧化物避雷器由避雷器本体和串联间隙两部分构成,并联安装于线路绝缘子两端。正常运行电压、操作过电压和工频过电压下,串联间隙不击穿;幅值足够高的雷电过电压作用下,串联间隙击穿放电,雷电过电压施加到避雷器本体上,由于金属氧化物电阻片具有良好的非线性伏安特性,避雷器本体瞬间呈现低阻抗,释放雷电能量,随后避雷器本体恢复高阻抗,阻断系统对地工频续流,串联间隙恢复绝缘状态。该避雷器结构如图 3-120 中 A 区放大图所示。外串联间隙金属氧化物避雷器可安装在 AF 线悬式绝缘子和平腕臂棒式绝缘子处。对 AF 线绝缘子,外串联间隙金属氧化物避雷器本体宜朝向线路外侧,对 T 线水平腕臂绝缘子等水平安装的绝缘子,避雷器本体宜朝向下方。

外串联间隙金属氧化物避雷器应用于高速铁路接触网绝缘子防雷保护时,安装避雷器的绝缘子不再发生雷击闪络,降低接触网雷击跳闸率。该避雷器在系统正常运行时,工作电压绝大部分加在串联间隙上,避雷器本体电阻片几乎不存在老化损坏的问题,可以免维护。

5. 无间隙型氧化锌避雷器

无间隙型氧化锌避雷器并联安装在设备两端,系统正常运行时,避雷器呈现高阻抗,在雷电过电压作用下,避雷器动作呈现低阻抗,释放雷电能量,随后避雷器迅速恢复高阻抗,阻断系统对地续流,其动作响应时间为纳秒级,具有优良的伏安特性,能与设备内绝缘特性良好配合,可作为一种较为理想的变电设备防雷保护装置。氧化锌避雷器采用无间隙结构,工作时避雷器阀片没有和接触网通过气隙隔离,长期处在工作电压下,避雷器的阀片会出现性能劣化,最终失效,导致短路发生事故,这在重雷区可能导致系统可靠性下降,需要定期检测维护。在上网隔离开关牵引变电所侧多安装无间隙型氧化锌避雷器,既保护隔离开关和电缆,又起限制雷电侵入波幅值、保护所内设备的作用。

为了规避氧化锌避雷器阀片击穿风险,近年来避雷器脱离器开始在电气化铁路中应用。避雷器脱离器与避雷器串联使用,当避雷器出现异常发生故障时,利用工频短路电流让脱离器动作,使脱离器接地端自动脱开,避雷器退出运行,防止事故进一步扩大,并给出可见性脱离标识,便于维护人员及时发现故障点,进行维护和更换。电气化铁路中使用的脱离器多为热爆式脱离器,利用失效避雷器中的短路电流在脱离器中产生燃弧,引爆热爆元件来达到脱离的目的。图 3-123 所示是京沪高铁使用的带脱离器的氧化锌避雷器安装图,AT 区段、AF 线和接触网、供电线都要加装避雷器;如果是直供或者直供加回流供电方式,只有一组避雷器。避雷器和脱离器的布置可以采用图示的水平布置的方式,也可以采用垂直布置的方式。

避雷器的底座上装设有辅助绝缘,其通过中间法兰连接避雷器动作计数器,然后接地或接入综合接地系统。

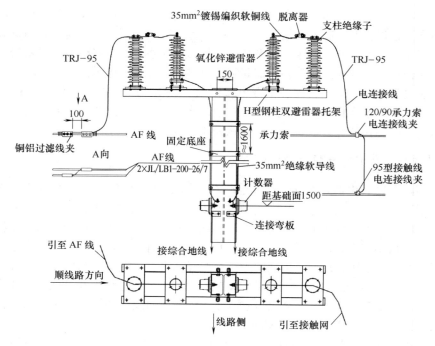

图 3-123 带脱离器的氧化锌避雷器（AT 区段）

三、扼流变压器

在电气化线路上，轨道被用作回流导线，轨道回路的电阻由轨道电阻和接头过渡电阻两部分组成。如果轨道回路电阻较大，就会增大轨道内的电压降，增加钢轨电位，因此在正常的轨道接头间要加设电气连接线。

在自动闭塞区间，钢轨被分成相互绝缘的段，为了保证牵引电流沿钢轨回路的畅通，在钢轨绝缘接头的两端要装设扼流变压器，如图 3-124 所示。扼流变压器线圈的端头分别接到两个钢轨上，用导线将钢轨绝缘端头两侧的扼流变压器线圈中点连接起来，牵引电流能绕过绝缘接头而流通。图中 BE 表示扼流变压器，大箭头表示牵引电流，小箭头代表信号控制电路电流。当两钢轨中牵引电流相等，即 $I_A=I_B$ 时，它们在扼流变压器中产生的磁通相互抵消，铁芯不被牵引电流磁化，扼流变压器对于轨道电路信号仅仅是一个普通的变压器，既提供了牵引电流的通道，又不影响轨道电路的工作。

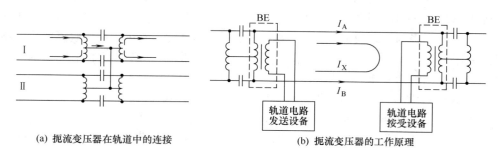

(a) 扼流变压器在轨道中的连接　　(b) 扼流变压器的工作原理

图 3-124 扼流变压器工作原理

在单牵引轨回路的情况下，只能用一根钢轨来流通牵引电流，另一根钢轨用于流通自动闭塞电流，如图 3-125 所示。在非自动闭塞区段上回流线要连接到电气化线路的钢轨上。在单轨道回路的车站上，要将回流线连接到所有牵引轨上。在双牵引轨道电路情况下，回流线应连接到扼流变压器线圈的中点。在有多条线路时，在回流线连接的位置上，在各条线路的钢轨之间应加装线间连接线。

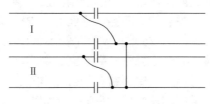

图 3-125　单牵引轨回流原理图

四、保安装置

① 在电气化区段，车辆平交道口铁路两侧的公路上应装设限界门，用于限制超高车辆通过，防止触电伤人，其安装形式如图 3-126 所示。随着铁路的发展，中国铁路正线区间基本上取消了平交道口，实现了立交化。限界门主要见于一些货场和专用线路。限界门的安装位置在沿公路中心线距最近铁路中心线不小于 12m 的地方，地形受限时，以支柱倾倒不涉及接触网为宜。在支柱到线路间应该装混凝土保护桩，涂以黑白相间的漆条，限界门支柱上应该悬挂安全警示牌。

② 鸟类筑巢活动高发区段接触网设备应设计安装驱鸟、防鸟装置。对电气化铁路沿线的污染源进行调查和分析，并根据污染源的性质和危害，对结构和设备采取针对性措施，确保结构和设备安全可靠。

③ 在天桥、跨线桥等的靠近或跨越牵引供电设备的地方，须设置防护栅网，防护栅网安设"高压危险"标志。

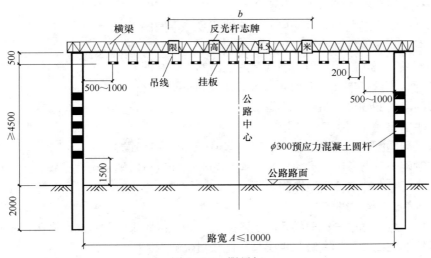

图 3-126　限界门

复习思考题

1. 简述锚段的作用，说明锚段长度的确定受到哪些因素影响。
2. 铁路电力牵引供电设计规范中对高速铁路锚段长度是如何进行规定的？
3. 什么是锚段关节？三跨、四跨锚段关节的作用与技术要求是什么？
4. 画出直线三跨非绝缘锚段关节的立面图、平面图，说明其技术要求。
5. 画出直线四跨绝缘锚段关节的立面图、平面图，说明其技术要求。
6. 画出直线五跨绝缘锚段关节的立面图、平面图，说明其技术要求。
7. 高速铁路锚段关节施工时，对腕臂偏斜有什么要求？
8. 说明补偿装置的作用，常见的补偿装置有哪些类型？
9. 滑轮补偿装置由哪几部分组成？什么是滑轮补偿装置的传动比？
10. 常见的坠砣有哪些类型？对坠砣有什么技术要求？
11. 什么是补偿装置的 a、b 值？
12. 如何绘制和使用补偿坠砣安装曲线？
13. 某全补偿简单悬挂，悬挂类型为 JTMH-95+CTAH-120，承力索和接触线分别选用 1∶4 和 1∶3 传动比滑轮组补偿器，最高温度为 +40℃。根据设计要求计算在气温为 24℃时的 b 值（L=350m、500m、800m）。
14. 棘轮补偿装置的优点是什么？棘轮补偿安装曲线包括哪些内容？
15. 中心锚结的作用是什么？中心锚结应安设在什么地方？
16. 画出常见的两种全补偿链形悬挂中心锚结结构。
17. 防窜中心锚结和防断中心锚结的区别是什么？各用于什么场合？
18. 线岔的作用是什么，交叉线岔由哪些零件组成？
19. 高速交叉线岔的技术特点是什么？
20. 什么是无线夹区？对无线夹区有什么规定？
21. 设置交叉吊弦的作用是什么？
22. 无交叉线岔的技术特点是什么？
23. 为什么要求道岔始触区两接触线应处于受电弓同侧？
24. 画图说明高速铁路中无交叉线岔的结构。
25. 参照图 3-34 说明锚段关节式高速线岔的工作原理。
26. 说明软横跨基本结构、软横跨各部绳索的材质。
27. 说明常见的硬横跨有哪些类型。
28. 说明软横跨 15 种节点的用途。
29. 根据习题图 3-1 标注软横跨节点（其中 5 道是装卸线）。
30. 接触网电气分段的主要类型有哪些？为什么要进行接触网电气分段？
31. 在什么地方安装分段绝缘器？
32. 常用的分段绝缘器有哪些类型？
33. 为什么机车通过分相时要切断主断路器？分相区段长度要考虑什么因素？
34. 常见的自动过分相有哪几种类型？比较其优缺点。
35. 为什么高速电气化铁道适用锚段关节式电分相？画图说明 6 跨电分相的结构特点。

习题图 3-1

36. 常见的锚段关节式分相有哪些类型？
37. 隔离开关的作用是什么？应如何选择 GW—27.5T 和 GW—27.5TD 开关？
38. 说明隔离开关的操作过程。
39. 负荷隔离开关的作用是什么？
40. 电连接线有哪些类型？
41. 高铁电连接线有哪些类型？对高铁电连接线安装有什么要求？
42. 上承式桥梁如何安装接触网支柱？
43. 桥梁上的腕臂支柱装配有什么特点？
44. 隧道内悬挂有什么特点？常见的隧道内悬挂的装配结构有哪些类型？
45. 接触网接地的作用是什么？有哪些接地形式？
46. 接触网闪络保护的两种方式是什么？
47. 什么是高速铁路的综合接地系统？其作用是什么？
48. 采用综合接地系统时的接触网接地回流接线的特点是什么？
49. 简述电气化铁路接触网馈线电缆的结构由哪些部分组成。
50. 简述电气化铁路接触网馈线电缆的护层安全接地要求。
51. 刚性悬挂的优缺点是什么？一般用于什么场合？
52. 刚性悬挂的平面布置特点是什么？
53. 刚性悬挂主要由哪些典型结构组成？
54. 接触网有哪些附加导线？
55. 接触网在哪些场合需要设置避雷器？常见的避雷器类型有哪些？
56. 扼流变压器的作用是什么？其工作原理是什么？
57. 限界门的作用是什么？

第四章 接触网工程设计基础

第一节 气象条件及基本荷载

学习目标：
① 了解接触网主要气象条件的确定；
② 掌握接触网主要气象条件对接触网的影响；
③ 掌握接触网主要荷载的计算方法。

接触网是露天供电装置，它要经受外界各种自然条件变化的影响。影响接触网技术状态因素主要有风吹、日晒、雨淋、雷电和覆冰等。

风不仅增加线索和支柱的机械荷载，而且会使接触线产生摆动、振动，速度大且强劲的风会使接触线出现巨大摆动和振动。在冬季，接触线及承力索上有时会出现积雪和结冰，称为覆冰，覆冰会增加接触线和承力索的机械荷载，使接触线技术状态改变，影响电力机车的正常运行。温度变化会使接触线和承力索的张力弛度发生变化，有张力补偿时，会产生腕臂偏斜等，这些都是应在设计中考虑的因素。

气象条件对接触网工作质量及技术状态有较大的影响，故气象条件是接触网设计计算时最原始、最重要的基础资料，同时也是设计计算时的基本依据。对接触网工程技术人员而言，学习和使用接触网各类安装图时，首先在设计说明中要了解气象条件。

一、气象条件的确定

气象条件的选择直接影响到接触网的工程投资、技术性能和运营安全。在具体选择时应力求准确，满足设计需要，取值尽量规格化、系列化，且同一线路的气象条件尽可能地统一起来。其中影响最大的三个因素是温度、风速和覆冰厚度。

1. 最高温度与最低温度

最高温度 t_{max} 与最低温度 t_{min} 应根据线路通过地区的实际极限温度，采用各地最近 15 年的平均最高、最低温度，在数值上取 5 的整数倍。

接触网系统正常工作温度的上限值取决于最高环境温度、日照、载流量等因素。接触网系统（主要是接触悬挂部分）的最高温度要比环境温度要高。接触悬挂的最高温度称为接触网系统的最高计算温度。最高计算温度一般取最高气温的 1.5 倍；对于牵引负荷大、行车密度高的线路，最高计算温度可结合最高气温及最高导线工作温度适当提高，但不大于 80℃。

2. 风速

风速大小与距地面的高度有关，还受到地形地貌的影响。一般山区、河滩、山谷处风速会比附近平地风速更大，一般按照增加10%计算。风速的基本参数是风偏设计风速，在空旷地区离地面10m高处采用10min自动记录方式，记录30年发生一次的平均最大值，且不大于列车运行环境风速（大风区列车停运的风速）。风偏设计风速用于以下几方面：接触网风偏最大允许跨距的计算；支柱挠度计算以及接触网零部件、绝缘子、开关等设备的强度校核；附加导线、接触悬挂和周围接地体间在最大风速时的空气绝缘间隙大小校验等。

3. 最大风速出现时的温度

最大风速出现时的温度各地不一样，按最大风速时的实际值和强风季节最冷月的月平均气温综合确定。该参数用于确定最大风速时导线张力弛度、绝缘距离和进行支柱容量校验等。

4. 覆冰厚度和覆冰密度

线索覆冰厚度应根据沿线气象记录和运营经验确定，接触网的覆冰厚度指圆筒形的冰壳厚度，沿导线表面等厚度分布，不考虑导线截面的不规则形状。设计资料中一般只给出承力索覆冰厚度，接触线的覆冰厚度应为上述相应值的50%。接触网计算时一般不考虑吊弦及其线夹的覆冰载荷。线索覆冰的密度计算中一般取为$0.9g/cm^3$。

覆冰对接触网的影响和破坏作用有：①覆冰会增加线索、支柱和基础所承受的机械荷载；②增大迎风面积，导致线索水平荷载增加；③接触线覆冰后会影响受电弓的取流，造成弓网间的连续拉弧甚至断线；④覆冰在导线表面形成不同积聚形态，在风作用下振动甚至舞动；⑤覆冰导致绝缘子绝缘强度下降，容易造成闪络事故；⑥隧道内拱顶如果不严密，严寒季节渗水结成冰柱，易使导体短路而影响正常供电等。

5. 线索覆冰时的温度

接触网线索覆冰与否，应视该地区实际情况而定，我国在覆冰地区一般选取−5℃为线索覆冰时的温度。覆冰时的温度用于确定最大附加荷载时导线的张力和确定支柱容量等。

6. 线索覆冰时的风速

覆冰时相应的风速很难测定，根据经验和有关资料，为统一起见，一般覆冰时的风速取10m/s，沿海、草原等地区取为15m/s。沿海地区指距海岸线不超过100km的地区，且不能越过山脉。用于确定最大附加载荷时，导线的张力和确定支柱容量相等。

7. 腕臂和定位器正常位置时的温度

腕臂和定位器正常位置时的温度在一些工程设计中也称为腕臂无偏斜时温度。确定这一温的原则是，腕臂及定位器在最高计算温度或最低温度下产生的纵向偏移值尽量相等，一般取该地区最高计算温度与最低温度的平均值。

8. 接触线无弛度时的温度

接触线无弛度时的温度是指接触线处于水平状态时的温度。在半径补偿链形悬挂接触网系统中,接触线弛度会受到温度影响而变化,接触线无弛度温度的选取原则是接触线正弛度值略大于负弛度值。

目前半补偿链形悬挂在中国电气化铁路中已不采用。对于全补偿链型悬挂,因为承力索、接触线张力恒定,接触线有无弛度和温度无关,主要受到覆冰附加载荷的影响。

9. 隧道内气象条件

我国是一个地形复杂的国家,山区线路隧道较多,隧道内接触网设计气温应依据隧道长度及该描段在隧道内的长度确定。当2/3锚段长度及以上位于长度大于2000m的隧道内时,最低气温可按比隧道外设计气温最低值高5℃,最高值低10℃取值,其余情况可与隧道外接触网设计气温取为一致。

为了便于开展设计标准化的工作,我国结合各省、市自治区的气象特点,将全国划分成九个标准气象区,见表4-1所示。

表4-1 典型气象分区

计算条件		气象区 I	II	III	IV	V	VI	VII	VIII	IX
温度/℃	最高	+40								
	最低	−5	−10	−10	−20	−10	−20	−40	−20	−20
	覆冰									
	最大风速	+10	+10	−5	−5	+10	−5	−5	−5	−5
	安装	0	0	−5	−10	−5	−10	−15	−10	−10
	大气过电压	+15								
	内部过电压 年平均气温	+20	+15	+15	+10	+15	+10	−5	+10	+10
风速/(m/s)	最大风速	35	30	25	25	30	25	30	30	30
	覆冰	10					15			
	安装	10								
	大气过电压	15					10			
	内部过电压	0.5×最大风速(不低于15m/s)								
覆冰厚度/mm		—	5	5	5	10	10	10	15	20
覆冰的密度/(kg/m³)		900								

表中所列的九个区域大体所属范围划分如下:Ⅰ区为南方沿海易受台风侵袭的地区;Ⅱ区系指华东大部分地区;Ⅲ区包括西南部的非重冰地区以及福建、广东等的受台风影响较弱的地区;Ⅳ区包括西北大部分地区、华北部分地区;Ⅴ区包括华东、中南和西南三个地区的广大山区;Ⅵ区泛指湖北、湖南、河南以及华北平原的大部分地区;Ⅶ区适用于寒潮风较强烈的地带;Ⅷ区适用于覆冰严重的地区;Ⅸ区系指云贵高原重冰地区。

二、单位荷载的确定

接触网的线索张力和弛度、安装曲线、最大许用跨距、锚段长度、容量、结构强度及荷载分析等是接触网机械计算的主要内容,主要目的是选择接触网的基本参数和设备型号,分析设备和结构在极限条件下的安全性。确定接触网的基本荷载是进行分析计算的基础。了解接触网的基本荷载对接触网施工和维修也非常重要。

1. 单位荷载的分类

接触悬挂单位荷载指每米悬挂本身重量及外部条件(冰、风)对其所形成的荷载。单位荷载分为垂直荷载和水平荷载。在计算中,无论垂直荷载还是水平荷载,均认为是沿跨距均匀分布的。

垂直荷载包括悬挂的单位长自重、单位长覆冰载荷,在计算时,不考虑吊弦及其线夹的冰重和吊弦单位重量等。水平荷载包括风荷载,承力索、接触线改变方向产生的"之"字力、曲线力及下锚力。

2. 单位荷载的计算

① 自重荷载。自重荷载一般用 g 表示,单位 N/m,承力索、接触线自重荷载用 g_c、g_j 表示。一般标准型号的线索,其单位长度自重可通过查材料表确认。在链形悬挂荷载计算中,还应考虑吊弦及其线夹的自重,通常按平均 0.5N/m 计算,并以符号 g_d 表示。

② 冰荷载。计算冰荷载时,按照覆冰厚度 b 计算承力索冰荷载。当计算接触线覆冰时的垂直荷载时,可忽略其截面的沟槽形状,即认为是圆形,并且沿导线覆冰呈圆筒状。由于运行中电力机车受电弓滑板的刮冰作用,在计算时,将接触线覆冰厚度折算为承力索覆冰厚度的一半。承力索覆冰荷载由下式计算得出:

$$g_{cb} = \frac{\pi \gamma_b b(b+d) g_H}{1000} \quad (4-1)$$

式中　g_{cb}——承力索的冰荷载,N/m;
　　　b——覆冰厚度,mm;
　　　d——承力索直径,mm;
　　　γ_b——覆冰的密度,g/cm³;
　　　g_H——重力加速度,m/s²。

如果是计算接触线冰荷载,上式中的 d 则为接触线的直径,且接触线的覆冰厚度折算为承力索覆冰厚度的一半,即 $b_j = b/2$。

3. 风荷载

风荷载是指风作用到线索和支柱上的压力,又称风压。线索所受的风荷载取受风影响最大的情况,即风向与线索垂直,为:

$$p_x = 0.625 \mu_s \mu_z d v^2 \times 10^{-3} \quad (4-2)$$

式中　p_x——线索所受的风荷载,kN/m;
　　　μ_s——风载体型系数,见表 4-2;
　　　μ_z——风压高度变化系数,见表 4-3;
　　　d——线索直径,接触线取平均直径,mm;
　　　v——最大风速,m/s。

表 4-2　风载体型系数（μ_s）

项次	类别	体型	风荷载体型系数 μ_s
1	混凝土支柱	环形截面	0.7
2		矩形或工字形截面	1.3
3	实腹式钢柱	环形截面	0.7
4		H形截面	1.3
5	格构式钢柱	由角钢组成的矩形断面钢柱	$\phi \times 1.3 \times (1+\eta)$ ϕ：桁架挡风系数 η：桁架背风面的风载降低系数
6		由钢管组成的矩形断面钢柱	0.8×项次5计算值
7	格构式横梁	由角钢组成的矩形断面横梁	$\phi \times 1.3 \times (1+\eta)$
8		由钢管组成的三角形断面横梁	0.58
9	线索	链形悬挂	1.25
10		简单悬挂（包括附加导线）	1.2

表 4-3　风压高度变化系数（μ_z）

离地面或海平面高度/m	地面粗糙度类别			
	A	B	C	D
5	1.09	1.00	0.65	0.51
10	1.28	1.00	0.65	0.51
15	1.42	1.13	0.65	0.51
20	1.52	1.23	0.74	0.51
30	1.67	1.39	0.88	0.51
40	1.79	1.52	1.00	0.60

注：A类指近海海面和海岛、海岸、湖岸及沙漠地区；B类指田野、乡村、丛林、丘陵以及房屋比较稀疏的乡镇；C类指有密集建筑群的城市市区；D类指有密集建筑群且房屋比较高的城市市区。

支柱所承受的风荷载可由下式求得：

$$P_s = 0.625\mu_s\mu_z Fv^2 \tag{4-3}$$

式中　P_s——支柱承受的风载，kN；
　　　F——支柱迎风面的面积，m²。

4. 合成荷载

由于线索同时承受垂直荷载和水平荷载，因此还应确定两者的合成荷载，合成荷载系上述两荷载的矢量和。应注意，在链形悬挂中，接触线所承受的水平荷载被认为是由定位器传给了支柱，故计算悬挂的合成荷载时不计算接触线的合成荷载，只计算承力索的合成荷载。

链形悬挂无冰无风时，其合成荷载为链形悬挂的自重荷载，以符号 q_0 表示：

$$q_0 = g_j + g_c + g_d \tag{4-4}$$

当最大风速时,承力索的合成荷载由下式求得:

$$q_v = \sqrt{(g_j + g_c + g_d)^2 + p_{cv}^2} = \sqrt{q_0^2 + p_{cv}^2} \tag{4-5}$$

合成荷载对铅垂线间的夹角由下式:

$$\varphi = \arctan \frac{p_v}{q_0} \tag{4-6}$$

覆冰时,承力索的合成荷载由下式求得:

$$q_{cb} = \sqrt{(q_0 + g_{cb} + g_{jb})^2 + p_{cb}^2} \tag{4-7}$$

合成荷载对铅垂线间的夹角由下式:

$$\varphi = \arctan \frac{p_{cb}}{g + g_{cb} + g_{jb}} \tag{4-8}$$

线索的基本参数见表 4-4。

表 4-4 线索的基本参数

参数 型号	g_0/(N/m)	h/mm	S/mm²	T/kN	$\alpha/10^{-6}℃^{-1}$	E/MPa	γ/(g/cm³)
GLCA$\frac{100}{215}$	9.25	16.5	215	10	17.4	98066.5	4.3
GLCB$\frac{80}{173}$	7.44	16.7	173	8.5	17.0	96105.2	4.3
CT100	8.9	11.8	100	10	17.0	127486.5	8.9
CT85	7.6	10.8	85	8.5	17.0	127486.5	8.9
GJ70	6.15	11.0	72.2	15	12.0	196133	7.85
GJ50	4.11	9.0	48.3	10	12.0	196133	7.85
LJ-185	5.06	17.5	183	12	23.0	61781.9	2.70
JTMH95	8.49	12.5	93.27	15	17	120000	8.89
JTMH120	10.65	14.0	116.99	23	17	120000	8.89
CTAH120 CTS120	10.82	12.90	121	15	17	120000	8.89 8.92
CTMH150	13.50	14.40	151	28~31	17	120000	8.89
CTCZ150	13.54	14.40	151	32	17	120000	8.92

第二节 简单悬挂荷载计算及安装曲线

学习目标:
① 了解简单悬挂状态方程;
② 掌握当量跨距的计算;

③ 了解简单悬挂状态方程起始量的计算方法；
④ 掌握简单悬挂安装曲线的应用。

简单悬挂是接触网中最基本的一种形式，它和一般供电线路相似，不同的是接触线上有电力机车受电弓与它接触摩擦取流。这样就要求简单悬挂接触线应有较大的张力和较小的弛度，并有较好的稳定性。

一、简单悬挂的弛度与张力

弛度是指架空导线两悬挂点与所成曲线的最低点的铅垂距离，在架空输电线中称之为弧垂。在进行弛度、张力分析前，首先做以下两点假设：①接触线荷载沿跨距均匀分布；②因跨距较长，接触线本身刚度在实际中影响很小，故在计算时忽略其刚度。

我们以一个等高悬挂的跨距（即两悬挂点在同一水平面）进行分析。其受力分析如图 4-1 所示。从图上看，该跨距接触线的最大弛度在跨距中心处，接触线最低点至两悬挂点间水平连线的垂直距离，称为弛度，以符号 f 表示。图中 A、B 分别为跨距两端的悬挂点，l 为跨距长度，V_A、V_B 分别为悬挂点的垂直分力，T 为两悬挂点的水平分力。

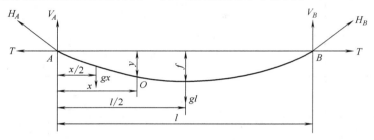

图 4-1 简单悬挂受力分析图

根据简单悬挂的力学平衡和力矩平衡方程，简化整理可以得到其简单悬挂曲线方程为：

$$y = \frac{gx(l-x)}{2T} \quad (4-9)$$

当 $x = l/2$ 时，$y = y_{\max} = f$，即

$$f = \frac{gl^2}{8T} \quad (4-10)$$

该式称为简单悬挂的弛度公式，由此可知，简单悬挂的弛度与线索所在跨的跨距平方成正比，和线索张力成反比。

$$T = \frac{gl^2}{8f} \quad (4-11)$$

将式（4-10）代入式（4-9）中得：

$$y = \frac{4fx(l-x)}{l^2} \quad (4-12)$$

式（4-12）称为简单悬挂接触线的曲线方程。在水平均布荷载下，接触线呈抛物线形状。

悬挂导线的张力并不是常数，在小弛度的接触悬挂中近似认为整个跨距内的张力均等于其

水平方向的张力。可以用数学分析得到长度公式：

$$L = l + \frac{8f^2}{3l} \qquad (4\text{-}13)$$

式中　L——接触线的实际长度，m；
　　　f——接触线弛度，m；
　　　l——跨距长度，m。

二、简单悬挂的状态方程

1. 状态方程

由于接触网是露天装置，当气象条件变化时，其状态也会发生变化。在简单悬挂中，接触线的张力和弛度随气象条件而变化，当温度变化时线索发生热胀冷缩；当有冰、风荷载作用时，接触线的张力和弛度也会发生相应的变化。反映简单悬挂的状态变化规律的数学表达式，称为简单悬挂的状态方程。列方程得：

$$\frac{g_x^2 l^2}{24 T_x^2} - \frac{g_1^2 l^2}{24 T_1^2} = \alpha(t_x - t_1) + \frac{T_x - T_1}{ES} \qquad (4\text{-}14)$$

通常整理表示为：

$$t_x = \left(t_1 - \frac{g_1^2 l^2}{24\alpha T_1^2} + \frac{T_1}{\alpha ES} \right) - \frac{T_x}{\alpha ES} + \frac{g_x^2 l^2}{24\alpha T_x^2} \qquad (4\text{-}15)$$

式中　l——跨距长度，m；
　　　α——线索的线胀系数，1/℃；
　　　T——线索的张力，kN；
　　　t——温度，℃；
　　　E——线索的弹性系数，MPa；
　　　S——线索截面积，mm²；
　　　g——线索单位长度荷载，N/m。

其符号字母的注脚用"1"表示已知的起始情况，用"x"表示待求情况。

在式（4-15）中，括号内为起始情况，其余为待求情况。如果将不同的 T_x 值代入方程中，可求得与 T_x 相对应的温度 t_x 值。在设计规定温度范围内，计算一定数量的 T_x 对应温度 t_x 值，并按此绘制 $T_x = f(t_x)$ 张力曲线，根据张力曲线，利用式（4-11）即可求得弛度与温度的关系曲线。

2. 当量跨距

接触网的每个锚段都是由若干长度不同的跨距组成的，跨距长度与线路具体情况有关。对接触线而言，每个锚段支柱处，腕臂均采用绞接，可随线索转动，因此当气象条件变化时，可认为线索的张力在锚段各跨距中近似相等。可以用一个具有代表性的跨距来说明整个锚段的张力变化规律，即当量跨距。当气象条件发生变化时，当量跨距下导线张力变化规律与锚段内各跨距线索张力变化规律相同，当量跨距用 l_D 表示。根据状态方程，我们可以得到：

$$l_D = \sqrt{\frac{\sum l^3}{\sum l}} \qquad (4\text{-}16)$$

在接触网计算中，只有先计算确定了锚段的当量跨距后，才能进行安装曲线的计算绘制。

3. 起始状态的决定

简单悬挂接触线张力与弛度的关系可由状态方程求出，但在使用公式进行计算时，必须先确定起始条件，即方程中带有注脚"1"的各量。起始条件的选择，应该使接触线在最不利情况下，其张力不超过允许的最大值。一般有以下两种情况可供选择：①在最低温度时，导线可能出现最大张力；②在覆冰时导线承受最大的附加荷载，可能出现最大张力。

三、简单悬挂安装曲线

1. 简单悬挂安装曲线绘制

根据气象条件和接触网有关数据，简单悬挂的荷载计算及安装曲线的绘制可按以下几个步骤进行。

① 确定接触线的计算荷载。其中包括许用张力 T_{max}、导线单位重量 g_j、合成荷载 q_b。

② 计算并确定当量跨距。当量跨距从最大值 65m 开始，按 5 的整数倍取值，最小值为 30m。在现场利用安装曲线查张力和弛度时，当量跨距要按接触网平面图上所示锚段实际跨距，根据式（4-15）进行计算确定，其结果也按 5 的整数倍选取。

③ 计算临界跨距，决定起始条件。

④ 确定起始条件后，将起始量代入式（4-13），并计算 T_x 随 t_x 的变化关系。

⑤ 将不同温度下的张力 T_x 代入式（4-15），其中 l 取实际跨距值，可得出在同一张力下不同跨距时的接触线弛度，因此弛度曲线是一簇曲线。

2. 简单悬挂安装曲线的工程应用

虽然简单悬挂在干线铁路中几乎没有应用，讨论简单悬挂的状态方程和安装曲线依然有着重要的现实意义，一方面，它是学习链型悬挂状态方程和安装曲线的基础，另一方面，在接触网中，各种附加导线的技术状态就是一个未设补偿装置的简单悬挂，其张力弛度状态和接触网系统的施工、检测、维修关系密切。

图 4-2 所示是某线路 LBGLJ-240 供电线的安装曲线（气象条件：最大风速 30m/s；最大风速时温度 0℃，覆冰厚度 10mm；覆冰时温度 −5℃；覆冰时风速 10m/s）。图 4-2（a）是线索最大许用张力 15kN 时，不同当量跨距的锚段的张力温度曲线，可以看出当量跨距越小，张力变化越大，线索张力变化可达 3~15kN。图 4-2（b）、图 4-2（c）列举了 40m、55m 当量跨距下的线索弛度曲线（右 Y 轴）和张力曲线（左 Y 轴）。完整的线索安装曲线应该包括从 30m 到 60m 的各个当量跨距下的安装曲线。从图中可以看出，对应某一锚段（当量跨距确定后）其线索某

一跨的弛度变化随着跨距增大而增大。当量跨距越小，这种变化范围越大。这些变化可能影响到线索和其他导体间的绝缘距离以及附加导线下锚处、曲线处支柱的受力状态等。

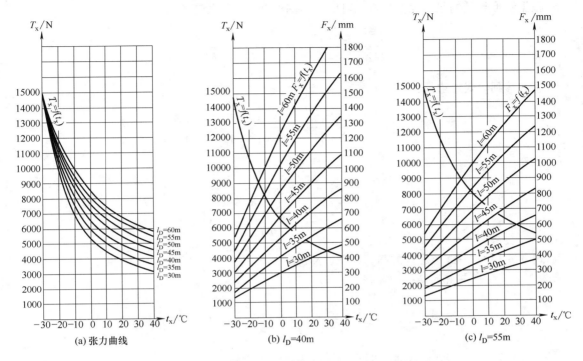

图 4-2 某线路 LBGLJ-240 供电线安装曲线（部分）

在实际放线施工或者检测中，可以通过安装曲线查得当前温度下线索的设计张力，使用张力计、紧线器将线索紧固到正确状态。基本步骤为先得到对应锚段线索的全部跨距值，然后计算锚段的当量跨距 l_D，找到对应线索、对应当量跨距的安装曲线，根据施工或检测时的温度确定 x 坐标位置，找到 T_x 曲线的 Y 坐标，即为该锚段线索当前的设计张力。也可以通过弛度确定线索的工作状态是否正常，得到锚段的当量跨距 l_D，找到对应线索、对应当量跨距的安装曲线，根据检测时温度确定 x 坐标位置，找到对应跨度 l 的 f_x 曲线。

第三节 链形悬挂荷载计算及安装曲线

> 学习目标：
> ① 了解链形悬挂状态方程；
> ② 了解起始状态和 T_{C0} 值的计算方法；
> ③ 掌握链形悬挂安装曲线绘制工程应用。

在运量大、运输繁忙、行车速度要求较高的电气化铁道干线上，接触网都采用链形悬挂。链形悬挂具有接触网弹性好、接触线弛度小、运营效果好、有利于电力机车高速行驶等优点，特别是在我国几大干线相继提速的形势下，链形悬挂更是高速电气化铁道首选悬挂方式。

一、链形悬挂状态方程

根据链形悬挂的张力弛度分析,可以得到基本链形悬挂状态方程为:

$$\frac{W_x^2 l^2}{24 Z_x^2} - \frac{W_1^2 l^2}{24 Z_1^2} = \alpha(t_x - t_1) + \frac{Z_x - Z_1}{ES} \quad (4\text{-}17)$$

将 t_x 移到等式左边得:

$$t_x = \left(t_1 - \frac{W_1^2 l^2}{24\alpha Z_1^2} + \frac{Z_1}{\alpha ES} \right) + \frac{W_x^2 l^2}{24\alpha Z_x^2} - \frac{Z_x}{\alpha ES} \quad (4\text{-}18)$$

$$W_x = q_x + q_0 \frac{\Phi T_j}{T_{c0}}$$

$$Z_x = T_{cx} + \Phi T_j$$

式中 W_x——链形悬挂的归算荷载,N/m;

        Z_x——链形悬挂归算张力,N;

        Φ——结构系数,$\Phi = \dfrac{(l-2e)^2}{l^2}$,$l$ 为跨距,e 为第一吊弦到定位点距离;

        T_{c0}——接触线无弛度时承力索的张力,为常数,N。

二、起始状态的决定

链形悬挂接触线张力与弛度的关系可由状态方程求出,但在使用公式进行计算时,也要先确定起始条件,即方程中带有注脚"1"的各量。起始条件的选择,应该使接触线在最不利情况下,其张力不超过允许的最大值。一般有以下两种情况可供选择:①在最低温度时,导线可能出现最大张力;②在覆冰时导线承受最大的附加荷载,可能出现最大张力。

通过计算校验得到简单悬挂起始条件,即 Z_x、W_x 和 t_1。

三、半补偿链形悬挂张力和弛度的计算及安装曲线

根据半补偿链形悬挂状态方程式,可计算并绘制承力索张力温度安装曲线,每个实际锚段只有一个当量跨距,因此用状态方程只能计算出一条张力温度安装曲线,如图 4-3(a)所示。在设计中根据现场实际锚段可能计算出的当量跨距,确定一组当量跨距数值代入状态方程,然后计算出每一个当量跨距下的安装曲线。

根据不同温度下的张力 Z_x,用链形悬挂弛度公式 $F_x = \dfrac{W_x l^2}{8 Z_x}$ 求出该温度下的承力索弛度值,其中 l 应取实际跨距,即在一个 Z_x 值下应有一组相对于 l 值所计算出的承力索弛度值 F_x,因为在同一个温度时,不同跨距值应有不同的弛度值和安装曲线,如图 4-3(b)所示。对于每

一个当量跨距情况，接触线应有一组弛度温度安装曲线，如图4-3（c）所示。从图中看出，半补偿链形悬挂的接触线弛度随温度变化明显，在温度较低时，接触线存在着负弛度。

现场在对承力索进行架设或检调时，应计算出所测锚段的当量跨距，然后从安装曲线图中找到该当量跨距下的承力索张力温度或弛度温度曲线，从曲线上，根据当时的气温和所测量的跨距，确定承力索张力或弛度值，依此值作为技术标准。

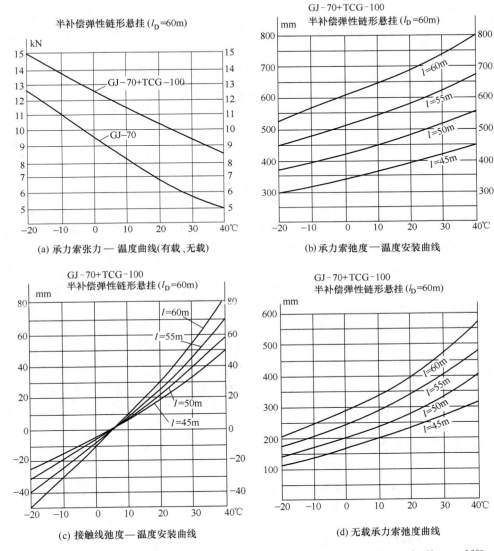

气象条件：$t_{max}=40℃$，$t_{min}=-20℃$，$t_b=-5℃$，$t_{V_{max}}=20℃$，$V_b=10m/s$，$V_{max}=30m/s$，$b=10mm$，$l_D=60m$，$t_0=25℃$。

图 4-3 某接触悬挂安装曲线举例

四、半补偿链形悬挂承力索无荷载时的张力和弛度

在链形悬挂施工中，如果先架设承力索后架设接触线，承力索架设后应保持一个标准的张力与弛度，以便今后挂上接触线使承力索荷载加大时，仍能满足规定的技术状态。

进行承力索无载张力计算时，把承力索悬挂了吊弦和接触线后，接触线处于无弛度状态

作为起始条件，承力索无荷载状态作为待求条件，按简单悬挂状态方程进行计算。根据起始条件得到无载承力索的张力曲线，无载承力索的各个当量跨距下的无载承力索弛度安装曲线如图 4-3（d）所示。

五、半补偿链形悬挂导线高度变化曲线

半补偿弹性和简单链形悬挂定位点旁，第一根吊弦点处导线高度的变化见图 4-4。

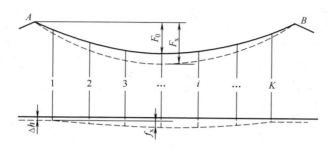

图 4-4　半补偿链形悬挂导线高度变化图

从图上可以看出，承力索弛度随着温度的变化从 F_0 变化到 F_x，接触线通过吊弦悬挂在承力索上，因此接触线弛度也随之发生变化，接触线弛度为：

$$f_x = \Phi(F_x - F_0) \quad （4-19）$$

根据上式将不同温度和弛度下的 F_x 值代入后，即可求出该温度和跨距下的接触线弛度值，并可绘制接触线弛度—温度安装曲线。

第一吊弦点导线高度变化量可由下式求出：

$$\Delta h = (F_x - F_0) - f_x = (1 - \Phi)(F_x - F_0) \quad （4-20）$$

在检调半补偿链形悬挂导线高度时，应根据当时的气温、当量跨距，从接触线安装曲线上查找所测跨距的弛度值及第一吊弦点导线高度变化值，然后用设计规定的导线高度减去这几个数值，计算出实际的导线高度。

六、全补偿链形悬挂线索张力与弛度

全补偿链形悬挂，由于承力索和接触线均设有张力补偿装置，因此可以认为承力索和接触线张力近似为常数，不随温度变化。

1. 无附加荷载时承力索的弛度

在无冰、风等附加荷载作用时，可以认为接触线处于无弛度状态，此时承力索弛度计算如下：

$$F_0 = \frac{W_0 l^2}{8 Z_0} = \frac{q_0 l^2}{8 T_{c0}} \quad （4-21）$$

$$W_0 = q_0 \left(1 + \frac{\Phi T_j}{T_{c0}}\right)$$

$$Z_0 = T_{c0} + \Phi T_j \text{（常数）}$$

式中　W_0——链形悬挂无冰无风时的换算荷载，N/m；

　　　Z_0——导线无弛度时链形悬挂换算张力，N；

　　　q_0——链形悬挂自重荷载，N/m；

　　　l——锚段内实际跨距，m；

　　　T_{c0}——接触线无弛度时承力索的张力，为常数，N。

全补偿链形悬挂承力索弛度 F_0，在无冰无风气象条件下，其大小主要取决于链形悬挂自重荷载 q_0 和承力索张力 T_{c0}。

2. 有附加荷载时承力索的弛度

在有附加荷载作用时，承力索的弛度发生变化，可由下式计算：

$$F_{cb} = \frac{W_b l^2}{8Z_0} \tag{4-22}$$

这时接触线在覆冰时的弛度为：

$$f_{jb} = \Phi(F_{cb} - F_0) = \Phi \frac{(W_b - W_0)l^2}{8Z_0} = \Phi \frac{g_{b0} l^2}{8Z_0} \tag{4-23}$$

$$W_b = q_b + q_0 \frac{\Phi T_j}{t_{c0}} = g_{b0} + q_0 \frac{\Phi T_j}{t_{c0}}$$

七、全补偿链型悬挂的安装曲线

对于全补偿链型悬挂，其线索张力、弛度在无附加荷载时为恒定值，其安装曲线的内容主要是针对线索温度变化带来的线索的伸长和缩短。当线索长度发生变化时，影响到补偿坠砣的 a、b 值及腕臂偏斜。为了使补偿坠砣在正确范围内升降，腕臂偏斜在设计温度变化范围内偏斜量最小，双腕臂底座上的两套腕臂间不碰撞（或保持绝缘距离），道岔限制管不发生卡滞，电连接线顺线路方向偏移时不影响接触悬挂状态，需要确定安装曲线（或者对应数据表格）的位置。腕臂偏斜可由下式计算：

$$\Delta a = \frac{T}{E}\left(\frac{1}{s} - \frac{1}{s_0}\right) \cdot x + \alpha \cdot x \cdot \Delta t \quad \text{或} \quad \Delta a = \theta x + \alpha x \Delta t \tag{4-24}$$

在线索完成超拉或者新线延伸稳定后：

$$\Delta a = \alpha x \Delta t \tag{4-25}$$

式中　Δa——距中心锚结距离为 x 处的承力索或接触线的位移量；

　　　T——承力索或接触线的补偿张力；

s_0——新线横截面积；

s——导线发生伸缩后的实际面积；

E——导线弹性系数；

x——腕臂安装位置距中心锚结的距离；

α——导线的线胀系数；

Δt——安装温度、腕臂定位位置正常时的温度差；

θ——新线延伸率。

腕臂安装曲线如图 4-5 所示。图 4-5（a）所示为采用 JTMH-95 镁铜合金绞线承力索时，旋转腕臂位置安装曲线。竖轴 l 为腕臂安装位置至中心锚结点的距离，横轴 Δa 为腕臂偏移时承力索座顺线路方向的偏斜量，正值为偏向下锚方向，负值为偏向中心锚结方向。Δt =实际气温 —腕臂和定位器正常位置时的温度，在 Δt =0 时，Δt 线与竖轴重合，腕臂没有偏移。

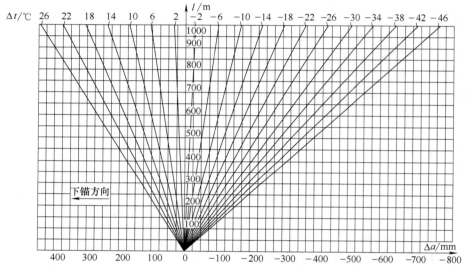

(a) JTMH-95镁铜合金承力索旋转腕臂位置安装曲线

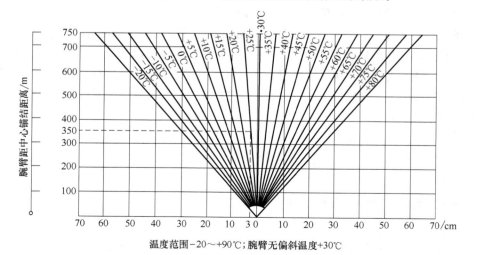

温度范围-20～+90℃；腕臂无偏斜温度+30℃

(b) 某高速铁路腕臂安装曲线

图 4-5 腕臂安装曲线

图 4-5（b）为某高速铁路腕臂安装曲线，其作图方法有所不同，其 x 轴为腕臂偏斜量，y 轴为腕臂安装位置距中心锚结的距离，从最低温度到最高计算温度每 5℃绘制一条曲线，得到一组曲线。

第四节　跨距及接触线风偏移的确定

> 学习目标：
> ① 掌握风偏对接触网技术状态的影响；
> ② 掌握线索改变方向产生水平荷载的计算；
> ③ 了解导线风偏移主要与哪些因素有关。

跨距是指两相邻支柱中心线间的距离，是接触网设计中的重要内容。其只从经济方面考虑投资所确定的跨距为经济跨距，从技术角度考虑受电弓取流要求确定的跨距，称技术跨距。一般情况下经济跨距总是大于技术跨距，尤其在高速铁路运行区段，对接触网技术状态要求高，因此接触网以技术跨距来确定实际跨距值。技术跨距是根据接触线在风力作用下，相对受电弓中心线所产生的允许偏移值确定。

弛度也是决定跨距的重要因素。通过计算接触线弛度来校验跨距长度是否满足弛度要求。在链形悬挂中，适应速度较高时，接触线的弛度一般不大于150mm，弛度一般是导线覆冰引起的。采用简单悬挂时，线路速度较低，接触线的弛度不大于 250mm，特别低速区段可以为 350mm。

根据电力机车受电弓的最大工作宽度，考虑到线路轨面高差、接触线调整误差、机车横向摆动等因素影响，在最大计算风速条件下，接触线距受电弓中心的最大水平偏移值，一般地区不得大于 450mm（高速线路为 400mm）。当接触线偏移值超过受电弓半宽时，会造成严重的钻弓事故。

一、简单接触悬挂受风偏移

1. 接触线受风水平偏移分析

当风作用在接触线上时，接触线产生顺风方向偏移，如图 4-6 所示。

图中所示为接触线在跨距内任一点的横断面位置的偏移，接触线在垂直荷载 g_j 和水平风荷载 p_j 作用下，由 B' 点移至 B 点，根据相似形的关系，水平偏移 b_j 为：

$$b_j = y \frac{p_j}{q_v} \qquad (4\text{-}26)$$

根据简单链形悬挂方程可解得最大水平偏移值为：

$$b_{j\max} = \frac{p_j l^2}{8T_j} \qquad (4\text{-}27)$$

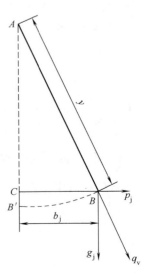

图 4-6　接触线受风偏移分析

2. 直线区段接触线水平偏移及最大跨距

在直线区段上，接触线一般按等"之"字值布置，见图4-7。

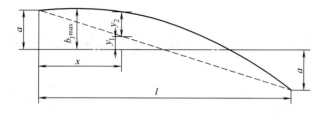

图 4-7 接触线（直线区段）按等"之"字值布置

跨中任意点接触线相对受电弓中心的偏移值由 y_1、y_2 组成：

$$b_{jx} = y_1 + y_2 = \frac{p_j x(l-x)}{2T_j} + \frac{a(l-2x)}{l} \tag{4-28}$$

当 $x = \dfrac{l}{2} - \dfrac{2aT_j}{p_j l}$ 时，b_{jx} 有最大值：

$$b_{jmax} = \frac{p_j l^2}{8T_j} + \frac{2a^2 T_j}{p_j l^2} \tag{4-29}$$

式中 a——接触线"之"字值，m；
p_j——接触单位长度上的风荷载，N/m；
T_j——接触线张力，N；
l——跨距长度，m；
b_{jmax}——接触线相对线路（受电弓中心线）的最大偏移值。

根据设计规定，$b_{jmax} \leqslant 450 \text{mm}$，当 $b_{jx} = b_{jmax}$ 时，最大跨距 l_{max} 为：

$$l_{max} = 2\sqrt{\frac{T_j}{p_j}\left(b_{jmax} + \sqrt{b_{jmax}^2 - a^2}\right)} \tag{4-30}$$

式中 l_{max}——最大计算跨距，m；
b_{jmax}——接触线的许可偏移值，m

3. 曲线区段接触线水平偏移及最大跨距

在曲线区段定位点处，接触线按拉出值布置。受到风力作用偏移后，导线相对受弓中心的偏移见图4-8。

$$b_{jmax} = \frac{p_j l^2}{8T_j} + \frac{l^2}{8R} - a = \frac{l^2}{8}\left(\frac{p_j}{T_j} + \frac{1}{R}\right) - a \tag{4-31}$$

根据上式，求解出曲线区段上的最大跨距为：

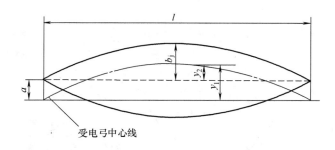

图 4-8 曲线区段接触线受风偏移

$$l_{\max} = 2\sqrt{\frac{2T_{\mathrm{j}}}{p_{\mathrm{j}}+\dfrac{T_{\mathrm{j}}}{R}}(b_{\mathrm{jmax}}+a)} \qquad (4\text{-}32)$$

在设计中，一般是根据已知跨距和拉出值，利用公式计算最大风偏移值，判断是否超过允许值。当考虑支柱挠度 γ_{j} 时，接触线的许可偏移量应该减去 γ_{j}，即用 $(b_{\mathrm{jmax}}-\gamma_{\mathrm{j}})$ 代替 b_{jmax}。

二、链形悬挂接触线受风偏移及最大跨距

在链形悬挂中，风同时作用在承力索和接触线上，由于接触线和承力索通过吊弦相互作用，接触线风偏移的状态比较复杂，要精确地计算动态下的相互作用力非常困难。我国从事电气化铁道设计和研究的科研人员通过实践经验总结和深入调查分析，提出了较为科学的链形悬挂接触线受风偏移当量理论计算公式。当量理论计算公式的意义是：把链形悬挂接触线和承力索通过吊弦的连接看成是一个整体，在计算公式中，仅在简单悬挂风偏移计算公式中的 p_{j} 旁乘上一个小于1的当量系数，即链形悬挂导线的风偏移比简单悬挂风偏移要小，这主要是考虑了吊弦对导线的偏移，施加了一个与风向相反的作用力。经过大量计算，确定 m 值为：采用钢铝接触线时 $m=0.85$，采用铜接触线时 $m=0.9$。

$m=1$ 时，则公式变为简单悬挂的计算式。链形悬挂接触线受风偏移当量理论计算公式如下：

1. 直线区段等"之"字值

$$b_{\mathrm{jmax}} = \frac{mp_{\mathrm{j}}l^{2}}{8T_{\mathrm{j}}} + \frac{2a^{2}T_{\mathrm{j}}}{mp_{\mathrm{j}}l^{2}} \qquad (4\text{-}33)$$

$$l_{\max} = 2\sqrt{\frac{T_{\mathrm{j}}}{mp_{\mathrm{j}}}(b_{\mathrm{jmax}}+\sqrt{b_{\mathrm{jmax}}^{2}-a^{2}})} \qquad (4\text{-}34)$$

2. 曲线区段

$$b_{j\max} = \frac{l^2}{8}\left(\frac{mp_j}{T_j} + \frac{1}{R}\right) - a \tag{4-35}$$

$$l_{\max} = 2\sqrt{\frac{2T_j}{mp_j + \frac{T_j}{R}}(b_{j\max} + a)} \tag{4-36}$$

接触网跨距除根据风偏移计算确定外，还应考虑接触线弛度、接触悬挂弹性等因素。我国接触网跨距规定为：直线区段最大允许跨距一般情况不应超过65m；谷口、山口、高堤和桥梁等风口范围内的跨距应缩小 5~10m，最大跨距不大于 50m；锚段关节转换柱和分相装置所在跨距应较正常跨距缩小 5~10m。在高速铁路设计中对跨距的规定为：对于简单链型悬挂，正线区段标准跨距取 50~55m，困难时局部最大跨距可为 60m；对于弹性链型悬挂，正线区段标准跨距取 55~60m，困难时局部最大跨距可为 65m。

第五节 腕臂支柱荷载分析计算

学习目标：
① 掌握支柱的主要荷载；
② 掌握支柱容量的计算过程；

装有腕臂的支柱称为腕臂支柱，它是接触网支柱中应用量最大的支柱。分析腕臂支柱荷载的主要荷载，对接触网施工和检修非常重要。

一、支柱荷载的确定

支柱荷载是指支柱在工作状态下，所承受的垂直荷载和水平荷载的统称。我们通常所说的支柱容量，是指支柱本身能承受的最大许可弯矩值。支柱的最大弯矩除了与支柱所在的位置、支柱类型、接触悬挂类型、线索悬挂高度、支柱跨距及支柱侧面限界有关外，还与计算气象条件有直接关系。计算最大弯矩时，一般应对三种气象条件进行计算，取其中最大值作为选择支柱容量的依据。一般来说，支柱的最大计算弯矩多发生在最大风速及最大冰荷载时。

1. 垂直荷载

接触悬挂自重荷载包括接触线、承力索、吊弦的自重荷载 q_0，在覆冰时还应该包括覆冰荷载，即：

$$Q_{gb} = nq_0 l + ng_{b0} l \tag{4-37}$$

式中　n——悬挂数目；
　　　q_0——链型悬挂单位长度自重荷载，kN/m；
　　　g_{b0}——链型悬挂单位长度覆冰荷载，kN/m；

l——跨距长度，一般选最大允许跨距。

悬挂结构自重包括腕臂、绝缘子、定位装置及其连接零件的重量，用符号 Q_0 表示；覆冰时还应包括悬挂结构冰重，用 Q_{b0} 表示。

2. 水平荷载

支柱本身的风荷载可由下式求出

$$P_s = 0.625\mu_s\mu_z Fv^2$$

接触悬挂传给支柱的风荷载包括接触线风荷载和承力索的风荷载，当支柱承担附加导线（如回流线、供电线等）时，还应包括附加导线的风荷载。可以用如下公式计算得到：

$$P_x = 0.625\mu_s\mu_z dv^2 L \times 10^{-3}$$

3. 直线上接触线呈"之"字布置形成的水平分力

在直线上，接触线呈"之"字形布置，对支柱定位点处产生的水平分力 $P_之$，简称为"之"字力，"之"字力分析如图 4-9 所示。

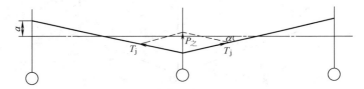

图 4-9　接触线"之"字力分析

$$P_之 = \pm 4T_j \frac{a}{l} \quad (4-38)$$

式中　a——接触线之字值，m；
　　　T_j——接触线张力，N。

4. 直线下锚支线索改变方向产生的水平力

当线索下锚时，下锚支线索由于改变方向对转换柱产生的水平分力以符号 P_m 表示。

在直线区段，下锚支线索张力对转换柱定位点处产生的垂直线路中心线的分力称下锚力，用符号 P_M 表示。直线上转换柱的下锚水平力如图 4-10 所示。其中图 4-10（a）为非绝缘转换柱 ZF_2 下锚布置图，图 4-10（b）为绝缘转换支柱 ZJ_3 支柱的下锚布置图。其锚支水平分力的大小可以用求"之"字水平力的方法确定。

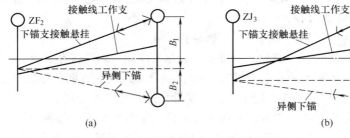

图 4-10　直线下锚力分析图

$$P_M = \pm T \times \tan\alpha = \pm T \times \frac{B}{l} \quad (4-39)$$

若为同侧下锚，转换柱所受的下锚水平分力为：

$$P_{M1} = \pm T \times \frac{B_1}{l} \qquad (4\text{-}40)$$

若为异侧下锚，转换支柱所受的下锚水平力为：

$$P_{M2} = \pm T \times \frac{B_2}{l} \qquad (4\text{-}41)$$

5. 曲线上线索改变方向产生的水平荷载

在曲线区段，线索布置呈折线状，在支柱定位点处，因线索改变方向而产生的向曲线内侧的水平分力通常称为曲线力，以符号 P_R 表示，接触线在曲线区段的受力分析如图4-11所示。

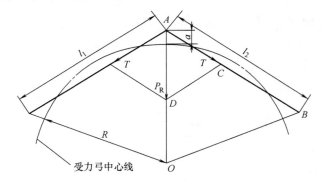

图4-11 接触线曲线受力分析

$$P_R = T \times \frac{l_1 + l_2}{2R} \qquad (4\text{-}42)$$

式中，T 为接触线、承力索张力和。

例：在 $R=1000\text{m}$ 的曲线段，拉出值375mm，接触悬挂张力（15+15）kN，跨距 $l=50\text{m}$，

$$P_R = T \times \frac{l}{R} = 30 \times \frac{50}{1000} = 1.5 \text{（kN）}。$$

二、支柱荷载计算

接触网支柱荷载计算就是根据支柱的垂直荷载、水平荷载以及它们相对于支柱基础面的力臂，计算支柱所承受的弯矩，进而根据支柱容量（是指支柱所能承受的最大弯矩）校验支柱安全性，进行支柱选型。计算过程为：

① 根据装配图，逐一计算零件荷载、接触悬挂荷载；
② 计算各类支柱荷载时，各荷载的力臂尺寸应尽量准确，以免误差过大；
③ 对布置在曲线内侧的支柱进行计算时，应正确选择风吹的方向，使计算结果为支柱处于最危险状态，以这种计算结果选用的支柱，在实际使用中更加安全可靠。
④ 有特殊装配和附加导线的支柱，应按其实际使用情况并参照接触网计算方法计算。
⑤ 支柱的最大弯矩与气象条件有关，它可能出现在最大风速或最大覆冰时，应选择其中最大值作为选支柱容量的计算依据。

腕臂支柱荷载计算一般考虑中间柱、中心柱、转换柱等。由于支柱所在位置和悬挂数目不同，受力条件也不同，应根据具体情况精确计算，并经济合理地使用支柱。下面介绍常用的中间柱、转换柱的计算方法。

图 4-12 为中间柱所承受的各种荷载分析图。

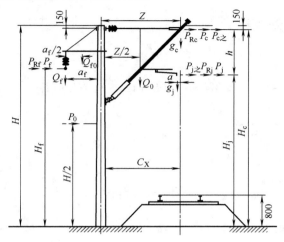

图 4-12　中间柱荷载分析图

图中：H——支柱地面以上的高度，m；

H_j——接触线至地面的高度，$H_j=H_0+0.8$，其中 H_0 表示接触线导高，m；

H_c——承力索至地面的高度，$H_c=H_j+h$，其中 h 表示接触悬挂结构高度，m；

Z——悬挂点至支柱中心线的水平距离，m；

Q_g——接触悬挂垂直荷载，包括承力索、接触线及吊弦线夹的重量，覆冰时应包括冰重，N；

Q_0——接触悬挂支撑装置垂直荷载，覆冰时应包括冰重，N；

Q_f——附加导线悬挂点处垂直荷载，覆冰时应包括冰重，N；

Q_{f0}——附加导线肩架及悬挂零件的重量，N；

a_f——附加导线悬挂点至支柱中心线的水平距离，m；

C_X——支柱侧面限界，m；

P_0——支柱地面以上本身承受的风荷载，N；

P_j——接触线的风荷载，N/m；

P_c——承力索的风荷载，N/m；

P_f——附加导线的风荷载，N/m；

P_{Rc}——承力索的曲线水平力，N；

P_{Rj}——接触线的曲线水平力，N；

P_{Rf}——附加导线的曲线水平力，N；

$P_{j之}$——接触线的"之"字力，N。

$P_{c之}$——承力索的"之"字力，N。

1. 直线区段支柱

一般以风从田野吹向线路为计算依据，支柱的力矩和由下式求出（对于直链形悬挂，考虑

承力索的"之"字力,对于半斜链形悬挂,直线区段不考虑承力索"之"字力):

$$M_0 = Q_g Z + \frac{1}{2} Q_0 Z + H_c (P_c + P_{c\geq}) + H_j (P_j + P_{\geq}) + P_f H_f - Q_f a_f - \frac{1}{2} Q_{f0} a_f + \frac{1}{2} P_0 H$$

2. 曲线区段曲外支柱

以风从田野吹向线路为计算依据,其合力矩为:

$$M_0 = Q_g Z + \frac{1}{2} Q_0 Z + (P_c + P_{Rc}) H_c + \frac{1}{2} P_0 H + (P_j + P_{Rj}) H_j + (P_f + P_{Rf}) H_f - Q_f a_f - \frac{1}{2} Q_{f0} a_f$$

3. 曲线区段曲内支柱

风从田野吹向线路时的合力矩为:

$$M_0 = -Q_g Z - \frac{1}{2} Q_0 Z + (P_{Rc} - P_c) H_c + (P_{Rj} - P_j) H_j + (P_{Rf} - P_f) H_f - \frac{1}{2} P_0 H + Q_f a_f + \frac{1}{2} Q_{f0} a_f$$

风从线路吹向田野时的合力矩计算:

$$M_0 = -Q_g Z - \frac{1}{2} Q_0 Z + (P_{Rc} + P_c) H_c + (P_{Rj} + P_j) H_j + (P_{Rf} + P_f) H_f + \frac{1}{2} P_0 H + Q_f a_f + \frac{1}{2} Q_{f0} a_f$$

应取合力矩最大值作为校验依据。在计算大半径曲线时,因曲线力较小,用哪种条件为计算依据要根据具体情况定(一般是两种风吹方向都算,选合力矩大的计算结果作为校验依据)。在小半径曲线计算上,由于曲线力较大,一般以风从线路吹向田野侧为计算依据。

第六节　接触网工程图

> **学习目标:**
> ① 掌握接触网平面图的基本构成、图例和识读;
> ② 掌握接触网供电分段示意图的识读;
> ③ 掌握腕臂装配图的基本知识。

接触网工程图是接触网设计的重要内容,是工程施工、运营维修的主要技术依据。接触网工程图包括接触网站场、区间、隧道、供电线、回流线、正馈线、保护线平面设计图,各类支柱、软横跨装配图,隔离开关、避雷器和分段绝缘器等设备安装图,中心锚结、锚段关节、线岔和下锚结构等结构安装图,支柱、基础、零件等设计图和其他专项设计图等。

一、接触网平面图主要组成部分

1. 平面图基本构成

① 图标　图标是图纸的图标栏,一般在图纸的右下角。中间为有设计单位名称、设计的铁路线路工程名称和图纸名称;右侧为图号区,主要有图号、比例尺(一般大型车站为1∶1000,简单车站可以为1∶2000)、设计日期等信息;左侧为签字区。如图4-13所示。

设 计 者		某某设计院集团有限公司	图 号	
复 核 者		新建铁路 ××至××线（××段）	比 例	1:1000
审 核 者			日 期	
审 定 者		××车站平面图	第　　张　共　　张	

图 4-13　图标栏示意图

② 说明或附注　用来说明和标注除图形符号以外的信息，比如设计依据、特别协议和约定、接触悬挂类型、某些特殊设计的技术要求等，是对平面图的重要补充和说明。

③ 平面图　接触网平面图用电气化铁路接触网图形符号来表示接触网设备和结构的平面布置，具体描述了接触网的技术参数、技术性能、设备安装位置，是接触网结构、设备、计算、平面图布置等技术的综合应用，是接触网设计的主要内容之一。对于站场平面图，平面图中还可能包括咽喉区放大图和道岔里程表等信息。接触网平面图还包括了曲线起终点及曲线要素、线路编号和股道间距、道岔标号和辙叉号、站房位置、车站名称和中心里程、站台宽度、雨棚高度及宽度、小桥涵和平交道中心里程、进站信号机位置及中心里程、机车检查坑、道岔清扫房、正线公里标等影响接触网平面布置的设施和要素。

④ 表格栏　表格栏一般位于图纸的下方，主要包括支柱侧面限界、支柱类型、地质条件、基础类型、软横跨节点（站场图纸）、安装图号等。

⑤ 工程数量统计表　工程数量统计表位于平面图的右上方，以表格的形式注明主要设备、线材、部件及构件的数量、规格、型号，如接触线、各类支柱、横卧版、基础、腕臂、定位器、分段绝缘器、线岔等的规格和数量。

二、接触网站场平面图识读

1. 站场平面图

站场平面图中影响接触网平面布置的主要设施和参数有：站场名称，中心里程标，站台范围及可能影响接触网的建筑物（站舍、雨棚、货舱、机车检查坑、天桥地道等）；全部电化股道数及股道编号，股道间距和到发线长，道岔型号，道岔中心里程，曲线起讫点里程，曲线半径长度及缓和曲线长度，桥隧名称，桥隧结构类型，进站信号机的位置和里程等。

2. 支柱

支柱的布置从站场两端最外侧（1号和2号道岔）的道岔定位柱开始，依次向车站中心布置。道岔定位柱设立位置要满足道岔定位要求。

每一根接触网支柱都进行编号，标注在支柱图符号正对位置。单线区间接触网支柱按照线路里程递增方向顺序编号；双线区间接触网支柱下行线编单号，上行线编双号。车站接触网支柱按照线路里程递增方向连续编号，段管线、牵出线、货物线、车场单独编号，并在编号前加注拼音字头，段管线用 D、牵出线用 Q、货物线用 H。

支柱的跨距标注在两相邻支柱跨距中间位置，并与支柱在同侧，数据下画一横线，单位为 m，精确到小数点后两位。最大允许跨距与悬挂类型、曲线半径、导线最大受风偏斜值和运营条件等有关。常用标准跨距定为 5 的整倍数，即 40、45、50、55、60、65（m）等，一般不超过 65m，见表 4-5。

表 4-5　最大跨距

悬挂类型	设计速度	250 km/h	300 km/h	350 km/h
简单链形悬挂	标准跨距/m	50	50	50
	最大跨距/m	55	55	55
弹性链形悬挂	标准跨距/m	60	55	55
	最大跨距/m	65	60	60

锚段关节的转换跨距、中心锚结所在跨距以及其他特殊跨距，应较一般跨距缩减 5~10m，或缩减原跨距的 10%。

相邻两跨距之比不宜大于 1.5:1，桥梁、隧道口、站场咽喉区等困难地段不宜大于 2.0:1。行车速度为 200km/h 路段，相邻两跨之比不宜大于 1.15:1，桥梁、隧道口、站场咽喉等困难地段不宜大于 1.25:1。在高速铁路设计中，一般要求相邻跨跨距差不大于 10m。

支柱布置时应考虑不妨碍信号瞭望。在直线区段，支柱应设置在进站信号机和区间信号机的显示前方，同侧接触网支柱要适当加大其侧面限界值；在曲线区段，支柱应设置在信号机前方 5m 以外；单线铁路直线区段在地形条件允许时，支柱应设置于信号机的对侧。

支柱设置要尽可能地照顾站场的远期发展，如果远期股道增多，则近期设立的支柱应考虑远期可资利用。对于远期铺设或预留的股道，如果土石方工程已做好，则软横跨支柱的容量及侧面限界一般均应考虑预留。

车站接触网平面布置应注重车站景观，不宜在站台上设立支柱。确有困难需在站台上设立支柱时，雨棚区段应与雨棚柱合建；雨棚以外区段，对基本站台和侧式站台，支柱宜设于站台外侧，对中间岛式站台宜设于站台中间。同一车站站台范围内的支柱类型应统一，且站台上支柱的内缘距站台边缘应有不小于 1500mm 的轻型车通道。而对于客流较大或有影响的特等站或一等站，尤应考虑美观因素，不能因经济上的考虑而破坏了整体美观条件。靠近站房的支柱要注意不要正对着门窗，站旁两侧的支柱要尽量对称布置。

在站场中心区进行支柱布置时，其跨距尽可能接近最大允许值，以减少软横跨柱和钢柱等大型支柱的数量。在支柱容量允许时宜优先选用钢筋混凝土支柱；在装卸圆木、矿石等的场所，采用钢柱，并应对支柱采取必要的防护措施；在软横跨钢柱上下锚时，可将普通钢柱容量加一级，并打拉线后用作锚柱。

基本站台或中间站台上的支柱，其边缘至站台边缘的距离应不小于 4m 或 2m。在高铁车站基本站台上，一般不设立独立支柱，采用线间立柱或雨棚合架。

3. 软横跨、硬横跨

在站场咽喉区以内，一般使用绝缘软横跨或硬横跨，尽量不用双线路腕臂柱。硬横跨较软横跨在某些方面具有更优越的性能，对于 200km/h 电气化线路应该首先选用硬横跨。软横跨跨越股道数不宜大于 8 股。在高速铁路的中间站，多采用线间立柱形式，在站场、中间站咽喉区等跨越多股道场所，当线间距不能满足设立立柱条件时，采用格构式硬横梁。

4. 接触网锚段

通过接触网平面图确定锚段数量、锚段起讫点和锚段长度、路径，是识读工程图纸的重要内容。锚段编号如图 4-14 所示,锚段编号和长度标注在下锚支柱的上方或者下方显著位置,标注要平行于线路,第一个数字为锚段编号,第二个数字为锚段长度,单位为 m,精确到小数点后两位。锚段编号单线区间按照线路里程递增方向顺序编号,双线区间下行编单号,上行编双号。车站锚段编号同线路编号。如果站线较长,分为多个锚段,可以用"线路编号-顺序数字"编号。与接触网同杆架设的其他线路(AF、PW、GW、NF 等),在编号前加注英文缩写代号。标注竖线对应下锚支柱位置。最外侧锚柱应标注其里程。锚柱后一定范围内不得有影响拉线安装的任何障碍物。

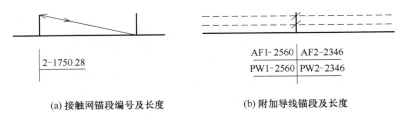

(a) 接触网锚段编号及长度　　　(b) 附加导线锚段及长度

图 4-14　锚段编号及长度标注

应合理选择锚段起讫点,站场上的锚段要充分利用锚段长度,原则上应每个独立股道设立一个锚段;确定锚段起讫点下锚支柱的同时,还要注意咽喉区接触悬挂的走向以及下锚支沿前进方向的转角须符合规定,跨越线路股道不宜过多。

对于常速线路,当正线作为一个锚段太长时,可以分成一个半或两个锚段,该两个锚段的衔接可以通过锚段关节或通过线岔转换下锚,如图 4-15 所示。

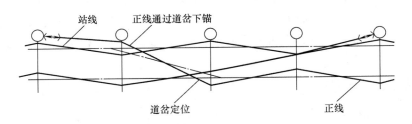

图 4-15　正线锚段通过线岔转换下锚

对于高速线路,在站场上无论正线或站线都不允许分成两个锚段,必须全线通过,在车站两端下锚。

应避免在道岔处多次交叉,如图 4-16 所示。图 4-16(b) 为道岔处接触悬挂是两次交叉,这种情况不够合理。

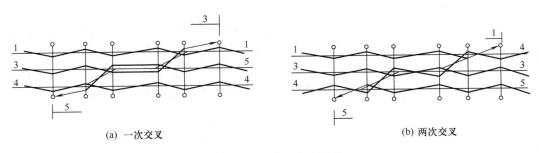

(a) 一次交叉　　　　　　　　　(b) 两次交叉

图 4-16　正线锚段走向优化

在站线下锚，接触悬挂改变方向时与原方向的水平夹角，正线一般情况不宜超过 6°，站线及接触线在非工作支部分改变方向不宜超过 10°。处于站场中间的锚段关节，可过渡 2~3 跨后下锚，以减少非工作支转角。

在高速线路上，不允许站线与正线在站场内相交，应保证正线的相对独立性，使高速列车无障碍通过。

在站线下锚时，锚段横向穿越的线路要尽量少，以利放线。在锚段通过相邻两道岔时，一般把两个接触线布置成平行，如图 4-17 所示。

(a) 相邻道岔间接触线平行布置　　　　(b) 相邻道岔间接触线交叉布置

图 4-17　相邻两道岔间接触线的交叉方式

对于站线，一般一股到发线只设置一个锚段，对于不长的站线、货线、渡线等，在锚段长度不超过 900m 时，可以仅在一端设置补偿器，称为"半个锚段"。

为了简化设备，减少锚柱，在划分和设置锚段时，应尽量减少锚段数目，一些渡线、支线应尽量合并到别的锚段中去，只有在不得已时才自成一个小锚段。

5. 中心锚结

中心锚结位置一般设在锚段中部附近。原则上要求从中心锚结到两端补偿器间的张力差应大致相等。全补偿链形悬挂和简单悬挂还应考虑中心锚结绳便于拉出、便于埋设锚柱和设置拉线。对于普速线路，一般区间锚段设置防断中心锚结，站场为防窜中心锚结；对于高速线路，有条件情况下全部采用防断中心锚结。

6. 电分段和锚段关节

在站场平面图中，锚段关节数量较少。当车站线路长度较长，对应线路接触悬挂长度超过最大允许值时，站线划分锚段，这种在站场中间的锚段关节一般为非绝缘锚段关节，其转换柱支撑和定位装置通过软横跨对应节点实现。其下锚非工作支要控制转向角度，延伸过渡多个跨距后下锚，锚段关节为五跨或者四跨形式。设计速度为 300km/h、350km/h 时，多采用五跨形式。

站场中设置绝缘锚段关节的主要目的是实现站场的电气分段，可以结合供电分段示意图来看懂站场的电气分段。

① 站场和区间之间的纵向电分段。车站的两端设置绝缘锚段关节，实现站场和区间之间的纵向电分段。绝缘锚段关节的位置可不受站场信号机位置的限制，但其转换柱的位置距离最外道岔岔尖大于 50m，以利于电力机车转线。在高速铁路中，满足动车组转线要求时，转换柱的位置距离最外道岔岔尖距离可较大，单线区段一般只在车站的电源侧设绝缘锚段关节，并应装设隔离开关。

在绝缘锚段关节处，对于设有开关的转换支柱，应把锚支柱放在转换支柱的同侧，以便连接跳线和保证安全，如图 4-18 所示，其锚柱与转换支柱在同一侧。

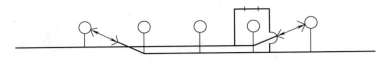

图 4-18 绝缘锚段关节的开关位置

② 上下行横向电气分段。对于双线区段,在站场的两端一般设置有上下行八字形、交叉或者单渡线,实现机车转线作业。上下行线路要实现电气分段,渡线接触悬挂设置分段绝缘器,也有使用绝缘锚段关节实现绝缘的情况。在站线的软横跨区域,通过软横跨绝缘节点实现上下行电气绝缘。可以通过平面图读出。上下行接触网带电体间的距离一般不小于 2000mm,困难时不小于 1600mm,满足 V 停作业需要。

③ 站场的供电分区或者供电分束。为缩小因接触网停电对行车的影响范围,满足供电要求,把接触网分成既能独立又能联络(必要时)的较小供电区段。在一般情况下,枢纽编组站各分场分束供电,按 3~5 股道为一束来设置,纵向通过进入分束的各个股道设置分段绝缘器,横向通过软横跨绝缘节点实现电气分开,在一端的分段绝缘器处,设置隔离开关。当旅客车站设有牵引变电所或开闭所时,每束接触网应设置独立供电线。分束供电设置电动隔离开关并纳入远动控制。统一分区/束股道间设置电连接线,小站一般设一处,位于站场中部,大站设两处,位于站场两端机车起动点处(约车站长度的 1/3 处)。

④ 机务段、动车段/所应单独电分段,铁路专用电化线路应单独电分段。装卸线、旅客列车整备线及机车整备线均应单独电分段,并在该处装设带接地刀闸的隔离开关。

7. 电分相

在有牵引变电所及分区所的车站,变电所及分区所附近应设置电分相,高速铁路中,电分相宜采用带中性区的锚段关节方式,中性区长度应根据受电弓的数量、间距及运用方式等因素综合确定,并应满足双向行车要求。接触网分相装置应满足电力机车运行方式、调车作业、供电线路及进站信号机位置和显示等方面的要求。

接触网分相装置距进站信号机的距离不应小于 300m,不宜设置在大于 6‰的大坡道地段。对于高速铁路,分相应设置在进站信号机至少 500m 外,应避免设在变坡点、大电流和加速区段。

8. 拉出值

接触网平面图中标出了接触线拉出值的大小和方向,一般标示在悬挂点附近。在线路中心线和支柱之间标注正定位拉出值,在线路中心线的远离支柱侧标注反定位拉出值。直线区段,接触线应按"之"字形布置,支柱处的拉出值宜为 200~300mm;曲线区段,接触线一般由受电弓中心向外侧拉出,使接触线与受电弓中心点的轨迹相割;对于半径较大的曲线区段,按"之"字形布置。

在布置和确定拉出值时,一般先从咽喉区开始。在向站中心布置时,若最后碰到直线股道上相邻定位点向同方向拉出,可找两边较小的跨距,在其定位点处将其拉出值设置为零。站场上布置拉出值,对于同一组软横跨,各股道要间隔向相反方向拉,以使软横跨支柱受力状态良好。

9. 咽喉区放大图

对于站场平面图，因其放大比例有限，特别是大站，一般是道岔密集、悬挂密布，其各组悬挂的走向、定位、跨越及下锚等均不易识别，不利于现场组织放线施工。因此，每一个站场两端均应绘制咽喉区放大图，如图4-19所示。

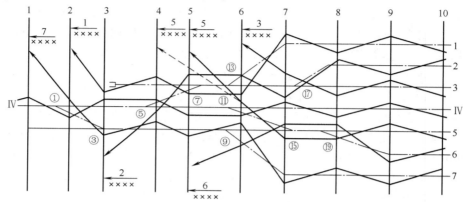

图4-19 咽喉区放大图

咽喉区放大图应注意下列各点：

① 放大图纵方向上和站场平面图对齐并保持比例不变，横方向线间距扩大到8~10mm；

② 绘制放大图时应从靠近站中心的道岔开始，且从两侧站线做起，逐步向两端（与区间衔接处）绘制，保持正线与区间衔接；

③ 为了保证道岔交叉布置的定位和避免悬挂多次交叉，允许两组悬挂在同一跨距内平行且等高布置。

④ 保持两组悬挂的交点位于定位点与辙岔之间；

⑤ 避免通过道岔下锚的站线悬挂（下锚支）穿越线路过多，又要注意不要多次交叉。在正线接触线改变方向时，要使该线在水平方向的走向与原方向的夹角不大于6°，困难时亦不应大于10°；行车速度为200km/h路段不宜大于4°，困难情况不得大于6°。

⑥ 放大图明确地标示出锚段编号、锚段长度及下锚位置。如图4-19中，2、5、4、1下锚支柱处都标明了锚段号和锚段长度，股道锚段编号一般和股道号相同。

⑦ 对于无交叉布置的高速线路，应明确标出定位支柱位置和相应的无交叉布置的标志。

三、区间接触网平面图识读

区间接触网结构相对简单，区间接触网平面图识读比站场也要容易，平面图所依据的资料主要是线路纵断面图以及区间内桥梁、涵洞、隧道的图表，绘图比例一般为1：2000。对于双线区间平面图，在平面图上、下分别设置上、下行接触网的表格栏。区间接触网平面图使用折断线与两端站中心相连并标注站名及中心里程。

线路平面图是接触网平面布置的基础，包括线路起终点、曲线要素、小桥涵中心里程及孔径、大中桥中心里程、孔跨形式及桥长、跨线桥中心里程及净空高度、隧道长度及进出口里程、线路公里标及百米标、双线区间绕行线起终点等。

对于高速铁路，接触网平面布置设计的基础是接触网杆位预留图，包括路基区段支柱编号、杆位里程、跨距、锚段长度、支柱类型、侧面限、基础类型等。桥梁区段包括桥墩号、梁号、支柱编号、杆位里程、跨距、锚段长度、支柱类型、侧面限界、基础类型等。

单线区间接触网支柱一般采用腕臂支柱，按照线路里程递增方向顺序编号；双线区间接触网支柱下行线编单号，上行线编双号。

按照锚段长度的规定划分锚段，尽量避免锚段关节设置在隧道内。锚段的划分在站场衔接处按照站场选定，中间一般设置非绝缘锚段关节，在四个非绝缘锚段关节间设置一个绝缘锚段关节。上、下行线路间，接触网在电气和机械上分开，上、下行线路的支柱一般对齐。双线上、下行两定位管间的绝缘距离不应小于 2000mm，困难时不应小于 1600mm。

在有轨道电路区段，吸上线和扼流变压器中点牢固连接，无轨道电路区段直接与钢轨牢固连接。吸上线载流量要大于所在区段列车有效电流的一半，变电所处吸上线的载流量应满足牵引臂最大电流。与相关变压器 N 线相连的钢轨连线的载流量应满足供电范围内最大负荷电流。

变电所处（供电臂首端）吸上线或接轨线设置两处，单线区段一处与正线相连，另一处与专用线或站线相连；双线区段上、下行正线应分别设置吸上线或接轨连线。

为缩小接触网检修时的停电范围，区间接触网划分为若干能独立停电的检修单元，即供电分区。一个区间可能时独立供电分区，也可能和一端车站为同一供电分区，要能根据接触网结构区分。对于 AT 供电区间，一般按"变电所—自耦变压器所—分区所"划分。

接触网上各类隔离开关通常根据运输实际需要设置，如牵引变电所电缆或较长架空线上网时，在上网点设置隔离开关，一般采用电动隔离开关并纳入远动控制，满足远方操控；AT 供电时，牵引变电所上网的接触网与正馈线分开设置单极隔离开关，以便灵活供电，满足现场运营需要。

供电线、正馈线、保护线、回流线等附加导线架设在支柱的田野侧，锚段长度不超过 2000m，正馈线、保护线可以在同一支柱上下锚，有困难时分别在两根支柱上下锚，附加导线的下锚支柱也要设置拉线。

附加导线对地面及相互间距离符合表 4-6 的要求。

表 4-6 附加导线对地面及相互间最小距离　　　　　　　　　　mm

序号	有关情况		供电线、自耦变压器供电线、加强线	回流线、自耦变压器中线、保护线、架空地线
1	导线在最大弛度时距地面的高度	居民区及车站站台处	7000	6000
		非居民区	6000	5000
		车辆、农业机械不能到达的山坡峭壁、挡土墙和岩石	5000	4000
2	导线距离峭壁、挡土墙和岩石的距离	无风时	1000	500
		计算最大风偏时	300	75
3	导线跨越铁路时的距离	跨非电气化股道（对轨面）	7500	7500
		跨不同回路电气化股道（对承力索或无承力索时对接触线）	3000	2000
4	不同相或不同分段两导线悬挂点间距离	水平排列	2400	—
		垂直排列	2000	—

续表

序号	有关情况		供电线、自耦变压器供电线、加强线	回流线、自耦变压器中线、保护线、架空地线
5	与建筑物间的最小距离	导线与建筑物间最小垂直距离（计算最大弛度时）	4000	3000
		边导线对建筑物最小水平距离（计算最大风偏时）	3000	1000
6	与信号机的最小距离	导线与信号机的净空距离（不设防护时）	2000	2000
		导线与信号机的净空距离（设防护时）	1000	1000

在隧道、跨线桥、下承式桥等有净空条件限制的场合，接触线高度会发生变化，接触线坡度一般地区不应大于 2‰，困难区段不应大于 4‰。在变坡区段的始末跨，接触线坡度变化不宜大于变坡区段最大坡度的一半；行车速度为 200km/h 的路段，其坡度应不大于 2‰，坡度变化率不应大于 1‰。

四、隧道接触网平面图识读

隧道接触网平面图要确定的主要内容有跨距长度、悬挂点的位置及数量、埋入孔的安装位置、定位点的配置、拉出值的大小及方向、锚段关节及中心锚结位置等。

隧道内接触网设计气温应依据隧道长度及该锚段在隧道内的长度确定。

隧道内接触网悬挂的类型根据隧道断面、净空高度、行车速度及所通过货物的装载高度决定。从低净空隧道到高铁隧道，隧道内支撑装置和定位装置类型差别较大，涉及的悬挂点图例类型也不同。

绝缘间隙应符合表 4-7 中的规定。

表 4-7　空气绝缘间隙值　　　　　　　　　　　　　　　mm

序号	有关情况		正常值（不小于）	困难值（不小于）
1	25kV 带电体距固定接地体间隙		300	240
2	25kV 带电体距机车车辆或装载货物间隙		350	—
3	受电弓振动至极限位置和导线被抬起的最高位置距接地体的瞬时间隙		200	160
4	25kV 带电体距跨线建筑物底部的静态间隙		500	300
5	同回路自耦变压器供电线带电体距接触悬挂或供电线带电体间隙（适用于任何高程）		540	—
6	绝缘锚段关节两接触悬挂间的间隙（同相位，适用于任何高程）		450	—
7	分相锚段关节两接触悬挂间的间隙（适用于任何高程）	120°相位，相间电压 43.3kV	400	—
		180°相位，相间电压 50kV	540	—
8	25kV 带电绝缘子接地侧裙边距接地体间隙（适用于任何高程）	瓷及钢化玻璃绝缘子	100	75
		合成材料绝缘元件	50	

隧道内平面布置应与隧道外的平面布置相配合。隧道口第一个悬挂点的位置及接触线的拉出值应与隧道口外相邻支柱的位置及拉出值相协调。另外，在通常情况下，链形悬挂的承力索

在出隧道口后要升高，隧道口第一个悬挂点的位置应考虑承力索升高后，对拱顶的距离不得小于最小绝缘间隙。定位点的配置及拉出值的选定，在外轨超高一定范围内不需调整，保证接触线对受电弓中心的水平偏移不超过 450mm。

跨距应根据线路情况、悬挂类型、既有隧道断面及悬挂安装形式等因素确定。隧道内受结构高度限制，一般跨距也对应要减小。一般来说，隧道内跨距的大小在直线区段取决于允许的接触线弛度，而在曲线区段既取决于接触线的允许弛度，也取决于接触线对受电弓中心的最大允许水平偏移。跨距越大，则接触线弛度越大，因而对隧道净空的要求也高。跨距选用时应综合考虑上述各种因素，进行技术经济比较后确定。跨距布置应尽量均匀。相邻两跨距之比不宜大于 1.5∶1；隧道口地段，当隧道净空低、跨距较小时，隧道外跨距与隧道内跨距之比则不宜大于 2.0∶1。

双线隧道位于隧道断面中部的中间立柱，宜采用上、下行线路各自独立的立柱，并且悬挂下行线路的中间立柱应位于悬挂上行线路中间立柱的前方。在直线区段，接触线应按"之"字形布置，定位点处的拉出值宜为 ±200mm，在曲线区段，应根据曲线半径、超高值、接触悬挂跨距选取拉出值。拉出值标示方法同站场。

隧道内锚段划分、锚段关节及中心锚结的位置应根据隧道所在区间的平面布置确定。隧道内不宜设置绝缘锚段关节，确实需要设置绝缘锚段关节的隧道应预留锚段关节断面、下锚洞及安装隔离开关的空间。

长隧道内（包括隧道间无法布置锚段关节的隧道群及桥隧相连处），对新建隧道，当预留锚段关节断面及下锚洞时，锚段长度不宜大于 2000m；对既有线隧道，当未预留锚段关节断面及下锚洞，改建困难时，锚段长度不宜大于 3000m。隧道内锚段关节全补偿下锚宜采用坠陀补偿下锚方式，并选用铁陀。未预留锚段关节及下锚洞的隧道可采用坠陀补偿以外的下锚方式。在高速铁路设计中，长度大于 900m 的隧道，有条件的尽量设置锚段关节；长度大于 6km 的隧道内及隧道群区段，每隔 6km 设一处绝缘关节，并安装带接地刀闸的电动双极隔离开关。接触悬挂及附加导线应避免在隧道洞门墙上下锚。对新建电气化铁路的隧道，当接触悬挂及附加导线必须在洞门墙上下锚时，接触网设计人员应向隧道设计人员提供接触网下锚位置、预埋件要求及受力荷载资料。

五、表格栏

1. 支柱侧面限界

支柱侧面限界系指轨平面处支柱内缘至相邻线路中心的距离，表格栏中的标明的侧面限界值单位为 m，位置在对应支柱的垂线方向。同一垂线上有多根支柱的，侧面限界对应从上到下顺序列出。

2. 支柱类型

在对应支柱的垂线方向标明支柱类型。比如支柱类型 GH260A 就标示了某处支柱的型号。作为锚柱使用时，注明拉线类型。比如"双拉线"表示接触悬挂下锚承力索、接触线承锚角钢上均打拉线，"单拉线"一般用于承力索中心锚结绳或者附加导线下锚时使用。

3. 地质情况和基础类型

在接触网设计的平面图上要清楚地标明沿线路的地质情况。因为支柱埋设地点、基础的稳固程度与地质情况有密切关系，不同的地质情况表明其承压力不同。因此，选择钢柱基础的类型及钢筋混凝土支柱的横卧板类型与数量都与该支柱埋设地点的地质情况有关，即和该地段的土壤类型（砂性土、黏性土、碎石土或岩石地段等）及线路状态（挖方、填方）等有关。不同的土壤种类，其承压力不同。在相同支柱容量情况下，所选择的基础类型（或横卧板的类型与数量）也有差异。

土壤的承压力在平面图中可以用允许承压力或安息角表示。土壤的允许承压力 $[R]$ 表示土壤承载能力的大小，如±150kPa（负号表示该区段挖方，正号表示该区段填方）。土壤的安息角 $[\varphi]$ 表示砂性土的自然坡度角，它与砂性土的内摩擦角相接近，如±30°（负号表示该区段挖方，正号表示该区段填方）。他们的对应关系如表4-8所示。

表4-8 土壤承压力与安息角对应关系

允许承压力 $[R]$/kPa	100	150	200	250	300
安息角 $[\varphi]$	17°~20°	30°	35°	40°	40°以上

4. 软横跨节点类型

软横跨节点共有15种，要按照从上到下的原则进行填写，填写时应注意与相应的软横跨支柱和各股道定位对齐。

5. 安装图号

接触网支柱装配是一项十分繁杂和细致的工作，使用构件稍有不当，将不能满足技术要求，甚至于在运营阶段会出事故。为避免类似的人为故障，一般各设计单位都根据支柱工作状态的要求绘制了各类支柱装配图册，每一张装配图都编有相应图号。为便于施工参考及进行工程数量统计，在接触网平面示意图中都标有相应支柱装配图的图号，并填写在该支柱和设备图例的正下方。

6. 附加导线安装图号

标注接触网附加导线的安装高度和安装参考图号，如回流线、供电线、正馈线、保护线等。

7. 备注

备注栏填写平面图中出现特殊情况时的说明，如导线进入隧道前其高度的变化值，特殊设计说明等。

六、接触网供电分段示意图

接触网供电分段示意图是电气化铁路运营管理重要技术资料，是用来明确表示接触网的分区段供电情况并明确其分界点，即供电臂供电范围、供电分束单元、站场供电分区及牵引变电所（亭）等布置情况的示意图。一般按照线别进行编制，大型枢纽地区还应单独编制接触网供电分段示意图。图4-20所示为某线路接触网供电分段示意图（部分）。

接触网供电分段示意图主要包含线路概况、接触网主要设备、重要设备、维修设施情况、外部环境情况、主要线路情况、特殊区段情况等。

日常作业中，接触网工班根据生产任务并依据接触网供电分段示意图明确停送电范围，编制工作票等。供电调度根据供电示意图了解正常检修作业时的现场作业地点、作业范围，及时发布调度命令。遇有故障抢修时，供电调度、抢修班组能从中快速找出事故地点对应的供电区段及相应的设备，并结合竣工图纸快速找出事故所需备料，制定正确的越区供电方案，为抢修

第四章 接触网工程设计基础

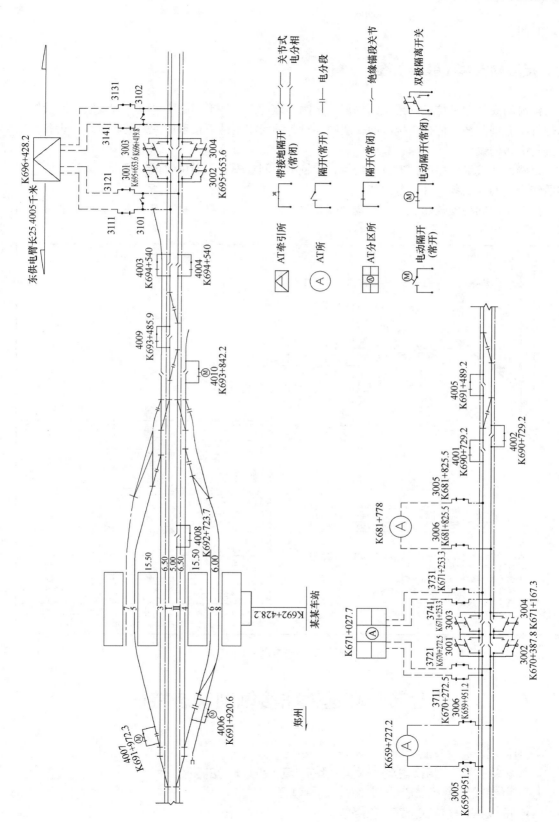

图 4-20 某线路接触网供电分段示意图（部分）

争取时间。

七、接触网安装（装配）图

接触网安装图是接触网系统的局部结构图和装配图，是工程施工单位工程安装、运营维护单位维护管理的技术依据。接触网安装图要对各种线路条件下接触网涉及的零部件、设备、结构进行完备的设计。

以隧道外接触网中间柱安装图为例，接触网中间柱安装图册由封面、目录、设计说明、安装曲线和中间柱安装图几部分组成。

接触网中间柱安装图有安装结构及安装尺寸图示、表格栏、材料统计表、说明、图标等内容，如图 4-21 所示。

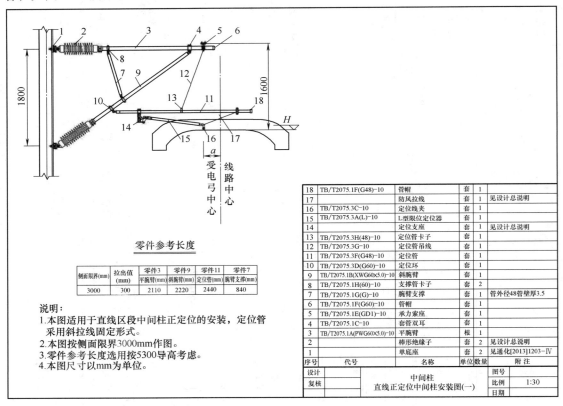

图 4-21 安装图举例

第七节　高速铁路接触网动态特性

学习目标：
① 掌握高速铁路接触网与受电弓的动态接触压力的变化；
② 掌握接触悬挂的弹性和弹性不均匀度；
③ 掌握接触悬挂的动态包络线。

和普速接触网设计不同的是,高速电气化铁道接触网设计要对接触网—受电弓系统的高速运行的动态关系进行分析研究及评估,确定接触网系统设计方案。弓网受流系统动态性能匹配的分析评估手段有运行检测数据分析评估、计算机仿真模拟分析评估。根据评估分析确定系统设计参数,包括导线材料选择及张力配置、设计跨距、预留弛度、结构高度、吊弦分布、锚段关节等。

一、接触网受电弓间的动态接触压力的变化

1. 接触压力及接触压力的变化

接触网受电弓间的接触压力特性包括了静态接触压力和动态接触压力。静态接触压力特性指受电弓在静止或上下均匀缓慢运动时表现出来的接触压力。电气化铁道接触网弓网静态压力一般在 70^{+20}_{-10} N,受电弓在有效工作高度范围内,静态压力的波动范围及受电弓上升、下降的静态压力越小越好。接触压力的大小及它的波动宽度是评估接触网行驶特性和接触线磨耗特性的重要质量参数。

受电弓的动态压力是指受电弓在高速运行时,施加在接触网上的力。受电弓动态压力值越稳定,说明弓网间动态性能越匹配,该力波动变化越大越频繁,则弓网接触状态越差。受电弓接触网间的压力大小受弓网间静态压力、高速下的空气动力影响、弓网间摩擦和动态接触压力等的影响。

如图 4-22 所示。受电弓接触线间的平均接触压力 F_m 为,

$$F_m=70+0.00097v^2 \quad (v\geqslant 200\text{km/h}) \tag{4-43}$$

标准偏差 $\sigma \leqslant 0.3 \times F_m$;最大值 $F_{max}=F_m+3\sigma$,$F_{min}=F_m-3\sigma$。

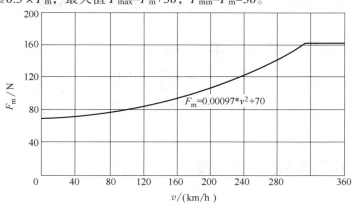

图 4-22 受电弓接触线间平均接触压力

高速接触网与受电弓之间的动态接触压力标准见表 4-9,不同设计速度的接触网系统接触压力变化见图 4-23。

表 4-9 动态接触压力标准

速度/(km/h)	接触力最大值/N	接触力最小值/N
≤200	300	>0
>200	350	>0

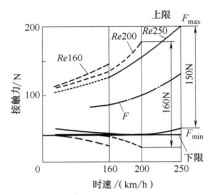

图 4-23 不同设计速度的接触压力变化

2. 燃弧率

受电弓和接触线产生的机械性脱开称为离线。离线时受电弓滑板和接触线间产生电弧，称为燃弧。滑板和接触线重新恢复接触后，电弧熄灭。电弧发生时电压波形产生畸变，引起对通信线路的干扰。持续或者连续发生的燃弧可能造成不稳定运行及弓线间的异常磨损，烧熔接触线。燃弧是衡量高速受流的重要指标，这个指标可以从三个方面考虑：限定时间或限定距离的燃弧次数、最大燃弧时间及燃弧率。

燃弧次数反映弓线间机械性脱开的频率，在同等条件下，离线次数越多，其受流性能越差，一般用每公里燃弧次数来表示。

离线时间是每一次机械脱开的持续时间。离线时间在 0.1~60ms 为小离线，大于 100ms 为大离线。小离线大多因导线材质、工艺及施工技术存在问题；大离线多为高速振动发生谐振及导线污染与覆冰等方面的原因造成。用每跨接触网出现的最大燃弧时间（ms）表示接触网的最大燃弧时间。

燃弧率是表示燃弧的综合指标，可用下式表示：

$$\mu = \frac{\sum t_i}{T} \times 100\% \qquad (4-44)$$

式中，$\sum t_i$、T 分别为大于 5ms 的燃弧的累计时间和弓网电流超过 30% 标称电流的运行时间。

二、接触悬挂的弹性和弹性不均匀度

接触网的弹性就是受电弓与接触线间在一定接触压力下接触线的抬升量（mm/N）。接触悬挂的弹性和弓网间的接触压力和悬挂抬升量有关。弹性过大将导致接触网振动加剧，会影响受电弓对接触线的跟随，增加离线率，可能导致受电弓和定位装置及其他零件的碰撞。接触悬挂的弹性不均匀将导致各处抬升量不同，产生附加振动。因此，对于高速铁路而言，接触悬挂应该有较小的弹性和均匀的弹性。高速铁路接触网的弹性一般在 0.5mm/N 以下。

接触悬挂的弹性用下式表示：

$$e_x = \frac{\Delta h}{p} \qquad (4-45)$$

式中 e_x——接触悬挂某处的弹性，mm/N；

Δh——在受电弓抬升力作用下，接触线产生的抬高量，mm；

p——受电弓作用于接触线上的抬升力，N。

弹性或弹性系数仅表示点对点的接触悬挂的弹性性能，不具备悬挂的整体概念，因而对一个跨距或对一个锚段的悬挂而言，一般用弹性不均匀度 u 表示：

$$u = \frac{e_{\max} - e_{\min}}{e_{\max} + e_{\min}} \quad (4-46)$$

一般运行速度越高，要求弹性不均匀度越小。高速铁路双方或多方运行条件下，u 值应满足弹链不大于 10%，简链不大于 36% 的需要。一般的，简单链形悬挂的弹性不均匀度比弹性链形悬挂高，在工程应用中，用预留弛度来弥补这种差距，改善高速受流条件。典型接触悬挂的弹性值如图 4-24 所示。

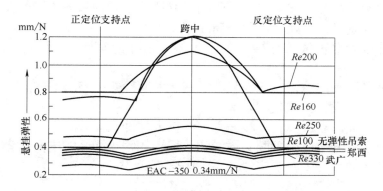

图 4-24　典型接触悬挂的弹性值

三、硬点

硬点是接触线底面不平顺或接触线铅垂弹性突变的点，是接触悬挂不均质状态的统称。在接触线上的某些部分（如定位点处）弹性变差或附加重力时，在列车高速运行的情况下，这些部分会出现不正常升高（或降低），甚至出现撞弓、碰弓现象，使这些部位出现力、位置、速度或加速度的突然变化。硬点是一种结构的本征缺陷，并且是相对的，速度越高，表现越明显，是接触线平顺性是否良好的直接体现。硬点会加快导线和受电弓滑板的异常磨耗及撞击性损害，同时破坏弓线间的正常接触和受流，硬点部位常形成火花或电弧。因此，对高速铁路接触网硬点的检测、治理十分必要。对于接触网硬点的检测是在受电弓上加装加速度传感器，检测铅垂方向的加速度（振动），用加速度的最大值表示硬点值大小，单位 m/s^2。

四、接触悬挂的最大抬升量与动态包络线

接触线最大抬升量按不小于 150mm 进行安全校验设计。非限位式接触线定位装置结构的抬升量至少应是接触线最大抬升量的 2 倍。限位式接触线定位装置结构的抬升量则至少应是接触线最大抬升量的 1.5 倍。

受电弓动态包络线是指列车在最高设计速度运行下，受电弓上下左右所允许达到的极限尺寸。由于接触网和受电弓的特性不同，各国对此并无共同的标准。动态包络线检查的主要内容

包括机械碰撞、绝缘间隙。图 4-25 所示是某时速 350km/h 高铁铁路的受电弓动态包络线：

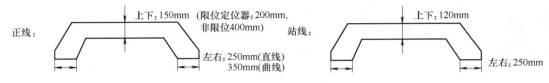

图 4-25　某高速铁路受电弓动态包络线

复习思考题

1. 举出 5 个影响接触网技术状态的气象条件，并说明其对接触网的影响。
2. 对照简单悬挂的弛度公式，说明简单悬挂的弛度和哪些因素有关。
3. 什么是当量跨距，如何计算当量跨界？
4. 简单悬挂安装曲线如何绘制？包括哪些主要曲线？它在电气化铁道中主要应用于哪里？
5. 全补偿链形悬挂腕臂偏斜安装曲线在接触网检修中有哪些作用？
6. 接触线的风偏斜和哪些因素有关？
7. 什么是支柱荷载计算？一般曲外中间柱上有什么荷载？
8. 根据附录三的接触网平面图，说明站场接触网平面图的主要内容。
9. 说明接触网平面图中表格栏的主要内容有哪些。
10. 什么是硬点，对接触网运行有什么影响？
11. 什么是动态包络线？画出动态包络线的示意图。

第五章 接触网施工

第一节 接触网准备

接触网施工前应做好施工准备工作,它关系到开工日期、工程进度、工程质量和施工安全。准备工作做得越充分,考虑得越周到,工程进展就越顺利,因此施工准备是接触网工程的重要环节之一。施工准备包括施工调查、设计文件核对、施工组织设计、施工机械、材料、人员、场地准备等几个方面。

一、施工调查

施工调查前根据工程合同、设计文件和相关资料,制订调查提纲,组织人员进行现场调查,调查结束后,根据调查情况编写书面的调查报告。施工调查应包括下列内容:
① 工程概况:包括工程环境、气候特征、工程地质、水文地质、工程数量和特点;
② 工程的施工条件:包括施工运输、水源、供电、通信、场地布置、征地、拆迁、青苗补偿情况等;
③ 铁路既有线路及其他有关技术设备现状及稳定情况是否达到施工的技术要求,前期工程进度情况及施工配合问题,相关工程对施工的制约和要求,各枢纽铁路的行车组织等与施工有关的资料;
④ 专业之间施工接口、预留质量及施工进度;
⑤ 影响施工的站前工程进度及其他有关工程进度情况和施工配合问题;
⑥ 当地原材料及半成品的品种、质量、价格及供应能力;
⑦ 设备、器材到达情况及沿线存放地点;
⑧ 地方生活供应、医疗卫生、防疫和民族、风俗;
⑨ 当地生态、环境保护的一般规定和特殊要求,工程对环境可能造成的近、远期影响等;
⑩ 其他尚待解决的问题。

二、设计文件的核对

施工准备需要进行技术准备、物资准备和施工组织计划的编制等几项主要工作。技术准备工作包括:熟悉、复核设计文件,进行施工调查。设计文件核对是技术准备的重要内容,包括如下内容:

① 技术标准、技术条件、设计原则；
② 设计文件组成与内容，施工图与既有线设备实际情况、有关图纸的一致性；
③ 设计文件中选用的主要设备的生产落实，新设备图纸及安装、检查验收技术标准；
④ 各设计专业的接口及相互衔接；
⑤ 施工方案、方法和技术措施，对设计响应性的优化。

施工单位应全面熟悉设计文件，并会同设计单位、设备管理单位和监理单位进行现场核对，当与实际情况不符时，应及时提出修改意见。在施工调查和设计文件核对后，应将结果及存在的问题呈报业主、监理和设计单位。

三、实施性施工组织设计

编制实施性施工组织设计应通过全面的调查研究，按照建设项目的工期要求和投资计划，有计划地合理组织和安排好工期、施工方案、施工方法、施工顺序，并提出劳动力、材料、机具设备等生产资源的合理配置。

编制实施性施工组织设计遵循的主要原则有：①满足指导性和综合性施工组织设计；②在详细调查研究的基础上，进行技术经济方案的比选，根据最优的方案进行设计；③完善施工工艺，积极采用新技术、新工艺、新材料、新设备；④因地制宜，就地取材；⑤根据工程特点和工期要求，安排好施工顺序及工序的衔接；⑥提高施工机械化作业水平，提高劳动生产率，减轻劳动强度，加快施工进度，确保工程质量；⑦符合环境保护、安全生产及职业健康有关法律、法规的要求，统筹安排工程进度。

编制实施性施工组织设计的主要依据有：①项目的合同文件；②设计文件、有关标准、施工技术指南和施工工法；③调查资料，如气象、交通运输情况、当地建筑材料分布、临时辅助设施的修建条件以及水、电、通信情况；④施工力量及机具情况；⑤现行施工定额和本单位实际施工水平。

实施性施工组织设计的主要内容有：①地区特征、气候气象、工程地质、工程设计概况、工期要求、质量要求、主要工程数量等；②工程特点、施工条件、施工方案、交通运输；③临时场地布置，水、电、燃料供应方法；④临时工程修建规模、地点、标准及工程量；⑤安全、质量控制目标；⑥施工进度安排、施工进度；⑦施工测量、基坑开挖方法及工程检测等；⑧对通信、信号、电力工程的配合技术要求及措施；⑨拆迁、干扰处理工作量及措施；⑩机械设备配备、劳动力配备、主要材料供应计划、当地材料供给等；⑪施工管理、工程质量和施工安全保证措施等；⑫施工过程中对环境的直接影响和潜在影响，对各种影响因素所采取的环境保护措施；⑬施工地区发生自然灾害、施工中发生紧急情况时的紧急预案。⑭对于利用封闭点施工的具体计划，以及减少施工与运输干扰的具体措施、办法。

实施性施工组织设计应在开工前作为开工报告的一部分呈报监理工程师，待批准后实施；在实施过程中应根据客观条件、生产资源配置的变化情况及时调整施工组织设计，并呈报监理工程师批准，实行动态管理。

四、施工机械

施工机械配套应针对实施性施工组织设计的要求，应配备污染少、能耗小、效率高的机械，施工机械应机况良好，零配件、附件齐全。机械设备的安装应选择适宜的地点，机械运转时的废气、噪声、废液、振动等应尽量减少对周围环境造成污染和影响，符合相关法律规定。配套的生产能力应与施工能力相匹配。

五、施工场地布置

施工场地布置应符合下列要求：有利于生产，文明施工，节约用地和保护环境；统筹规划，分期安排，便于各项施工活动有序进行，避免相互干扰。

施工场地布置应包括下列内容：汽车运输道路的引入和其他运输设施的布置；确定水、电设施的位置；确定大型机具设备的组装和检修场地；确定主要材料和设备的布置；确定各种生产、生活等房屋的位置；场内临时排水系统和临时用电设施的布置。

施工场地布置时，在水源保护地区内不得取土、弃土、破坏植被等，不得设置拌和站、洗车台、充电房等，并不得堆放任何含有害物质的材料或废弃物，工程竣工时，应修整和恢复受到施工破坏或影响的植被、自然资源等。

六、施工人员准备

施工项目实施需要的人员有项目经理、项目总工副经理，安全、技术、质量等主要负责人，施工安全员、防护员、带班人员和工班长等全体施工人员。施工应遵循以人为本的原则，对管理人员、作业人员经常进行安全教育，提高自我保护意识。作业人员应符合有关劳动法规的规定，持证上岗。特种作业人员（如轨道车、吊车驾驶等）应该具有专业任职资格。施工过程中应对职工加强安全技术教育，对施工人员进行铁路新技术、新设备、新工艺、新机械、新技术和安全管理再培训和再教育，定期进行健康检查。

七、接触网工程施工流程

接触网工程施工流程基本包括：接触网施工准备→基础施工→支柱安装→支柱装配→接触悬挂架设→接触悬挂调整→接触网设备安装→接触网附加导线架设等几个环节，图 5-1 所示为采用弹性简单链形悬挂的高速铁路接触网施工流程。

图 5-1　接触网弹性链型悬挂施工流程

第二节 施工测量与定位

接触网施工测量与定位的主要任务是杆位、基础的测量，依据设计图纸（接触网平面布置图）上规定的跨距和侧面限界，将施工图纸上支柱、基础等接触网建筑物的位置落实到施工地点。施工、设计和线路设备等相关人员共同参加，统一施工定测。

测量前应准备好测量工具和测量记录登记本，测量工具见表 5-1。

表 5-1 施工测量用工具

序号	名称	规格	单位	数量	用途
1	钢卷尺	50m	盒	1	丈量支柱跨距
2	钢卷尺	2m	盒	1	测支柱侧面限界等
3	计算器		个	1	累计跨距复核里程
4	记录用表格		本		记录有关事项
5	白油漆桶		个	1	书写标记
6	钢丝刷		把	1	钢轨除锈
7	小排笔		支	1	书写标记
8	粉笔		盒	1	书写临时标记
9	手电筒	7.5V	个		隧道照明
10	防护用旗	红黄色	副	1	行车防护
11	防护用品		个		行车防护
12	工具袋		个	4	
13	铅笔		支		记录
14	经纬仪	精度 6 级	台	1	支柱测量用
15	水平仪		台	1	支柱测量用
16	踏尺	5m	副	1	支柱测量用
17	花杆	2m	根		区间测量用
18	花杆	3m	根		站场穿线用
19	望远镜	×30	台		特殊干扰处理备用
20	照相机	带胶卷	个	1	特殊干扰处理备用
21	水平尺	2m	根	1	隧道测量用
22	聚光测镜		台	1	隧道测量用
23	抹布		块	若干	

一、纵向测量

纵向测量的主要任务是将接触网平面图中有关支柱跨距的设计尺寸通过测量确定到线路上去，它决定着顺线路方向各个支柱之间的相互位置。

根据接触网设计平面图，找出起测点并做出标记。起测点一般为车站正线 1 号、2 道岔或大型建筑物，如桥、隧道口、涵洞等处开始；新建电气化线路的接触网纵向测量应以设计轨面高程和线路中心线为依据。

区间和站场的纵向测量均从测量起点出发，沿钢轨外侧丈量。直线区段可沿任意一轨丈量，曲线区段沿外轨丈量，曲线内侧支柱沿外轨丈量后，再用丁字尺反映到内轨。纵向测量要尽量准确，采用钢卷尺丈量，测量过程中应以大型建筑物里程、坐标随时校验测量结果，防止积累偏差。偏差应合理分摊在有关跨距中，杆位因地形、地物、架空电力线路等影响需调整跨距避让时，行车速度 200km/h 以下区段，调整幅度为设计跨距 $^{+1}_{-2}$m，时速 250~350km/h 区段纵向跨距施工偏差为±0.5m，偏差应合理分摊在有关跨距中，调整后的跨距不得大于设计允许最大跨距。道岔处的支柱定位应符合设计要求。V 停区段，一般情况下同组跨距的上、下行中间柱宜位于同一横断面上，锚段关节处的转换柱应错开 5m。

站内测量一般按正线进行，必要时可以使用与正线平行的直线站线作为测量基线。如为双线区段则按设计规定执行。站场横向测量中，同组软横跨支柱、硬横跨支柱中心的连线应与正线中心线垂直，软横跨支柱偏差角不得大于 3°，硬横梁支柱偏差角不得大于 2°，测量应采用经纬仪。

既有线电气化施工中，测量顺序为：首先由主管技术员根据设计图复诵跨距尺寸，拉尺人员则从测量起点根据跨距值依次丈量，并在每一杆位处的钢轨腰部做出标记。书写标记前应先用钢丝刷子对轨腰除锈，用抹布将锈迹擦干净，然后用白油漆书写，字体要端正醒目，如图 5-2 所示。书写标记内容包括：顺线路方向的支柱中线标记、杆号、支柱型号、基础型号、支柱侧面限界及底板和横卧板数量。

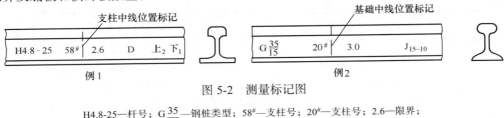

图 5-2 测量标记图

H4.8-25—杆号；G $\frac{35}{15}$—钢桩类型；58#—支柱号；20#—支柱号；2.6—限界；

J_{15-10}—基础类型；D—底板；3.0—侧面限界；上 $_2$ 下 $_1$—横卧板

二、横向测量

当支柱或基础纵向测量定位后，还必须进行横向定位测量。横向测量的主要目的是依据纵向测量的中心线标记来确定支柱或基础的基坑位置。测量方法是：区间使用丁字尺，根据支柱侧面限界，确定支柱基坑的位置，如图 5-3 所示。

图中基坑内缘和外缘至线路中心线的距离可由表 5-2 查出。

坑口宽度在不考虑安装横卧板和底板的情况下取 0.6m，即从坑口中心线向平行于线路各量出 0.3m。当安装横卧板或底板时，坑口和坑底的尺寸应能保证这两种板的安设，并留有充分

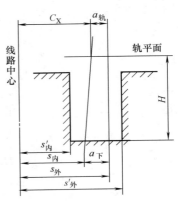

图 5-3 支柱基坑位置图

表 5-2 混凝土支柱坑口边缘至线路中心线的距离   mm

支柱型号	H38		H48-250、H78		H90~H170-250
有无横卧板	有	无	有	无	有
坑口内缘至线路中心距离 $s'_{内}$	C_X-150	C_X-150	C_X-150	C_X-150	C_X-200
坑口外缘至线路中心距离 $s'_{外}$	C_X+700	C_X+700	C_X+850	C_X+700	C_X+1000

的调整余量。

站内横向测量的主要工作，是将正线上的纵向测量点过渡到站场两侧靠近软横跨柱的钢轨上，要求两侧软横跨柱中心线的连线，在直线区段垂直于正线，曲线区段垂直于纵向测量点的切线，偏离不应超过 3°。站场软横跨支柱横向测量应采用经纬仪测量法，在最外侧钢轨轨腰上书写标记。

经纬仪测量法如图 5-4 所示。直线区段测量中，纵向测量位置为 O 点，将经纬仪支在该处并对中 O 点，观测 O'（O' 点应和 O 点取相对于基线的同一位置），读取水平度盘读数后旋转 90°，在此视线上确定 A 点，再倒转望远镜可确定另一侧的支柱位置。

曲线区段测量中，在基点 O 处安置经纬仪，在两侧相对于基线的同一位置取 A、B 两点，且使 $OA=OB$，先瞄准 A 点，然后再瞄准 B 点，测得 β 值，然后水平回转 $\beta/2$ 角，在此视线上可测得支柱位置 C 点。

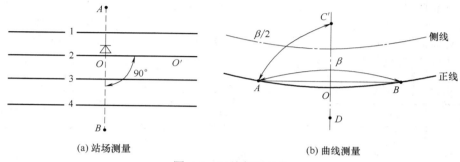

(a) 站场测量   (b) 曲线测量

图 5-4　经纬仪测量法

确定了基坑横向中心线位置后，即可根据侧面限界决定坑口尺寸。应当指出，钢柱的侧面限界是指轨平面处，钢柱内缘至线路中心的距离，而不是基础内缘至线路中心的距离，如图 5-5 所示。

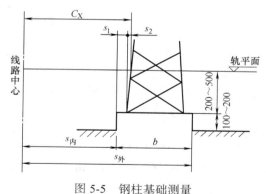

图 5-5　钢柱基础测量

三、拉线坑测量

拉线坑的位置应该在接触悬挂下锚支的延长线上，如图 5-6 所示。测量方法为：使用经纬仪确定拉线在锚柱相邻的转换柱中心线下锚支定位点投影点处，通过锚柱中心的直线，测量拉线坑中心到锚柱中心距离后定点。在拉线基础坑位置外，横线路方向分别打两桩作为基础中心线标记外，还应在其前后打两桩标示锚支的延长线方向。

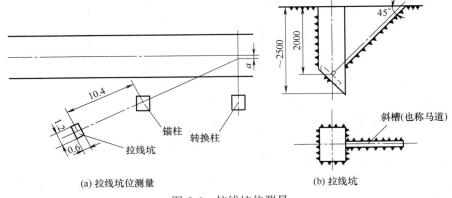

图 5-6　拉线坑位测量

四、隧道测量定位

隧道口的起测点，为隧道口顶部水平线与线路中心线的交点。隧道测量有两种方法，一种是利用隧道打孔作业车直接测量孔位，另一种是采用人工测量，先用钢尺测出每个悬挂点的纵向位置，在轨腰上写明标记，并同时写在隧道一侧墙壁上的相对位置距轨面高度处，以便今后查找。标记内容为：设计位置竖线、悬挂点编号、定位编号，白底黑字。一个隧道纵向测完后，应把跨距与设计值相校核，如有误差可在整个隧道内进行调整，悬挂点跨距可在 $^{+1}_{-2}$ m 的范围内调整。

在纵向位置处用聚光灯置于水平尺上，按设计尺寸调整位置，再用绑在长竹竿上的白油漆刷子在聚光灯所照射到的洞顶处点上标记。悬挂点间的距离应满足隧道平面布置图的要求。隧道内测量应注意避开伸缩缝隙、不同断面接缝和明显的漏水处，测量中按防护规则在隧道两端设行车防护人员。

五、交桩测量

所谓交桩测量是指新建电气化铁路，在线路未稳定和未达标时，根据线路有关资料和基桩表，通过测量、计算等来确定支柱限界和埋深的一系列工作。

1. 线路交桩资料

线路交桩资料由线路施工单位提供，施工单位应会同线路施工单位，现场共同办理线路基桩交接手续。交桩资料包括直线和曲线、水准基点、里程表、直线转点桩、缓和曲线始终点桩、终点桩、圆曲线终点桩、岔心桩和线间距等。交接桩以管界外第一个转点桩开始或终止。

2. 线路中线复测

直线区段线路中线复测。将经纬仪放在直线转点桩处，也可以放在曲线起点或终点处。调整经纬仪使其物镜十字丝对准前视中桩，此时转点桩与前视中桩的连线即为两桩间线路的设计中线。

在路肩上设置附桩，用丁字尺测出设计线路中心线与附桩的距离 X，该处支柱的施工侧面限界可由下式确定：

$$CX_{施}=CX_{设}-X$$

曲线区段线路中线复测。曲线区段测量一般采用偏角法。测量中，偏角是指圆曲线上切线与弦线间的夹角（即几何中的弦切角）。偏角法是根据平面几何定理"弦切角等于该弦所对圆心角的一半"来进行的。在已知曲线半径为 R 及弧长为 L 时，偏角 δ 可按下列公式计算：

$$\alpha = \frac{180° \times L}{\pi R} \tag{5-1}$$

$$\delta = \frac{\alpha}{2} = 90° \times \frac{L}{\pi R} \tag{5-2}$$

曲线区段线路中线复测方法如图 5-7 所示。将经纬仪放置在圆缓点（YH）上，整平、盘度调零。依据交桩资料曲线表提供的曲线参数，从铁路曲线测设用表中查出置镜点（YH）至前视点（HZ）及后视点（HY）的偏角，复测控制极是否闭合。从置镜点（YH）用钢尺沿线路中心线拉链，一般每 20m 为一链，量出各支柱点距置镜点的距离，再从铁路曲线测设用表中查出置镜点至各支柱点的偏角，通过经纬仪可测出各支柱点处设计线路中心的位置。用丁字尺测出设计中线与附桩的距离 X，即可确定该处支柱施工侧面限界。

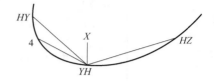

图 5-7 曲线区段线路中线复测

3. 线路标高复测

线路标高复测即测设各支柱附桩高程，以确定接触网支柱埋深。从一个已知高程的水准点出发，沿线路测设各支柱附桩高程，直至另一已知高程水准点。测量方法如下：

① 根据交桩资料的坡度表及水准基点表，查出各测区段的水准基点桩及线路标高。
② 测出各支柱至坡度转折点的距离，并计算出各支柱处设计线路标高数据。
③ 以附近水准基点桩作为起测点，在所测区段附近安置水准仪、后视水准基点桩、前视各支柱附桩，并计算出附桩标高。
④ 计算支柱施工坑深：施工坑深＝设计坑深－（设计线路标高－附桩标高）。

在高速铁路的施工定测中，为了达到更高的测量精度，一般采用基于精密工程测控系统中的轨道控制网 CPⅢ来进行，在 CPⅢ控制点和交桩资料的基础上，通过全站仪采用坐标放样法来确定杆位，通过水平仪或全站仪来实现杆位的高程测量。

六、基础预留检查

线路施工单位对接触网基础预埋标准和功能要求认识不足，容易造成支柱安装困难。支柱基础和拉线基础数量大，工艺控制难度高，因此，施工单位应在线路施工时提前介入，配合预留预埋施工。

基础预留检查的重点是对照接触网预留平面布置图，现场核对基础型号、跨距、拉线基础位置，拉线地脚螺栓预埋方向，基础限界（基础中心至线路中心的距离，通过支柱侧面限界和支柱横向宽度计算得到），预埋螺栓间距、数量和外露长度、螺栓防锈和保护检查，基础扭转检查，基础标高复核（通过 CPⅢ平面控制网对支柱基础面标高检查）等。

第三节 接触网基础工程

接触网基础具备三个条件：基础具有足够的强度；基础具有良好的稳定性；地基或人工构建物应具有足够的承载力。

接触网支柱的基础是直接埋置于土体中或者预制在人工构建物中,其埋置深度一般都小于5m,属于浅平基。接触网支柱的受力特点是水平负荷较大,而受到垂直负荷较小,因此其抗倾覆的稳定性是很重要的。接触网支柱的稳定性直接来源于基础的质量。

一、开挖基坑

接触网基坑分为钢筋混凝土支柱坑、钢支柱基础坑和拉线坑。根据开挖方式可分为人工开挖和机械开挖。有条件时尽量采用机械开挖方式。

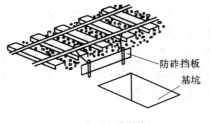

图 5-8 防砟挡板

① 开挖准备。开挖前需要做好以下工作:确认坑口测量标记,复核辅助桩侧面限界,复核坑口尺寸;清理坑口周围环境,排除障碍物;设置预防道砟下滑坑内的防砟挡板(图 5-8);确定排土地点,采取防止道碴污染及排水沟堵塞措施。基坑开挖前调查或探测坑位附近地下电缆、管线等埋设物,并采取预防损坏地下设施的措施。

② 基坑开挖。机械开挖软土水质流沙基础开挖时,应根据基坑软土流沙厚度,采用"圆钢竖桩"防塌。膨胀土地带基坑开挖时设置混凝土防护墙或防护圈,如图 5-9 所示。冻胀土地带基坑开挖时,宜采用钻孔机成孔。采用人工开挖时应进行坑口设计,严格控制开挖尺寸,以减小对原路基的影响。挖坑应保证路基的稳定性,不应使路基受到破坏和减弱。工程研究表明,对路基的后期开挖,回填后局部密实度无法达到路基开挖前水平。土质基坑开挖应挖小坑并采取局部支撑法。砂质基坑或易塌陷区段开挖可采用沉圈或防护板可靠防护,如图 5-9、图 5-10 所示。防护板一般采用 30mm 厚、200mm 宽的木板制成,一般用松木或硬杂木。腐朽及破裂多节的木材不得使用。

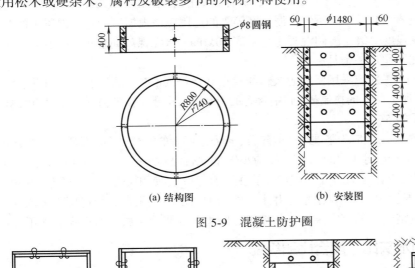

图 5-9 混凝土防护圈

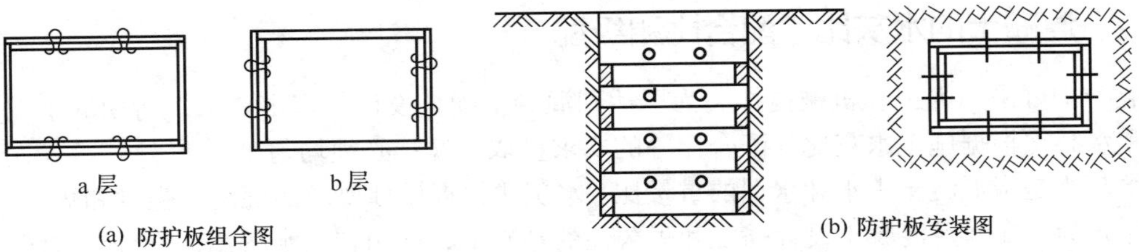

图 5-10 防护板

③ 基坑挖好后，其坑口尺寸应能满足以下要求：设有横卧板或底板的基坑，应留有安装余量；能满足立杆、整杆的要求；基坑坑壁应根据土质情况设有一定的坡度，采取适当的基坑防护措施，保证路基的安全；基础坑采用原坑灌注时，各部尺寸不得小于基础外形尺寸；当采用支模板灌注基础时，坑口尺寸应考虑坑内的支模、拆模的活动余地；各种支柱坑深和基础坑深满足设计要求，误差±100mm，基础标高复合设计要求。

④ 基坑开挖安全注意事项。开挖基坑时每处不得少于2人，坑内有人作业时，坑口必须有人防护。列车通过时，坑内不得有人；挖坑发现地下设施（如电缆、管道等）不能自行处理时，由施工负责人与有关单位联系处理；挖坑时必须注意路基的稳定，不得使其受到破坏和减弱；挖坑作业遇到排水沟应做疏通改道排水工作，以免积水影响路基的稳固；挖坑时，坑边不得放置重物或工具；挖坑时，应随时注意坑壁的稳定情况，如有变化，应及时加强防护措施；挖坑地段必须设专人经常巡回检查，确认路基稳固、坑壁坚固、无坍塌危险方能离开，必要时应设专人看守；在站内或有行人的地点挖坑时，应采取防止人畜坠落的安全措施，如设置桩绳防护栏，悬挂标示牌，或用木板盖住坑口，或设人防护，夜间应加设灯光防护，但需注意不得与行车信号混淆。

二、混凝土工程

1. 混凝土基本常识

混凝土是指用水泥作胶结材料，按一定配合比掺加砂、石子和水，搅拌均匀后经过凝结硬化而形成的人造石材。

① 水泥。接触网基础常用的水泥品种有普通硅酸盐水泥、矿渣水泥和火山灰质水泥。水泥的规格是以强度等级来区分的，普通硅酸盐水泥的常见强度等级分为42.5、42.5R、52.5、52.5R四个等级，数值为水泥28d抗压强度。例如某普通硅酸盐水泥产品28d后的抗压强度为$450kg/cm^2$，则水泥的标号定为425号。水泥强度等级的选用应该根据所配置的混凝土的等级确定，一般选用的水泥强度等级比配制混凝土标号高10MPa。水泥保质期较短，一般为出厂3个月（快硬硅酸盐水泥不超过一个月）。

② 砂（细骨料）。一般应采用坚硬耐久，粒径在0.15~5mm以下的天然砂（河砂、海砂、山砂）或用硬质岩石加工制成的机制砂，砂中含有的硫化物、云母及有机物不得超过有关规定，含泥量不应超过砂重的5%。

③ 石子（粗骨料）。一般应为坚硬耐久的碎石、卵石或两者的混合物。岩石强度与混凝土设计标号之比，当混凝土大于或等于300号时，不应小于200%；当混凝土小于300号时，不应小于150%，并不应小于30MPa；含泥量不应超过石子重的2%。不得使用风化石，粒径为40~80mm。

④ 水（拌和及养护用水）。自来水、井水、清洁的河水、饮用水等均可用来浇制混凝土，含有影响水泥正常凝结硬化的有害杂质，如糖类、酸类、油脂等及酸、碱性强的水不得使用。

2. 混凝土的水灰比、配合比和级配

混凝土可采用人工和机械搅拌。为了达到混凝土配合设计的基本要求，所用的水泥、砂、石子和水必须根据施工水灰比、配合比等的要求量取，搅拌必须均匀。

水灰比是指混凝土中水和水泥的重量比。水灰比根据设计要求的混凝土强度和耐久性确定。确定原则为：在满足混凝土设计强度和耐久性的基础上，选用较大水灰比，以节约水泥，降低混凝土成本；在满足施工和易性的基础上，尽量选用较小的单位用水量，以节约水泥。接触网

基础混凝土施工中，水灰比一般取 0.5~0.8。配合比是指混凝土组成材料之间的重量比，一般以水∶水泥∶砂∶石表示。水泥为基数 1。混凝土的配合比和水灰比应通过试验确定。混凝土的级配是指石料大小不同的颗粒相混合时的不同大小石料的混合比率。机械拌和时，最大颗粒不宜大于 100mm，人工拌和时不宜大于 80mm。

3．混凝土强度试验

混凝土强度是指单位面积上所能承受的最大压力，是以标准制成品（150mm×150mm×150mm 或 200mm×200mm×200mm）在 15~20℃温度下养护 28d 的抗压强度值来表示。

在工程浇注混凝土的同时，每灌注 50m³ 混凝土（或每个小站）应取浇灌中的一部分混凝土做一组试块；混凝土用量大于 500m³ 的车站，可每灌注 100m³ 做一组，每组三块。试块与混凝土基础同等条件下养护 28d。试块上应注明车站和灌注日期，同批试块抗压极限强度的平均值不得小于设计标号，任意一组试块的最低值不得小于设计标号的 85%。不同强度等级及不同配合成分的混凝土应分别做试块。混凝土试块的试验报告应作为基础工程竣工文件之一。

4．商品混凝土

施工现场搅拌混凝土质量和性能不稳定，无法全面满足施工要求。商品混凝土是指在工厂中集中搅拌生产，并作为商品出售的混凝土，在施工中，有条件的应优先选用商品混凝土。

三、基础浇制

混凝土基础的浇注，可采用挖大坑搭模型板和挖小坑就地浇注两种方法，但无论哪种方法，都要保证整个基础的结构尺寸和方向满足设计要求，基础预留螺栓的位置符合法兰连接需要和支柱侧面限界要求。

① 支模：清理基坑内杂物及积水等，整平坑底、坑壁，并复核坑深和限界。安装钢筋网，安装模型板，模型板应该有可靠的承受灌注混凝土的重力、侧面压力和一切荷重；形状尺寸正确，拼缝严密、不漏浆。在土质密实的地带灌注基础，可不设模型板，在地下部分采用"原坑胚模就灌注法"，地上部分采用模型板，比如钻孔桩基础。对于要求较高的杯形基础内膜应采用钢质模板，并刷脱模剂方便拆模。法兰盘基础要用基础螺栓定位模板固定对基础螺栓准确定位，外露部分螺纹应涂黄油包扎保护。

② 浇制与捣固：基础浇制前，应该复核基坑位置、侧面限界、外形尺寸、基坑深度、模型板位置、顶面标高等。特别是硬横跨的两个基础要保证基础中心距符合设计横梁长度要求，误差±20mm；基础中心线连线和正线中心线垂直，偏差不大于 2°。基础顶面高度或杯底高度相等，误差不超过 50mm。

浇注混凝土前应首先在基础坑底铺 100mm 厚的石碴或 75 号混凝土，然后将搅拌好的混凝土分层灌注，其自由下落高度超过 3m 时，应用串筒或溜槽。灌注混凝土应连续进行不得间歇。应随灌随捣，快插慢拔，捣固密实。

基础的灌注应水平分层进行，逐层捣实，每层灌注深度不宜大于插入式振捣器工作部分的 1.25 倍，使用插入式振捣器，垂直或略带倾斜地插入混凝土内部，宜插入已捣实层 50~100mm，工作状态的振捣器，与模型板或坑壁保持 100mm 的净距，并不得触及钢筋及螺栓，基础边角处，进行人工捣固。振捣器在每一位置上的振动延续时间，应保证混凝土获得足够的密实度（以混凝土不再下沉，不出现汽泡，表面开始泛浆为准），但也应防止振动过量。浇制完成后，进行混凝土基础端面抹面，基础面高度、倾斜度符合技术要求。对无筋或稀疏配筋的基础允许填入片石，片石填充体积、规格、数量应符合标准要求。

③ 养护与拆模：基础混凝土浇制完毕初凝后即进入养护期，同时检查基础螺栓尺寸，当基础混凝土达到一定强度后才能拆除模型板。基础表面应平整，不应有蜂窝、麻面、棱角损坏。基础浇制质量标准为：基础外形尺寸应符合设计要求，允许偏差：保护层 0~+10mm，高程为±10mm。基础螺栓外露长度允许偏差+20~0mm，螺栓间距允许误差±1mm。

四、隧道内接触网锚栓和预埋槽道施工

1. 预埋槽道

预埋槽道主要有站前单位在隧道结构施工时预埋，多根（一般为 2 根）槽道预埋组合在一起，形成槽道组，专为悬挂接触网零件使用，主要型号有：A 型——补偿下锚用；B 型——吊柱用；D——中锚下锚用。

2. 后锚固锚栓

① 混凝土锚栓。隧道内接触网混凝土工程是根据设计要求，在隧道悬挂点处钻孔灌注混凝土。目前除增补和维修等少量工作采用人工钻孔外，一般都采用机械钻孔，用装有空压机的作业车完成。桥墩侧面打孔需搭作业平台。隧道打孔需在接触网作业车的作业平台上完成，并需配照明设备，或用隧道钻孔车完成。隧道内钻孔灌注施工应有单独封闭线路的时间，灌注混凝土前应将孔洞清扫干净，把砂浆灌注至孔的一半深度后便可打入埋入杆件，灌满砂浆后用抹子抹平，并在表面覆盖棉纱，并派专人浇水养护 7d。

② 化学锚栓。化学锚栓是通过特制的化学粘接剂，将螺杆胶结固定于混凝土基材钻孔中，以实现对固定件锚固的复合件。钻孔完成后将钻孔中的混凝土粉灰彻底清理干净，应用特制钢刷和气筒反复清理（钻孔清理后的洁净程度直接影响到化学锚栓的粘接效果，洁净程度须达到孔内手摸无浮灰的标准）。将胶管置入钻孔中，尽可能将胶管中空隙较多部分向外。并装入止掉帽（给锚栓上安装零件前应去除止掉帽）以防止胶管掉落。

将螺杆缓慢推入孔中至锚固深度（螺杆上提前标记标志线），同时目视有少量胶液外溢，旋转并推进螺杆打碎并充分搅拌化学药剂，待药剂完全成凝固后，即可进行悬挂底座、定位底座及悬挂承力的安装。

第四节 立杆与整正

一、支柱的外观检查

为了保证安装质量，使支柱能承受规定的荷载，安装前应进行支柱外观检查，符合下列标准者才能使用。

1. 预应力钢筋混凝土支柱

混凝土支柱外观检查的主要项目有：裂缝、碰伤掉角、漏浆、漏筋、蜂窝、麻面、粘皮、预留孔状态、法兰盘状态（如有）等。

横腹杆式支柱外观检查标准为例：支柱翼缘不得有裂纹（支柱表面伸入混凝土内部的缝隙），但网状裂纹、龟裂（支柱表面呈龟背纹路，无整齐的边缘和明显的深度）、水纹（当水渗入混凝土表面时，有可见微细纹路，水分蒸发后，纹路随之消失）等不在此限；横腹杆不应有裂纹（包括支柱翼缘与横腹杆连接处），但当一根横腹杆最多出现2条裂纹，每侧总裂纹数不超过5条，且未贯通时，允许修补；下部第一芯模孔下腹板处的裂缝不准许超过2条，支柱翼缘实体部位和其他裂纹不得多于2条，裂纹宽度不应大于0.1mm，长度不允许延长到所在截面高度的1/2，裂缝必须修补；支柱翼缘下不应有硬伤、掉角（支柱表面较大面积并有一定深度的混凝土被碰掉），其他部位碰伤面积不大于100cm²，允许修补；

支柱外表面光洁平直，不应有麻面（支柱表面呈密集的微孔）和粘皮（支柱表面的水泥浆层被粘去，显现出凸凹不平的结构层），但局部麻面和粘皮面积不大于25mm²，并未露筋（支柱内部的钢筋未被混凝土包裹而外露）的允许修补；支柱下翼缘不应漏浆（支柱表面由于水泥浆的流失，显露出松散的砂石）。但漏浆深度不大于主筋保护层厚度，且累计长度不大于柱长的5%时，允许修补；支柱表面不得露筋；预留孔不得倾斜，必须贯通。法兰盘钢混结合部不允许漏浆、裂纹，混凝土不能高出法兰盘钢板。

2. 钢柱

钢柱外观检查的主要项目有表面镀锌层漏镀、锌灰粘附、锌刺、滴瘤、结块和过酸洗、预留孔位、挠度与平直度等。热浸镀锌的钢柱，锌层应均匀、光滑，连接处不得有露铁、毛刺、锌瘤和多余结块，并不得有过渡酸洗造成的蚀坑、泛酸等缺陷。

格构式钢柱的角钢，不应有弯曲、扭转现象，如个别角钢弯曲度未超过表5-3的变形限度时，可采用冷矫正法进行矫正，但矫正后不得出现裂纹；

表5-3 钢柱角钢弯曲变形限度

角钢宽度/mm	变形限度/‰	角钢宽度/mm	变形限度/‰	角钢宽度/mm	变形限度/‰	角钢宽度/mm	变形限度/‰	角钢宽度/mm	变形限度/‰
45	31	56	25	70	20	80	17	100	14
50	28	63	22	75	19	90	15	110	12.7

焊接处无裂纹，基础螺栓孔距偏差不得大于±2mm；钢柱主角钢弯曲度不应大于1/750；分节组装的钢柱连接紧固密贴，中间不得加钢垫片，且中心线与中间法兰连接平面不垂直度不应大于$H/1000$；油漆防蚀的钢柱漆层完整无脱落，无锈蚀。其他钢柱外观检查标准参照对应标准进行，硬横梁运抵工地后，应按生产厂提供的《技术条件》进行外观检查，其主要检查项目应符合下列要求：

① 全梁跨度的允许偏差：30m<L<40m时为±25mm；L<30m时为±10mm，L为两柱的理论中心距。

② 全梁挠曲：立位检查其挠曲矢高≤$L/1000$，L为梁长。

③ 梁身扭曲：目测不明显，最大扭曲≤$H/125$，H为梁高。

④ 抱箍应基本圆整，局部变形（焊接变形）不宜过大；孔群中心线应与抱箍中心线重合，允许偏差±3mm。

⑤ 各连接孔距允许偏差±1mm；孔径的椭圆度允许偏差±1.5mm；错孔（指零件的不同心度）偏差在0.5~1.0mm的，每组孔中允许数量为50%，偏差在1.0~1.5mm的，每组孔中允许数

量为 10%。

⑥ 硬横梁防腐采用热喷锌，其质量要求为：喷涂层应均匀平坦，色调一致；喷涂层厚度不应小于 100μm；喷涂层应与坯料表面结合良好，不得有脱落和龟裂形象；锌层外罩的密封清漆应均匀一致，无遗漏、无流挂。

⑦ 焊接处无裂纹，焊缝无虚焊。

二、支柱的吊装与堆放

1. 钢筋混凝土支柱

接触网施工中，为了节省钢材，大量使用的是钢筋混凝土支柱，它的特点是采用了高强度预应力钢筋，钢筋直径小，混凝土保护层薄。由于支柱从产地到施工安装现场，途中要经过多次的转运，因此支柱的堆放和运输是保证支柱质量的关键。支柱起吊采用两点支承法，装卸、起吊轻起轻放，禁止抛掷、碰撞。横腹杆支柱起吊用的钢丝绳套应套上胶皮管，横腹杆支柱起吊支承点分别规定在支柱根部第一腹孔和支柱上部第二腹孔处，翼缘的侧面应朝上（图 5-11）。

在吊装横腹杆软横跨支柱时，将主筋少的翼缘侧面朝上。腕臂支柱、环形支柱一次起吊数不应超过 2 根，软横跨支柱不超过 1 根。严禁将等径支柱由高处自由滚向低处。

在预应力混凝土接触网支柱堆放过程中应遵守下列规定：支柱堆放场地平整，横腹杆支柱堆放时，用 150mm×200mm 的方木垫起，根部统一放在一边，支柱堆码不得超过 3 层，层与层间用方木垫在腹杆结点处，不得垫在腹孔中间，放置位置为翼缘侧面朝上。支点位置见图 5-11（b）、图 5-11（c）所示。环形支柱堆码不超过 4 层。

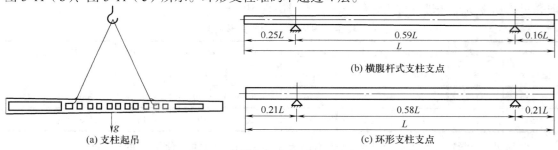

图 5-11 横腹杆支柱的起吊与堆放

2. 钢柱吊装

H 形钢柱存放场地平整坚实，无积水。H 形钢柱应按种类、型号分区存放，底层木垫枕应有足够的支撑面，以防止支点下沉。相同型号的 H 形钢柱叠放时，各层 H 形钢柱的支点应在同一垂直线上，堆放不应超过 5 层，层间应设垫层，以防止 H 形钢柱被压坏或变形。吊装 H 形钢柱每次不应超过 2 根，且宜采用两点吊装。不允许用人工从车上推下 H 形钢柱的方式卸车。格构式钢柱堆码不超过 4 层。

三、立杆

钢筋混凝土支柱立杆前应先对基坑进行检查，清除坑内杂物，核对限界、深度及基坑大小，确认合格后方可立杆，核对锚柱是否需要安装底板。吊车将支柱吊起后，使支柱垂直放入基坑内,同时需 2~3 人扶持柱体,保证支柱安全放入坑中,避免碰塌坑壁。

普通钢柱起吊时,将钢丝绳套挂在钢柱全长 3/4 处的一根主角钢上,并使钢柱底座孔对准基础螺栓,然后缓慢下落以免碰坏螺纹,最后把螺帽旋上几扣,确认稳固后,吊车即可摘钩。

在进行 H 形支柱吊装前,提前安装下部螺母,用自制水平尺调整水平,再垫好垫片,以减少支柱安装后的整正工作量,并核对基础型号及支柱型号。轨道吊车(或汽车吊)停放到合适位置,打上支腿。支柱吊装应采用高强度尼龙吊装带,防止损伤支柱表面漆层及镀锌层。支柱吊装对位时防止碰撞基础螺栓,下落时要缓缓下落,防止刮伤螺纹。

四、支柱整正

1. 各型支柱的整正

一般钢筋混凝土柱都是将正反扣整杆器的两端分别固定在支柱和钢轨上来完成的。通过调整整杆器上的正反扣丝杆长度,即可将支柱扶正。调整支柱侧面限界时,可用方垫木垫在坑壁处。支柱承力面的扭斜可用木杠插在腹孔内校正,扭斜不得超过 3°。

等径圆柱的整正是在等径圆柱吊放入杯形基础后,使用三个木楔在互成 120°方向上将支柱固定,通过木楔打入深度调节支柱姿态。整正后浇筑混凝土固定。

钢柱的整正是用撬棍插入钢柱底座与基础顶面之间,将底座撬起,根据支柱倾斜标准在缝隙中塞入不同厚度的钢垫片,每块垫片的面积不小于 50mm×100mm,每个底脚下的钢垫片数量不得大于 2 片,整正过程中不得将螺帽取下,只可拧松。应对角循环将连接螺帽紧固达设计值。

H 形钢柱整正时,用经纬仪对支柱的纵线路方向和横线路方向斜率进行检查,对不达要求的进行调整。调整时,先松动主螺母,用撬棍抬动支柱,根据斜率,有目的地调整柱底调整螺栓。紧固螺母时,应对角循环紧固,主螺母紧固到标准力矩,紧固力矩过大会导致柱底螺母损坏或者支柱倾斜,上好锁紧螺母,依次紧固锁紧螺母。柱底调整螺母应至少有一个与基础顶面相接触。施工时应注意支柱法兰盘上下与螺母之间均有垫片。H 形钢柱基础连接结构见图 5-12。

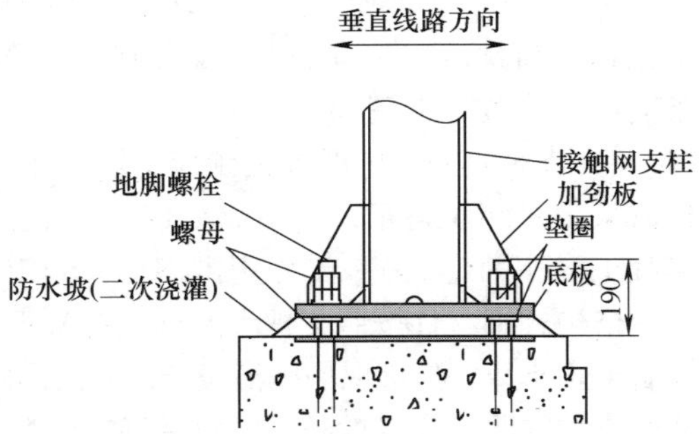

2. 支柱整正标准

图 5-12 H 形钢柱基础结构

支柱整正包括线路横向倾斜、纵向倾斜、扭转、基础埋深和侧面限界等。钢筋混凝土支柱及普通钢柱支柱受力后的倾斜标准(钢筋混凝土支柱从地面算起,钢柱从基础面):支柱均应直立;施工偏差为支柱高度的 0.5%;锚柱端部应向拉线侧倾斜,其斜率不超过 1%。

曲线外侧和直线上的钢筋混凝土支柱及普通钢柱受力后横线路方向的倾斜标准:腕臂柱(含桥支柱)外倾斜率为 0~0.5%;软横跨混凝土支柱外倾斜率为 0.5%~1%;3.13m 钢柱外倾斜率为 0.5%~1%;15m 钢柱外倾斜率为 1%~2%。

曲线内侧支柱、两侧悬挂的支柱、安装隔离开关支柱硬横跨支柱,均应直立,施工偏差为 0~0.5%。

接触网支柱侧面限界应符合设计要求，施工偏差为 $^{+100}_{-60}$ mm。双线铁路区段不允许向铁路内侧有偏差。位于斜股侧的道岔定位支柱，以距相邻线路最近的支柱边角为测量基准点。

接触网钢筋混凝土支柱埋深（从轨面算起），施工偏差为 100mm，实际埋深不应小于设计值。

H 形钢柱整正标准：钢柱型号、规格及安装位置应符合设计要求；H 形钢柱端面应与线路平行，支柱扭面允许偏差为±2°；钢柱侧面限界应符合设计要求，在任何情况下，严禁侵入基本建筑限界。支柱斜率（从钢柱底部算起）允许施工偏差见表 5-4。

表 5-4 支柱斜率允许施工偏差

斜率方向	支柱类型	施工偏差/（mm/m）	备注
横线路方向	中间柱、关节内中心柱、对锚柱、锚柱	2~5（田野侧）	直线柱及曲外柱
	中间柱、关节内中心柱、对锚柱、锚柱	0~2（田野侧）	曲内柱
	转换柱	0~2（线路侧）	
顺线路方向	中间柱、转换柱、对锚柱	±2	
	接触悬挂锚柱	偏向拉线侧 10~15	受力后偏向拉线侧 0~5mm/m

五、硬横梁吊装施工

硬横梁吊装过程工序复杂、精度要求高、涉及上、下行行车安全，是电气化铁道接触网施工中的重点控制工程。

1. 施工准备

① 检查吊装作业索具、吊具及吊车等无异常；在不同方向上设置四个缆绳组，保证横梁的平稳和准确就位，缆绳组人员必须服从吊车指挥人员的指挥；加强防护，防止其他闲杂人员和车辆进入吊装施工现场。

② 支柱整正。环形等径预应力混凝土支柱、角钢结构硬横跨支柱、环形截面钢管柱立上后均需采用经纬仪整正，支柱应垂直竖立。支柱若为等径杆和钢管柱，可将其中一根支柱用细石混凝土浇注固定，另一支柱用木楔牢固固定在杯形基础中，以便横梁长度出现误差时可以调节。格构式钢支柱按照支柱上所标支柱号组立完毕后，先将一端支柱底座螺栓孔中心对准基础螺栓后整正垂直，测量现场硬横量长度；根据硬横梁长度调整另一端支柱位置在垂直线路方向移动使两支柱间距符合横梁长度，然后将支柱整正垂直。整正钢支柱可使用垫铁，使用垫铁数量和大小符合软横跨钢柱整正规范要求。支柱整正到位后，和横梁生产厂家共同测量硬横跨两侧支柱中心间距离后，向生产厂家定制横梁。（一般采用两组经纬仪加钢卷尺配合测量硬横梁长度）。

③ 立杆完成后，建设单位应及时组织有关单位共同确认支柱侧面限界和设计轨面的位置，并在支柱上（或按轨面交桩设计资料）标注轨面高程红线，作为上部测量、安装、施工的基准。

④ 安装托架抱箍（用于等径圆柱）、临时横担（用于钢柱）。对于等径圆柱，根据不同类型硬横梁的安装高度，自轨面红线向上量取安装高度，安装托架抱箍时将安装高度增加 30mm。防止出现安装高度负误差（硬横梁安装高度施工误差为 0~+100mm）。临时托架（可用硬横梁自带抱箍代替）的顶部安装高度为硬横梁下弦的安装高度。每根支柱安装两组抱箍，应使抱箍平面平行线路安装。

每根硬横梁在吊装前，在钢柱的横梁下弦（距离横梁最低安装孔下边缘 50mm 处）垂直线路钢柱两侧安装 2 根长 1500mm 临时横担，用 900mm 螺栓连接，紧挨横担的下方顺线路钢柱两边安装 2 根长 1500mm 临时横担，用钩螺栓与钢柱连接。当要点作业时，可先将横梁吊在临时横担上，再进行横梁调整，每根横担均露出钢柱角钢边缘 200mm 左右，这样便于安装横梁时作业人员站立。

⑤ 地面组装。根据跨度大小和安装地点的不同选择横梁型号，组装横梁各段。

2．吊装作业

硬横梁检查全部合格后，即可进行预组装。按设计图纸，组装同一组硬横梁，各段先用垫木垫起，如图 5-13 所示：

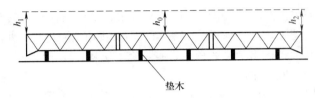

图 5-13　硬横梁的预组装

① 使用等径圆柱支柱。吊装时，选好吊点，吊索与横梁中心线成 45°，起吊后横梁应水平。吊装过程中，在梁的两侧顶端各绑晃绳，吊车吊起横梁使其下弦杆超过支柱顶，通过调节晃绳使横梁对准抱箍安装。横梁端头对齐支柱后，将横梁缓缓放下，与临时托架紧密接触后，松开吊索。

横梁到位后，用撬杠调整抱箍和横梁相对位置，装上两端抱箍固定。然后立即对其中一根未灌注支柱进行灌注固定。

② 使用钢柱。选好吊点，吊索与横梁中心线夹角一般为 45°，两侧吊索长度应相同，应使横梁处于水平位置。在梁的两侧端部各绑两根晃绳，吊车吊起横梁使其下弦杆超过支柱顶，通过调节晃绳使横梁对准钢柱安装位置，然后将硬横梁缓缓放下，待硬横梁与临时横担托架紧密接触后，方可松开吊索。如果同一组钢柱在垂直线路方向发生偏扭现象，在架梁时必须在钢柱上部（东西两侧）设两溜绳，便于横梁与支柱对位。

为了防止钢绳被梁体挂断，吊前要在吊点预先垫方木，并捆绑牢固，防止溜滑。在即有电气化站场进行硬横梁吊装作业，难度更大。一般顺线路方向组装好硬横梁，起吊超过接触悬挂高度后旋转到线路横向。相关股道接触悬挂上要上人，横梁旋转时，协助将晃绳穿过承力索上方。

六、吊柱安装

1．硬横梁吊柱安装

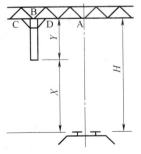

图 5-14　吊柱测量示意图

① 测量和标记。用激光测量仪测出线路中心线，在横梁下缘做上标记 A，测出横梁下缘至轨面距离 H（如图 5-14 所示），做好记录。

根据计算出的数据从线路中心 A 向安装侧测出吊柱安装中心，并在横梁上做好标记 B。再从中心线出发测出横梁上下弦杆连接螺栓安装位置，并做出标记 C、D，做好吊柱中心距股道中心距离记录。根据平面图及现场测量数据计算确定吊柱长度及上、下底座安装位置。编制吊柱长度及腕臂预配表。

② 预配吊柱。按测量好的安装位置安装上下弦杆及连接螺栓，逐个拧紧并达标。

③ 安装吊柱，用支柱斜率测量仪检测吊柱垂直度，若不符合标准，采用在吊柱底部与下部固定弦杆之间加镀锌薄垫片的方法调整。吊柱垂直度达标后，将吊柱与下部固定弦杆连接螺栓拧紧，并用力矩扳手检测达标。

④ 吊柱安装质量和整正标准：吊柱限界符合标准，线间距为 5m 时，吊柱对正线限界≥2.5m，对站线>2.15m；吊柱安装后应垂直，倾斜度不超过 1°；吊柱腕臂安装后应在建筑限界以外，严禁侵限；连接螺栓从下向上穿，紧固力矩应符合设计要求，调节吊柱垂直度的垫片应镀锌。

2. 隧道槽道吊柱安装

① 准备与测量　根据槽道施工单位提供的自检表，复核槽道安装的有关数据，测量数据应与现场相符，如槽道间距应测量左侧间距、右侧间距及接地电阻等。清理出槽道表面的混凝土覆盖层及槽道内部的水泥，标出槽道的型号、实际施工里程，便于测量及记录。标出槽道的测量参照物：隧道中心线、股道中心线。

② 吊柱吊装　使用激光标线仪测量安装位置、吊柱限界，用记号笔做标记。再根据吊柱顶端法兰宽度，画出法兰盘前后两边沿的位置，并剔出槽道内的填充物。测量两边沿线的高差（标准吊柱顶法兰盘倾斜 3.5°，高差应为 31mm），以确定垫片的厚度及位置（每垫 1mm 约引起吊柱下端水平方向偏移 9mm）。将吊柱对到安装位置，吊装吊柱，将 T 型螺栓逐个插入槽道内，并旋转 90 度，并预拧紧 T 型螺栓。

③ 吊柱整正　测量吊柱的斜率及侧面限界，如不合格，还需卸下吊柱，重新更换调整垫片厚度或调整限界值，再安装吊柱，合格则记录斜率值，并继续拧紧螺母，达到紧固力矩值至 120N·m。安装吊柱支撑，并使支撑处于受拉状态，并将各螺栓拧至额定紧固力矩。

七、底板、横卧板、拉线安装

1. 横卧板

横卧板的作用是增大支柱土内受力面与土壤的接触面积，保证支柱的稳定性，防止支柱向受力侧倾斜。选用横卧板的数量和种类由该处土壤安息角的大小（即土壤承压力的大小）决定。横卧板分为Ⅰ、Ⅱ两种型号，尺寸如图 5-15 所示。

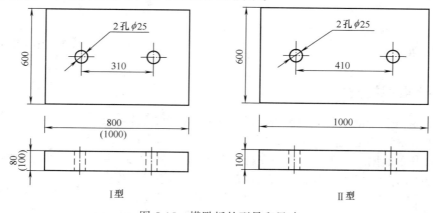

图 5-15　横卧板的型号和尺寸

2. 底板

为了防止安设在软土质类基坑上的支柱（特别是混凝土锚柱和软横跨支柱）受垂直负荷而下沉，需在支柱底部增设底板，以增大支柱底面与土壤的接触面积，减小对地的压强。普通锚柱的底板可用Ⅱ型横卧板代替，软横跨柱的底板采用 1200mm×800mm 的钢筋混凝土板，底板上可不打孔。底版放置时，其中心应该与支柱中心重合，并根据支柱的倾斜度使低版呈水平或有一定的斜率，使底板与支柱充分接触。

3. 拉线的安设

① 地锚拉线的安设。下锚支柱除承受垂直线路的负荷外，还要承受接触悬挂下锚的负荷，因此锚柱承载很大。为了使锚柱稳定，一般采用锚柱打拉线措施，以平衡下锚悬挂张力对支柱产生的影响。下锚拉线设在锚支的延长线上，若因地形限制应按设计要求施工。拉线（拉线锚杆）与地平面的夹角宜为 45°，特殊困难地区不应大于 60°，拉线锚板坑深应能保证锚板埋深设计值（以地面最低处算，宜为 2m）。拉线通过 UT 型线夹与锚板拉杆连接，拉杆的下端用 U 型螺栓与锚板连接，拉线的另一端则固定在支柱上的承线锚角钢处。在坚石地带埋设锚板有困难时，允许用锚栓锚固。预制拉线的长度由下式确定：

$$L=H/\sin\alpha+\delta$$

式中　L——拉线长度，m；
　　　H——拉线在支柱上固定点至地面的垂直高度，m；
　　　α——拉线与水地面夹角，(°)；
　　　δ——预留回头长度，m。

② 整体混凝土浇筑地锚拉线的安设（图 5-16）。用支柱斜率测量仪检测支柱顺横线路方向的倾斜度，若不符合要求，松开地脚螺栓螺母，重新调整。将地脚螺栓连接板安装上，用梅花扳手将螺母拧紧，用力矩扳手检测达标。测量拉线安装高度和总长度，依据测量安装总长度计算出拉线绞线长度，并先安装好上部双耳楔形线夹。

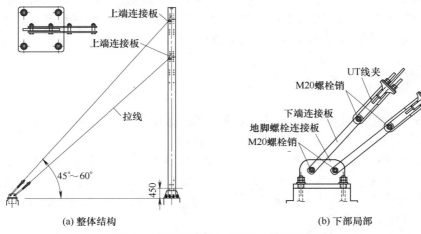

图 5-16　整体混凝土浇筑地锚拉线的安设

连接调整螺丝和连接板。把连接好的调整螺丝和连接板与支柱上部连接，同时连接好下端连接板，并做回头。安装好的下端双耳楔形线夹与下端连接板连接上，调整调整螺丝（调整螺栓预留 1/3 调整余量）。

第五节　附加导线安装

在直供加回流线供电区段、AT 供电区段，除了接触悬挂之外，还有正馈线、回流线、保护线等附加导线。附加导线安装可以在接触悬挂安装前或后进行，在高速铁路施工中，先进行附加导线安装可以提高腕臂预配计算的精度。

一、肩架安装

根据平面图和安装图，对每根支柱的肩架各部尺寸进行组配，将安装支柱号用记号笔标注在肩架上。对照平面图核对肩架及螺栓连接型号是否符合设计要求，螺母垫圈是否齐全。测出安装位置，用记号笔做出标记并打孔，或确定预留安装孔位。使用尼龙套、滑轮、吊绳等工具材料将肩架吊至安装处。按测量高度安装肩架，并用力矩扳手检测连接螺栓紧固力矩并达标，肩架呈水平状态，施工允许偏差为+50mm。

二、人工架线

附加导线的架设可以采用人工架线或机械架线的方法，人工架线时，将线盘及所用材料及工机具运至施工地点，安置线盘和导线展放机。

① 展放：将附加导线和导线展放机辅助线相连，缓缓打开展放机卷筒制动，用展放机慢慢收线，将附加线索放到放线滑轮中。当接头收到起锚柱处附近适当位置停止收线。

② 起锚：在接头附加导线适当处绕铝包带安装耐张线夹。展放机慢慢收线，将耐张线夹与下锚件连接件连接上，然后回收展放机、辅助绳等。

③ 落锚：在线盘处用人力拉导线，同时将导线回收。安装紧线器、拉力计，用手扳葫芦进行紧线。拉力计显示张力达到要求时，停止紧线，确定耐张线夹安装位置，绕铝包带，安装好耐张线夹，连接下锚件。根据跳线要求，预留足够导线长度，断线，将余线收起。

④ 固定导线：将导线从放线滑轮内提出安装在鞍子内。

三、机械架线

附加导线的机械架线需要将放线车上的放线支架跨过接触网支柱，将放线车上线盘中的导线展放到支柱的田野侧。其放线程序和人工放线不同。

① 起锚：在线路封锁前做好施工人员机具准备。线路封锁后，作业车组运行至施工地点。将作业车与架线车（含架线平板车）解体，架线车上施工人员转动线盘，将附加导线头拉向作业车。作业车在起锚柱停下，对位，升转作业平台至安装位置，作业人员与起锚人员配合，将附加导线头与下锚件连接牢固。

② 展放：将附加导线放入特制的附加放线支架的滑轮内，然后放线车以 3km/h 速度展放。利用作业车在肩架头挂套子和放线滑轮，再将肩架上的附加线放在放线滑轮内，直到下锚柱。

③ 下锚：架线车过锚柱后停下，将附加线从特制的附加放线支架滑轮内拿出，用绳子落

下。在合适位置安装紧线器，连挂滑轮组，并挂好锚柱端。使用串接的拉力计监测线索张力紧线，当拉力计显示张力符合设计安装曲线要求时，停止紧线。

④ 固定导线：利用作业车、架线车作业平台，将附加导线从放线滑轮内拿出放入鞍子内，并拧紧钩螺栓，将套子、放线滑轮收回。

四、附加线索的安装曲线

附加导线的线索在架设安装时，为了保证附加导线的技术状态符合设计要求，其紧线张力需要根据设计安装曲线确定。紧线可以采用拉力计确定线索张力的方法进行，没有张力计时，可以通过测量典型跨的弛度来指导紧线。考虑到新线架设导线的初伸长，一般紧线到设计额定张力（安装曲线查得的张力）的1.1倍。如不加挂拉力计，其导线弛度应符合安装曲线规定，施工偏差为5%~2.5%，弛度测量应在距下锚处大于1/2锚段的跨距测量。测量跨距数不应少于2个。

五、附加导线安装注意事项

① 正馈线、保护线、架空线都有安装曲线表，下锚时应根据施工时的温度、安装锚段的当量跨距、附加线类型等正确选用其安装曲线，正确确定紧线张力或弛度。悬式绝缘子串悬挂角度过大时应倒装。

② 所有下锚连接零件的螺栓穿向都由田野侧穿向线路侧，螺母在线路侧，以便以后检修。

③ 安全距离符合相关规定。

④ 导线展放区段的各悬挂点均应采用专用放线滑轮，铝绞线（钢绞线）、钢芯铝绞线（铝包钢芯铝绞线）应采用铝滑轮。导线在展放过程中应注意不发生摩擦、断股、背扣等现象，放线时应同时进行外观检查，发现缺陷和损伤时应及时做出明显标志，以便处理。

⑤ 附加线跨越铁路，一、二级公路，重要的通航河流时，不同金属、不同规格、不同绞制方向的导线不得有接头。一个耐张段内接头、断股补强处数不超过：500m时为1个，1000m及以下时为2个，1000m以上时为3个。接头位置距悬挂点不小于500mm。

⑥ 并沟线夹、电连接线夹等作为电连接线夹时，连接处导线不得包缠铝包带。并沟线夹、电连接线夹与导线连接面平整光洁，并涂有一层电力复合脂，连接应密贴牢固，螺栓紧固力矩应符合设计要求。

第六节　支撑结构安装

一、支柱装配的测量与计算

为了保证支柱装配的质量，宜组建专业测量计算组，并对测量计算组全体成员进行测量方法及相关计算程序应用的培训。

1. 需测量的参数

① 侧面限界测量。对于有防撞墙影响的高架桥，采用丁字尺、水平尺及线坠配合测量支柱

限界，限界值应取防撞墙外、防撞墙厚度和防撞墙到线路中心线三部分的和。测量限界值均以轨面所在平面为测量面。对于无防撞墙的路基段、站场可采用接触网几何参数检测仪或丁字尺、水平尺等配合测量支柱侧面限界。硬横梁吊柱侧面限界可用经纬仪、丁字尺和水平尺等配合测量。

② 支柱倾斜值测量及斜率换算。斜率的测量值以支柱内沿（线路侧）的倾斜率为准。经纬仪置于跨距中间位置，镜身距线路中心距离与被测支柱前沿到线路中心距离一致。在最低轨轨面线处水平放置钢卷尺。经纬仪镜筒沿支柱前沿顶端向轨面标记处垂直转动至最低轨轨面处，读取钢卷尺数据，为被测支柱倾斜值。各种支柱的斜率计算如下：

$$斜率=支柱倾斜值/H$$

对于 H 形支柱，H=支柱总长-轨面至基础面距离；对于吊柱，H=吊柱的长度。

③ 超高测量及轨面标注。有防撞墙区段：置镜点在距支柱 15～20m 的两路基板之间的通道上。在支柱点处两轨面上竖好塔尺，调整水平仪器，读取塔尺读数，并做记录；两轨面塔尺读数相减即为超高值。对于无防撞墙的路基段及站场，可采用丁字尺与水平尺配合，在支柱位置将丁字尺置于轨面上，将水平尺放置于丁字尺上，调整丁字尺使其气泡居中，使用钢卷尺读取水平尺底与最低轨之间的距离。

轨面标注测量点在客专工程中应以最低轨的轨面为准，对于其他工程可能为平均轨面标高。

④ 上底座预留孔安装高度的测量。对于 H 形支柱，在安装计算过程中，需要上底座至最低轨间的准确的高度值，由于预留基础标高的误差及支柱调整的误差，其每一个支柱的预留上底座安装孔距最低轨的高度需进行现场测量。具体方法如下：

根据计算程序要求的数据及 H 形钢柱的标识，腕臂上底座至最低轨的高度 H_S 为：

$$H_S=H-B-h$$

式中　H_S——上底座安装高度（对最低轨面）；

　　　H——支柱高度；

　　　B——支柱顶至上底座的距离；

　　　h——支柱底至最低轨面的距离。

2. 数据整理和计算

测量任务完成后，将测量结果列表整理，输入专用计算程序进行计算。进行腕臂预配预算，还需要线路曲线、竖曲线、坡度、接触悬挂、装配形式、附加导线等的多种参数，根据软件需要收集整理。

二、支撑结构预配与安装

① 支柱预配计算　根据测量数据、腕臂安装图号，通过专门计算软件完成支撑结构（腕臂）的预配表。计算值精确到 mm。应保证安装后承力索距轨平面距离符合设计要求，施工偏差为+20mm。

② 预配与安装。根据计算出的腕臂预制表，进行平、斜腕臂、定位管及腕臂支撑的预制。支柱装配的预配应采用专用预配台具进行，根据支柱装配预制表尺寸，在斜腕臂上测量标识出套管座位置、定位环和安装腕臂支撑的套管单耳安装位置；在平腕臂上测量标识出安装腕臂支

撑和平、斜腕臂连接的套管单耳、套管座及承力索座的安装位置。连接各零部件，完成腕臂组装，捆扎成一整体，做好绝缘子的保护。以锚段为单位整理并标明支柱号。按设计要求将腕臂上、下底座安放在预留孔处，并用力矩扳手检测达标。安装完成后应对上、下底座及下底座至轨面的间距进行复测，施工偏差为+20mm，上、下底座均应与线路平行。

三、下锚补偿装置安装

接触悬挂放线前，应完成下锚补偿装置的安装。下锚补偿装置安装应在拉线完成后进行。
① 按照设计安装图安装平衡轮，棘轮接触线/承力索补偿绳及坠砣补偿绳按照设计规则排列，完成端头楔子安装。
② 安装下锚底座，棘轮底座安装后，棘轮底座角钢相对于 H 形支柱中性面左右对称，棘轮上下安装角钢上的棘轮旋转轴孔应铅垂，底座应水平。
③ 用滑轮、大绳将棘轮本体吊装到棘轮上、下底座间，穿入螺栓销固定。
④ 调整下底座调节板长孔螺栓，使得棘轮本体垂直。
⑤ 将规定块数的坠砣串组装完毕，按照施工季节大致温度确定补偿绳长度，确定大轮圈数、小轮圈数和安装曲线要求一致。将棘轮本体卡在制动卡块上。
⑥ 起吊坠砣串并与补偿绳楔形线夹连接，安装限制架，做好接触网架设前下锚补偿装置准备。

第七节　接触网架设

接触网架设主要是指承力索、接触线架设和接触悬挂的调整。线索架设与调整的质量直接影响着列车运行速度和供电质量，因而接触网架设与调整是接触网施工中非常重要的环节。

一、线索架设前的准备工作

线索架设工作一般是利用架线作业车组来完成的，需要占用站场或区间的运行线路，因架线前必须先做好人员组织、工具材料的准备工作，以免过多占用线路时间。

架线前应派专人检查架线区段内有无与线路交叉的电力线、通信线，检查这些线路跨越接触网时是否符合《铁路技术管理规程》第 123 条的规定：110kV 及其以下电线路不少于3000mm；220kV 电线路不少于 4000mm；330kV 电线路不少于 5000mm；对于提速区段和高速铁路，一般禁止 10kV 架空线跨越铁路。特别是架线车通过高压电力线下方时，应保持一定的安全距离，见表 5-5。要保证架线时不发生危险、不影响通信线路，还应检查线路中有关平交道口的限界门是否安装合格。

表 5-5　架线车通过高压电力线下方时的安全距离

电压/kV	10	35	44	66	110	154	220
距离/mm	2050	2500	2500	3000	3500	4000	4500

在股道较多的站场上架设承力索和接触线时，为了减少架线时的穿线次数，应根据设计图纸上接触网布置的情况，事先做好架设程序表，见表 5-6。

表 5-6 穿线程序表

项目编号	锚段编号	当量跨距/m	起锚杆号	穿线次序	放线走向	下锚杆号	锚段长度/m	经过道岔及跨越股道
1	1 道	50	10#		北→南	54#	996.5	1 号、2 号跨 5 道、18 号跨 3 道
2	5 道	50	12#		北→南	52#	980.1	19、17、21、22
3	6 道	50	8#		北→南	57#	1116.4	
…	…	…	…	…	…	…	…	…

架线前应将腕臂、起锚和下锚柱上的补偿装置全部安装好,并准备架线所用的各种工具和材料。高速铁路接触网架设需要采用较为先进的恒张力放线,以保证架线作业的顺利和质量。

二、承力索架设

① 加固腕臂,双线区段曲线处每隔 3~4 跨加固 1 次,用双股镀锌铁线将上、下行腕臂连接起来,单线曲外支柱通过在支柱上临时固定角钢来固定腕臂,工作支与非工作支用双股 $\phi 4.0$ 镀锌铁线绑在一起来,防止腕臂在曲线水平力作用下偏斜。

② 检查架线机械、工具和材料的质量及数量是否符合作业要求,并将工具和材料装在架线车组上。检查下锚支柱强度及拉线、坠砣及棘轮补偿等是否达到要求。在支柱合适位置安装固定抱箍(对大轮径滑轮式补偿装置),把坠砣提到设计位置后,固定在临时抱箍上,或用尼龙套固定在坠砣限制架适当位置处,使坠砣串在架线过程中基本保持在该位置。

③ 起锚:架线车组运行至起锚支柱位置停车。按程序操作恒张力放线车,将放线车立柱升到工作高度,同时将立柱滑轮托架落到最低位置。人工转动线盘与绞盘,将线索端头拉到补偿装置附近。组装绝缘子等起锚零件。检查补偿绳是否在棘轮槽内。

④ 承力索展放:驱动放线车开始展放承力索,在支柱处通过铁丝套和滑轮固定承力索。放线过程中注意观察线条的走向,同时提醒作业车司机停车或前进。架线车向前运行至下一支柱停车,扶正腕臂,抬起承力索,放入承力索支撑线夹处的滑轮内,完成后,架线车继续往前展放承力索。架线车上的作业平台接近下锚柱时,须注意掌握起锚处的张力变化状况。停止展放承力索,准备进行落锚。

⑤ 落锚:在承力索和下锚连接线之间适当位置安装紧线器,用链条葫芦把补偿装置与承力索连接并紧线,起、下锚人员观察坠砣串及 b 值,当 b 值符合设计要求时,通知紧线人员停止紧线,将放线车立柱缓慢下落,使立柱顶线索松开。立柱下落后,如果张力与百分比值都已到零,但从外观看不出架线车立柱顶部引出的线索完全松弛,可应向起锚方向稍微移动架线车(距离约 0.5~1m)以彻底使线索松弛。

⑥ 承力索归位:承力索架设完毕,应根据平面布置图,结合放线施工时环境温度和新线延伸率确定腕臂偏斜量。从中心锚结出发,向起、下锚方向用激光测量仪和钢卷尺确定腕臂无偏斜位置,根据腕臂偏斜量确定承力索支撑线夹应该所处的位置,在承力索相应处上作出标记。松开承力索支撑线夹螺栓,在承力索支撑线夹安装处的承力索上涂抹电力脂,放入铜铝过渡衬垫,并将开口朝向螺栓压合,将承力索从滑轮内取出,并按要求将其放在承力索支撑线夹槽内,安装螺栓并紧固。收回铁丝套和放线滑轮等工具。逐支柱完成整锚段承力索归位施工。

⑦ 承力索中心锚结安装：提前剪取所需承力索中心锚结绳并盘好。安装起锚侧承力索锥套式终端锚固线夹。检查中锚拉线、下锚拉线及下锚固定角钢已安装完毕，锚柱顺线路倾斜度符合设计要求，承力索已架设完毕，检查起、下锚两侧坠砣 a、b 值。将复合绝缘子、起锚承力索锥套式终端锚固线夹连接到起锚支柱上。展放承力索中心锚结绳至中锚中心柱，挂上铁丝套和滑轮，将承力索中的锚绳放在滑轮内，继续向下锚柱展放。展放承力索中锚绳至落锚处合适位置停车，按落锚紧线连接连接各部件，如图 5-17 所示，在承力索中心锚结辅助绳适当位置装紧线器，连接手扳葫芦，并串入拉力计，开始紧线。

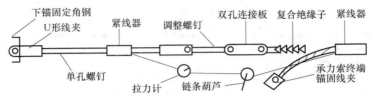

图 5-17　承力索落锚装配示意图

待承力索基本紧起时，停止紧线，卸下承力索支撑线夹盖上的螺母，拿出上盖，将铜铝过渡衬垫放入承力索支撑线夹槽内，将滑轮内的承力索中锚绳放在靠近支柱侧槽内，承力索放在另一槽内，合上上盖，预拧上螺母。继续紧线。当拉力计显示达到设计值时停止紧线，在合适位置断线。安装承力索终端锚固线夹并与复合绝缘子连接。拆卸紧线工具。调整中心柱腕臂，使其垂直于线路中心线，紧固承力索座螺母。在距腕臂中心约 200mm 处安装中心锚结线夹，循环拧紧四角螺栓到规定力矩。

三、接触线架设

① 接触线架设准备：需架设接触线锚段的承力索已架设、归位。检查放线机械、工具及材料的质量及数量符合作业要求。补偿装置已正确安装。检查支柱强度及拉线、坠砣及棘轮补偿等达到要求。将坠砣临时吊起固定。接触线经过接触线矫直器后展放，如图 5-18 所示。

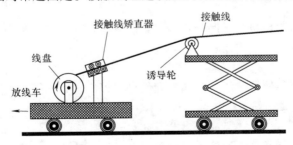

图 5-18　放线矫直器

② 起锚：人工转动线盘与绞盘，将线索端头拉到补偿装置附近。检查补偿绳是否在棘轮槽内、平衡绳是否平顺，将接触线终端锚固线夹与复合绝缘子连接上。

③ 接触线展放：操作放线车开始放线。注意观察线索的走向，架线车边走边挂 S 钩和滑轮，将接触线置入滑轮内。

对于铜镁接触线，必须采用恒张力放线，对于 CTMH150 导线，如果有波浪弯基本上无法修复。

④ 架线到落锚地点后，在接触线和下锚连线的适当位置安装紧线器，用链条葫芦连接补偿装置与接触线。收紧链条葫芦。链条葫芦收紧过程中，注意观察坠砣串及 b 值，当 b 值符合设计要求时，停止紧线。断线安装终端锚固线夹。将接触线锥套式终端锚固线夹与落锚补偿装置的复合绝缘子连接牢靠，将接触线校正器螺栓松开，抬起校正器，取出接触线。缓慢松链条葫芦，拆除链条葫芦和紧线器，即完成正式落锚连接。在一个锚段找 3~5 个跨距，用接触线平直度检测尺检测所放锚段接触线平直度是否符合要求，如图 5-19 所示，在 10mm 宽度上，波幅小于 0.1mm。

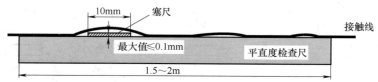

图 5-19 接触线平直度检查

⑤ 接触线中心锚结安装：接触线中心锚结在接触线超拉完毕，且中心锚结柱定位器及相邻两跨吊弦布置完毕后方可进行安装；但应先检查两端坠砣高度，如不能同时达标时，先使一端基本达标，待悬挂安装完成后再将两端调整到位。中心锚结线夹与接触线、承力索、中心锚绳接触面应涂电力复合脂。

⑥ 在线盘打开时，接触线保持张力，放线张力一般不得小于线盘导线本身的缠绕拉力。接触线的张力必须恒定。在安装期间，对线盘进行张力控制张力误差<0.5kN。放线过程中的导向滑轮直径不小于 0.8m，用导向滑轮的接触线转向不能超过 20°。不能在接触线上挂安全带和踩踏，防线过程中应避免接触线震动。不允许接触线出现和线盘缠绕相反方向的弯曲，其会导致波浪弯和扭结。

四、整体吊弦测量与预配

1. 整体吊弦参数测量

测量悬挂点承力索距钢轨水平面的距离值，测量跨距并与设计平面布置图进行核对。

2. 计算

通过专用软件计算各处吊弦的长度和预配信息，得出预制计算单。

3. 整体吊弦的预制

根据预制计算单，通过专门的整体吊弦制作台进行吊弦预制。然后进行标识和包装。

4. 整体吊弦的安装

测量吊弦的安装位置，准确安装。整体吊弦安装位置的测量应从悬挂点向跨中测量，其偏差应在跨中调整，安装位置应符合设计要求，允许偏差±50mm；整体吊弦顺线路方向垂直安装，承力索吊弦线夹与接触线吊弦线夹在垂直方向的相对误差为±20mm，直线区段吊弦线夹应端正、牢固，曲线区段吊弦线夹应垂直于接触线工作面。用刷子清除掉承力索、接触线安装吊弦线夹部位的灰尘和氧化物层，并在安装位置涂一层电力复合脂。螺栓穿向、导流尾线安装方向符合要求。

5. 弹性吊索安装

① 预制：按设计标准长度截取弹性吊索。在弹性吊索的中间做标记，端头及标记处用胶带绑扎。图 5-20 所示为弹性吊索下料。

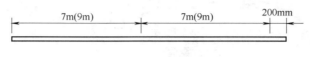

图 5-20　弹性吊索下料

② 弹性吊索初安装：必须先安装朝向中锚方向的弹性吊弦线夹，向下锚处展放弹性吊索，先临时将线夹固定，张力 2.5kN 左右。完成各悬挂点的弹性吊索预安装。将预制好的弹性吊索整体吊弦安装到位，一般距定位点 5m。

6. 测量导高，校核吊弦质量

① 一个锚段吊弦安装全部完成后，应逐悬挂点、吊弦点检测接触线下缘距轨面连线的高度。
② 根据检测结果判定吊弦长度是否合格，对不合格吊弦进行调整或重新制作、安装。
③ 接触线高度变化的坡度及预留弛度均为 0。相邻两吊弦间的导高差不大于 10mm。

第八节　接触悬挂的调整

安装定位装置，主要是安装定位器和锚支定位卡子等。安装定位器注意腕臂偏斜量符合安装曲线要求；定位点拉出值要正确，误差±30mm；定位器倾斜 8°~13°；限抬间隙应符合要求；定位点处和相邻两弹性吊弦处等高。同时要保证定位支座和定位器间的电气连接线连接可靠，铜铝复合垫片不能装反，使用螺栓锁固剂防松；保证定位线夹和接触线间电气连接可靠。

完成以上施工过程后，进入接触悬挂调整。高速铁路接触网的精细化调整的基本原则是按照整个锚段为单位来调整接触悬挂。高速铁路采用弹性简单链形悬挂时，弹性吊索安装是从中心锚结向下锚方向依次进行，在从中心锚结到下锚的半个锚段范围内，只允许有一个施工队伍作业，不能多点同时安装调整。

一、弹性吊索安装调整

在下锚方向安装弹性吊索紧线器，如图 5-21 所示。将弹性吊索张力紧固到 3.5kN。弹性吊索吊弦与定位线夹高度差为零。必要时调整定位管坡度或者安装位置。定位装置和弹性吊索的技术状态有相关性，应该同时进行调整。

弹性吊索的张力符合设计要求对相邻两跨的接触网状态非常重要，张力过大将造成相邻两跨接触线出现正弛度，张力过小相邻两跨接触线将出现负弛度。工程施工中，弹性吊索张力不符合设计要求带来的接触线缺陷所占施工缺陷比例较大，要充分重视。

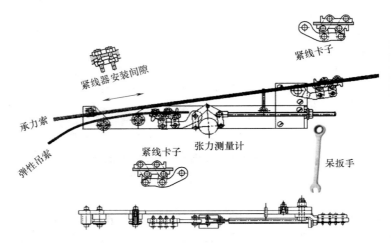

图 5-21　弹性吊索紧线器

接触悬挂的调整还包括了诸多方面，例如定位器坡度、限抬定位器间隙、直链型悬挂时悬挂点接触线承力索是否在同一铅垂面、结构高度、线岔定位、接触网空气绝缘距离、锚段关节、分段分相绝缘器等多方面的检调。

二、动态包络线检查

电力机车高速运行时，受电弓的最大动态抬升量和最大动态摆动量构成了受电弓动态包络线范围。机车速度 $v \leqslant 120 \text{km/h}$ 时，最大抬升量 100mm，左右最大摆动量 200mm；$120 \text{km/h} \leqslant v \leqslant 160 \text{km/h}$ 时，最大抬升量 120mm，左右最大摆动量 250mm；其他按照设计给定的营业机车受电弓最大抬升量和最大摆动量确定。在该范围内不得有任何障碍物，并且和接地体保持安全绝缘距离，否则很可能发生弓网故障。评判方法是对接触网进行受电弓动态包络线检查。动态包络线检查步骤如下：

① 测量支柱定位点处接触线的静态高度和拉出值、支柱处外轨超高值。

② 使包络线检测尺上拉出值刻度与该定位点处接触线实际测量拉出值位置相重合，包络线检测尺倾斜度与轨面连线的倾斜度一致。

③ 通过包络线检测尺观察检测并记录有关数据，分析判断在最大抬升范围内，定位管、定位器、定位环线夹和其他接触网零部件是否侵入动态包络线范围内。

④ 发现有侵入包络线范围内的接触网零部件的检测缺陷时，找出对策并及时进行处理，直到包络线检测尺检查合格为止。

包络线检查的重点是转换柱、中心柱、道岔柱和小侧面限界吊柱处。

三、静态检测接触线导高的误差控制

在既有线及提速区段，在静态检测中，接触线工作高度（导高）变化时的控制，主要是控制接触线坡度，其变化率不应大于：一般区段 3‰，困难区段 5‰。行车速度为 160km/h 的路段，坡度不宜大于 2‰，确有困难时，不宜大于 4‰。行车速度为 200km/h 路段，其坡度应不大于 2‰，坡度变化率不应大于 1‰，并且定位点两侧导高不应该出现 V 形。对于高速铁路，随着列车运行设计时速不断提高，对导高的要求更高，标准导高为 5300mm，全线坡度为零。当然一条线路的导高始终完全一致是没有工程可行性的，这种规定我们主要关心的问题是导高误差的控制。典型的高速铁路接触悬挂两种类型的导高误差控制如下。

1. 简单链形悬挂接触线导高

简单链形悬挂在中国高铁中的典型应用是京津城际高速铁路。其标准导高为：
① 接触线高度为 5300mm，高度误差±20mm，最低点不低于 5150mm；
② 在相邻两悬挂点和相邻的两吊弦之间，最大高差为 0.01m。

两个条件必须同时满足。为了弥补简单链型悬挂弹性不均匀度较大的不足、改善弓网受流质量，正线接触线设 0.5‰的预留弛度，如图 5-22 所示。

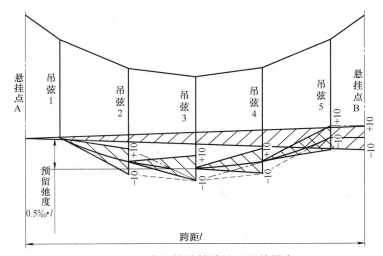

图 5-22　高速铁路简单链型悬挂导高

图中悬挂点 A 处的导高假设为 5300mm，悬挂点 B 处的导高为 5290~5310mm。

跨中导高的理想曲线为满足预留弛度 0.5‰l 的悬链线。前一吊弦和后吊弦（比如吊弦 1 和 2 间）满足误差要求接触线位置如阴影区域所示。图 5-22 中给出了两个示例，示例 1 用虚线所示，其满足导高误差和相邻吊弦点高差的要求，是允许的；示例 2 中，吊弦点 2 和 3 间，不满足相连吊弦间导高差要求，是不允许的。这个示例告诉我们，不但要考虑各个吊弦处的导高是否符合要求，还要兼顾相邻两吊弦点处的导高。

2. 弹性简单链形悬挂接触线导高

弹性简单链形悬挂类型是中国高速铁路接触网的主要类型。其悬挂点导高规定的标准是：①标准导高为 5300mm，无弛度；②导高允许误差为±30mm；③相邻悬挂点允许误差为±20mm（同方向）、±10mm（反方向）；④结构高度误差±150mm（区间）、±100mm（隧道）。对导高误差的理解我们通过图 5-23 来理解。

图 5-23 中，以悬挂点 2 为例，前一跨导线如 example2 所示时（导高下降），下一跨导高继续下降时，最大允许位置为 line b，误差 $H_3-H_2=-20$mm，满足条件③（正方向）。当某悬挂点 两侧的接触线坡度为反向时，导高误差应符合后跨导高误差减前跨导高误差（H_3-H_2）－（H_2-H_1）的绝对值小于 20mm。比如图 5-23 中，当悬挂点 2 的前跨如 example2 所示

时（导高下降），后跨导线为抬高时，line a 所示为其抬高的最大允许值，这个时候有：$(H_3-H_2)-(H_2-H_1)=(5310-5295)-(5295-5300)=20$（mm）。导高误差满足条件③（反方向）。同样的方法，可以理解在 example1 中，悬挂点 3 处，不允许接触线降低高度（下坡），如图中 line b 所示。

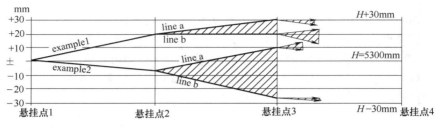

图 5-23 链形悬挂悬挂点高差

对于弹性简单链形悬挂的每一跨中，各吊弦处导高的误差满足：跨中没有预留弛度。吊弦之间的导高差不得大于±10mm（以悬挂点之间的假定连接线为参考）。如图 5-24 所示，各吊弦处的导高应该在阴影区域内。既要满足本条件要求，还要满足 5330 的最大导高限制。

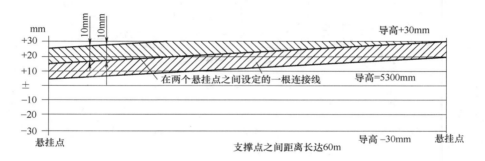

图 5-24 弹性链形悬挂的吊弦处导高误差

四、动态检测

对于高速铁路，对接触网技术状态的验证、检验不能单单依靠静态检测，必要时还有进行综合验证试验。动态检测是在列车运营速度下，通过专门的检测车对接触网技术状态、弓网间关系进行的自动化检测。对施工而言，主要是通过自动检测来得到接触网几何参数：导高、拉出值和同一跨接触线高差、线岔锚段关节处接触线相对位置，弓网受流性能检测参数（弓网接触压力、垂直加速度和离线率等）。

对检测得到的数据、曲线进行对比分析，优化调整接触网技术状态。对历次数据进行比较。对同一地点几次出现缺陷的进行重点研究和处理，并分析、评估处理缺陷方法是否得当。图 5-25 为某区段接触网检调阶段动态检测得到的结果。

图 5-25（a）是检测结果中截取的完整一段，检测结果曲线中包含了杆位信息、接触压力、导高检测、拉出值检测等内容。图中列举了几种常见的缺陷举例：A 处悬挂点两侧接触线坡度相反，超出误差范围，需要降低 A 悬挂点高度 15mm；B 处相邻两跨明显有负弛度，需要减小弹性吊索张力；C 处相邻跨导高差符合要求，但是导高超过了 5330mm 最高限，需要降低悬挂

点高度；D 处是六跨短分相的两个绝缘断口处，两工作支抬高的屋脊形最高点不在跨中；E 处定位点两侧接触线成明显 V 形，应调整定位点导高；F 处相邻吊弦高差超过标准，需要复核整体吊弦的长度和安装。

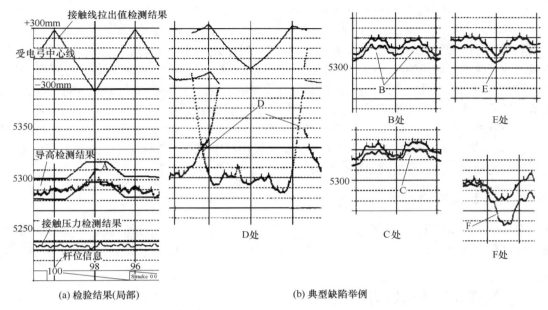

图 5-25 动态检测结果分析举例

第九节 竣工验收与开通

当接触网施工的各项工作都已基本完成后，就进入施工的最后阶段，即竣工验收与开通交接，它是全面考核基本建设成果，检验设计和施工质量的重要环节。

一、冷滑

接触网工程全部竣工后，已具备冷滑检测条件，施工单位可申请冷滑检测试验，目的是检验接触网机械、电气适应性能是否满足运行需要。

冷滑试验前，应对影响安全运营的路内、外电力线路，建筑物及树木进行全面检查，并符合下列条件：

① 冷滑行试验区段的接触网工程已全面竣工，已具备冷滑检测条件；
② 冷滑行试验区段的接触网已进行检查，检测记录完整，检查质量符合验收标准；
③ 影响冷滑行试验的绝缘包扎物等已全部拆除；
④ 电力线路跨越接触网时，垂直距离符合相关规定；
⑤ 跨越接触网的立交桥及构筑物防护栅安装符合设计要求，安装牢固，接地良好；
⑥ 接触网距树木间的最小距离，水平不小于 3.5m，垂直不小于 3.0m。

试验前应在直线段线路上利用经纬仪校核检测受电弓的中心与线路中心重合，将受电弓底座接地端子与车顶接地端子用接地线连接牢靠；热滑时应事先断开。

1. 第一次冷滑检测

① 升弓，并调节受电弓气压控制阀，确认弓网静态接触压力为10N。

② 冷滑检测车以 10~20km/h 进行冷滑。由专门人员密切监测受电弓附近及近距离前方接触网和受电弓接触状况，向检测人员报检测经过的接触网杆号和车站、线岔、分段、分相位置，并及时通报检测弓遇到的干扰和紧急情况出现时的降弓命令。同时，检测工程师在主计算机中输入和修正相关数据及将图形显示计算机切换至曲线显示屏，分别输入检测弓当前位置的锚段关节、车站、线岔、分段绝缘器、分相和干扰、打弓等缺陷标志。

③ 特殊情况下（如无网、既有网有电区），提前降弓，进入正常区再升弓，正常冷滑检测。

④ 完成第一次冷滑检测后，组织技术人员对检测打印出的记录曲线进行分析、评估，确定出需克服的缺陷，编制《检测超限报告》。

2. 第二次冷滑检测

根据《检测超限报告》处理设备缺陷后检查确认，可进行第二次冷滑检测。第二次冷滑检测的弓网静态接触压力为 70N，冷滑检测车运行速度为 30~40km/h，其余与第一次冷滑检测相同。

3. 高速铁路冷滑检测

第一、第二次的低速冷滑（静态检测）完成后，将检测装置安装在动车组上，从 160~350km/h 分步进行冷滑检测。在冷滑试验完毕并确认质量合格后，即可准备送电开通。

二、竣工文件移交

接触网工程竣工前，施工单位应提前做好自检及竣工文件、资料的整理汇编工作。绘制完成全部工程竣工图，竣工图要反映实际现场的接触网结构，对已有设计变更说明的地方应调查核实，将图纸进行相应的修改，使之符合设计要求，并将这些资料（包括竣工底图）交接管单位统一保管，或按规定送上级档案部门归档。竣工文件不齐全、不完整时不能验收交接。竣工文件应有如下内容：①设计文件一份，由设计单位提供。②接触网平面布置图四份，其中蓝图三份交接管单位，底图一份交接管单位报送铁路总公司档案馆。③接触网供电分段示意图二份，接触网装配图二份。④接触网主要工程数量表三份。⑤工程施工记录，包括钢柱基础隐蔽工程记录一份，支柱埋设隐蔽工程记录，接地装置埋设隐蔽工程记录，绝缘子和分段、分相绝缘器、开关、避雷器、吸流变压器试验记录。⑥主要器材技术证书，包括钢筋混凝土支柱、钢柱、接触线、承力索、供电线、绝缘子、分相绝缘器、隔离开关、避雷器及吸流变压器等的技术证书。

三、竣工验收与开通

1. 竣工验收

竣工验收是工程建设过程的最后一环，是投资成果转入生产或使用的标志，也是全面考核基本建设成果、检验设计和工程质量的重要步骤。按照电力牵引供电工程施工验收标准规定，进行静态验收（包括子系统验收和综合系统验收）、动态验收、联调联试、初步验收、试运行、国家验收的程序完成。静态验收、动态验收由客专公司或者铁路局集团公司在总公司指导下组织。初步验收、试运行、国家验收由国铁集团组织实施。静态验收时，铁路局集团公司组织，建设单位配合，施工、监理、设计单位参与，对建设项目进行检查，确认工程是否满足铁路电力牵引供电工程施工验收标准相关规定，系统设备是否已安装调试完毕，竣工文件是否编制完毕。动态验收是在铁路总公司建设、运输部门指导下，由铁路局集团公司组织，建设单位配合，组成竣工验收工作组，各接管单位、监理、勘察设计、咨询单位参加，进行联调联试、动态检测、运行试验等，对工程质量和系统集成安全运行状态进行全面检查和验收。

2. 送电开通

接触网工程的最后一道工序是送电开通。送电前应对接触网进行全面质量大检查，检查项目应根据《铁路电力牵引供电工程施工验收标准》或有关施工技术标准执行，并将绝缘子清扫干净，同时组织职工进行送电安全教育，经考试合格后才能参加送电工作。由于送电开通是对整个接触网工程设计和施工质量的一次真实检验。因此任何的疏忽都会使送电开通失败，造成恶劣的影响和无法挽回的损失。所以送电开通必须在严密的组织下实行统一领导，统一指挥，遵守各项安全规则，选择熟悉情况、具有一定技术水平的专业人员负责各项开通工作。施工单位与建设单位、接管单位应互相配合，为保证送电开通和工程的顺利移交打下良好的基础。

送电前应对接触网进行全面质量大检查，特别是确认沿线应拆迁的各类电力线路及通信线路是否处置完毕，不符合安全距离的树木是否砍伐、修枝完毕；不符合安全距离的建筑物是否拆除或者安设防护栅；绝缘子完整清洁，隔离开关工作正常，附加导线安全距离符合要求，支柱号码牌、各类标志牌齐全，安全警示牌按要求悬挂等。送电开通应提前编制送电开通实施方案，要求简明扼要，有具体的实施步骤，科学合理。实施方案的主要内容如下：①供电日期，各供电臂供电范围及受电时间。②供电示意图，包括供电线位置，分相、分段绝缘器附近的杆号，隔离开关位置及编号，隧道长度及悬挂点数量等。③送电前的检查结果，冷滑试验、热滑试验，克服缺陷及存在问题的简要报告。④送电开通程序，通信联络及抢修组织的方法，抢修车停放地点。各站场、区间值班负责人名单，绝缘测试地点、测试人姓名；开关操作人员姓名及地点，巡视人员负责区段及姓名等。

接触网送电开通工作应在牵引变电所空载试运行24h后进行。送电当日，组织指挥者、事故抢修人员等应按计划提前进入指定地点，开通程序由总指挥组按方案、计划并通过供电调度命令下达执行。首先从宣布线路封闭时间开始，由指挥组向供电调度申请进行绝缘测试。供电调度向各分段指挥组下达各供电臂进行绝缘测试的命令，测试前应确认临时地线已拆除，杆上无人作业后才能开始，依次完成供电臂绝缘测试、供电臂导通测试、供电臂间绝缘测试等项目。若干燥气候下约为数兆欧，如绝缘电阻为零，则说明该供电臂有接地故障，需分段检测查出故障点直至排除。当各供电臂测试合格后，即可令变电所拆除临时地线，合上27.5kV断路器正式送电。送电成功后，解除线路封闭，通知行车调度分段开通或全段开通。开通24h后，施工单位将线路全部移交给运营单位，验收开通工作全部结束。

复习思考题

1. 接触网施工准备的主要工作是什么?简述接触网工程施工的基本流程。
2. 什么是交桩?交桩测量用于哪些施工场合?
3. 说明纵向测量和横向测量的主要任务及应注意哪些事项。
4. 基础预留检查的主要项目和目的是什么?
5. 开挖基坑应注意什么事项?
6. 水泥标号的含义是什么?
7. 什么是混凝土水灰比?
8. 混凝土在振捣过程的注意事项有哪些?
9. 支柱的外观检查标准是什么
10. 横腹杆支柱堆放和运输有什么要求?
11. 简述硬横梁的吊装程序。
12. 底板和横卧板的作用是什么?对拉线安装有什么要求?
13. 附加导线架设的施工程序是什么?
14. 支柱装配测量的主要参数有哪些?
15. 接触网架设前要做哪些准备工作?高速铁路接触线对平直度有什么要求?
16. 动态包络线检查的主要内容有哪些?
17. 高速接触网静态检测对导高误差控制有什么要求?
18. 冷滑试验要检查哪些内容?应如何进行接触网送电开通?

第六章 接触网运营管理

第一节　接触网运营管理与检修

一、接触网设备运行管理的模式

中国铁路接触网设备运行管理有两种管理模式：直管模式和维管模式。

1. 直管模式

中国铁路接触网管理组织机构主要有中国国家铁路集团有限公司—铁路局集团公司—供电段（或设置电力段、工电段等基层站段）三级管理层级，基层站段管理体制采用段—车间（领工区）—工区三级。

在直管模式下，中国国家铁路集团有限公司以运输局供电部为接触网管理单位，具体贯彻执行国家有关法律、法规和行业标准；负责全路接触网运营管理工作，确定运行维修方针、原则；制定、批准有关标准、规范和规章；统一指导、规划接触网维修方式和手段；监督、检查铁路局和供电段接触网运行维修情况。

各铁路局集团公司（以下简称铁路局）以供电处为铁路供电系统最高级单位，具体贯彻执行上级有关规程、规范和标准；组织制定本局有关标准、制度和办法；制定供电段管理职责和范围；监督、检查、指导、协调全局接触网运营管理工作；审批局管新产品试运行和重要设备变更；定期开展设备运行质量评价，安排更新改造工程，增强供电能力，改善设备技术状态，适应运输发展需要。

普速铁路管理中，各铁路局下设若干个供电段，具体贯彻执行上级有关规章、标准和制度；补充制定相关管理标准、工作标准；制定接触网作业指导书；制定生产计划并组织实施；定期检查、分析、鉴定设备运行状态，组织评比和考核；组织技术革新和职工培训，保证设备运行质量和安全可靠供电。

供电段下设供电车间、检测车间和维修车间等机构负责接触网的运行管理和检测、维护。

① 供电车间。供电车间负责日常运行管理和应急处置，组织接触网一级修（即临时修），跟踪验收维修质量。供电车间管辖运营里程以 120~180km 为宜，枢纽地区宜单独设置。供电车间下设接触网运行工区，负责接触网设备日常运行管理，主要是一级修（临时修）、巡视检查、单项检查、非常规检查、施工配合和应急处置等，对接触网悬挂状态检测监测装置（4C）检测数据的全面分析，对二级修（综合修）结果进行质量验收。运行工区管辖运营里程以 40~60km 为宜，山区、隧道密集区段可适当缩小，接触网运行工区单方向管辖距离不宜超过 30km，枢纽

及区段站可单独设置。

② 检测车间。检测车间负责供电段 6C 系统综合数据处理中心工作，以及供电段 6C 系统检测装置的维护、运用、管理和检测数据分析。检测车间一般设置在供电段所在地。检测车间可按照 6C 系统的运用、维护和数据分析等职能设置检测工区，负责 6C 装置的运用、维护，并对 6C 系统检测数据进行分析，为设备维修提供依据。

③ 维修车间。维修车间负责接触网二级修（即综合修）工作，采用集中修方式组织实施。维修车间承担的维修任务以单线区段不超过 500 延展条公里、双线区段不超过 1200 延展条公里为宜。维修车间下设维修工区，一般设在维修车间所在地，根据管辖范围可在异地增设。职责上，维修工区按照月度维修计划，负责接触网设备全面检查、二级修（综合修）和专项整治。

对于高速铁路，各铁路局一般下设高铁基础设施段，高铁基础设施段下设若干个高铁综合维修车间，每个综合维修车间下设有三至四个高铁综合维修工区，其设备分管涵盖包括接触网在内的高铁线路、桥隧、信号、牵引供电、电力设备，职能包括高铁基础设备设施的日常巡视检查、检测监测、养护维修、故障应急、营业线施工管理和路外环境检查等工作。

2. 维管模式

维管模式，即对外委托运营维护管理模式，是铁路适应新时期社会主义市场经济发展要求，在铁路传统运营管理模式中引入了市场机制和竞争机制，组建运营维护管理公司（或称维管段）负责提供牵引供电设备专业维护服务的管理模式。维管模式是对牵引供电系统运营管理模式进行的管理创新和探索实践。维管模式下，多由中国铁路工程集团有限公司等铁路工程单位组建运营维护管理公司，由运营维护管理公司与铁路局签订维管合同，承包牵引供电系统的维护工作，铁路局的供电段则负责本段管辖范围内的电气化设备监管工作。由于运营维护管理公司同时也是从事电气化铁路的设计、施工企业的下属单位，技术力量雄厚，从技术上讲，这一模式有利于专业化管理，提高设备维护质量。例如中国接触网第一家承担委外维管的企业是中铁电气化局集团秦沈运营维管中心，成立于 2002 年 12 月 31 日，承担着秦沈客运专线 371 正双线公里接触网、7 个牵引变电所、7 个分区所、1 个远动控制中心等牵引供电设施的维护、检修、事故抢修及日常管理任务。秦沈运营维管中心的职工绝大多数是当年秦沈线建设施工人员，了解秦沈线设计意图、施工标准和施工工艺，清楚运行设备及网线的重点和关键部位，作业人员实践操作熟练，具备可以超前预想和超前控制，对设备缺陷的发现、隐患判断及事故抢修反应迅速等特点。

伴随中国铁路事业的快速发展，对铁路企业劳动组织、生产管理和工作效率要求越来越高，铁路运营管理企业积极推进实施铁路基础设施管理综合化、维修一体化，探索建立与铁路发展相适应的劳动组织和生产管理模式，对铁路运营管理企业的改革发展具有重大深远意义。

二、规章制度和技术文件

接触网设备运行管理的主要任务是通过对运行设备的监测、检查、检测、试验和诊断分析，准确掌握设备技术性能、特性、运行规律和安全状态，及时对不满足安全运行的接触网设备进行的必要修复，确保供电设备安全运行。设备管理单位要建立接触网监测、检查、检测、试验和诊断分析制度。对动检车、弓网检测装置等提供的检测信息，按照检测数据分析、复核、整治、销号的处理程序，形成监测、检测、分析、诊断、维修、验收的运营维护闭环管理机制，实现设备质量有序可控。

接触网设备开通前，资产管理单位（或建设单位）应组织设计、施工、供应商等相关单位，向供电段提供下列书面和电子版技术资料：①接触网竣工工程数量表。②接触网竣工图纸。主要包括供电分段示意图，车站、区间接触网平面布置图，供电线路平面布置图，接触网装配图，设备零件图及安装曲线，接触线磨耗换算表等。③工程施工记录。主要包括隐蔽工程记录，锚栓拉拔试验记录，轨面标准线记录（主要包括支柱侧面限界、外轨超高等），不同电压等级附加导线、引线、接触悬挂等线索交叉时的最小间距及对地距离等。④每根支柱装配图表（主要包括定位、支撑装置、吊弦等）。⑤各种线索、零部件、设备安装档案（主要包括生产厂家、批次、安装地点和安装时间等）。⑥设备、零部件、金具、器材的技术规格、合格证、出厂试验记录和试验报告、安装维护手册（使用说明书），承力索、接触线、绝缘部件及接触网零部件等抽样检验报告，电缆相关资料（主要包括电缆及附件合格证、出厂试验报告、现场试验报告、电缆清册、电缆路径图等）。⑦项目可行性研究、初步设计及其批复文件、施工设计（含变更设计）、图纸及审核意见资料。⑧设备招标技术规格书、采购的产品供应合同以及施工单位工程质量保证合同。⑨上跨接触网电线路（主要包括上跨电线路名称、位置、电压等级、上跨线高度、产权单位及联系方式等）、跨越接触网的构筑物（主要包括构筑物名称、位置、最近的构筑物墩距线路中心的距离，接触网带电部分距构筑物最小距离、产权单位及联系方式等）有关资料。⑩开通前最后一次接触网几何参数静态测量数据、波形图，动态检测波形图及检测报告。

在接触网投入运行时，供电段应建立正常的生产秩序，制定并落实各项制度，备齐技术文件和资料，建立各项原始记录，按时填报台账报表。供电段技术主管部门应有下列技术文件和资料：①国家铁路局、中国国家铁路集团有限公司、铁路局集团公司有关规章和制度。②接触网设备有关标准（企标、铁标和国标）和作业指导书。③接触网零部件技术条件、试验方法及图册。④一杆一档管理台账和设备技术履历。⑤与相关单位设备分界协议，管内车间、工区之间设备分界及各专业分工规定。⑥供电 LKJ 数据和设备建筑限界资料，自动过分相地面磁感应装置，分相断电标、合电标的位置，关节式分相无电区、中性段长度，电力机车、动车组禁停标位置资料。⑦接触网设备开通前，资产管理单位组织设计、施工、供应商等相关单位，向供电段提供的书面和电子版技术资料。⑧供电段有关制度、办法和措施。

接触网车间、工区应备有的技术资料见表 6-1。

表 6-1 接触网车间、工区应分别应备的技术资料

（a）

序号	技术资料名称	供电车间	运行工区	检测车间	检测工区	维修车间	维修工区
1	供电分段示意图	√	√	√	√	√	√
2	管辖范围内的接触网平面布置图、装配图、安装曲线	√	√	√	√	√	√
3	接触网"一杆一档"	√	√	√	√	√	√
4	作业指导书	√	√	√	√	√	√
5	电分段、电分相结构图	√	√	√	√	√	√
6	上跨接触网电线路、构筑物有关资料	√	√	√	√	√	√
7	隔离(负荷)开关、避雷装置、绝缘器等设备安装调试、使用说明等	√	√			√	√
8	设备和工具试验记录	√	√	√	√	√	√

续表

序号	技术资料名称	供电车间	运行工区	检测车间	检测工区	维修车间	维修工区
9	有机绝缘部件寿命管理记录	√	√				
10	接触网外部环境有关资料（防洪重点处所、周边污染源、危树等）	√	√	√	√		
11	接触线磨耗换算表	√	√	√	√	√	√
12	轨面标准线记录	√	√				
13	有关隐蔽工程记录	√	√				
14	管内设备更新改造情况记录（包括时间、地点、更新改造内容、质量评定等）	√	√				
15	供电 LKJ 数据和设备建筑限界资料	√					
16	自动过分相地面磁感应器资料	√					
17	接触网几何参数静态测量数据、波形图	√	√	√	√	√	√
18	接触网设备履历	√	√				
19	作业门、可调用视频资料的探头位置	√	√	√	√	√	√

（b）

记录名称	主要内容	检测工区	运行工区	维修工区
接触网工区值班日志	日志记录	√	√	√
接触网工前预备会及收工会记录	会议记录	√	√	√
接触网检测监测记录	1.监测图像视频	√		
	2.动静态参数（波形）	√		
接触网检查记录	1.巡视检查		√	
	2.全面检查			√
	3.单项检查		√	
接触网分析诊断记录	1.即时分析/定期分析	√	√	√
	2.缺陷通知单、反馈单	√	√	√
接触网维修记录	1.一级修（临时修）		√	√
	2.二级修（综合修）		√	√
	3.绝缘部件清扫		√	√

三、设备管理单位应配备的设备、机具和材料

接触网设备管理单位应配齐监测、检测、检查、维修、抢修用交通、通信工器具和材料，其配备标准须满足《普速/高速铁路接触网运行维修规则》规定的标准要求。

第二节　接触网规程与规则

我国电气化铁路经过多年运行实践，在不断总结经验教训的基础上，已逐步形成了一整套规范化管理制度。从事铁路供电的人员必须对中国国家铁路集团公司历年来所颁布的依然有效的有关电气化铁路方面的规程、规则有所了解，对于重点的规程、规则必须严格掌握，用规程、规则指导安全生产。供电管理部门每年都要根据上述规程、规则对从事接触网工作的人员进行必要的考核。在基层站段，从段长到工人都要按期参加考试，考试合格后方能上岗作业。对其中不合格者下岗培训，然后再经考核竞争上岗。

本节仅对接触网安全工作规则、接触网运行维修规则、电气化铁路接触网故障抢修规则、行车组织规则等进行简要介绍。

一、接触网安全工作规则

为了接触网安全运行和检修工作的需要，提高接触网的设备质量和管理水平，适应现代化铁路的发展需要，铁路管理部门于 2014 年 8 月 9 日颁布实施《高速铁路接触网安全工作规则》（铁总运【2014】221 号），2017 年 4 月 1 日起施行《普速铁路接触网安全工作规则》（铁总运【2017】25 号）分别适用于高速铁路和普速铁路接触网的安全运行工作。

《普速铁路接触网安全工作规则》和《高速铁路接触网安全工作规则》（以下合并简称"安规"）均包括总则、一般规定、作业制度、受力工具和绝缘工具、高空作业、停电作业、间接带电作业、倒闸作业、作业区防护和附录等内容。

"安规"所列条目，都是总结分析接触网上发生的各种事故，从中吸取经验教训甚至是血的教训而编写出的。因此它有绝对权威性，任何人不得违反，所以接触网工作现场又称"安规"是"保命"的规则。

"安规"中说明了作业制度中的有关规定、高空作业要求和不同作业方式下应办理的手续及注意事项。如在"一般规定"中，要求凡参加高速铁路接触网运营维护的设备管理单位机关、供电车间管理技术人员和工区职工，上岗前必须经过高速列车运行安全技术业务培训，并经考试合格后方能上岗，参加相应的接触网运行和检修工作。在隧道、桥梁等特殊区段及雨、雪、雾或风力在 5 级及以上特殊天气时，只进行垂直天窗接触网检修作业。遇有雷电（在作业地点可看见闪电或可听到雷声）应禁止接触网维护作业。事故抢修遇有上述情况时，应利用垂直天窗，在增设接地线并加强监护的情况下方可进行。

在"作业制度"中要求：作业前要签发工作票，工作票分为三种：接触网第一种工作票，用于停电作业，即在接触网停电设备上进行的作业；第二种工作票，用于间接带电作业，即借助绝缘工具间接在接触网带电设备上进行的作业；第三种工作票用于远离作业，即在距离接触网带电部分 1m 及其以外的处所进行的作业。开工前，作业组工作领导人要宣讲工作票内容，作业结束后，要将工作票交给工区由专人统一保管不少于 12 个月。

在"高空作业"中规定：凡在距离地（桥）面 2m 及以上的处所进行的作业均称为高空作业；高空作业必须设有专人监护，如停电作业时，每一个监护人监护范围不得超过 2 个跨距，同一组硬（软）横跨上作业时不超过 4 股道等；此外还特别指出了攀杆作业、登梯作业和车顶作业的有关要求。

"安规"中还具体规定了各种作业方式的安全距离、命令程序和安全措施，如停电作业前，应由工作领导人指定一名安全等级不低于三级的作业组成员作为要令人，向供电调度员申请停电命令；经供电调度员审查批准、发布作业命令、设置好安全防护措施后，才能开始作业。

从事接触网工作的人员，都应对上述条目牢记在心，并在工作岗位中正确运用，保证作业安全。总之"安规"是接触网工作规则中最重要的规章。

二、接触网运行维修规则

在发布《普速铁路接触网安全工作规则》《高速铁路接触网安全工作规则》的同时，铁路管理部门也分别颁布实施了《普速铁路接触网运行维修规则》（铁总运【2017】9 号）和《高速铁路接触网运行维修规则》（铁总运【2015】362 号）。

《普速铁路接触网运行维修规则》和《高速铁路接触网运行维修规则》又称"维规"，内容上均包括总则、运行管理、检测与分析诊断、修程修制质量评价与鉴定、维修技术标准和附则等部分。"维规"中规定：接触网运行维修应坚持"预防为主、重检慎修"的方针，按照"定期检测、状态维修、寿命管理"的原则，遵循专业化、机械化、集约化维修方式，依靠铁路供电安全检测监测系统（6C 系统）等手段，建立信息资源共享平台，实行"运行、检测、维修"分开和集中修组织模式，确保接触网运行品质和安全可靠性。

三、电气化铁路接触网故障抢修规则

《电气化铁路接触网故障抢修规则》主要包括总则、抢修组织、抢修处置、机具材料、情况报告和总结、人员培训等方面的内容。主要规定的是在接触网事故抢修中应遵守的原则、抢修组织工作和抢修方法。在抢修组织中，为了加强接触网事故抢修工作的领导，做到临阵不乱、指挥得当、有条不紊，必须建立健全各级责任制，铁路局应成立接触网应急抢修领导小组，建立健全应急抢修机制，加强人员培训、装备配置、物资储备、预案演练等基础管理工作。供电段和供电车间要成立接触网故障应急抢修组织。每个接触网工区在夜间和节假日必须经常保持一个作业组的人员（至少 12 人）在工区值班。制定抢修方案时，要本着"先通后复、先通一线"及"先行供电"的原则，即先达到送电通车要求，以最快的速度设法先供电疏通线路，减少对行车的干扰，必要时采取迂回供电、越区供电和降弓通过等临时措施，然后再作彻底恢复。

接触网工区接到抢修通知后，应按抢修组内部的分工，带好材料、工具等，白天 15 分钟、夜间 20 分钟内出动。工区值班人员及时将出动时间及相关情况报告铁路局供电调度、供电段生产调度和供电车间。到达事故现场后，要组织全面了解故障范围和设备损坏情况，制定抢修方案，并上报供电调度，得到供电调度同意后，立即组织实施。抢修方案一经确定一般不应变动，确属必须变动时要经供电调度员同意，并通知有关部门和单位。抢修工作要受供电调度的监视、指挥和协调，抢修工作要办理停电作业命令程序，为了保证抢修事故的安全和质量，应遵守"安规"和"检规"要求。各供电段应配备抢修作业车、轨道车、架线放线作业车，接触网工区应按标准配齐抢修材料、工具、备品、通信和防护用具等。抢修用料应组装成套分库存放，并随时注意补充。供电段要加强抢修队伍的定期培训，积极开展故障预想和日常演练，务必使每个人都能掌握各类故障的抢修方法。每半年组织各级抢修领导小组成员、工区抢修指挥人员进行一次轮训，讲解故障抢修知识，学习有关规章命令，分析典型案例，总结经验教训，制定改进措施，不断提高指挥抢修能力；供电车间每半年组织管内各工区进行一次故障抢修演习；接触网各工区应充分利用工余时间，发挥技术骨干传、帮、带的作用，经常进行各类故障抢修方法的训练，每季组织一次故障抢修出动演习（包括按时集合、整装出动和携带工具、材料等）。

四、行车组织规则

在《行车组织规则》中的电化区段的特殊规定中有针对电气化铁路维修方面的条目，其中规定了在接触网支柱内缘或隧道边墙上标明的轨面红线和数据是确定轨面与接触网导线、隧道边墙及接触网支柱相对位置的依据，是工务线路维修、接触网检修作业时共同遵守的标准。在电气化铁路施工时，由施工单位在接触网支柱内缘或隧道边墙标出接触网设计的轨面标准线，开通前供电段、工务段要共同复查确认，以后每年复测一次，复测结果与原轨面标准线误差不得大于±30mm。

为了保证接触网检修作业的顺利开展，《行车组织规则》中明确了利用接触网"天窗"检修的有关规定，要求列车运行图中须为接触网检修预留"天窗"时间。高速电气化铁路天窗（施工和维修）原则上不应少于240分钟；普速电气化铁路施工：技改工程、线桥大中修及大型养路机械作业、接触网大修及改造时，"天窗"时间不应少于180分钟；普速电气化铁路维修：双线不应少于120分钟，单线不应少于90分钟。"天窗"一般不取消或占用，如需要取消或占用，必须经过上级批准。在"天窗"时间内，应采取线路封锁措施，除所需检修车辆外，其他车辆均不得进入，遇特殊情况必须进入时，要取得供电调度员的同意。

在车站货物线和机车库线、整备线上的隔离开关进行操作时，《行车组织规则》中规定：隔离开关操作人员须经过培训并取得有供电设备管理单位颁发的安全操作证后，才能担任隔离开关操作工作；隔离开关操作时，必须执行一人操作、一人监护制度。隔离开关操作时应严格按隔离开关操作程序办理，操作完成后均应加锁。

《行车组织规则》中的电气化铁路区段的特殊规定主要是针对参与电气化铁路维修管理的行车人员规定的，包括机务、车辆、电务、车务和工务等部门，供电段检修人员也应熟悉这些条例，与各部门间协调配合，共同完成电气化铁路接触网的维修工作。

第三节　接触网检修方式

接触网开通送电即投入运行，由于接触网是露天装置，其结构、零件等必然要受到各种自然条件变化的影响，加上电力机车受电弓沿接触线高速摩擦滑行，接触网经常处在振动、摩擦、电热及构件本身物理变化影响之中，技术状态极易发生变化。为了确保高速铁路的安全运营，应严格保证接触网的技术状态和供电质量，这样就必须对接触网进行经常性的检查、调整和维修。接触网运行维修应坚持"预防为主、重检慎修"的方针，按照"定期检测、状态维修、寿命管理"的原则，遵循专业化、机械化、集约化维修方式，依靠铁路供电安全检测监测系统（6C系统）等手段，建立信息资源共享平台，实行"运行、检测、维修"分开和集中修组织模式，确保接触网运行品质和安全可靠性。

一、接触网检查

接触网检查分为巡视检查、全面检查、单项设备检查和非常规检查。

巡视检查是对接触网外观、绝缘部件状态、外部环境及电力机车、动车组取流情况进行目视检查，分为步行巡视检查和登乘巡视检查。

全面检查、单项设备检查具有检查、测量和试验等多重职能。针对无法或不易通过静态和动态检测、监测手段掌握设备及零部件运行状态的所有项目，利用天窗在接触网作业车作业平台、车梯或支柱上进行近距离检查，并进行必要的测量和试验等。全面检查是对所有设备进行检查；单项设备检查是对个别设备进行专项检查，并兼有维护保养职能。

非常规检查通常在特殊情况下或根据需要进行。的主要目的是掌握接触网设备运行状态，及时发现不正常运行状态和隐患，有针对性地对设备进行检修、维护，以便及时处理将事故消灭在未发生之前，保证接触网始终处于良好运行状态。

1. 巡视检查

① 步行巡视检查。普速铁路接触网步行巡视检查周期：对接触网安全巡检装置不易到达的专用线、联络线、支线、车站侧线、远离线路的供电线等处所，巡视周期1个月；对接触网安全巡检装置能够到达的线路，巡视周期3个月。高速铁路接触网步行巡视检查周期：防护栏内区间一般不进行步行巡视。车站、动车所巡视周期3个月，隧道内巡视周期12个月，防护栏外巡视周期3个月。接触网步行巡视检查主要内容：有无侵入限界、妨碍列车运行的障碍；各种线索（包括供电线、正馈线、加强线、回流线、保护线、架空地线、吸上线和软横跨线索等）、零部件、各种供电附属设施等有无烧损、松脱、偏移等情况；补偿装置有无损坏，动作是否灵活；绝缘部件（包括避雷器、电缆终端）有无破损和闪络。吸上线及各地线的连接是否良好；支柱、拉线与基础有无破损、下陷、变形等异常；限界门、安全挡板或网栅、各种标识是否齐全、完整。自动过分相地面磁感应器有无缺损、破裂或丢失；有无因塌方、落石、山洪水害、施工作业及其他周边环境等危及接触网供电和行车安全的现象。

② 登乘巡视检查。登乘巡视检查周期根据需要确定。登乘巡视检查主要内容：接触网状态及外部环境，有无侵入限界、妨碍列车运行的障碍，有无因异物、落石、山洪水害、施工作业及其他周边环境等危及接触网供电和行车安全的现象。绝缘部件有无闪络放电现象以及电力机车、动车组受电弓取流情况。

2. 全面检查

全面检查周期为36个月。全面检查主要内容：无法或不易通过监测、检测或其他检查手段掌握设备运行状态的所有项目，如接触悬挂、定位支撑装置、支柱（含拉线）和基础、附加悬挂、接地装置、标识等螺栓是否齐全，有无松脱现象，零部件安装方式是否正确、有无裂纹、变形、烧伤，线索有无锈蚀、散股、断股、烧伤等；重点处所的附加导线对地距离及线索、引线、接触悬挂间距测量，接触线重点磨耗测量，高压电缆绝缘测试；利用接触网作业车检测受电弓检查动态包络线。

3. 单项设备检查

单项设备检查周期按设备不同分6个月检查1次和12个月检查1次两种。需要6个月检查 1 次的接触网设备包括分段绝缘器、分相绝缘器、远动隔离开关及其操作机构；需要 12 个月检查 1 次的接触网设备包括避雷装置（雷雨季节前，含接地电阻测量）、非远动隔离开关、高压电缆及附件。

4．非常规检查

非常规检查是指在特殊情况下进行的状态检查。一般用于在接触网发生跳闸、故障或出现极端天气气候条件和灾害后，对相应接触网设备状态变化、损伤、损坏情况进行检查。非常规检查的范围和手段根据检查目的确定。

二、接触网检修作业分类

接触网的检修作业分为三种：停电作业、间接带电作业、远离作业。各种作业均应按《普速铁路接触网安全工作规则》和《高速铁路接触网安全工作规则》要求办理手续，遵守命令程序中的规定。

1．接触网停电作业

停电作业是在接触网停电设备上进行的作业，接触网停电作业必须在列车运行图中规定的天窗时间内完成。天窗是指铁路列车运行图规定的在一定范围内停止列车运行的预留时间及封锁时间。天窗作业是指利用天窗进行设备施工、维修的作业方式。天窗作业必须坚持安全第一、质量和效率并重的指导方针，严格遵循"行车不施工，施工不行车"的原则。凡在铁路营业线及其邻近区域进行的影响或可能影响铁路营业线设备稳定、使用和行车安全的作业，均须纳入营业线施工安全管理范畴，必须纳入天窗的，不准利用列车间隔进行。遇有雷电时（在作业地点可见闪电或可闻雷声）禁止在接触网上作业。常见的接触网作业天窗类型包括垂直天窗、V 停天窗综合天窗等。

（1）垂直天窗作业

双线电化区段接触网停电天窗上下行同时停电，即所谓垂直天窗，利用垂直天窗进行的接触网检修作业称为垂直天窗作业，简称垂停作业。垂停作业对行车组织影响较大，降低了电气化铁路的运输能力。高速铁路接触网设备检修作业，一般应采用接触网作业车、利用垂直天窗进行。在隧道、下承式桥梁内、高架候车室下、跨线桥下等特殊区段，雨、雪、雾、风力 5 级及以上等特殊天气，只进行垂直天窗接触网检修作业。

（2）V 停天窗作业

为了满足高密度行车需要，解决接触网检修和运输之间的矛盾，提出了 V 停作业方式。双线电化区段，上下行接触网分别停电的开天窗方式称为 V 停天窗，利用 V 停天窗进行的接触网检修作业称为 V 停天窗接触网检修作业，简称 V 停作业。高速铁路接触网一般不进行 V 停天窗作业。故障处理、事故抢修等特殊情况下必须在邻线行车的情况下作业时，必须在办理本线封锁、邻线列车限速 160km/h 及以下申请，在得到列车调度员（车站值班员）签认后，方可上道作业。

进行 V 停天窗作业应具备的条件：①一行接触网设备距离另一行接触网带电设备间的距离大于 2m，困难时不小于 1.6m。②一行接触网设备距离另一行通过的电力机车（动车）受电弓瞬时距离大于 2m，困难时不小于 1.6m。③上、下行或由不同馈线供电的设备间的分段绝缘器其主绝缘爬电距离不小于 1.6m；分段绝缘器的空气绝缘间隙不应小于 300mm。④上、下行或由不同馈线供电的横向分段绝缘子串，爬电距离不小于 1.6m。⑤同一支柱（吊柱）上的设备由同一馈线供电。

V 停天窗作业需要注意来自电气和行车两方面的干扰。

静电干扰——带电接触网的高压静电场对停电线路接触网各线索产生的感应电压，其大小与上、下行线路的间距、平行长度及气象状况有关，有时可高达数千伏。

电磁感应——接触网通过牵引电流时，交变电磁场对停电线路接触网各线索产生的感应电势，其大小同样与上、下行线路的间距、平行长度有关，同时还与牵引电流的大小有关，当发生短路时影响更大。

穿越电流——V 停时，虽然停电线路与不停电线路的接触网利用绝缘装置可以隔开，但上、下行钢轨可以通过车站渡线、道岔以及大地互相连通。当有机车通过带电运行的接触网线路取流时，钢轨中就会有牵引回流。这时有两种形式的接触网穿越电流：未停电线路钢轨中的牵引回流会部分流经已停电接触网线路的钢轨和回流线中，这种情况下穿越电流与是否进行检修或施工、是否安装检修接地线等无关；停电线路的接触网检修作业区两端的接地线将钢轨与接触悬挂并联，使停电检修的接触线和承力索也成为牵引回流的一条并联支路而在其中流过部分牵引回流，这种情况下穿越电流与是否安装了接地线及接地线的安装位置等有关。

强电侵入——V 停时，停电线路与不停电线路的接触网之间是依靠上、下行隔断绝缘子和渡线分段绝缘器来隔开的。当绝缘闪络、击穿或电力机车受电弓从有电侧通过分段绝缘器闯入无电区时，将会导致高压电侵入。接触网的额定电压为 25kV，强电侵入会给作业人员的安全及设备安全带来严重威胁。

V 停时，虽然停电线路的接触网可以进行检修，电力机车因此而停止运行，但非电力牵引的列车及重型轨道车等仍可能穿行，此外邻线的列车可能因进路错排而误入作业区段。以上情况均会给作业组带来行车防护的问题。

V 停作业安全措施主要包括：①防止误触有电设备。在软横跨上、下行相邻股道间的部分作业时，工作领导人应在操作人员上网前，向其指明停电设备的范围，并加强监护。凡不能采用"V 停"作业的停电检修作业，须在垂直天窗内进行。供电部门应按施工要点的有关规定，按时提报垂直天窗接触网检修计划，运输部门应将其纳入施工计划，积极予以安排兑现。不适用 V 停作业的地点应在接触网平面图上用红线框出，并注明"禁止 V 停天窗"字样。在电分段、软横跨处作业，中性区及一旦断开开关有可能作为中性区的停电设备上均应接地线，但当中性区长度小于 10 米时，在与接地设备等电位后可不设接地线。②防止感应电伤人。作业区两端与作业区相连的线路上均需接地（不含通过绝缘件相连的线路），两组接地线间距不得大于 1000m，当作业范围超过 1000m 时，须增设接地线。③防止穿越电流伤人。防止穿越电流伤人主要是防止作业区段内的接触网与接地线构成的闭合回路有开路的情况发生。接触网开路的可能性有以下几种：作业区段设有分段绝缘器，且隔离开关开启；作业区段设有电分段锚段关节，且隔离开关开启或电连接器断线；作业区段设有吸流变压器，吸流变压器及其引线断线，或撤除运行，但旁路开关未合；进行断线接续作业等。必须采取严格的防护措施，严禁作业区段接触网开路！因此，除接地线应装设可靠外，作业区段内的隔离开关应按规定闭合；吸流变压器及其引线应状态良好，电连接器应保证联通，不得断股或断线；进行断线接续作业或检修隔离开关和电连接器时，应采取旁路措施。④防止电力机车将电带入作业区段。停电作业的实践证明，对强电侵入的最有效的防护措施是在作业地点两端装设可靠的接地线。此外，要求行车部门不得将电力机车放入无电区段。对于双线区段的站场，软横跨的上、下行隔断绝缘子的绝缘水平应加强。一般污秽区爬距为 1200mm，重污秽区为 1600mm，以防止 V 停作业时绝缘子发生闪络或击穿。在站场内作业也可适当增设接地线。

（3）综合天窗作业

铁路列车运行图中开天窗意味着铁路运输的暂时中断，为了减少铁路设施、设备维护对运输的影响，需要充分利用天窗时间，提高天窗利用率，即在铁路列车运行图中开所谓的综合天窗，综合天窗是指运输生产过程中预留的供工务、电务、供电、水电、通信等部门对设备进行施工和检修的时间，分为综合维修天窗和综合施工天窗。综合维修天窗是指各部门可综合利用的天窗，原则上双线不少于 90min，单线不少于 60min，有条件的区段可适当延长；综合施工天窗是指大型养路机械施工作业和线路大、中修施工天窗，一般不少于 180min，其运输组织由调度在日班计划中对货车采用抽线的方法办理。

利用综合天窗进行的接触网检修、施工作业称为综合天窗作业。其优点是：综合利用同一天窗进行多部门检修，既保证了检修，又有利于运输组织，有利于发挥机械化作业优势。

2. 间接带电作业

间接带电作业是指借助绝缘工具间接在接触网带电设备上进行的作业。需要开展间接带电作业时，要签发接触网第二种工作票，每个作业地点均要设有专人监护，其安全等级不低于四级。

3. 远离作业

远离作业是指在距接触网带电部分 1m 以外的处所进行的作业，即距带电部分 1m 及其以外的高空作业、较复杂的地面作业（如安装或更换火花间隙和地线、开挖支柱基坑）、未接触带电设备的测量等。开展远离作业要签发接触网第三种工作票。

三、接触网的检修模式

接触网检修模式分为周期修程制和状态修程制。周期修程制是按时间周期及项目内容，定时进行巡回检修；状态修程制是根据接触网的运行状态，进行定期检查、检测及巡视，针对检查出的接触网设备问题和缺陷进行相应的检修与维护，最后根据使用年限进行一次性的更换，实行寿命管理。

1. 周期修程制

接触网周期修程制分为小修和大修两种修程。

小修系维持性的修理主要是对接触网进行检测、清扫、涂油；对磨损、锈蚀到限的接触线、承力索及供电线、回流线进行整修、补强或局部更换；对损坏的零部件进行修换，以保持接触网的良好技术状态。

大修系恢复性的彻底修理主要是成批更换磨耗、损坏到限的接触线、承力索及供电线、回流线；更新零部件、支撑装置、定位装置及支柱；对接触网、供电线、回流线进行必要的改造，以改善接触网的技术状态，提高供电能力。

2. 状态修程制

状态修是一种按设备状态进行的维护与检测，是一种预防性的检修，它是根据对接触网设备的检测、统计、分析，诊断出设备的劣化程度，找出相应的原因，进行针对性的检修；同时又根据设备的使用年限，在达到使用寿命终极前进行一次性的设备更换或切换。

在状态修模式下，根据检测结果，对接触网设备的运行状态用标准值、警示值和限界值三种量值来界定。标准值为标准状态目标值，一般根据设计值确定；警示值为运行状态提示值，一般根据设备技术条件允许偏差来确定；限界值为运行状态安全临界值，一般根据计算或运行实践来确定。标准状态是设备最佳运行状态，一般根据施工允许偏差确定。对运行状态达到或超出警示值且在限界值以内时的二级缺陷及时组织进行二级修，对运行状态达到或超出限界值时的一级缺陷及时组织进行一级修。

一级修（又称临时修）是为了使设备状态保持在限界值以内，对导致接触网功能障碍的缺陷、故障立即投入、无事先计划的临时性维修。主要包括一级缺陷的临时性修理、危及接触网供电周边环境因素处理、导致接触网功能障碍的故障修复（必要时采取降弓、限速、封锁等处置措施）。

二级修（又称综合修）是为了使设备状态保持在警示值以内，对定期检测发现缺陷有组织、有计划的维修，以及设备全面维护保养。主要包括二级缺陷集中修理和设备全面维护保养（必要的防腐和注油等）。二级修（综合修）可结合全面检查进行，或根据缺陷情况有计划地安排。

满足条件（一般运行 7 年或弓架次达到 50 万次以上；动态检测发现弓网动态作用特性成区段持续不良、故障多发以及线路平纵断面发生调整的区段）时，应开展一次接触网三级修（也称精测精修）工作。

三级修（又称精测精修）是指通过检测动态条件下的弓网作用参数，测量静态条件下的接触网几何位置，检验零部件质量状态，依据检测、检验分析结果，全面调整接触网静态几何参数、更换失效或接近预期寿命的零部件和设备、更换局部磨耗接近限值的接触线，恢复接触网标准状态。

状态修与周期修不同。状态修是在设备处于标准运行状态时，不进行定时、定期的维护性修理，而是采用"梯车巡检、定期测量、检测车检查、缺陷处理"程式，实施相应的管理。状态修作为一种检修模式，具有一套详细的规章、制度、标准、办法及措施，它的要点是，有计划地进行检测，按科学的标准进行评价，有针对性地进行维护，有目标地进行状态管理。具体说是根据规定的技术标准及测量周期，定期对设备进行测量，只要设备在安全值范围内，则不进行维修作业，只是加强测量、巡检和步行巡视等方面的监测。状态修是一种有目标、有针对性的维护修理，根据设备的运行状态，其维修的内容、项目、规模是不相同的。状态修是在限界值管理的基础上，定期以科学的检测手段和方法对设备技术数据、运行状态进行检测和综合分析。对超过限界值的设备必须立即进行检修，使其达到标准值，以恢复良好的运行状态。

3. 接触网修程制的发展趋势

状态修是一种新型的科学管理方法和检修制式，它包括三个层次的内容：其一，凡在设备使用寿命期内，必须将运行设备按照规定的状态值来检查、检测其运行参数，只要设备在规定的状态限界值以内就一律不检修，实行限界值管理；其二，经过监察、检测，当设备运行参数超出规定的状态限界值时，按照规定的工艺、标准进行检修，使其恢复到规定的状态值内以后继续运行，实行状态检修；其三，在设备达到有效使用寿命期时，经过分析、评估，无法继续延长使用的，则进行更新处理，实行寿命管理。状态修的设备是按技术状态来进行检修，是按物理量来确定检修周期的，从而使维修工作更科学、合理，更切合实际，并使管理工作从静态管理进入动态管理。检修工作是按设备的实际劣化程度来进行的，减少了大量的不必要的重复修和盲目修，有效地节约了人力、物力、财力，大幅度地降低了运输成本。由于检修占用的时间减少了，而且周期检测很多项目可以用绝缘工具、仪器在带电情况下进行检测，还可以节省很多停电时间，这样能大大缓和了检修"天窗"与运输争时间、争空间的矛盾，提高了通过能力及运输能力。

以状态修的制式来看，它的优点远不止上述的这些方面，但从中可知，变周期修程制为状态修程制，是一种发展的必然趋势。周期修程制有较成熟的组织与管理经验，要转变也需要有一个过程。状态修程制是一种新的模式，实施这种检修制度仍需要有一个熟悉的过程。

无论周期修程制或是状态修程制，其内容都不是一成不变的。对于周期修程制也可以做到加强检测、巡查，逐步实施集中维修模式，或选择供电段辖区范围内某些情况较好的区段，逐步加大检修周期，探索性地向状态修的模式转换及过渡。对于状态修程制，也不排除采取相对集中的人力、物力，实施大"天窗"的模式。

四、接触网设备质量评价与鉴定

为全面掌握设备运行状态，接触网设备管理单位于每年对接触网设备进行一次整体质量鉴定。

1. 质量评价

质量评价是通过对接触网动态几何参数、接触线平顺性参数、弓网受流性能参数等进行综合分析，掌握设备动态运行功能。

质量评价一般以正线公里为单元，根据每公里接触网扣分数进行评价。质量评价等级分为优良（总扣分 $t<10$）、合格（$10 \leqslant t<40$）、不合格（$t \geqslant 40$）三种。优良率、不合格率分别按下列公式计算：

$$优良率 = \frac{优良设备数量（换算条公里）}{设备评价总数量（换算条公里）} \times 100\%$$

$$不合格率 = \frac{不合格设备数量（换算条公里）}{设备评价总数量（换算条公里）} \times 100\%$$

区段质量评价根据区段内每公里接触网评价结果确定，优良、合格、不合格公里数为相同质量等级公里数之和。

2. 质量鉴定

质量鉴定主要是通过静态方式对接触网几何参数、设备及零部件状态进行综合统计分析，掌握设备整体技术状态。质量鉴定可采用静态检测、接触网悬挂状态监测检测图像分析、人工检查的方式，按单项设备和整体设备分别进行。接触悬挂、附加导线以条公里为单位，隔离（负荷）开关、避雷器等以台为单位，线岔、绝缘器、关节式分相等以组为单位，整体设备以换算条公里为单位。换算条公里是接触网换算公里的单位。接触网换算公里指将接触网不同设备按照系数换算为线条公里的数量总和。换算公里数量=Σ（设备数量×换算系数）。各设备及部件的换算系数参见高速/普速铁路接触网运行维修规则。

质量鉴定以跨距为鉴定单元。若在被鉴定的跨距内有一处不合格，即视为该跨距不合格（在悬挂点及定位点处，跨距长度按相邻跨距的平均值计算）。对一个锚段的接触线、承力索、附加导线等，当接头及补强数量达到或超出限界值后，该锚段即视为不合格设备。整根高压电缆有一项不合格的，即视该根电缆为不合格设备。

质量鉴定等级分为三种：①优良：绝缘部件（含空气绝缘间隙）、接触线几何参数和主导电回路的设备状态未超过警示值的接触网设备。②合格：设备状态未超过限界值的接触网设备。③不合格：设备状态达到或超过限界值的接触网设备。

质量鉴定结果应详细记录，并作为当年设备质量运行状态填入接触网设备履历。供电段要针对鉴定存在的问题进行分析总结，提出整改措施并组织实施。对鉴定不合格的设备按照责任进行考核。质量鉴定范围应包括所有接触网设备。但下列设备可不做鉴定：①已封存的设备。②本年度新（改）建或已列入当年更新改造计划的设备。对本年度新（改）建或更新改造设备的质量状况，可按工程竣工验收质量评定结果统计。质量鉴定发现缺陷在鉴定期间已处理的，可按处理后的质量状态进行评定。

第四节　接触网工作制度

为保证铁路设备和员工人身安全，国家颁布了相关的法律、法规，铁路部门制定了相关的规程、规则，从事接触网工作的劳动者对国家颁布的相关安全生产和铁路的法律法规、国家铁路部门历年所颁布的电气化铁路方面的规程规则必须有所了解，掌握国家法律法规所赋予自己的权利和相对应的义务，同时必须严格掌握重点的法规、规则，用法规、规则指导安全生产。

目前与接触网运行维修直接相关的规则主要有《普速铁路接触网安全工作规则》《普速铁路接触网运行维修规则》《高速铁路接触网安全工作规则》《高速铁路接触网运行维修规则》等。这些规则中规定的工作制度对接触网的作业分类及各种检修作业制度有严格、详细的规定，在接触网的施工、运营和检修工作中，都要严格执行。本节仅对工作票制度、验电接地制度、作业区防护制度、停电作业命令制度、倒闸作业制度等接触网工作制度作以介绍。

一、工作票制度

1. 工作票相关规定

工作票是进行接触网作业的书面依据，填写时要字迹清楚、正确，需填写的内容不得涂改和用铅笔书写。打印方式填写的工作票，工作票签发人和工作领导人必须签字确认。

工作票填写一式两份，一份由发票人保管，一份交给工作领导人。

事故抢修和遇有危及人身或设备安全的紧急情况，作业时可以不签发工作票，但必须有供电调度批准的作业命令，并由抢修负责人布置安全、防护措施。

根据作业性质的不同，工作票分为三种：①接触网第一种工作票，用于停电作业；②接触网第二种工作票，用于间接带电作业；③接触网第三种工作票，用于远离作业即距带电部分1m

及其以外的高空作业、较复杂的地面作业（如安装或更换火花间隙和地线、开挖支柱基坑）、未接触带电设备的测量等。

无论哪种工作票，其有效期均不得超过3个工作日。作业结束后，工作领导人要将工作票和相应命令票交工区统一保管。在工作票有效期内没有执行的工作票，须在右上角盖"作废"印记交回工区保管。所有工作票保存时间不少于12个月。工作票签发人和工作领导人安全等级不低于四级。同一张工作票的签发人和工作领导人必须由两人分别担当。发票人一般应在作业6小时之前将工作票交给工作领导人，使之有足够的时间熟悉工作票中的内容并做好准备工作。工作领导人对工作票内容有不同意见时，应向发票人提出，经认真分析，确认无误后，签字确认。每次作业，一名工作领导人同时只能接受一张工作票。一张工作票只能发给一名工作领导人。工作票中规定的作业组成员一般不应更换，若必须更换时，应由发票人签认，若发票人不在可由工作领导人签认。工作领导人更换时，必须由发票人签认。当需变更作业种类、作业地点、作业内容、需停电的设备、封锁或限行条件等要素之一时，必须废除原工作票，签发新的工作票。工作领导人应提前组织作业组成员（含作业车司机）召开工前预备会，宣讲工作票并进行作业分工、安全预想，将本次作业任务和安全措施逐项分解落实到人，并进行针对性安全提示。作业组成员有疑问时应及时提出，工作领导人组织答疑并确认无误。

2. 工作票中作业人员的职责

工作票签发人在安排工作时，要做好下列事项：①所安排的作业项目是必要和可能的。②所采取的安全措施是正确和完备的。③所配备的工作领导人和作业组成员的人数和条件符合规定。

工作领导人在组织作业时，要做好下列事项：①确认作业内容、地点、时间、作业组成员等均符合工作票提出的要求。②确认作业采取的安全措施正确而完备。③检查落实工具、材料准备，与安全员（安全监护人）共同检查作业组成员着装、工具、劳保用品齐全合格。④监督作业组成员的作业安全。⑤检查确认接触网设备送电及线路开通条件。

作业组成员要服从工作领导人的指挥、调动，遵章守纪。对不安全和有疑问的命令，要及时果断地提出，坚持安全作业。

二、验电接地制度

验电接地制度是接触网停电作业中保证安全的一项重要的技术措施。停电作业中，作业组在接到停电作业命令后须先验电接地，然后方可进行作业。

1. 使用验电器验电的规定

停电作业命令下达后，必须先使用验电器确认要检修的接触网线路已经停电，使用验电器验电的有关规定包括：①必须使用同等电压等级的验电器验电，验电器的电压等级为25kV。②验电器具有自检和抗干扰功能，自检时具有声、光等信号显示。③验电前自检良好后，现场检查确认声、光信号显示正常（有条件的，可在同等电压等级有电设备检查其性能），然后再在停电设备上验电。④在运输和使用过程中，应确保验电器状态良好。

2. 对接地线的要求及接地操作

接地线应使用截面积不小于25mm^{2}的裸铜绞线制成并有透明护套保护。接地线不得有断股、散股和接头。接地线应可靠接在同一侧钢轨上,且不应跨接在钢轨绝缘两侧、道岔尖轨处。必须跨接在钢轨绝缘两侧时,应封锁线路。地线穿越或跨越股道时,必须采取绝缘防护措施。

当验明确已停电后,须立即在作业地点的两端和与作业地点相连、可能来电的停电设备上装设接地线。如作业区段附近有其他带电设备时,作业人员与周围带电设备的距离不得小于规定的安全距离,并在需要停电的设备上也装设接地线。

在装设接地线时,先将接地线的一端接地;再将另一端与被停电的导体相连。拆除接地线时,其顺序相反。接地线要连接牢固,接触良好。装设接地线时,人体不得触及接地线,接好的接地线不得侵入未封锁线路的限界。作业范围内加挂的接地线不得影响正常作业。装设或拆除接地线时,操作人要借助于绝缘杆进行。绝缘杆要保持清洁、干燥。

当作业内容不涉及正馈线、回流线(保护线)及其他停电线路及设备时,对这些不涉及的线路和设备可不装设接地线,但要按照有电对待,保持规定的安全距离。

停电天窗时间内使用接触网作业车或专用车辆进行接触网巡视或检测作业,可不装设接地线。未装设接地线时,禁止攀登平台、车顶和支柱。

验电和装设、拆除接地线必须由两人进行,一人操作,一人监护。

接地线位置应处在停电范围之内,作业地点范围之外。在停电作业的接触网附近有平行带电的高压电力线路或接触网时,为防止感应电压,除按规定装设接地线外,还应增设接地线。

关节式分相检修时,除在作业区两端装设接地线外,还应在中性区上增设地线,并将断口进行可靠等位短接。

三、作业区防护制度

进行接触网施工或维修作业时,应在车站(机务段、机务折返段、机车检修段、车辆段等)行车室设联络员,施工及维修地点设现场防护人员。要求如下:

① 联络员和现场防护人员应由指定的、安全等级不低于三级的人员担任。

② 在车站行车室设联络员时,区间作业,联络员设在该区间相邻车站的行车室;车站作业,联络员设在本站行车室。在机务(折返)段、机车检修段、车辆段内进行作业时,应根据现场情况,联络员可设在机务(折返)段、机车检修段、车辆段行车室或车站行车室。

③ 作业区段按照规定距离设置现场防护人员,防护人员担当行车防护同时可负责监护接触网停电接地线状态。防护人员不得侵入机车车辆限界。

接触网施工维修作业防护按照《铁路技术管理规程》相关规定执行。接触网维修作业,现场防护人员应站在维修地点附近、且瞭望条件较好的地点进行防护,显示停车信号。

在双线区段、枢纽站场进行作业时,现场防护员除按规定做好本线防护外,还应监视邻线列车运行情况并及时报告工作领导人。

作业过程中,联络员、现场防护人员与工作领导人之间必须保持通信畅通并定时联系,确认通信良好。一旦联控通信中断,工作领导人应立即命令所有作业人员下道,撤至安全地带。

不同作业组分别作业时,不准共用现场防护人员。在未设好防护前不得开始作业,在人员、机具未撤至安全地点前不准撤除防护。

联络员、现场防护人员须做到:

① 具备基本的行车知识,熟悉有关行车防护知识,联络员还应熟悉行车室有关设备显示。

② 熟悉有关防护工具、通信工具的使用方法及各种防护信号的显示方法,每次出工前应

检查通信工具状态良好，行车防护用品携带齐全、有效。

③ 作业期间坚守岗位，精力集中，及时、准确、清晰地传递行车信息和信号，作业未销记前，不得擅离工作岗位。

④ 不得影响其他线路上列车正常运行。

四、停电作业命令制度

1. 要令

每个作业组停电作业前，由工作领导人指定一名安全等级不低于三级的作业组成员作为命令人员，向供电调度员申请停电命令，并说明停电作业的范围、内容、时间、安全和防护措施等。

几个作业组同时作业时，每一个作业组必须分别设置安全防护措施，分别向供电调度申请停电命令。

供电调度员在发布停电作业命令前，要做好下列工作：①将所有的停电作业申请进行综合安排，审查作业内容和安全防护措施，确定停电的区段。②通过列车调度员办理停电作业的手续，对可能通过受电弓导通电流的部位采取行车封锁或限制措施，防止来电的可能。③确认有关馈电线断路器、开关均已断开。④进行接触网上网电缆、上网隔离（负荷）开关停电作业时，确认上网电缆在牵引变电所亭侧已接地。

供电调度员发布停电作业命令时，受令人应认真复诵，经确认无误后，方可给命令编号和批准时间。在发、受停电命令时，发令人将命令内容进行记录，受令人要填写"接触网停电作业命令票"。

2. 消令

工作票中规定的作业任务完成后，由工作领导人确认具备送电、行车条件，清点全部作业人员、机具、材料撤至安全地带，拆除接地线，宣布作业结束，通知要令人请求消除停电作业命令。接地线拆除后，人员、机具必须与接触网设备保持规定的安全距离。作业车辆驶出封锁区间（站场进入指定位置后）或人员及机具撤离至铁路建筑限界以外后，方可申请取消行车封锁。几个作业组同时作业，当作业结束时，每个作业组须分别向供电调度申请消除停电作业命令。供电调度送电时按下列顺序进行：①确认整个供电臂所有作业组均已消除停电作业命令。②按照规定进行倒闸作业。③通知列车调度员接触网已送电。

五、倒闸作业制度

1. 倒闸作业程序

① 接触网作业人员进行隔离（负荷）开关倒闸时，必须有供电调度的命令，执行一人操作、一人监护制度。在申请倒闸命令时，先由安全等级不低于三级的要令人向供电调度提出申请，供电调度员审查无误后发布倒闸命令；要令人受令复诵，供电调度员确认无误后，方可给命令编号和批准时间；每次倒闸作业，发令人将命令内容进行记录，受令人要填写"隔离（负荷）开关倒闸命令票"。

② 当倒闸作业造成供电范围及行车限制条件发生变化时，应提前办理相关手续后，方可发布倒闸命令。

操作人员接到倒闸命令后，必须先确认开关位置和开合状态无误，再进行倒闸。倒闸时操作人必须戴好安全帽和绝缘手套，穿绝缘靴，操作准确迅速，一次开闭到位，中途不得停留和发生冲击。

③ 倒闸作业完成，确认开关开合状态无误后，向要令人报告倒闸结束，由要令人向供电调度员申请消除倒闸作业命令。供电调度员要及时发布完成时间和编号并进行记录，要令人填写"隔离（负荷）开关倒闸完成报告单"。

2. 倒闸作业安全规定

① 接触网隔离（负荷）开关的倒闸作业，具备远动功能的由供电调度员远动操作。不具备远动功能或远动功能失效时，由供电调度员发布倒闸命令，作业人员当地操作。从事隔离（负荷）开关现场倒闸作业人员应由安全等级不低于三级人员担任。

② 遇有危及人身或设备安全的紧急情况，可以不经供电调度批准，先行断开断路器或有条件断开的负荷开关、隔离开关，并立即报告供电调度。但再闭合时必须有供电调度员的命令。

③ 隔离（负荷）开关可以开、合不超过10km（接触网延展公里）线路的空载电流。严禁带负荷进行隔离开关倒闸作业。严禁利用隔离（负荷）开关对故障线路进行试送电。

④ 要加强对带接地闸刀的隔离开关使用管理的检查，其主闸刀应经常处于闭合状态；对车站、机务（折返）段、车辆段或路外厂矿等单位有权操作的隔离开关，使用单位因工作需要断开时，当工作完毕须及时闭合。主闸刀和接地闸刀分别操作的隔离开关，其断开、闭合必须按下列顺序进行：

a. 闭合时要先断开接地闸刀，后闭合主闸刀。
b. 断开时要先断开主闸刀，后闭合接地闸刀。

隔离（负荷）开关的机构箱或传动机构须加锁，钥匙不得相互通用并有标签注明开关号码，存放于固定地点并由专人保管。

第五节　接触网检测

接触网是铁路交通的重要组成部分，主要为机车提供动力。接触网各运行参数容易受外界环境因素的影响，严重时会导致供电中断，引发列车停运事故。为了及时发现接触网隐患，避免事故的发生，需要对接触网进行检测。铁路供电安全检测监测系统（又称6C系统）是保障供电设备运用状态安全可靠的必要手段。

一、接触网检测的定义

接触网检测是指利用仪器、设备或人工等方式，对接触网进行检查测量，掌握设备质量及运行状态的过程。包含监测、静态与动态检测、检查、零部件检验四部分。检测后必须进行分析诊断，并以此作为编制维修计划的依据。

监测是对接触网外观、零部件状态、主导电回路、绝缘状况、外部环境和弓网配合等运行状态进行监视测量的过程，分为移动视频监测和定点监测两种方式。移动视频监测是利用安装在检测车辆、机车或动车组上的监测设备对接触网进行外观检查，主要包括接触网安全巡检装置、车载接触网运行状态检测装置、接触网悬挂状态检测监测装置。定点监测是利用安装在接触网关键处所、特殊地点的监测设备，监测列车通过时接触网或受电弓状态，接触网设备绝缘状态、温度、位移变化，以及外部环境是否存在异常。主要包括受电弓滑板监测装置、接触网及供电设备地面监测装置。

静态检测是指利用运行检测车辆在接触网静止状态下进行非接触式测量，或使用仪器、工具测量接触网技术状态。动态检测是指利用弓网综合检测装置、车载接触网运行状态检测装置等手段，测量接触网技术状态及弓网接触取流状态。

检查分为巡视检查、全面检查、单项设备检查和非常规检查。具体检查要求参见本章第三节。

零部件检验是指对拆卸送检的接触网零部件进行外观检查、补充特殊试验等，确认其质量状态的过程。

二、铁路供电安全检测监测系统

高速铁路和客运专线的快速发展，对牵引供电系统的运行安全性提出了更高的要求，先进的检测技术和现代化的检测设备是提高牵引供电系统维修质量的保证，是实现电气化铁路状态检测和状态维修的重要手段。铁路供电安全检测监测装置是提升铁路局供电生产管理部门、业务系统之间的协作及工作效率，提高供电设备的检测监测水平，所建立的能对各种检测监测数据进行整合，实现数据互通共享、综合分析的供电安全检测监测系统综合数据处理中心。铁路供电安全检测监测系统（6C 系统）的主要功能是对高速铁路的牵引供电系统进行全方位、全覆盖的综合检测监测，主要包括对高速接触网悬挂参数和弓网运行参数的等速检测（C1 装置）、在运营的动车组上对接触网的悬挂部分进行周期性图像采集和分析（C2 装置）、在运营的动车组上对接触网参数及技术状态的在线检测（C3 装置）、对接触网悬挂、腕臂结构、附属线索和零部件的高清图像检测（C4 装置）、对动车组受电弓滑板状态的实时监测（C5 装置）、对接触网运行参数和供电设备参数的实时在线检测（C6 装置）。

1. 高速弓网综合检测装置（简称 CPCM，即 C1）

如图 6-1 所示，高速弓网综合检测装置是安装在铁路综合检测列车上的车载式固定接触网检测设备，随着综合检测列车在电气化铁路上巡回检测运行，对接触网的参数状态、高速弓网关系等进行综合性检测。其测量方法和检测设备安装充分考虑综合检测列车的运行条件，同时又要适应接触网检修和受电弓检修的需要。

高速弓网综合检测装置配置于综合检测列车上，对新建高速铁路进行联调联试及动态检测，对运营高速铁路和提速线路每 10 天一个周期进行检测。弓网检测数据直接指导施工单位及供电设备维护单位进行故障消除，并建立信息反馈系统。同时高速综合检测列车为高速铁路检测的专用动车组，车顶设备及车内平面布置均为特殊设计。弓网检测设备要根据综合检测车对设备的安装和布置要求对各种参数的测量技术进行了专门的研究和设计。其检测目的主要对接触

(a) 接触网综合检测车　　　　　　　　(b) 高速综合检测列车

图 6-1　高速弓网综合检测装置（C1）

网悬挂参数和弓网受流参数进行高速车载检测。

2. 接触网安全巡检装置（简称 CCVM，即 C2）

如图 6-2 所示，接触网安全巡检装置指为完成指定区段的接触网状态检测，采用便携式视频采集装置，临时安装于运行动车组的司机台上，对接触网的状态进行视频采集，事后统计分析接触悬挂部件技术状态。装置包括高清摄像机、照明、图像处理等设备，可实现功能包括：能有效判断接触网设备有无脱、断股等异常情况，有无可能危及接触网供电的周边环境因素（如塌方、落石、山洪水害、爆破作业及鸟窝等），有无侵入限界、妨碍机车车辆运行的障碍；能够准确定位沿线经过的支柱、隧道内吊柱，通过车载成像设备准

图 6-2　接触网安全巡检装置

确抓拍关键的定位器区域，保存清晰图片；定位器区域高清成像，达到能够分辨定位器变形、定位线夹松动、紧固螺钉脱落等故障现象。

接触网安全巡检装置配备在各铁路局供电部门，可在每条时速 200km/h 及以上的运营线上按固定周期担当巡检任务，统计分析接触悬挂部件技术状态。

3. 车载接触网运行状态检测装置（简称 CCLM，即 C3）

如图 6-3 所示，车载接触网运行状态检测装置指在运营的电力机车和动车组上加装接触网检测设备，以实现接触网、受电弓状态的动态检测。装置能在全天候（昼、夜、风、雨、雪、雾）的条件下正常工作，且检测装置应用简单，无需人为干预，可自动完成参数检测和数据发送，检测数据也可以在车上转存。车载接触网运行状态检测装置可具备下列单一功能或组合功能：能测量动态拉出值、接触线高度、线岔和锚段关节处接触线的相互位置等接触网动态几何参数；能定量测量包括弓网离线火花、硬点、弓网接触力等在

图 6-3　车载接触网运行状态检测装置

内的接触网主要弓网受流参数;能利用非接触方式检测接触网绝缘子的绝缘状态;能对弓网运行状态进行视频录像,录像资料中能叠加里程标数据。

按照安装要求,每条时速200km/h及以上运营线上的动车组按一定比例加装车载接触网运行状态检测装置,做到每条局管高速铁路区段,每天至少有一列加装车载接触网检测装置的动车组在运行,以实现高速铁路接触网、受电弓状态的动态检测。

4. 接触网悬挂状态检测监测装置(简称 CCHM,即 C4)

如图 6-4 所示,接触网悬挂状态检测监测装置安装在接触网作业车或专用车辆上部,在一定运行速度下,对接触网悬挂系统的零部件实施高精度成像检测,在检测数据的自动识别与分析的基础上,形成维修建议,指导接触网故障隐患的消缺。其主要功能包括:接触线几何参数、接触网接触悬挂、绝缘部件、线路开关、附加导线、各种拉线、硬横跨及软横跨、上跨桥及交叉跨越线路情况、线夹、吊弦、定位管等技术状态检测。接触网悬挂状态检测监测装置包括多组高清晰摄像机、相阵相机、图像采集、分析处理设备等,能够覆盖行车沿线接触网设施,记录行车沿线接触网设施全景,对关键的接触网定位器区域进行采集,输出能分辨定位器区域故障的高清图片,清晰度足够分辨定位器区域零部件的松动、脱落、裂损等故障现象,而且适应线路上隧道、桥梁、弯道情况,在轨道超高区段依然对定位器区域成像。

图 6-4 接触网悬挂状态检测监测装置

接触网悬挂状态检测监测装置配置在各铁路局管内,按固定周期担当巡检任务,统计分析接触几何参数及悬挂部件技术状态。

5. 受电弓滑板监测装置(简称 CPVM,即 C5)

如图 6-5 所示,受电弓滑板监测装置配置于接触网的特殊断面和区段的视频监视,如车站咽喉区、重点隧道口、线岔和分相等,用于监测运营的动车组或电力机车受电弓技术状态,可辨别受电弓碳滑板的磨损、断裂等异常情况。受电弓滑板监测装置主要是视频监视装置,包括高清摄像机、摄像云台、视频传输系统、视频显示系统、视频分析处理系统、视频储存系统等,

图 6-5 受电弓滑板监测装置

视频监测图像通过铁路专用数据通道可传至车站值班室、动车段和供电管理部门。

6. 接触网及供电设备地面监测装置（简称 CCGM，即 C6）

如图 6-6 所示，接触网及供电设备地面监测装置是为了监测接触网及供电设备运行状态，在接触网的特殊断面及供电设备处设置的地面监测装置，用于监测接触网参数，指导接触网及供电设备的维修，主要包括测量传感器、数据采集装置、数据传输装置、电源系统等装置。具体安装位置和功能包括：在高速铁路的特殊断面（如隧道的出口和进口、接触网的线岔处、锚段关节处等）检测接触线的振动，监测接触线的抬升量；在长大隧道内检测接触网承力索和接触线的张力；在接触网下锚处检测承力索和接触线的张力，计算张力补偿效率；检测接触网特殊断面的线索温度、接触网线夹温度、电缆头温度等；在变电所、AT 所、分区所内加装供电设备监测装置。

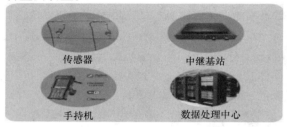 

图 6-6　接触网及供电设备地面监测装置

7. 铁路供电安全检测监测系统（即 6C 系统）

6C 系统是对牵引供电和接触网设备进行全面检测与监测的综合系统，可以为电气化铁路供电设备的安全运行、运行状态和参数的综合分析、设备的维修提供技术依据。6C 系统总体架构图如图 6-7 所示。

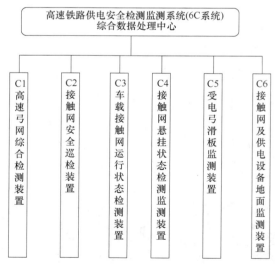

图 6-7　6C 系统总体架构

由于铁路供电设备监测系统点多面广，既有车载装置又有地面分散装置，处理其总量庞大的监测检测数据必须要建立统一的数据处理平台才能完成。6C 系统是在 C1~C6 等各种检测设备运行基础上，通过完善功能、技术集成，形成的系统性、平台化的电气化铁路供电安全检测监测系统。6C 系统中的综合数据处理中心对各装置进行数据集中、信息共享，并通过数据库进行综合分析。在国家铁路集团建立铁路供电安全检测监测系统综合数据处理中心，在各铁路局集团建立数据处理中心，为整个铁路供电安全检测监测系统提供数据处理、信息展示、数据交换的平台，完成对铁路供电设备综合检测监测数据的集中存储和统计、数据融合和挖掘、预测预警以及应急指挥等功能，为调度管理及供电运营维护人员提供维修、抢修的作业依据。

在国家铁路集团、各铁路局集团、各基层站段及车间设立用户终端，供电系统管理、检修人员通过终端上传与下载浏览各类检测监测数据，以满足不同供电部门对设备进行管理维修的需求。

第六节　接触网事故抢修

接触网是电气化铁路重要的行车设备，是向电力机车、电动车组等移动设备安全可靠供电的特殊输电线路，一旦故障停电，将直接影响行车秩序。接触网设备运行，应贯彻"安全第一，预防为主"的原则，加强设备管理，防止和避免事故的发生。接触网运行中，凡由于工作失误、设备状态不良或自然灾害引起供电设备破损、中断供电，以及严重威胁供电安全的，均列为接触网事故。根据发生的原因，接触网设备事故分为以下三类：责任事故：因接触网设备不良、管理不善、操作错误而造成的事故；关系事故：非接触网设备管理单位本身造成的事故；自然灾害事故：因大风、洪水、冰雪、雷击、地震等自然原因造成的事故。

一、接触网事故抢修的原则

铁路各级管理部门应按照各自的职责和分工，组织、参与接触网故障抢修工作。牵引供电运行各级主管部门，必须牢固树立为运输服务的思想，做到常备不懈，一旦发生故障，迅速出动，快速抢修，尽快恢复供电和行车。

接触网故障抢修要遵循"先行供电""先通后复"和"先通一线"的基本原则，以最快的速度满足滞留列车供电条件，尽快疏通线路并尽早恢复设备正常的技术状态。为保证快速抢通，在确保安全的前提下，允许接触网降低技术条件临时恢复供电开通运行。

"先行供电"和"先通后复"，就是以最快的速度设法先行恢复供电，疏通线路，必要时采取迂回供电、越区供电等措施，尽量缩短停电、中断运营时间，随后则要尽快安排时间处理遗留工作，使供电设备及早恢复正常运行状态。

"先通一线"，就是在双线区段，除按上述"先通后复"的原则确定抢修方案外，要集中力量以最快的速度设法使一条线路先开通，尽快疏通列车。接触网设备抢修作业时，应采用作业车、利用垂直天窗进行。如遇故障处理、抢修必须采用V停检修作业时，其邻线通过列车应限速 160km/h 以下。

根据接触网事故波及的范围，抢修处理方式可分为一次性恢复和分次恢复两种。对故障影响不大、恢复用时不长的，应采取一次性恢复到正常技术状态的处理方式。对于故障破坏严重、影响范围大、难以恢复到接触网正常技术状态的，宜采用分次恢复方式：

对故障临时处理后，采取降弓运行方式的，应采取限速措施，并装设升、降弓标志。《铁路技术管理规程》（普速铁路部分）规定，在电气化线路接触网故障降弓地段前方，分别设"准备降弓"标、"降"标。对于最高运行速度大于 120km/h 的旅客列车、特快货物班列及最高列车速度为 120km/h 的货物列车、快速货物班列运行的线路，在降下受电弓的前方增设"T 降"标，在降弓地段后方设"升"标。"准备降弓""T 降""降""升"标的设置应使降弓距离应满足列车惰行运行要求，如图 6-8 所示。故障地段降弓时间一般不宜超过 24h。

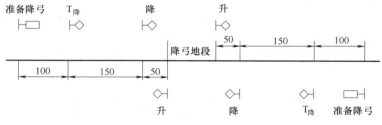

图 6-8　降弓标志牌设置

故障地段接触网设备经临时处理后，设备管理单位应尽快制定设备恢复正常技术速度的方案，并尽快组织实施。

为满足铁路运输需要，必须强化接触网抢修基地建设，纳入铁路应急救援体系规划。抢修基地应配备先进装备、机具和材料，不断提高接触网抢修速度和质量。积极推广和应用集设备运行、技术资料、信息传递、抢修预案等功能于一体的牵引供电抢修辅助决策系统，不断提高接触网应急抢修工作效率与管理水平。

二、事故抢修的组织指挥

1. 事故信息反馈

铁路从业人员凡发现接触网故障和异状，应立即报告列车调度员、供电调度员或者邻近车站值班员、供电段（包括其他供电设备管理单位，如牵引供电外委维修管理单位或公司、高铁基础设施段、工电段及综合段等，下同）人员，并尽可能详细地说清故障范围和损坏情况。所有事故信息最终要反馈至供电调度员处。

供电调度员得知发生的事故信息后，要通过各种方式、渠道，迅速判明事故地点和情况，尽可能详细地掌握设备损坏程度，并立即通知就近接触网工区。接触网工区立即启动事故处理程序，组织对事故点的定位查找和抢修工作，以最快的速度修复设备，保证运营。

2. 事故抢修的组织

牵引供电运行各级管理部门要加强接触网故障抢修工作的领导，建立健全各级责任制。

① 铁路局供电调度员负责接触网故障抢修指挥。铁路局应建立铁路供电应急指挥专家组，应急指挥专家组主要负责指导供电应急处置方案的制定和实施，为供电调度员指挥和现场抢修提供技术支持，实现安全快速抢通。

② 供电段负责现场抢修组织和实施。抢修时，应明确现场抢修负责人，所有抢修人员必须服从抢修负责人的统一指挥。在配合铁路交通事故救援时，接触网抢修负责人应服从事故现场负责人的指挥。

③ 接触网现场抢修负责人一般由先行到达现场技术安全等级最高的人员担任。抢修负责人变更后应及时报告供电调度。

④ 跨局或两个及以上工区参加抢修时，原则上由设备管理单位人员担任现场抢修负责人。

⑤ 在高铁车站（含动车段、所）站房内应设立接触网应急值守点。值守点应具有不少于 30m² 单独的值守和工具材料房间，满足值守抢修条件。特殊情况时，可在重点区段增设临时应急值守点。在冰雪、大雾、雷雨、台风等恶劣天气时，应急值守点人员、车辆等应相应加强。

⑥ 每个接触网工区必须经常保持一个作业组的人员在工区值班。工区应有值班人员的宿舍、卧具和必要的降温、取暖设施，并经常保持清洁、安静，保证值班人员休息好。

3. 事故抢修的实施

① 每个接触网工区应以比较熟练的工人为骨干组成抢修组，抢修组现场负责人由工长或安全技术等级不低于四级的人员担当，组内应明确分工，有准备材料工具的人员、防护人员、驻站联络员、网上作业人员和地面作业人员等。抢修时现场负责人、驻站联络员和防护人员应佩戴明显的标志，各司其职。平时作业应尽量按抢修组的分工组成作业组，以加强协调配合，一旦故障停电，可以配套出动抢修，当人员变动时要及时调整和补充。

② 接触网工区接到抢修通知后，应按抢修组内部的分工，带好材料、工具等，白天15分钟、夜间20分钟内出动。

③ 接触网抢修车辆应按救援列车办理。抢修车辆出动前，供电调度应将车号及到达的地点通知列车调度员，列车调度员应优先放行，使之迅速到达故障现场。在双线区段，当故障线路有列车停留时，接触网抢修车辆可通过邻线运行到达故障现场。当故障现场有车辆占用时，接触网抢修人员应视情况登车顶处理，或请求列车调度员尽快安排腾空线路，为接触网抢修作业创造条件。动车停留情况下，动车车辆顶部高度约为3890mm，加上人体高度，在区间、隧道内导高情况下，可直接在上车顶进行抢修作业。在站场，可使接触网作业车进入相邻股道，将作业平台转至故障股道进行抢修。

④ 抢修人员到达事故现场，要充分利用供电调度员下达准许作业命令前的这段时间，做好抢修作业的有关准备工作。待供电调度员下达准许作业命令后，即可验电接地、设好行车防护，全面展开抢修作业。

抢修人员到达事故现场后，事故抢修总指挥（或工作领导人）要组织人员全面了解事故范围和设备损坏情况，按照"先行供电""先通后复"和"先通一线"的抢修原则，果断、快速确定抢修方案，并尽快报告供电调度。同时，根据掌握的事故范围和设备损坏情况，做好以下几方面的工作：a.确定抢修人员的分工、作业项目与次序、相互配合的环节等；b.预制、预配部分零部件；c.检查有关抢修作业机具和材料的技术状态，并清点数量；d.如果事故范围较大，则根据设备损坏情况及人员、机具情况，将事故范围划分几个作业区并分派人员。

⑤ 如果事故范围较大，设备损坏较严重，需技术和人力支援时，应及时调动相关技术人员赶赴现场。事故现场要有相关领导组织指挥抢修，及时解决存在的问题。对需要连续作业较长的事故进行抢修时，需调动足够的人员进行替换作业。

三、事故分析

1. 原始资料的收集保存

在事故抢修过程中，事故抢修总指挥除了组织抢修，尽快恢复运行外，要指定专人调查实时事故及其修复情况，包括必要的照片，有条件时可进行录像；收集并妥善保管事故破坏的物证，以便进行事故分析，特别是对于因事故拉断或烧断的线头、损坏的零部件等，应尽量保持原样，不得任意改动；对典型事故的照片、报告、损坏的线头、零部件，应作为档案长期保存。

2. 事故的调查分析

事故发生后要及时分析，对每一件供电事故都要按照"三不放过"（即"事故原因分析不清不放过，事故责任者和群众没有受到教育不放过，没有防范措施不放过"）和"四查"（查思想，查纪律、查制度、查领导）的要求，认真组织调查，弄清原因，确定责任者，制定出有效的防范措施。

在进行事故调查分析时，除弄清事故原因、查明责任、制定防止措施、按规定填写事故（故障）报告，向有关部门上报外，还要总结抢修工作的经验教训，对抢修中采用的先进方法、机具等应及时推广。对存在的问题要认真研究制定改进措施，不断完善抢修的组织和方法，提高抢修工作效率。

四、人员培训

供电设备的事故处理要做到"两齐""两快"和"应对自如"，即人员齐、工具材料齐；出动快、修复快；事故发生时沉着冷静、应对自如。为达到此要求，就要做好平时的培训和演练。

供电设备管理单位要加强抢修队伍的定期培训，积极开展故障预想和日常演练，务必使每个人都能掌握各类故障的抢修方法。每半年组织各级抢修领导小组成员、工区抢修指挥人员进行一次轮训，讲解故障抢修知识，学习有关规章命令，分析典型案例，总结经验教训，制定改进措施，不断提高指挥抢修能力。

各工区应充分利用工余时间，发挥技术骨干传、帮、带的作用，经常进行各类故障抢修方法的训练，每季组织一次故障抢修出动演习（包括按时集合、整装出动和携带工具、材料等）。

供电车间每半年组织管内各工区进行一次故障抢修演习。供电段主管段长对上述规定的工作应经常督促检查。在学习、竞赛中取得优异成绩者，要适时给予表扬。

为做好故障抢修的日常演练，供电设备管理单位各接触网工区应设有供训练用的场地和必要的实物。

五、接触网抢修方案示例（普速铁路接触线断线）

接触线断线一般是指接触线因设备隐患、其他故障或事故引发的一种接触网故障，多数为高温发热引起线索机械强度下降所导致。具体原因有：重点设备检测检修不到位引起的限界超标或者零部件掉落与机车受电弓刮碰；机车状态不良，受电弓超限，或者抬升力不够导致的接触不良引起发热；主导线回路不畅使电连接等部位发热；受力部件断裂引发的断线；机械、车辆等外部侵害造成的断线。

接触线断线会导致牵引变电所跳闸，直接影响铁路运输秩序，因此应尽量提高抢修速度、缩短停电时间，恢复运输秩序。抢修遵循先通后复的原则，可以采取临时恢复方案，在故障地段采用降弓通过的方法，遗留的缺陷可以安排在后续天窗内处理。

断线抢修是以在最短的时间内恢复供电为前提，保证降弓通过进行的，可以使用作业车、车梯或挂梯的方式。使用挂梯抢修的方式高效、便捷，在生产过程中得到广泛使用，因此本节对该方法进行讲解。

普速铁路接触线断线后，首先要迅速查明断线的准确位置和断口两侧接触线的损伤情况，并查明断线波及范围和其他设备破坏情况，并据此确定抢修方案。

若导线两侧断头损伤轻微且废弃长度较小（高温季废弃长度＜600mm，冬季废弃长度＜300mm），可以采取直接紧线做接头、不降弓的抢修方案。优先选择用钢丝绳滑轮组+绳滑轮组的方式将断线拉近，再用手扳葫芦紧线，将两边断头锯平做接头，恢复行车。注意检查是接头是否平滑，确保接头不打弓。同时对事故波及范围内的定位装置、中心锚结、锚段关节以及下锚补偿装置进行检查调整。

若导线两侧断头不能直接做接头但损伤废弃长度<5m，采取钢丝绳滑轮组+绳滑轮组的方式将断线拉近，再用手扳葫芦直接紧线，用 TRJ-120 电连接线并接于断口处，两端各用 2 个电连接线夹夹持。检查并调整相关的支撑定位、中心锚结、锚段关节及下锚补偿后，采取降弓通过的办法恢复行车。

若接触线断头损伤严重但支撑定位装置完好，断头损伤废弃长度>5m，可以结合实际从以下四种方法中选择一种进行处理：①在两断头间接一段接触线，不降弓。用一段长度适当的接触线先在地面做一个接头，采取钢丝绳滑轮组+绳滑轮组的方式将断线拉近，再用手扳葫芦紧起做另一接头，检查并调整相关的支撑定位、中心锚结、锚段关节及下锚补偿后恢复行车。②在两断头间接一段接触线，降弓。用一段长度适当的接触线先在地面做一个接头，采取钢丝绳滑轮组+绳滑轮组的方式将断线拉近，再用手扳葫芦紧起但不取下手扳葫芦，用 TRJ-120 电连接线并接于断口处，两端各用 2 个电连接线夹夹持，检查并调整相关的支撑定位、中心锚结、锚段关节及下锚补偿后，采取降弓通过的办法恢复行车。③将两边断头临时锚固，降弓。卸掉两边补偿器坠砣各 5~8 块，将两边断头用手扳葫芦紧起分别临时锚固在承力索上，用 TRJ-120 电连接线并接于断口处，两端各用 2 个电连接线夹夹持。检查并调整相关的支撑定位、中心锚结、下锚补偿等，使其满足送电行车条件后，采取降弓通过的办法恢复行车。④在两断头间接一段承力索，降弓。如果现场有合适长度的承力索（或用承力索做好的短接绳）而无接触线，可以在断口中间加装承力索或短接线（挂紧线器或用钢线卡子）。先在地面连接好一头，用钢丝绳滑轮组+绳滑轮组的方式将断线拉近，再用手扳葫芦紧线连接，取下（也可以不取）手扳葫芦，再用 TRJ-120 电连接线并接于断口处，两端各用 2 个电连接线夹夹持，检查并调整相关的支撑定位、中心锚结、锚段关节及下锚补偿后，采取降弓通过的办法恢复行车。

复习思考题

1. 接触网运营管理的模式有哪几种？
2. 铁路局接触网运营管理部门的架构是什么？
3. 接触网工作票有哪几种？
4. 什么是高空作业，对高空作业有什么要求？
5. 简述接触网检查的主要内容是什么。
6. 什么是垂停天窗作业，什么是∨停天窗作业？
7. 进行接触网∨停作业的条件是什么？
8. 接触网∨停作业要注意哪些安全问题？
9. 简述什么是工作票制度。
10. 简述验电接地的基本操作要求。
11. 简述倒闸作业程序。
12. 简述接触网安全检测监测的主要内容是什么。
13. 接触网抢修的基本原则是什么？

附录一　常用接触网零件

零件	用途	零件	用途
①接触线吊弦线夹	用于直径不大于5mm的吊弦分别悬吊标称截面为85~150mm²的铜合金接触线或110mm²、85mm²铜接触线	⑤承力索中心锚结线夹	中心锚结处对承力索（THJ70-120）与中心锚结绳（THJ70-120）之间的固定和连接
②承力索吊弦线夹	用于铜镁合金承力索上悬吊直径不大于5mm吊弦	⑥悬吊滑轮	用于腕臂、硬横跨、隧道悬挂承力索和弹性吊索
③横承力索线夹	用于截面为50~80mm²的软横跨横承力索处悬挂吊线	⑦支持器	用于定位装置中固定定位线夹
④双横承力索线夹	用于截面为50~80mm²的软横跨双横承力索处悬挂吊线	⑧长支持器	定位装置中固定定位线夹

附录一　常用接触网零件

续表

零件	用途	零件	用途
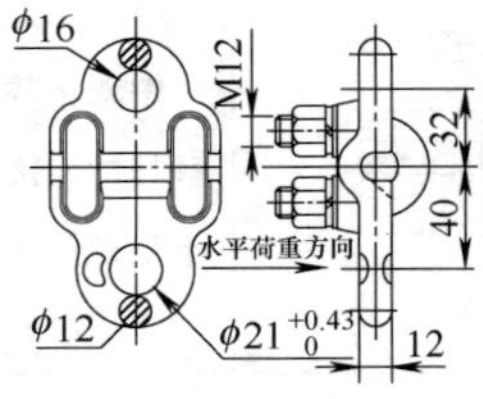 ⑨定位环线夹	软横跨 9~11.5mm 的定位索上安装定位器或悬吊接触悬挂所用	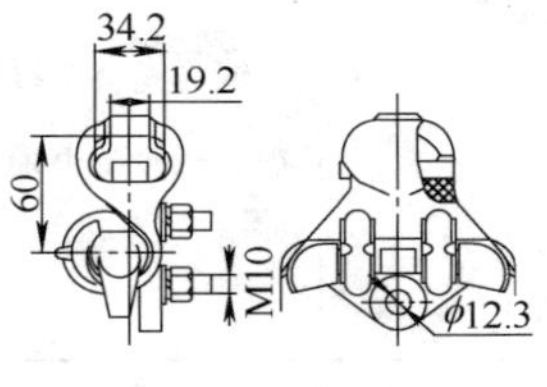 ⑮杵座鞍子	悬挂金属绞线所用
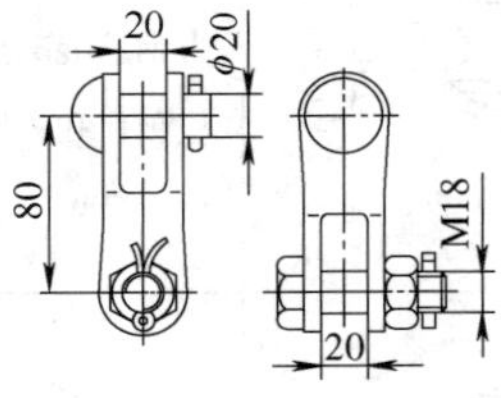 ⑩双耳连接器	用于两单环零件连接处	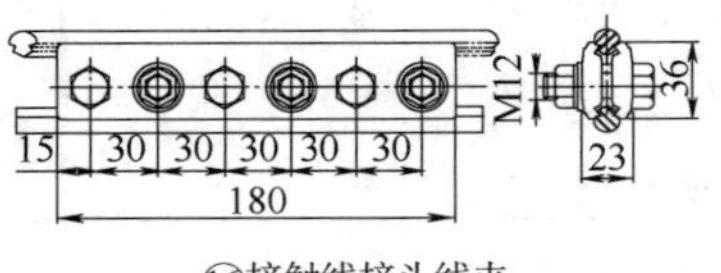 ⑯接触线接头线夹	双沟形铜或铜合金接触线的接头所用
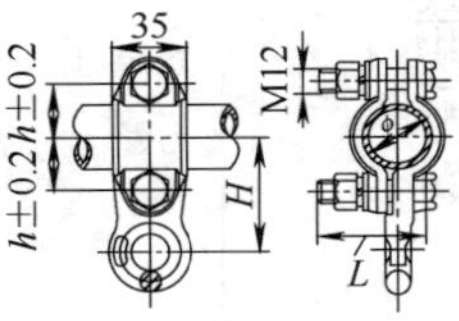 ⑪定位环	腕臂及定位管中连接定位器或连接其他带钩头型零件	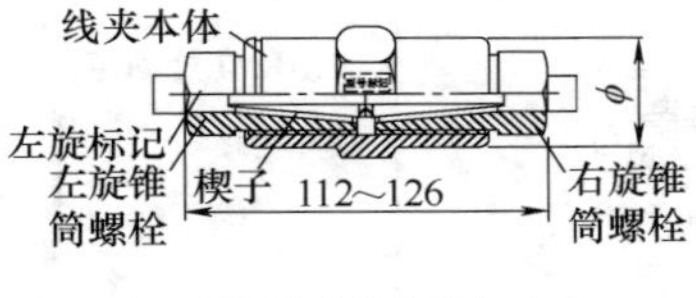 ⑰承力索接头线夹	用于承力索绞线接头
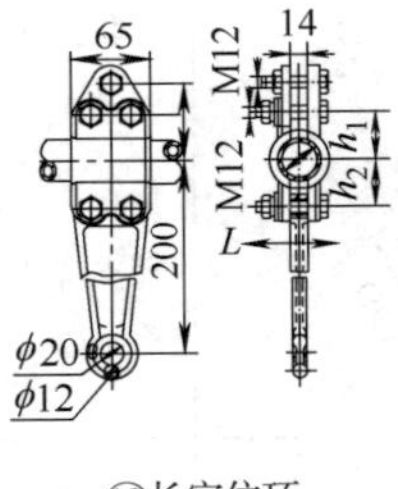 ⑫长定位环	用于道岔定位或反定位处连接定位器	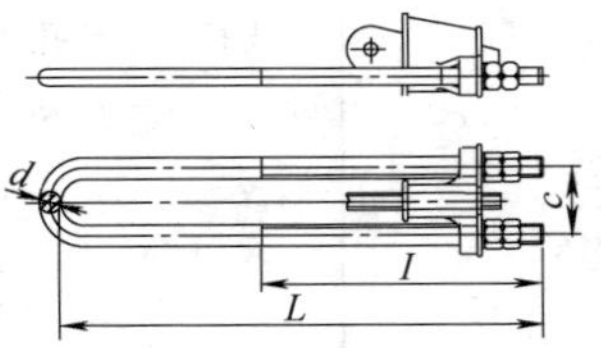 ⑱UT 线夹	下锚拉线和单环类零件的连接
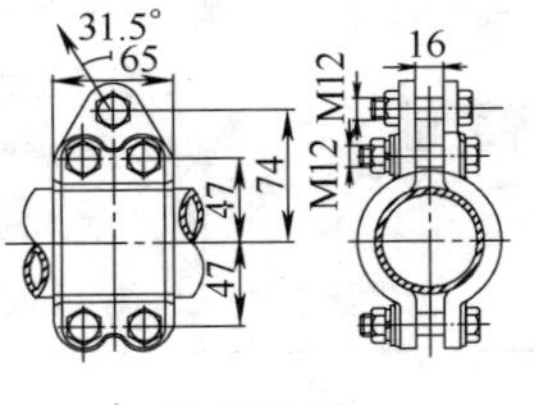 ⑬套管双耳	在腕臂或定位管上连接耳环型零件	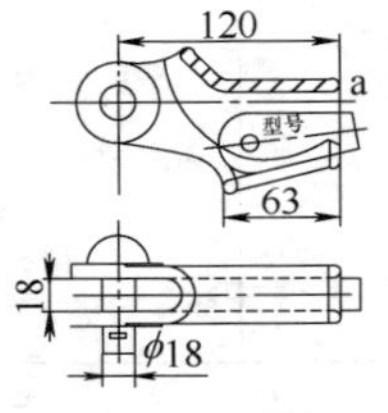 ⑲双耳楔形线夹	承力索、横向承力索、上下部定位锁及补偿绳等的终端与耳环型零件连接
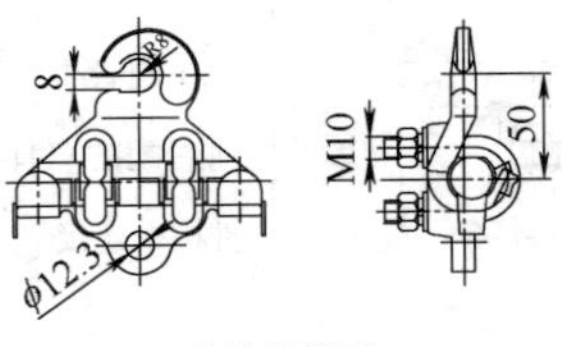 ⑭钩头鞍子	悬挂金属绞线所用	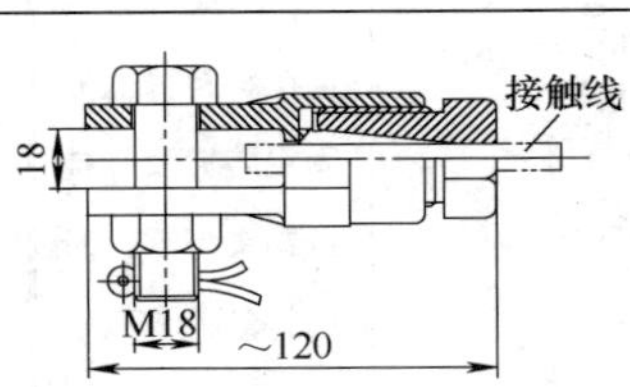 ⑳接触线终锚固定线夹	铜或铜合金接触线终端下锚

续表

零件	用途	零件	用途
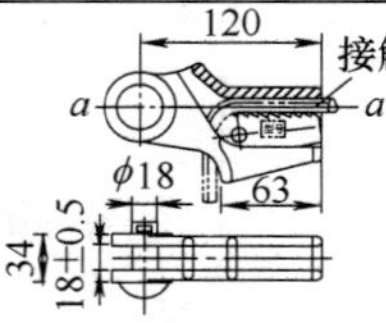 ㉑接触线终端锚固线夹	铜或铜合金接触导线终端下锚所用	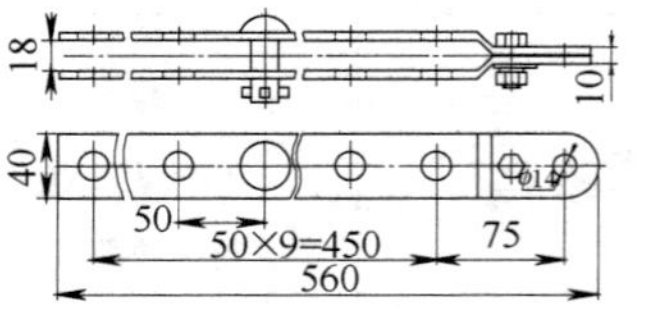 ㉗调节板	中斜腕臂与杵环杆的连接并调节距离
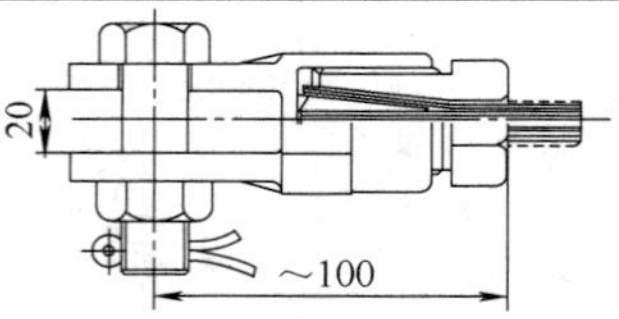 ㉒承力索终端锚固线夹	硬铜绞线承力索、钢绞线承力索终端下锚	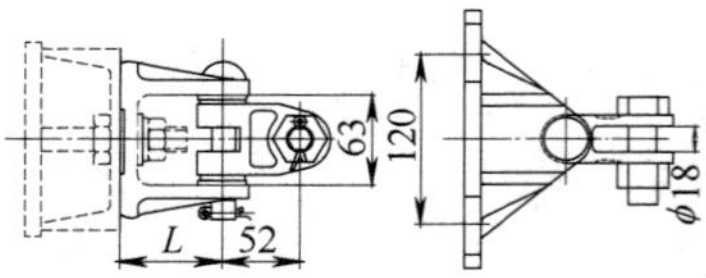 ㉘上腕臂底座	横腹杆式预应力钢筋混凝土支柱预留孔外固定旋转腕臂
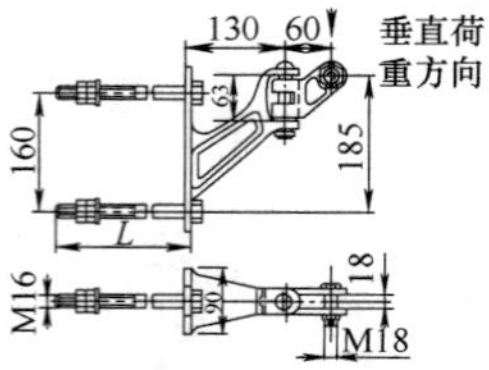 ㉓旋转腕臂底座	横腹杆式预应力钢筋混凝土支柱预留孔处固定旋转腕臂	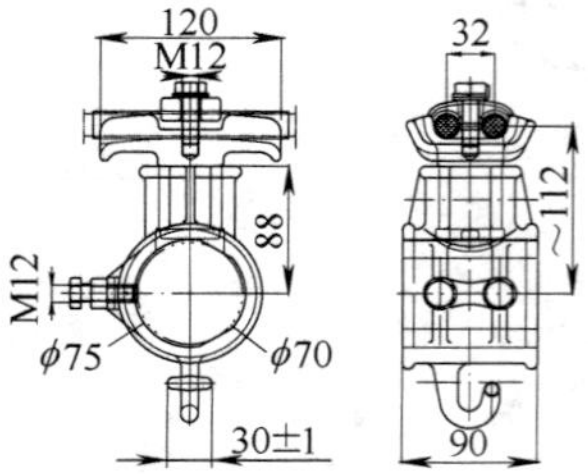 ㉙铝合金承力索座	在铰接的管状腕臂上支撑承力索
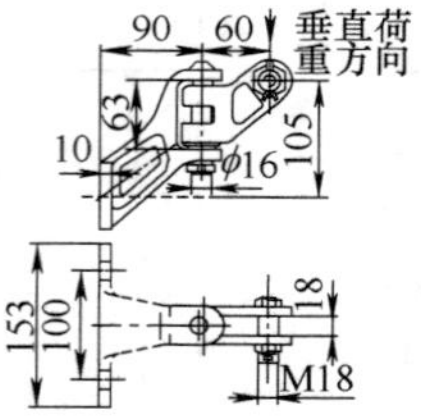 ㉔T型旋转腕臂底座	支柱上预留孔外处固定旋转腕臂	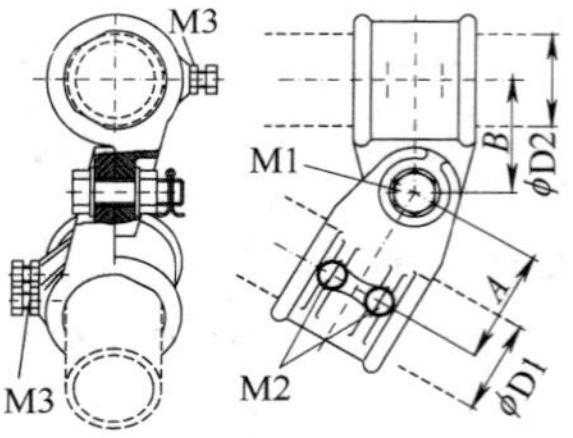 ㉚铝合金套管座	联接平腕臂和斜腕臂，以形成稳定的三角形腕臂支持结构
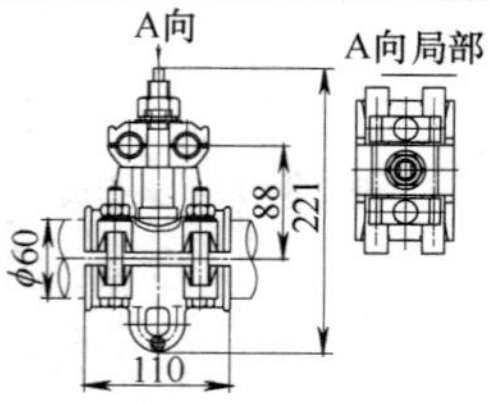 ㉕承力索支承线夹	平腕臂上悬挂承力索	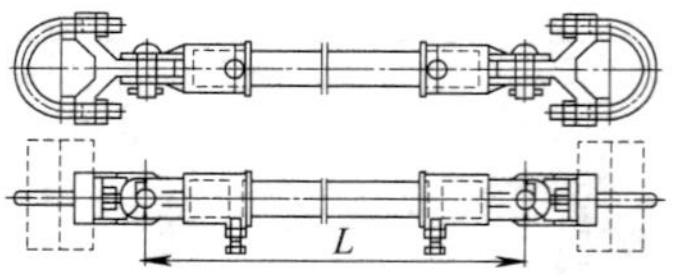 ㉛腕臂支撑	平腕臂与斜腕臂之间以增加腕臂的负荷能力，或用在斜腕臂与定位管之间防止定位管向上旋转
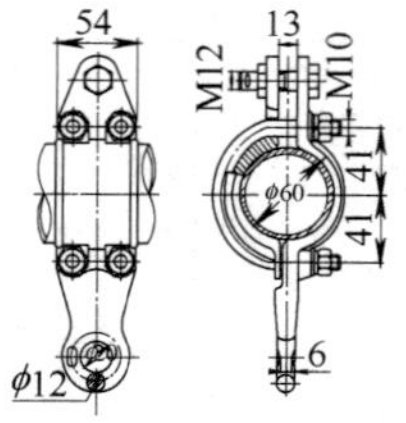 ㉖套管铰环	在斜腕臂上方固定腕臂及悬挂带钩头型零件所用的套管铰环	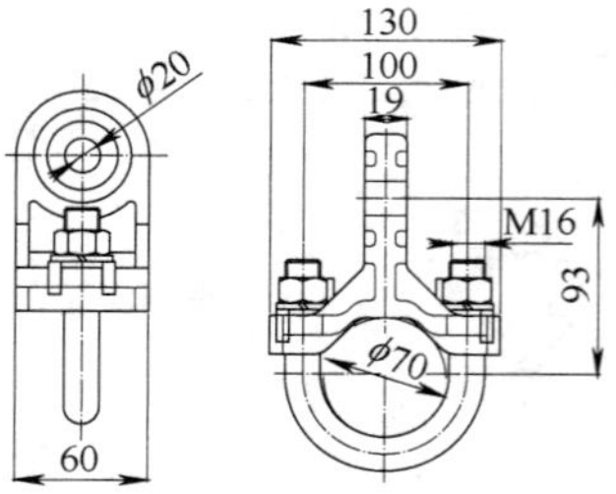 ㉜套管单耳	在圆管上与其他适配的双耳零件构成连接

288

续表

零件	用途	零件	用途
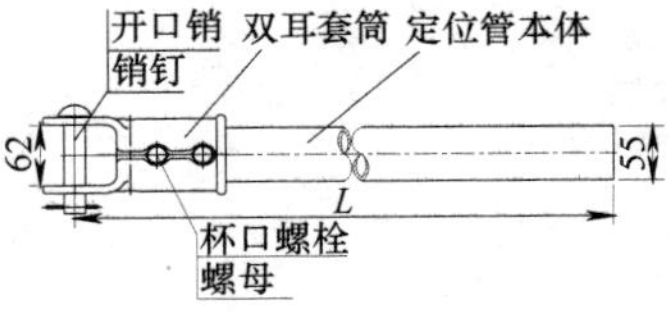 ㉝定位管	一端与斜腕臂上定位环连接，一端通过定位支座连接定位器	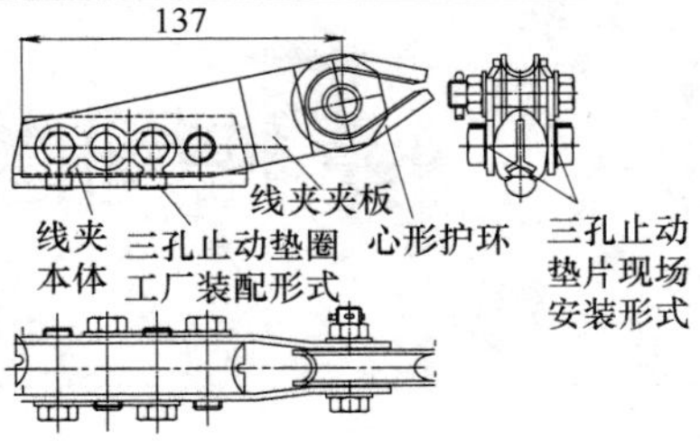 ㊳两跨式中心锚结线夹	一端与接触线相连接，一端通过与线夹采用压接连接的接触线中心锚结绳与承力索连接
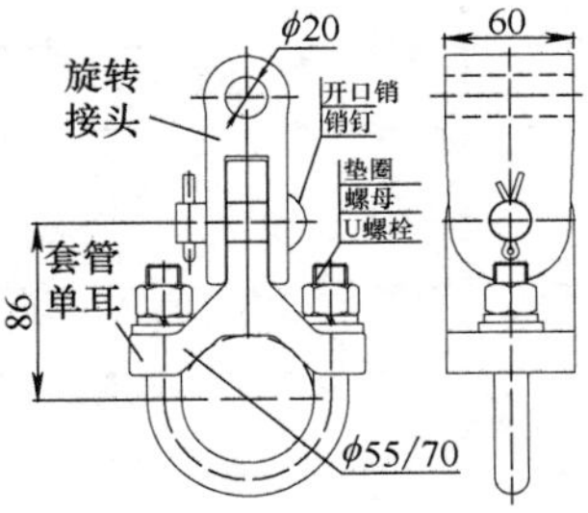 ㉞铝合金定位环	在斜腕臂上连接定位管	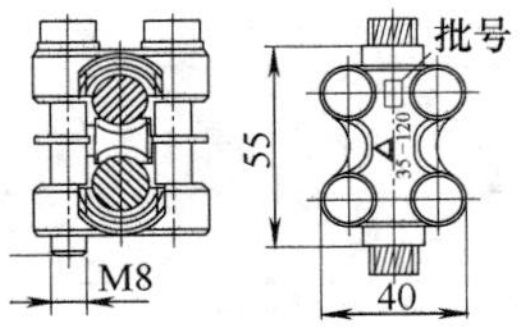 ㊴弹性吊索线夹	弹性吊索及接触线之间的固定和连接
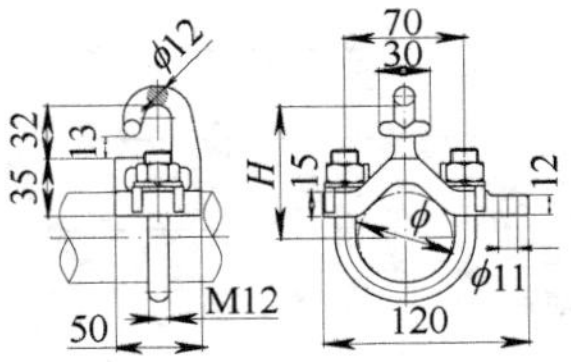 ㉟拉线定位钩	定位管上固定拉线	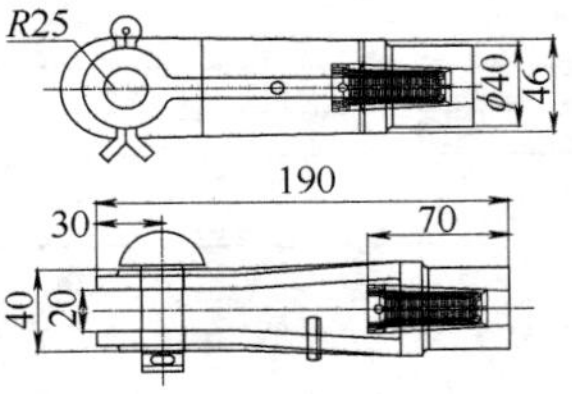 ㊵接触线终锚线夹	接触线的终端锚固
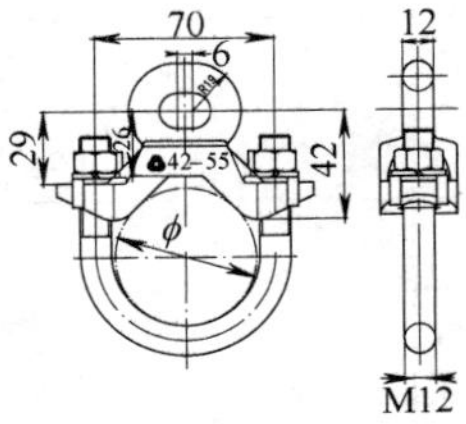 ㊱防风定位环	定位管上固定防风拉线	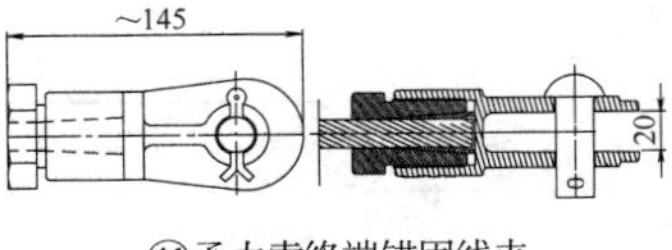 ㊶承力索终端锚固线夹	承力索终端锚固
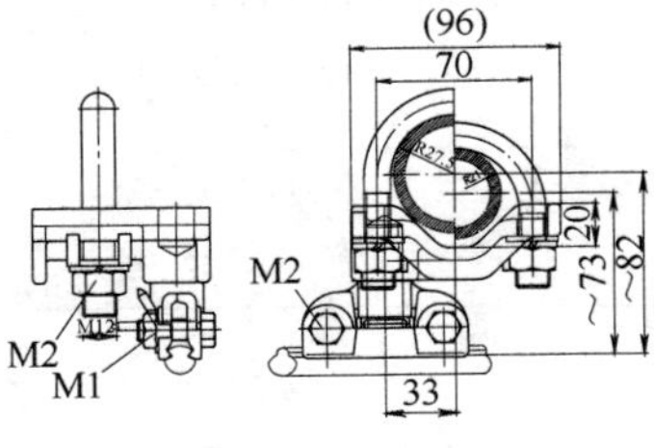 ㊲锚支定位卡子	固定非工作支接触线	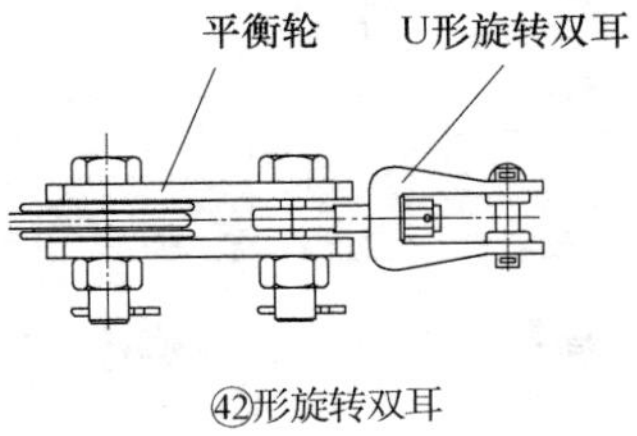 ㊷形旋转双耳	接触悬挂线索和棘轮补偿绳间连接

289

附录二 接触网图形符号

序号	图形符号	名称	说明
1	(粗)	接触网正线	
2	(细)	加强线	
3	(细)	供电线	
4		承力索硬锚	
5		接触线补偿下锚	
6		承力索补偿下锚	
7		链形悬挂硬锚	
8		半补偿链形悬挂下锚	
9		全补偿链形悬挂下锚	
10		加强线下锚	
11		回流线下锚	
12		AT 供电线下锚	
13		保护线下锚	
14		架空地线下锚	
15		接触线硬锚供电线及分区亭引出线下锚	
16	300	拉出值	拉出值 300mm，书写位置即为拉出方向
17	(1)　(2)	拉线基础	（1）单拉线基础 （2）双拉线基础
18	(1)　(2)　(3)	区间腕臂钢筋混凝土柱	（1）设计 （2）既有 （3）拆除

附录二　接触网图形符号

续表

序号	图形符号	名称	说明
19	(1)  ⊢　(2)  ■ (3) 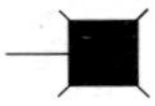 ■	区间腕臂钢柱	（1）设计 （2）既有 （3）拆除
20	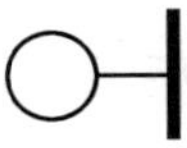 ○⊢	站场腕臂钢筋混凝土柱	圆直径 d=2.5（1/2000） 圆直径 d=4.0（1/1000）
21	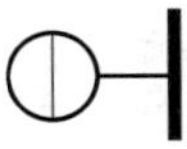 ⦵⊢	站场腕臂钢柱	
22	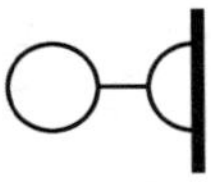 ○⊣	定位钢筋混凝土柱	
23	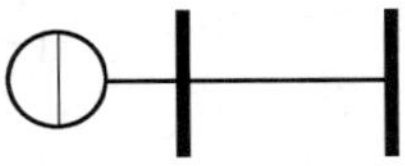 ⦵⊢⊢	双线腕臂钢柱	用于高铁平面图
24	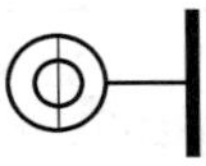 ⊙⊢	下锚钢柱	
25	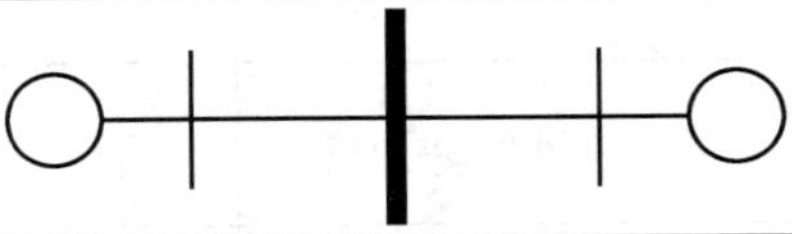 ○⊢▮⊢○	钢筋混凝土柱软横跨	
26	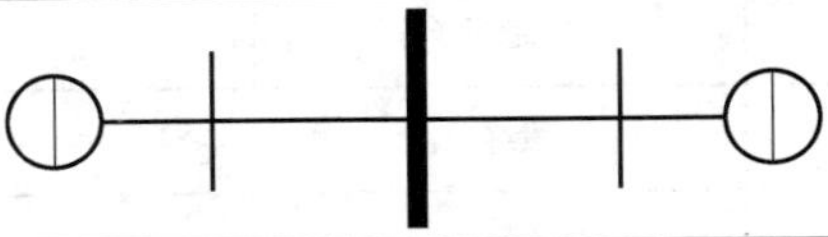 ⦵⊢▮⊢⦵	钢柱软横跨	
27	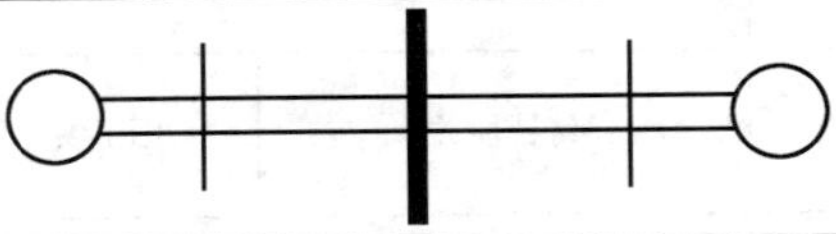 ○═▮═○	钢筋混凝土柱硬横跨	
28	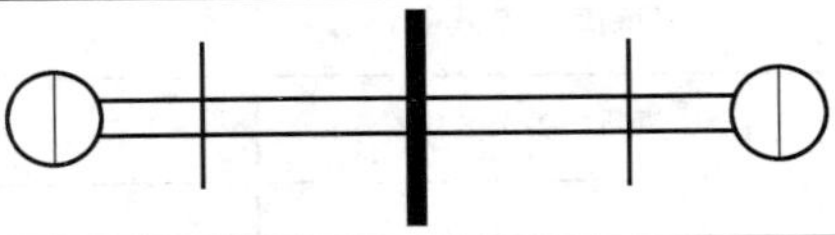 ⦵═▮═⦵	钢柱硬横跨	
29	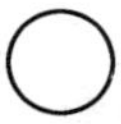 ○	隧道内接触网悬挂点	
30	 ⦿	隧道内接触网悬挂定位点	
31	(1)  ⊕　(2)  ◎	车站雨棚内接触网悬吊	（1）腕臂柱与雨棚柱合架 （2）雨棚内采用吊柱

续表

序号	图形符号		名称	说明
32	(1) (2)		三跨关节	（1）非绝缘 （2）绝缘
33	(1) (2)		四跨关节	（1）非绝缘 （2）绝缘
34	(1) (2)		五跨关节	（1）非绝缘 （2）绝缘
35			全补偿链形悬挂中心锚结	
36			防串中心锚结	
37			分段绝缘子串	
38			分段绝缘器	
39			分相绝缘器	
40			绝缘锚段关节	用于供电分段示意图
41			两断口关节式电分相	
42			三断口关节式电分相	
43			氧化锌避雷器	
44			股道间电连接	
45			手动常开隔离开关	
46			手动常闭隔离开关	

序号	图形符号	名称	说明
47		带接地刀闸隔离开关（打开状态）	
48		带接地刀闸隔离开关（闭合状态）	
49	(1) (2)	单级电动开关	
50	(1) (2)	双级电动开关	（1）常开型 （2）常闭型
51	(1) (2)	单级负荷开关	

续表

序号	图形符号	名称	说明
52		双级负荷开关	（1）常开型 （2）常闭型
53		区间隧道	
54		站场内隧道	
55		单线隧道内非绝缘关节	
56		单线隧道内绝缘关节	
57		双线隧道内非绝缘关节	
58		上承桥	

续表

序号	图形符号	名称	说明
59		下承桥	圆点表示接触网悬挂点
60		小桥、涵	
61		有限界门的平交道	
62		回流线跨越接触网	
63		AT供电线保护线跨越接触网	
64		吸上线位置	回流线、保护线、自耦变压器中性线与钢轨连接处
65		吸流变压器	
66		接触网起测点	
67		预留锯齿孔	
68		桥电缆孔	
69		手孔	
70		牵引供电电缆	
71		接触网电缆过轨	
72		接扼流圈中性点	
73		基础综合地线端子	

续表

序号	图形符号	名称	说明
74	△	接触网工区	用于供电分段示意图
75	◭	接触网工区附领工区	用于供电分段示意图
76	⏚	接触网普通接地	
77	=	供电分束标志	

参 考 文 献

[1] TB/T 10009—2016，铁路电力牵引供电设计规范［S］.北京：中国铁道出版社，2014.

[2] TB/T 10058—2015，铁路工程图形符号标准［S］.北京：中国铁道出版社，2015.

[3] TB/T 10059—2015，铁路工程制图标准［S］.北京：中国铁道出版社，2015.

[4] TB/T 10621—2014，高速铁路设计规范［S］.北京：中国铁道出版社，2014.

[5] TB/T 3271—2011，轨道交通受流系统受电弓与接触网相互作用准则［S］.北京：中国铁道出版社，2011.

[6] TB/T 1842.3—2016，受电弓滑板 第三部分：碳滑板［S］.北京：中国铁道出版社，2016.

[7] GB 146.2—2020，标准轨距铁路限界［S］.北京：中国标准出版社，2020.

[8] TB/T 3271—2011，轨道交通 受流系统 受电弓与接触网相互作用准则［S］.北京：中国铁道出版社，2016.

[9] TB/T 2075—2020 电气化铁路接触网零部件［S］.北京：中国铁道出版社，2020.

[10] TB/T 3479—2017，铁路贯通电线［S］.北京：中国铁道出版社，2017.

[11] GB/T 12971.2—2008，电力牵引用接触线第二部分：钢、铝复合接触线［S］.北京：中国标准出版社，2008.

[12] TB/T 3199.1—2018，电气化铁路接触网用绝缘子第1部分：棒形瓷绝缘子［S］.北京：中国铁道出版社，2018.

[13] TB/T 3199.2—2018，电气化铁路接触网用绝缘子第2部分：棒形复合绝缘子［S］.北京：中国铁道出版社，2018.

[14] TB/T 2920.1—2008，电气化铁路接触网硬横跨 第一部分：格构式硬横跨［S］.北京：中国铁道出版社，2008.

[15] TB/T 2920.2—2008，电气化铁路接触网硬横跨 第二部分：钢管式硬横跨［S］.北京：中国铁道出版社，2008.

[16] TB/T 2286—2020，电气化铁路接触网预应力混凝土支柱［S］.北京：中国铁道出版社，2020.

[17] TB/T 3197—2018，列车过分相系统车载控制自动过分相装置［S］.北京：中国铁道出版社，2018.

[18] TB/T 3036—2016，电气化铁路接触网用分段绝缘器［S］.北京：中国铁道出版社，2016.

[19] TB 10421—2018，铁路电力牵引供电工程施工质量验收规范［S］.北京：中国铁道出版社，2018.

[20] TB/T 2809—2017，电气化铁路用铜及铜合金接触线［S］.北京：中国铁道出版社，2017.

[21] TB/T 3111—2017，电气化铁路用铜及铜合金绞线［S］.北京：中国铁道出版社，2017.

[22] TB/T 3551—2019，高速铁路牵引供电系统雷电防护技术导则［S］.北京：中国铁道出版社，2019.

[23] GB/T 21561.1—2018，轨道交通 机车车辆受电弓特性和试验 第1部分：干线机车车辆受电弓［S］.北京：中国标准出版社，2018.

[24] GB/T 36981—2018，轨道交通 客运列车断电过分相系统相互匹配准则［S］.北京：中国标准出版社，2018.

[25] GB/T 12971.2—2008，电力牵引用接触线 第二部分：钢铝复合接触线［S］.北京：中国标准出版社，2008.

[26] GB/T 25020—2016，电气化铁路接触网钢支柱［S］.北京：中国标准出版社，2016.

[27] GB/T 32578—2016，轨道交通 地面装置 电力牵引架空接触网［S］.北京：中国标准出版社，2016.

[28] GB/T 32586—2016，轨道交通 地面装置 接触网系统用复合绝缘子的特定要求［S］.北京：中国标准出版社，2016.

[29] GB/T 37317—2019，轨道交通 直流架空接触网雷电防护导则［S］.北京：中国标准出版社，2019.

[30] GB/T 1000—2016，高压线路针式瓷绝缘子尺寸和特性［S］.北京：中国标准出版社，2016.

[31] 董昭德. 接触网工程与设计［M］.北京：科学出版社，2014.

[32] 中国电气化局集团有限公司.接触网工程（高速）施工作业操作手册［M］.北京：中国铁道出版社，2014.

[33] 丁为民. 中国电气化铁路接触网设计历史演变［J］.电气化铁路及城轨交通牵引供电技术创新与发展论文集，2020：1-16.

[34] 李金华. 架空刚性接触网系统技术发展回顾［J］.电气化铁路及城轨交通牵引供电技术创新与发展论文集，2020：17-20.

[35] 贾明汉. 接触网刚性绝缘吊弦的应用及效果［J］.中国电气化铁路发展60年暨智能牵引供电技术论坛论文集，2018：136-137.

[36] 吴云飞. 浅谈轴向拉压式弹簧补偿装置在地铁接触网中的应用［J］.铁道建筑技术，2014（4）：91-95.